好望角

在这里，看见新世界

Iraq
A HISTORY

辉煌与苦难

伊拉克 6000 年

[英] 约翰·罗伯逊 著
刘胜 译

浙江人民出版社

浙江省版权局
著作权合同登记章
图字:11-2022-347号

图书在版编目（CIP）数据

辉煌与苦难 ：伊拉克6000年 /（英）约翰·罗伯逊著 ；刘胜译. — 杭州 ：浙江人民出版社，2024.7

ISBN 978-7-213-11402-1

Ⅰ. ①辉… Ⅱ. ①约… ②刘… Ⅲ. ①伊拉克-历史 Ⅳ. ①K377

中国国家版本馆CIP数据核字(2024)第059732号

辉煌与苦难：伊拉克6000年

［英］约翰·罗伯逊 著 刘胜 译

出版发行：浙江人民出版社(杭州市环城北路177号 邮编 310006)

市场部电话：(0571)85061682 85176516

丛书策划：王利波　　责任印务：程 琳

出版统筹：赵 波　　营销编辑：张紫懿

责任编辑：方 程 魏 力　　责任校对：杨 帆

特约编辑：涂继文　　封面设计：天津北极光设计工作室

电脑制版：北京之江文化传媒有限公司

印　　刷：杭州富春印务有限公司

开　　本：880毫米×1230毫米 1/32　　印　　张：17.125

字　　数：353千字　　插　　页：6

版　　次：2024年7月第1版　　印　　次：2024年7月第1次印刷

书　　号：ISBN 978-7-213-11402-1

定　　价：128.00元

出版者言

当今的世界与中国正在经历巨大的转型与变迁，她们过去经历了什么、正在面对什么、将会走向哪里，是每一个活在当下的思考者都需要追问的问题，也是我们作为出版者应该努力回应、解答的问题。出版者应该成为文明的瞭望者和传播者，面对生活，应该永远在场，永远开放，永远创新。出版“好望角”书系，正是我们回应时代之问、历史之问，解答读者灵魂之惑、精神之惑、道路之惑的尝试和努力。

本书系所选书目经专家团队和出版者反复商讨、比较后确定。作者来自不同的文化背景，拥有不同的思维方式，我们希望通过“好望角”，让读者看见一个新的世界，打开新的视野，突破一隅之见。当然，书中的局限和偏见在所难免，相信读者自有判断。

非洲南部“好望角”本名“风暴角”，海浪汹涌，风暴不断。1488年2月，当葡萄牙航海家迪亚士的船队抵达这片海域时，恰风和日丽，船员们惊异地凝望着这个隐藏了许多个世纪的壮美岬角，随船历史学家巴若斯记录了这一时刻：

“我们看见的不仅是一个海角，而且是一个新的世界！”

浙江人民出版社

好　评

约翰·罗伯逊笔下这部关于伊拉克的著作，以长远视角叙述了从近6000年前苏美尔人在两河流域建造第一批城市起，中间历经亚述、巴比伦和阿巴斯等伟大帝国，直至现代伊拉克国家的历史。作者向世人展示了伊拉克复杂的历史如何塑造这个国家，以及在当代政治影响下又是如何改变了这个国家。

——英国《今日历史》2015年度最佳（历史）书籍评语

这本著作生动鲜明地讨论了伊拉克6000年的历史，罗伯逊提醒（西方）读者注意，西方世界对伊拉克这个拥有悠久历史的国度存在着知识上的欠缺与理解误区，希望他们能通过今天残酷血腥的新闻报道看到伊拉克过去的苦难……作者这种观念贯穿全书，清晰晓畅，并有翔实史料佐证。

——美国《中东学刊》

本书时间跨越上下6000年，节奏不紧不慢，行文从容不迫……罗伯逊并不局限于编年体例，总是在间隙旁插深邃裨益之见。

——英国《独立报》

本书叙事说史，引人入胜……既摄人心魄，激起共鸣，又令人大开眼界，增长知识。不仅以其内容力透纸背，让人印象深刻，行文技巧同样驾轻就熟。与大多数介绍伊拉克的史书不同，此书叙史不疾不徐，从容不迫地讲述了这个地区的历史，让人在不经意间领略其辉煌灿烂的过去，韵味隽永……更重要的是，作者长于历史叙事，擅以历史眼光考量事件。

——美国《论坛报》

本书实属十分难得的开创之作。全书高度遵循历史原典，极具权威性，读之让人心旷神怡。作者约翰·罗伯逊是古代近东历史学家，中央密歇根大学备受赞誉的教师。这本引人入胜之作，其课程被一届复一届的大学生蜂拥选修。作品文风清晰晓畅，魅力无穷，不知不觉中，作者从伊拉克的史前诞生讲到今天成为全球范围内严重政治和文化危机冲击下的中心角色，追溯了今天伊拉克这一地区错综复杂的历史。除了以其细腻的笔法清晰地为读者叙述这一段历史外，罗伯逊还向读者提供了令人信服的论据，以此警醒世人为什么该地区今天依旧如此重要，说明伊拉克历史问题及其大好前途是如何为其地缘形势和几千年来反复出现的政治得失、斗争、崩溃和重生所造就。任何想要了解现代伊拉克动荡局势与未来发展的人都应一读此书。那些教授中东历史——无论是古代史还是现代史——的学者同仁，都会为有这样一本可供世人一阅的著作而欢呼雀跃。

——芭芭拉·N. 波特，美国哈佛犹太人博物馆副研究员

伊拉克如今举足轻重，历史上也一直至关重要，并仍将不可或缺。约翰·罗伯逊以引人入胜、让人愉悦的笔触准确地阐明了这个原因。他巧妙娴熟地引导读者，从古代苏美尔文明城市的开端，中间历经亚述、巴比伦和阿巴斯等伟大帝国，再到如今成为国际事务中心的现代伊拉克国家，上下穿越了近6000年的文明史，他让读者看到伊拉克这个国家在过去如何成为周边帝国虎视眈眈、相互争夺的对象，以及在当代颇受关切的背景下这段历史又是如何被人解读与重新诠释的。《辉煌与苦难：伊拉克6000年》是那些想要了解为什么伊拉克总是出现在头条新闻的人们的必读之作。

——埃莉诺·罗伯森，英国伦敦大学学院古代中东史教授

如今，很难找到一本如本书一样由一位真正知识渊博的学者写成的著作了，它既通俗易懂，又不失专业水准。这本书信息丰富，包罗万象，但并不是高不可攀、让人望尘莫及的；它是对当今世界局势情有独钟的读者的必读之书。

——玛莎·T. 罗斯博士，美国芝加哥大学人文学院院长，

昌西·S. 鲍彻（亚述学研究）功勋教授

本书将伊拉克古代、中世纪的历史、文化发展与其近现代的历史和当前的社会政治动荡出色而严密地编织在一起，很少有英文类书籍能以如此全面的方式书写伊拉克的全部历史。本书极具可读性，史料丰富，信息量大，是想了解和关注伊拉克历史的读者及中东问题的专家教学与研究的宝贵工具（参考书）。

——美国《图书馆杂志》

本书生动形象，节奏明快，从人类文明起源到近年来伊拉克考古遗址遭到的大规模破坏，将伊拉克历史向广大读者娓娓道来……作者罗伯逊重点关注古代伊拉克，轻松悠然地将伊拉克政治和军事历史与思想史融合在一起，并无缝地过渡到当今时代，直面这个曾是人类文明摇篮的国度所处的可怕困境。

——美国《出版人周刊》

谨以此书献给

我的父母，厄秀娜和马丁，是他们引我走上治学之路

并献给

尼娜和珍妮，是他们用爱照亮我的人生

目　录
CONTENTS

前 言

2003年，美国、英国、澳大利亚和波兰等国对伊拉克发起侵略战争。此后不久，我即启动了伊拉克史的研究工作。其时，我希望此项研究能有助于我的美国同胞，以及其他对此有兴趣的读者，能够更好地理解这个国家的历史及其意义。多年的执教生涯让我深知，西方读者对伊拉克知之甚少。不仅如此，我希望此书能激起读者对伊拉克人民的伟大历史与民族文化的思考，启迪新的思维。2011年，最后一批西方联军从伊拉克撤出，西方主流媒体随之纷纷撤离，整个世界亦停止了对伊拉克的关注。尽管如此，即使到了2014年我写下此段文字时，西方武力侵占伊拉克的影响依旧还在，伊拉克事实上正在向族群分治的方向发展，面临着分裂的危险。因此，当下的研究成果如能让他们当中一些人或其他感兴趣的读者重新关注伊拉克，也算是一件幸事。此番工作，感激之人良多。尤其是学者和媒体朋友，正是站在他们的肩膀上，我才能步履从容地遨游于研究之海，最终写成此书。我的学生亦贡献多多，他们常常让我灵光闪现，这不仅是其学业所需，更为重要的是，他们

xii 激发了我对历史研究的深入探索，助我捋清伊拉克历史的点点滴滴，得以向广大非专业的读者清晰地传达出伊拉克悠久历史的幽深、复杂和意味。

我还要感谢中央密歇根大学（C.M.U.）赐我良机，让我有幸教授一系列中东历史课程。正是在这所大学，我开启了自己的教学生涯。得益于这个工作岗位，我教过西方文明史之类的课程，亦研究古代近东历史文化概论，其间有幸得到上至学院院长、历史系主任，下至众多同仁的鼎力支持，他们无一例外地支持我的决定，鼓励我为本科生和研究生开授关于“古典”中东和现代中东的新课程。随着我的教学内容日趋多元，教学负担亦越来越重，历史系主任给我指派了几名研究生助教，他们的帮助不可或缺，让我能够抽出时间学习所需的新的专业知识。

本书的写成，极大地受益于中央密歇根大学人文社会科学学院的一项决定，它由院长帕梅拉·盖茨（Pamela Gates）签发，同意在2010年春季学期里减轻我的教学任务，让我有精力从事写书所需的研究工作；同时，本书亦大大受益于2011年春季学期的休假研学。此外，我还要万分感激从事亚述研究的同仁芭芭拉·奈芙琳·波特博士（Barbara Nevling Porter），她给予本书一些中肯的意见与评价，时常予我研究困顿之时急需的鼓励。同样，我要无限感激那些致力此书问世的良师益友和同仁，多年以来，他们使一个起初对古代美索不达米亚或现代伊拉克历史懵懂无知的研究生成为这方面的专

家，并在这条历史研究大道上一直鼓励着他、帮助着他，并最
终促成他著成此书。具体而言，我要感谢的是詹姆斯·穆赫利
（James Muhly）、乐儿·莱希蒂（Erle Leichty）、阿克·薛
贝里（Ake Sjoberg）、巴里·艾希勒（Barry Eichler）、
克里斯·哈姆林（Chris Hamlin）、诺曼·约菲（Norman
Yoffee）、杰克·萨森（Jack Sasson）、玛莎·罗斯（Martha
Roth）、理查德·塞特勒（Richard Zettler）和托马斯·霍兰
德（Thomas Holland）。我将永远感谢阿明·巴纳尼（Amin
Banani）、阿迈勒·拉萨姆（Amal Rassam）和阿菲夫·卢特
菲亚尔-赛义德·马索特（Afif Lutfial-Sayyid Marsot），他
们肯定早已忘掉一些事，正是他们在1984年由国家人文基金 xiii
会（NEH）和美国州立学院及大学联合会（AASCU）主办、
密执安大学（University of Michigan）承办的现代中东研讨
会上对我的教导，才让我走上中东后古代史（post-antiquity
history）的教学、研究与写作之路。在此，我也要非常感谢出
版商所提供的匿名评审们对本书提出的意见。毋庸置疑，书中
一切错误过失或失当之谬皆是本人的责任。

至于本书的出版商，我无法表达我的感激之情，正是此杰出的出版商予我机会，让我得以出版此书。在我不得不延长出版期限以应对教学和身体抱恙之苦时，他们始终鼓励我并给予帮助。我要感谢诺文·杜斯达（Novin Doostdar）、凯特·柯克帕特里克（Kate Kirkpatrick）、保罗·布恩（Paul Boone）、詹姆斯·马克尼亚克（James Magniac）和保罗·纳

什（Paul Nash），感谢他们的辛勤付出与帮助。我要特别感谢菲奥娜·斯莱特（Fiona Slater），在我完成本书终稿的修订时，她向我提供了精彩超凡、准确无误的批评与建议。其中，安东尼·南森（Anthony Nanson）在修改、润色我的书稿时做了不少出色的工作。还有凯瑟琳·麦卡利（Kathleen McCully）也通过其仔细的校对发现并纠正了几个令我难堪的谬失。在此，我向他们表示感谢。

最后，我要特别感谢我的妻子尼娜·纳什-罗伯逊（Nina Nash-Robertson）博士，如果没有她始终如一的耐心支持、帮助和温柔呵护，还有间或地鼓励我"尽管去做吧"，我怕是永远不可能完成这个研究项目。在我研究并撰写此书期间，她带领中央密歇根大学合唱团不仅在卡内基音乐厅表演，而且还在爱尔兰、法国和中国等国进行巡回演出——至于在家附近地区的无数次演出，那就更不用提了。在我重伤期间——做了两次髋关节置换手术——她无微不至的护理，帮我渡过了难关。尽管如此，她还是不遗余力，抽空审阅我的底稿，并提出一些宝贵建议，做了一些修正。我所亏欠于她的，不仅在这个研究项目里，更在我们30年的人生风雨中，这也是我无法弥补的。

序 章 1

伊拉克：昔日的辉煌与魔咒

战争废墟带领我们走进历史。

——阿兰达蒂·罗伊（Arundhati Roy）《大众眼中的帝国》（*An Ordinary Person's Guide to Empire*）

在1991年之前，大部分欧美民众对伊拉克及其人民知之甚少，甚至可能漫不经心，无动于衷。他们也许知道，伊拉克与邻国伊朗曾进行了长达八年的战争。他们肯定听闻过伊朗的宗教激进主义政权，这个政权曾由1989年去世的伊朗伊斯兰共和国最高领袖阿亚图拉·鲁霍拉·霍梅尼领导，此人在西方人眼里就是个恶魔。在这位伊朗毛拉（mullah，穆斯林宗教和圣法的教师）的带领下，其支持者在1979年占领了美国驻德黑兰大使馆，并扣留美国外交官及其平民长达一年半之久。美国人对此恼怒不已，备感羞辱，所以在伊拉克与伊朗的战争中，他们希望伊拉克人（其时伊拉克领导人萨达姆·侯赛因才开始进入他们的视野）能够彻底战胜伊朗，从而可以削弱或清除伊朗阿亚图拉的势力。两伊战争期间，如果美国人密切关注战争形势，他们也许知道他们的总统罗纳德·里根已经派出特使进行斡旋，承诺美国将会援助萨达姆，尽管一开始是萨达姆
2 发起挑衅，入侵伊朗，发动两伊战争的。美国人或许早就知悉两伊战争中有成千上万的人惨死在战场上，或是无辜牺牲在双方对彼方城市的轰炸中。这些美国人可能只是凑巧翻阅到报纸的中间或后面版面时，顺便获得了这些战争信息，要知道报纸编辑们通常将此种遥远的战争冲突新闻置于简要报道一类，并不放在头版头条。众多读者常会把这类消息视作阿拉伯人之间的相互杀戮。可悲的是，许多人对伊朗人一无所知，他们至今还不知道大多数伊朗人就是波斯人，或者是土耳其人，但绝不是阿拉伯人。

两伊战争刚刚结束，萨达姆·侯赛因就作出令人讶异的重大决定，即于1990年夏天悍然发动战争，侵占科威特，极大地改变了时局。几乎在一夜之间，萨达姆从一个反伊朗的美国波斯湾地区利益的半代理人变成了一个危险的敌人，迅速成为国家支持野蛮行径的象征，化身为邪恶代言人。而就在12年后，美国总统向世界宣称萨达姆统治下的伊拉克是所谓“邪恶轴心（Axis of Evil）”的创始成员国。

1991年1月，在时任美国总统乔治·沃克·布什（老布什）的领导下，以美国为首的盟军发动了第一次对伊拉克的军事行动，代号为“沙漠风暴行动”。以美国为首，涉及众多西方盟友，最终依靠压倒性的军事力量将萨达姆军队赶出了科

威特。

然而，美国并未选择继续派兵进驻伊拉克，布什这个重大的决定对萨达姆统治下的伊拉克和他自己的儿子乔治（小布什）产生了意想不到的影响。因为在接下来的12年里，伊拉克处处受限，美国人步步紧逼，以美国为首的盟军发动的小规模的军事打击接连不断，加之灾难性的经济制裁让伊拉克雪上加霜。2001年9月11日，基地组织策划了对纽约和华盛顿特区的恐怖袭击，史称“9·11”事件。其后在英国首相托尼·布莱尔强大的政治和军事支持下，小布什总统操纵民意，利用公众的愤怒、恐惧，以及被蛊惑的复仇欲望，于2003年3月对伊拉克发起了第二次军事行动。由此，优势明显的美英联军外加“自
愿同盟”国的小规模先遣军队对伊拉克展开了大规模军事入 3
侵，紧接着便是占领伊拉克。这场鼓噪为“伊拉克自由行动”的攻势，对外宣称是通过军事上的“政权更迭”来解放伊拉克人民，但事实并非如此。西方盟军很快将萨达姆赶下了台，不久后又抓住了他，并捕杀了他的两个儿子，随即又任命了一位美国总督来管理盟军占领下的伊拉克。接下来的数年里，伊拉克致力于新宪法的起草、地方与国家官员的选举和组建一个由伊拉克人领导的新政府等事务。与此同时，暴力叛乱、抵制外国军事占领、派别内战等活动此起彼伏，充斥着这个国家。

2011年12月最后一批美军撤离伊拉克，正如一些历史学家宣称的那样，持续20年的伊拉克战争（1991—2011年）正式结束。

尽管外国军队离开了伊拉克，但这些昔日的入侵者已将伊拉克推进了集体苦难记忆的深渊。他们当中，只有少部分人受到了军事行动的直接影响，对大部分战斗人员或其家属来说，伊拉克的死活无关紧要。从这个意义上来说，一切又绕回到了原点，即20世纪90年代萨达姆·侯赛因入侵科威特之前的那个伊拉克。

不过，（对西方来说）伊拉克依旧至关重要。自那时起，作为单一国家的伊拉克无论存在与否，它都将影响世界格局。本书目的之一是解释这个原因。要想达成此目标，必须向上回顾伊拉克的历史，追溯到那个没有“伊拉克”的过去。事实上，伊拉克对现今的西方及数千年来的西方文明可以说至关重要，所谓“伊拉克”只不过是伊拉克历史的一部分，相对而言其并不那么举足轻重。

2003年，美英联军开赴伊拉克战场进行作战，其时他们的耳边回响着激动人心的话语。的确，他们理想“崇高”，想要在伊拉克干一番事业。他们自诩为伟大国家的开路先锋，来自自由、民主的故乡，他们的国就是“善良”“文明”的化身。他们被赋予的使命便是要“解放”这个被奴役的国家，以
4 刺破黑暗的阴霾，让那些在暴政、压迫、贫穷，甚至野蛮合力打压下的人民提升他们的福祉。有些美国士兵甚至相信，他们的使命更为崇高——是在一场新的十字军东征中为着神圣的目的而战斗。从他们小时候起，国家就教育他们，这个国家的目的与事业都会得到全能上帝毫无保留的庇护。

可进入伊拉克后，他们遭遇到前所未有的挑战，面对他们的是一大片高温酷热炙烤和沙尘暴肆虐的土地。这片土地贫瘠而又荒芜，这里的基础设施破败不堪，居民在恶劣的条件下艰难求生，城镇上的露天污水池已尽数被污染。这一切主要“归功”于早在12年前美国发动的战争和随之而来的经济制裁。许多士兵对这些悲惨的伊拉克人一概而论，将其归为“阿拉伯人”（或者又叫A-rabs，阿–拉伯人）、“裹穆斯林头巾的人（rag-heads）”、“毛巾头（towel-heads，中东人的贬称）”、“阿里巴巴（Ali Babas，阿里巴巴，在阿拉伯人口中是小偷的意思）”、“哈吉（hajjis，朝圣者）”，抑或“沙漠黑鬼（sand niggers）”——这些绰号有可能是他们从参与1991年沙漠风暴行动的老兵那里学来的。他们中大多数人认为所有的伊拉克人都是穆斯林——因此，在一些人眼中，他们是一群尚未开化的宗教信徒。为了调和伊拉克人中的异己力量，美国司令官向他们保证——当然是在美国中央情报局向他授信之后——已经有无可争议的有力证据表明，伊拉克的狂热分子拥有了萨达姆·侯赛因多年储备起来的“大规模杀伤性武器”，相信不久之后美军就会发现并销毁这些武器，从而保护好自己国家的利益和全世界人民的福祉。

这些士兵受到了这种信念的驱使，确信了他们使命的正义性，很快就击垮了伊拉克军队完成了任务。然而，就在他们开始侵占伊拉克不久，许多士兵便诧异地发现，报道中所谓落后倒退、一贫如洗的伊拉克人民热切需要美国大兵给予他们自由与民主，而现实并非如此；相反，这些伊拉克人对他们的解放者根本不领情，反而敌意重重。

也许这些美国大兵在中小学时代的老师或“圣经营”的师长，抑或他们自己在国家地理频道、探索频道或英国广播公司看过的电视节目，向他们灌输了关于伊拉克的一孔之见。他们兴许早已接触了一些关于伊拉克的陈言肤词，肤浅地认为这个国家是一个浪漫传奇，有着异国情调和《圣经》中提及的圣地。

这里还留存一些古老的废墟，在这片废墟中曾诞生过历史悠久的古代文明。如今，这里是一片荒芜死寂，早已被处在象牙塔内的历史学家们遗忘，只是偶尔出现在迪士尼创作的动漫电影，或是在YouTube播放的粗糙的纪录片中。

如今为什么还有人关注这些事情呢？伊拉克人又为什么还在乎这一切呢？

试想一下吧，在伊拉克的街道上，那些面带愠色、闷闷不乐的“哈吉”们愤怒地盯着肆意巡逻的悍马军车和布雷德利步兵战车，完全觉得他们自己才是真正的文明人，而不是这些西方大兵。这些所谓解放者如果看到这一切，该是多么惊讶啊。其实，早在2003年，许多伊拉克人就清楚地意识到——事实上，在萨达姆·侯赛因政权时代就有人刻意地提醒过他们——他们才是伟大文明的继承者，相比而言，他们的文明比那些占领伊拉克的西方人的文明要古老得多。而且，伊拉克历史悠久，在文化、文学和宗教上迥异多元，内容丰富深邃，结构错综精巧，各种思想源远流长，绵绵不绝。而所有这些是西方占领者绝不可能去理解或欣赏的。这些刚来的西方入侵者，只不过是伊拉克历史上一连串入侵者中最近的一批。历史上，这些侵略者打断了伊拉克自古以来的数千年历史，但最终总会融入这块土地，和长期生活在这里的人们合为一体，最终拥抱它，接受它，由此也丰富了它的古老传统。

就像过去几个世纪的入侵者一样，这些新来的西方军人很大程度上也受到了同一因素的蛊惑暗诱：财富以及随之而来的权力，他们很有可能通过控制伊拉克的自然资源、占据其战略地缘的方式获得这一切，尽管这些优势曾被造福于勤劳而又智慧的伊拉克人民。数千年来，这种财富主要来源于两个渠道：两大河流——底格里斯河（Tigris）和幼发拉底
河（Euphrates）。这里五谷丰登，粮食满仓，主要得益于两 6
河流域大片肥沃的灌溉平原和四通八达、利润丰厚的商业贸易——一直以来，伊拉克是这片区域交流的十字路口，更是贸易往来的终点站。到了近代，侵略者来往此处是想获得另外一种资源——伊拉克地下储量丰富的石油。它们像磁铁一样让那些潜在的征服者心驰神往，它们让那些贪婪的统治者跃马扬鞭。无论这些人是国内的还是国外的，疯狂追逐农业财富的最大化，最终导致了家毁国亡。最近几十年里，石油所带来的财富也被伊拉克的统治者用来安抚平息那些难以驾驭的人口，这自然也阻碍了政治的发展和社会的进步。

然而，这种自然的恩赐已然成为一架引擎，让伊拉克的

领土扩张与帝国荣耀升到顶点，不断地将伊拉克推向政治权力的巅峰，将其社会与文化推向了极致，在科学技术上亦取得巨大进步。2003年的英美侵略者本可以有理由为其母国民主和人权的历史感到无上的荣耀，然而，这种民主观与价值观在伊拉克的历史上绝不陌生。[1]伊拉克人民所生活的地方让我们想到他们的土地曾是人类文明的摇篮：这里有人类社会最早的城市，产生了最早的文字和文学；既定法律的治理原则与思想早已根深蒂固，远远早于英国的《大宪章》或美国的宪法；世界上最早的帝国诞生于此，大大早于大不列颠的世界海洋霸权抑或第二次世界大战后美国知识界所宣称的“美式和平”或“历史终结”。

那些英美士兵都是在犹太教和基督教这样一神教信仰传统中成长起来的，对被派往一个曾经孕育出中东地区最大又最为繁荣的犹太群体的国度，他们或许大为诧异，毕竟这个地方的历史最早可以追溯到公元前6世纪。古老的基督教社区也是在这里发展兴旺，其根源、传统和耶稣时代的习俗更为接近；
7 相较于士兵们老家的长老会、浸礼会、圣公会或罗马天主教等教派群体的风俗，还是有所不同。相对而言，在这些派驻伊拉克的士兵当中，还有少量的人熟悉或信奉兴起最晚的一神教传统信仰——伊斯兰教，他们很快地意识到自己被派往了一个以穆斯林为主的国度。

但他们不知道的是，伊拉克曾经是一个由穆斯林统治的大帝国的心脏，它的君主，即巴格达的哈里发（伊斯兰教主）

曾被公认为一个东起伊朗、横跨埃及和北非、西至西班牙，疆域辽阔的帝国的大帝。同样，那些部署在伊拉克南部区域或是巴格达附近的军官们大概已经告知他们的军队说，他们即将遭遇的伊拉克人不过是什叶派穆斯林，但是他们不可能知道，甚至也没有意识到伊拉克就是什叶派穆斯林的大本营，更不清楚什叶派穆斯林最伟大的圣徒安息地就在那里。

那些受过世俗人文主义传统浸润，或是看过一些根据中东地区民间传说拍成的电影的士兵们或许会感到更加踏实，因为他们可能在《一千零一夜》（也被称为《天方夜谭》）的故事中听说过巴格达，或至少听过像辛巴达、阿拉丁和阿里巴巴这样的人物。但是他们可能没有意识到，著名的阿拉伯哈里发哈伦·拉希德（公元764—809年，Harun ar-Rashid），其巴格达的王宫就是这些故事发生的背景所在地，国家在他的主政之下，一段时间里，商业繁荣，艺术兴盛，建筑发达，其时的伦敦和巴黎只不过是相当落后的肮脏小城。他们大概也不知道，有一个时期，巴格达的哈里发们推进了科学的巨大进步，倡导了学术的百家争鸣，当时牛津大学和剑桥大学的成立都还是几个世纪以后的事情。当这些大学的学者和他们在欧洲的同事们在知识上取得巨大进步的时候，巴格达的哈里发们已经为他们的成就奠定了基石，正是在这些阿拉伯和波斯科学家与翻译家的帮助下，他们保存了大量的古希腊人和罗马人的知识与学问（供欧洲人使用）。这些西方人会惊讶地发现，伊拉克才是文艺复 8
兴的源泉，完全有理由被视为现代“西方文明”的诞生地。

尽管这些士兵对伊拉克辉煌的过去及其对西方文明的贡献缺乏认知，但他们在抵达伊拉克之后就会了解到，大多数伊拉克人都有一种政治上和文化上的身份认同——他们不仅仅是伊拉克人，也是阿拉伯人，尤其作为阿拉伯人，他们能感受到与整个中东地区的阿拉伯人一致的民族认同感和亲切感。他们可能还认为，"阿拉伯性"是构成中东民族的原始特征。这些人还可能会惊讶地发现，"阿拉伯"这个称谓长期以来就是个贬义词，一直用来称呼贝都因人（一个居无定所的阿拉伯游牧民族），因为他们未经开化，常骑行骆驼，以放牧绵羊和山羊为生。到了20世纪，作为对土耳其和欧洲人统治的回应，才诞生出"阿拉伯"的新内涵，开始作为象征种族身份和团结的荣誉标志，具有了积极的意义，"阿拉伯人"便是一个统一的"国家"，这个国家在第一次世界大战之后被西方列强错误地分裂成若干国家，但是他们认为自己与欧美国家一样有权享有政治主权，拥有民族自决和民族自治的权利。后来的占领者在进入伊拉克时，便遭遇伊拉克阿拉伯人猛烈而又顽强的抵抗，这似乎在暗中告诫他们，不要无视这种阿拉伯民族主义观念在伊拉克历史上的作用。自1920年以来，这种观念生生不息，一直在抵抗着欧洲和美国的殖民统治。有人警告这些占领者，要警惕"邪恶的"阿拉伯复兴社会党。但是他们不会知道伊拉克有多少人在支持这个政党，将其视作一股激发阿拉伯民族自豪感和认同感的力量，进而帮助伊拉克真正意义上摆脱欧洲的长期影响。历史上这种情形屡见不鲜，那些开放或强化意识形态的政治

运动，往往因为领导个体的失败而垮台。同样，伊拉克阿拉伯民族 9
主义的衰落也要归因于阿拉伯复兴社会党的领导人——萨达姆·侯赛因的兴起。不管怎样，伊拉克人民为此付出了惨重的代价。

在本书中，我们将开启一段伊拉克历史的漫长之旅，从史前时代开始，直至21世纪初期。但这并不意味着本书就是一本简单肤浅的编年体故事书，仅仅记录从石器时代到萨达姆时代的伊拉克历史。它的主要目的是唤起读者的关注，伊拉克作为人类文明的摇篮，历史影响深远，却常常被我们漠视。另外，本书还提醒我们不要忘记伊拉克的历史经验之于人类文明的贡献——无论是对西方还是对我们这个星球。我们将密切关注伊拉克的前世今生，探究这个国家在改变世界的过程中发挥了何等重要的作用。

我书写本书的认识基础是：伊拉克这个国家举足轻重。在结尾部分，我希望能够充分表明，在伊拉克战争结束的20多年后，西方人撤离了伊拉克，并认为在伊拉克历史上翻开了新的一页，将其置于“曾经去过那里，在那里打过仗”的国家范畴，而这样的认知对我们是极其不利的。其实，现在的伊拉克依然至关重要。伊拉克的未来——特别是长期饱受苦难的伊拉克人民对近几十年来的战争带来的破坏与纷争进行抗争——对我们所有人来说非同小可，不可轻视。

我并不止步于此，还将深入探讨，通过不同的棱镜视角来审视伊拉克的悠久历史，以此给出参照，阐释人类历史的其他主题和问题。其中一个视角便是将西方的历史发展轨迹，参照伊拉克，形成鲜明对照。伊拉克历史上的巨大灾祸并不是伊拉克上层或伊拉克人民引起的，通常情况下，几乎每隔一段时期，就会有外来的入侵者打断伊拉克的历史进程、祸害伊拉克，此种情形相较于大部分欧洲国家有过之而无不及。与美国历史相比更是如此，无可争辩，除非是站在美洲印第安人的立场来看。早在公元前3000年，伊拉克就受到外来移民、外国侵略者和征服者的侵扰，遭到了严重的破坏，有时甚至是毁灭性的打击。这些外来者多来自公元前2250年左右的山地部落，是他们横扫了美索不达米亚平原。

公元前4世纪时的亚历山大大帝加入了征服者的行列，他的军队方阵踏遍了整个伊拉克。1258年，蒙古可汗旭烈兀（Hülegü）建立的伊尔汗国也将伊拉克侵占。而欧洲和美国对伊拉克的占领从第一次世界大战一直持续到美伊战争（伊拉克自由战争）。千百年来，伊拉克历史上不断出现的外敌入侵与破坏，总是引人关注，其原因在于伊拉克的本土资源对于那些外来征服者来说有着无法抗拒的诱惑。然而，正是这些资源才让伊拉克成为伟大文明的摇篮。从历史上看，从古代美索不达米亚的苏美尔人和巴比伦人到现代伊拉克的阿拉伯人和库尔德人，这些民族都曾在文明的摇篮里经历过成长，走过辉煌，甚至荣耀，尽管常常以破灭失败而告终。

第一章

地方、民族和发展潜能： 11
伊拉克生存的基石

《枪炮、病菌与钢铁：人类社会的命运》的作者贾雷德·戴蒙德认为西欧国家的兴起取决于其独特的优势，如地理因素、气候因素，还有唾手可得的资源。持同样观点的还有受人尊崇的法国历史学家费尔南德·布罗代尔和其他的年鉴学派史学家。他们认为，人类社会的历史受制于长期以来的地理和气候条件，在发展其特定政治和社会经济制度时，所有这些条件都可以左右人类社会的选择。此种研究历史的方法确实有点地理环境决定论的味道，现代历史学家往往对此有所警惕。即便如此，至少也可以说，该地区独特的地理环境与相对有限的自然资源与现今的伊拉克相当，自古以来在其历史与文明发展史上举足轻重。因此，我们要想驾驭伊拉克历史的深处暗流，那么把握伊拉克的自然地理与人文地理，及由此带来的种种可能和限制，就显得必不可少了。

此处我有意使用水文隐喻来说明问题。关于伊拉克的地 12

理，要说的第一点便是与这个国家的古今名称有关。要知道，在近两千年以前，世界上还没有一个国家叫伊拉克。“伊拉克”这个名字可能源自波斯语“eragh”，意即“低地”，正好形容了底格里斯河–幼发拉底河下游河段的河漫滩（冲积平原）和沼泽，因此历史上就用这个名字指代这一流域。而根据传统的阿拉伯人命名中东地理的方法，这片区域应当叫bilad al-Iraq（河岸之地）。这与“bilad al-Sham”（北方之地，或叙利亚之地）和“bilad al-Yaman”（南方之地，或阿拉伯半岛）的命名规律一致。[1]我之所以有此推测，个中原因将在后面予以探讨。第一次世界大战结束后没几年，在新的国际联盟的支持下，一个国际公认的国家“伊拉克”诞生了。1918年，在英国与法国的挑唆鼓动下，欧洲列强打败了奥斯曼帝国。16世纪以来，奥斯曼帝国一直统治着这片地区，在现代伊拉克国家没有建立之前，该地区有许多地理名称叫法，这些叫法反映出了占领或征服这个地区的民族的语言。但是，自古希腊罗马时代起，欧洲人习惯上将该地区称作“美索不达米亚”——这是一个古希腊专用名词，主要是指“两河中间的地域”。两条河流便是东边的底格里斯河和西边的幼发拉底河，它们都发源于安纳托利亚（Anatolia）高原——今天的土耳其——并从这里一直向南流去。如今，两河在伊拉克南部交汇，形成一条单一的水道，即阿拉伯河，一直流入波斯湾。在古代，这两条河并不汇合，各自流入海湾。广义而言，美索不达米亚区域比现代的伊拉克边界或大或小。两河流域之间的土地，既不包括现代伊拉克的西部沙漠，也不含东部的扎格罗斯山脉的丘陵地带。但美索不达米亚北部和西北部流域远远超出现在的伊拉克国土面积，延伸到了叙利亚的西部和土耳其南部，而在其南边，美索不达米亚南部低地并入位于伊朗西南部与底格里斯河以东的胡泽斯坦省。

为了进一步延展前面提及的地理水文隐喻，我们将美索 13
不达米亚的历史上溯到公元前4000年左右。正如在接下来的章节里所描述的那样，我们在历史之流中探索，人类在开发利用底格里斯河和幼发拉底河方面获得了诸多建树，这些功绩来之不易，且长盛不衰，很大程度上主导了这一地区历史的持续发展。

事实上，我们可以组织一些主题讨论，来探究伊拉克的自然地理及其对伊拉克历史的影响。首先，底格里斯河和幼发拉底河及由其冲击而成的冲积平原地区曾是伊拉克历史的核心地带。其次，伊拉克的自然资源储量有限，而且分布不均，这严重地影响了伊拉克的历史发展进程。最后，历史上，其他民族出入该地区相对方便，因此也容易受到边境高地和沙漠地区，甚至更远地区的入侵者或外来移民的侵扰。

两河流域之间的土地

迄今为止，被尊称为“西方史学之父”的希腊历史学家希罗多德曾给我们留下难以忘怀的话语，他以极其简洁的语言描述埃及的土地，说道：“（埃及）是河流的礼物。”当然，这条河指的就是尼罗河。然而，他同样可以用这句话形容伊拉克，把美索不达米亚这片土地，尤其是其向南延伸的部分，说成是“河流的礼物”。如果没有底格里斯河和幼发拉底河提供的灌溉用水，伊拉克的古代文明不会取得如此巨大的成就，更不用说后来在巴格达施行统治的阿拉伯征服者及其继任者所做的一切。灌溉使（定居）生活成为可能，没有水源灌溉，伊拉克南部永远不会成就巴格达或巴比伦，哪怕是一个小小的乡镇也不可能。而在伊拉克北部与西北部的部分地区，从如今的城市萨拉赫丁省萨马拉向北，特别是底格里斯河以东及其附近
14 山区，每年都有足够的降水来维系当地农业的生产。50多年前，一些美国考古学家在伊拉克北部山区的丘陵地区（即今天的伊拉克库尔德地区）挖掘出了伊拉克最早的农业村庄，其历史可以追溯到公元前6000年。证据显示那里的降水量尚可，足以维持当地脆弱的农业经济。另一方面，伊拉克南部却没有足够的降水来发展它的农业。事实上，这种情形从未出现过。早在公元前5500年左右，伊拉克新石器时期的居民，就进入了底格里斯河沿岸地区，即现在伊拉克的萨马拉地区。一些具有积极进取意识的农民，满怀信心或急不可待地想要扩张他们栖身定居的地方，不断向南进行拓殖，终于来到这个降水能勉强维持农业生产的区域。他们开始尝试挖掘规模较小的引水沟渠，将底格里斯河的水引入他们的田里——这种引水的方式是当时伊拉克人取得的最显著成就之一。

从这个意义上来说，我们必须将这些淳朴的农民视为人类历史上最重要的垦荒者，正是这些规模较小、本质上还是本土的引水沟渠，一直在沿河流域发挥作用，使用了数千年。这些农民的子孙后代在其基础上不断革新，将小规模的引水沟渠发展成为大规模的灌溉工程，才会将伊拉克南部建设成为恰如受人尊崇的考古学家罗伯特·M. 亚当斯（Robert M. Adams）所赞誉的那样——“城市的心脏地带”——世界上最早的城市发源地。

公元前4000年左右，沿河流域最早的城市开始出现在伊拉克南部底格里斯河–幼发拉底河水系的沼泽地区和冲积平原上，这片地区被后来的阿拉伯人称为“萨瓦德（Sawad，意思为黑土）”。本书下一章节将会更加详细地阐述这些沿河城市所取得的巨大成就。但行文之始，我们需要厘清一点，即这些城市、不断涌入的人口和他们所取得的辉煌业绩之所以成为可能，不仅仅是因为这些灌溉平原所产生的巨大农业生产力，还有那些成千上万的农业生产者的辛勤劳动和汗水付出。这些农民大多籍籍无名，但正是他们挖掘并维系了河流灌溉网络，在沿河流域土地上不断耕作、播种和收获。当时有许多抄写员（实际上是掌握读写的官僚）管理着大量的古代伊拉克庙宇与 15
宫殿的农业地产，他们对这些农业生产队伍做了翔实细致的记录：他们的监督员及队伍数量、耕种的土地面积、用于犁田的牲畜数量，以及播种的多少等。这些数据恰好为现代的研究学者提供了足够的信息，帮助他们计算出古代美索不达米亚南部广阔的灌溉平原的土地收益，这里盛产大麦和小麦，相较之下，其收益比现代的美国中西部和加拿大的土地产量还要高。这些农业地产的收成大大超过了实际养活人口的需要。因此，远古时期的美索不达米亚政权的诞生、军事征服的开始、帝国统治的出现、庙宇宫殿及清真寺建筑的辉煌，直至20世纪丰富石油资源的开采——所有这一切均取决于统治者对于底格里斯河和幼发拉底河所带来的巨大农业盈余的掌控。

然而，两条河流的赐福也有可能变成河流的诅咒。在早期伊拉克的居民眼中，这种诅咒有时来自河流本身的反复无常——在他们看来，这是遭到了主宰河流之神或上帝降下的天谴。两条大河中，底格里斯河的河床往往较深，因此它的水流速度更快，早期的灌溉技术在此无法施展。幼发拉底河的河床较浅，因而水流速度相对平缓。这使得幼发拉底河更容易被用来灌溉河岸附近的土地，河道也更容易变得蜿蜒曲折，甚至河床发生改道，产生新的河道。这种情形反过来又会带来另外一种可能，即那些生活在河流附近的人们会发现，（由于河流改道）他们无法靠近水源，被剥夺了维系生存的权利，从而被迫放弃他们的定居点，远走他乡。随之而来的便是各种各样的磨难。同时，由于从河中挖掘出的引水灌溉渠道水流流速过慢，致使淤泥不断地沉积在河床上，因而对灌溉渠道造成了破坏性的影响，并且不断加剧。因此，为防止这些引水渠道堵塞，需要定期对其进行疏浚作业，其中就涉及耗费成千上万工时、累死累活的劳动运作。从历史上看，任何无视此项工作，或者受

阻于环境因素而无法妥善处理这一使命的统治者，往往会因为 16
灌溉系统的财富创造潜力欠佳而元气大伤，随之统治者自身的权力和抵御外来威胁的能力也大大地受到了限制。

统治者也有可能通过其拥有的土地上榨取更多的财富，这种利令智昏的做法无疑会削弱他手中的权力。在传统的农业系统中，那些管理土地的人们知道，土地必须定期轮作休耕，方可补充养分，恢复土壤的肥力。而灌溉模式农业中，诸如在伊拉克南部的冲积平原，就必须让部分土地免于灌溉，以防止其水分过于饱和（从而不利于农作物的生产）。另一方面，过度灌溉会使得地下水位抬高，从而导致土壤中的盐分以毛细血管的方式向上渗透。由此，地面上会结满盐粒——“土壤盐碱化”，随着时间的推移，这些土地不再适合人类的耕种。而在现代，农民已经能够利用电机驱动的水泵来清除田间多余的水，从而起到防止土壤盐碱化的作用。早在公元前2000年，人们就找到了农作物产量下降的原因，可能是过度灌溉和未能让土地定期休耕导致土地盐碱化。[2]这个问题经常周期性地复发，一直持续到现代社会，由此也使得粮食生产出现危机，给统治者的权力统治造成严重影响。

正如我先前指出的那样，河道与引水灌溉渠道被淤泥堵塞的情形需要进行持续性的管理与疏导，以保持土地的最佳生产效率，这种情形贯穿了整个伊拉克历史。随着时间的流逝，泥沙沉积也会抬升河道水位，使其明显高于周围的田地。这些田地，以及由此支撑起来的居民定居点，在当时只能通过河道两侧的防洪土坝来抵御河水的侵袭。

古代居民的城镇通常都建在河流水道穿越而过的冲积平
17 原上，绝大多数居民从未见过，甚至也从未知晓两大河流发源何处。当然，他们更不会看到冬天高山上的积雪，只有冬去春来，冰雪才会融化成水，奔涌进入河流，沿着河道流向冲积平原，势不可当，形成泛滥之势。但是，当这些山区春季洪水到来的时候，所裹挟的洪荒之力可能会冲垮灌溉渠道的防洪土坝，这种可怕的景象很容易被前现代生活在冲积平原上的居民归因于复仇之神的愤怒。这种神性格变幻无常，难以捉摸，对古埃及人来说，尼罗河每年一度的夏季洪水给当地居民带来了生活的希望和富足的预言——毕竟土地如神一般复活了。但是对古代的伊拉克人来说，春季到来的洪水毁坏了他们的田地，摧毁了他们的家园。古代美索不达米亚的文学作品中，一个反复出现的主题便是众神想要通过发洪水的方式来毁灭地球，惩罚人类。欧美的大多数小学生通常都知道诺亚方舟的故事，故事中，上帝命令诺亚建造一艘巨轮（即“方舟”），然后诺亚坐了上去，安然度过了上帝派来惩罚人类的洪水灾难。可是他们当中，有多少人知道这个故事是《圣经》的作者从古代美索不达米亚的先驱那里借用而来的呢！这些先驱的事迹通常记录在史诗当中，其中一部《吉尔伽美什史诗》讲述了一个不死者乌塔那匹兹姆的故事，他告诉了吉尔伽美什洪水的由来，原来它是早期美索不达米亚最强大的神恩利尔派去毁灭邪恶的人类的。而乌塔那匹兹姆和他的家人则事先得到友好之神的警告，在神的授意下，他建造了一艘船，并带着家人乘坐它一起度过了洪水劫难。尽管有人会据此推测，这些洪水故事起源于史前时期黑海的灾难性洪水，此时，地球上最后一个冰川期结束，全球开始变暖。但是也有不少学者认为，这些洪水传说灵感源自春季洪水的古老记忆，对底格里斯河-幼发拉底河两河流域冲积平原上的早期居民而言，每到发洪水季节，洪水“覆盖了整个地球”，带来了灾难。

不过，总的来说，洪水带来的财富远甚于其所带来的破 18
坏。在大规模的商业、水路运输比陆路运输利润丰厚、效率更高因而也更为常用的时代，这些河流及其主要的灌溉渠道往往是交通运输的主动脉。在阿拉伯伊拉克的远古时代和古典时期，其所拥有的财富与发达的文化很大程度上归因于伊拉克境内的水路运输与贸易。尽管如此，底格里斯河和幼发拉底河带来了丰富的灌溉用水资源，保持了肥沃的农业地力，给伊拉克带来了最大也最为长久的祝福——两河的福祉注定要让伊拉克成为古代城市文明的摇篮。同时也因其富足带来了诅咒，数千年来，它吸引了外来移民与征服者们令人憎恶的关注。

原材料和自然资源的分布

走在大街上你问任何人，伊拉克最重要的自然资源是什么，除非这个人是刚刚从火星来到地球，否则他们会马上回答“石油”。自20世纪初人们在伊拉克发现石油以来，西方国家就觊觎其石油资源。如今，众所周知，伊拉克拥有世界排名第二的已探明石油储量，而且随着新技术的应用，相信还有数千万桶石油等待被发现。石油公司早已对开采石油带来的财富和权力垂涎三尺。在21世纪的这个世界里，人们都知道石油为现代工业的机械产业提供动力。如果没有从石油中生产出来的汽油，世界范围内的现代社会将在很大程度上停滞不前。如果没有石油，我们无法从中提炼塑料制品，也将失去电脑设备和诸多常见的家用电器产品，孩子们的玩具也会变少。那么，按理说伊拉克应该是一个富裕的国家吧。难道不是这样吗？

答案是否定的。首先，在19世纪内燃机发明之前，伊拉克的石油经济并不突出，几乎微不足道。在内燃机发明之后，
19 全世界开始依赖石油为人类生活提供动力，用于驱动坦克、启动轮船和发动汽车，其时大部分石油来自美国。一般情况下，中东地区的石油，尤其是产自伊拉克的石油，仅在第二次世界大战之后才是人们考虑的重要经济因素；同时，这也成为中东地区国家新财富的来源。尽管如此，伊拉克的原油早在古代的时候就有着其独特的用途。要知道，在那个时候，人们钻探石油并将石油从地下抽出到地表，既不可能也不符合当时的实际情况。但是，在伊拉克的考古发掘中，人们发现了储存沥青的油池。学者们也在古代伊拉克最早期的文献记录中发现了相关证据，其中就有提到了一些原油产品的词汇和原油如何使用的说明。其中，更为重要的功能——作为密封剂或黏合剂——涂在砖块、篮筐、屋顶和其他实用物件的表面，起到防水密封

作用。

伊拉克河域的自然环境中，有着丰富的水资源，还有大量的泥土、黏土和芦苇，此外还有渗出地面但数量有限的石油物质的表层沉积物，这些沉积物是古代伊拉克为数不多的原材料之一。否则的话，在伊拉克原材料的储藏中，至少在前现代时期，近乎空空如也。除了石油，伊拉克几乎没什么大的矿藏：没有铜矿或锡矿（这是青铜器的主要成分，大约在公元前3500年到公元前1000年左右，青铜器也是该地区生产工具与战斗武器制作的基本材料），也没有铁矿（公元前1200年后，铁器取代青铜成为最重要的加工金属）。新石器时代，在人类还未找到金属制作技术之前，人们就地取材，采用当地的石材，将其加工成薄碎的细片，用以制作刀片、刮板和其他的器具。即便如此，那些备受人们青睐、用来打制石器的原材料黑曜石也必须从路途遥远的现代土耳其地区运来。

而且，伊拉克也没有面积广大的森林，缺少用以提供大规模房屋建造所需要的修长坚实的木材。在古代，适合此种用途的树木，往往生长在高海拔区域，主要分布在扎格罗斯山脉的高海拔地区和冲积平原的东部和东北部的大部分地区。然而，在人类即将告别远古时代的时候，这些地方已经经过几个世纪的开发利用。几百年来当地牧民在此放牧绵羊和山羊，造成了对这一区域的侵蚀，使这里的环境变得更糟，森林开始消失。无论如何，冲积平原上的城镇居民往往很难获得这些林木 20
资源，毕竟那些生活在高地部落的族群不太可能同情低地居民的实际需求。因此，自远古时期起，在现今叙利亚和黎巴嫩境内的雪松和松树就成为低地部落统治者索求的目标，他们往往通过战争征服或经济贸易的方式来获得这些资源。在《吉尔伽美什史诗》中，其中一个非常有名的故事讲述了吉尔伽美什和他的密友恩奇都的传奇旅程，他们二人出发前往雪松森林的大山，这个地方位于遥远的美索不达米亚西部。在他们带回砍伐下来的巨大木材之前，两位英雄杀死了守护雪松森林的可怕魔怪芬巴巴（亚述语拼法Humbaba，又译洪巴巴或胡瓦瓦，苏美尔语拼法Huwawa）。

伊拉克原材料匮乏的还有建筑领域中的石材，尤其在伊拉克南部地区，这里诞生了伊拉克最早的城市，曾是文明的发源地。早在公元前4000年，在吉尔伽美什的家乡，人们在乌鲁克古城的一座纪念性建筑的考古发掘中发现了一些被开发利用过的当地石材资源。但是，总的来说，古代伊拉克南部的人们几乎没有可供建材使用的石头，特别是与古埃及人相比。对古埃及人而言，他们更容易获得大量的石灰石、砂岩和花岗岩。几千年来，这方面的证据是有目共睹、显而易见的。古代埃及人用来建造吉萨胡夫大金字塔的石材资源即取自本地，像底比斯、埃夫和尼罗河流域其他地方的宏伟神殿足以证明埃及人非常幸运，拥有丰富的石材资源，并且也知道如何使用它们。正是这个原因，再加上石制神殿和巨大陵墓上的象形文字铭文，即使法老早已不再统治他的帝国，世界也从未忘记古埃及人。

而在伊拉克北部底格里斯河沿岸大大小小的城市里，古代亚述王国以及后来的统治者们都用石材来装点他们的宫殿。19世纪40年代，英法考古学家通过考古发掘发现了宫殿走廊 21
上的一排排浮雕和守护它们的巨大雕塑像。这个考古发现引人注目，让世人联想到古代美索不达米亚。要知道，美索不达米亚曾孕育了像古代埃及一样的辉煌文明。对美索不达米亚或伊拉克的先民来说，他们获得建造房屋、村庄、寺庙和城市所需的材料就在眼前，唾手可得——河边泥土以及河水本身。早在公元前6000年，美索不达米亚中部的村民们就用泥土、稻草和水制成混合材料来建造房屋，恰如美洲西南部原住民建造的“土坯”。这些混合材料被制成土砖块，放到阳光下晒干，然后用来建造房屋。几千年来，虽然用来建造的砖块大小与形状发生了大大小小的变化，但是它们确确实实地成就了伊拉克的伟大文明。当人们用这些砖块来建造大型公共建筑时，有时就需要将它们放置在砖窑中烘烤，使其质地坚硬，提高耐用性。即使对现代伊拉克的村民来说，土制泥砖仍常常是建筑材料的选项之一。这些泥砖很好地隔绝了伊拉克夏天的酷热，抵御了冬天的严寒，其防暑保暖的特征，能更好地应对当地严苛的气候。然而，这些泥砖建造的墙体表面需要定期重新粉刷，如果得不到定期维护，泥砖墙体结构便会很快地被风化腐蚀。几个世纪以来，人们在重建泥砖房屋中，最受欢迎的方法便是拆除上面剥落的泥块墙体，并将下面的墙体作为重建的地基。如果在村庄或城镇的居住生活持续很长时间，或者在放弃它们之后又重新回归这里定居，那么重建房屋的高度将会上升，像高高隆起的土丘，相对于附近地区，这些定居点的高度会不断地抬升。阿拉伯语中的土丘，即指人类定居点的遗迹，意思是“方形土墩”，其风貌向我们“展示”了房屋建筑的特点。也正因为对这样的土丘进行发掘，19世纪的考古先驱们才有了许多惊人的发现。

然而，关于伊拉克早期历史的一个棘手难题又将我们带回了先前的问题。即地球上一些最古老、最强大的文明是如何在这样一个自然资源如此匮乏的地方诞生并繁荣的？作此设想
22 似乎比较合乎逻辑，多数研究学者也对此达成一致的看法，即在伊拉克漫长历史的早期，当地统治者能够对外出口粮食作物、羊毛制品，甚至专业的技术工匠生产的奢侈品，以此换取该地区以外的贵重且实用的金属器具或其他资源。此类交易中一个广为人知的史实便是在卡内什遗迹的考古发掘中找到的，这座古城位于现今的土耳其中部，城中发现了大约公元前1910年到公元前1750年的书面文献，当中记载了向现在伊拉克北部的亚述古城出口黄金白银的情形。这些金银的运输费用一部分是以销售纺织品的利润支付，而这些纺织品通常是由亚述古城的商人通过毛驴拉货的方式带到1600多千米外的卡内什，然后再转手卖给当地人。甚至比这更早的时候，大约在公元前2400年，来自远方的阿曼和巴基斯坦境内印度河流域的船只，往返航行于波斯湾或更远的海域进行贸易往来，将诸如由玛瑙琉璃制成的次宝石奢侈品带给美索不达米亚南部王国的

统治精英。20世纪20年代，英国考古学家兼间谍伦纳德·伍利爵士（Sir Leonard Woolley）在乌尔城皇家墓地考古挖掘时，找到了数百件这样的物品。这项成果在当时堪称有史以来最为著名的考古发现之一。

有史以来，伊拉克一直受益于其独特的地理位置，它横跨东西方往来的重要贸易路线，这条贸易要道向东连接起了东方的中国，向西沟通了地中海和欧洲列国。正如我们即将看到的那样，公元8世纪，巴格达成为阿拉伯帝国的首都，它位于这些贸易线路的交会处，成为西亚与中东地区经济、贸易、文化、交通中心，吸引了国际商业所带来的巨大财富。这也使得阿拉伯哈里发宫廷吸引了无数的艺术家、诗人和哲学家前往，并成为权贵富商奢侈和炫耀的中心。而在现代，伊拉克位于世界上最有利可图的商品——石油的中心地带，几十年来，石油所带来的财富足以让其统治者能够在基础设施、教育和医疗领域投入巨资，从而将伊拉克带入第一世界。

伊拉克易受外部力量的影响及其脆弱性 23

在伊拉克漫长的历史长河中，美索不达米亚或伊拉克经常遭到外敌入侵以及大量外来人口的迁入，其中不乏一些残忍之徒。有些人（如公元前3000年后期被称为库提人的山地部落）注定是昙花一现，短暂存在；有些人（如公元7世纪来自阿拉伯半岛并带来伊斯兰教新信仰的阿拉伯军队）则注定要统治这里数百年。伊拉克抵抗外敌入侵的力量较为薄弱，其中的地理原因在于，该国人口最稠密的地区在历史上往往处于底格里斯河和幼发拉底河沿岸区域，几乎没有什么地缘优势来威慑外敌以保护自己，相对来说也更容易遭受外来入侵。相比之下，埃及因为有尼罗河谷的天然屏障优势，有着很好的地缘缓冲。如果我们以伊拉克北部的底格里斯河为起点，然后沿着伊拉克的现代边界线，以顺时针方向画一个粗略的圆，就可找到一些容易遭受威胁的地区，那些心怀敌意、不受欢迎的入侵者对此地早已是虎视眈眈，至少在这5000年的时间里，各种各样的威胁打击均出现在这些地区。

在底格里斯河以东，即伊拉克和伊朗之间的现代边界地区，便是扎格罗斯山脉的丘陵地带和其海拔较高的山区。历史上，扎格罗斯高地雨水充沛的山谷庇护着周遭小小的“部落”村庄，滋养着这里辛勤劳作的农民和以畜牧为生的牧羊人。伊拉克文学中有一个永恒的主题，那就是冲积平原上的城市居民对扎格罗斯山民和沙漠牧民的蔑视，称他们为“乡巴佬”。

然而，从古代到近代，扎格罗斯山民历史上对建在美索不达米亚平原上、为大大小小的都城所统治的大帝国和政权构成了威胁。公元前2200年前后，库提人对阿卡德的国王发动了突袭，直接推翻了帝国政权的统治。阿卡德的都城距离现今伊拉克首都巴格达并不远，是巴比伦文明的故乡，也是世界上最早的帝国。差不多4000年后，库尔德人迁徙来到这一地区，并定居于此，他们反抗巴格达的统治，即使到了今天，仍然一心维系自治的局面，想要脱离中央政府的控制，或许还想建立一个独立的政权。

如果我们从库提人或其后来者库尔德人土地向南行进，24
抵达现在的伊朗西南部，就进入了胡泽斯坦地区。这个地方是幼发拉底河与底格里斯河下游平原最南端向东的自然延伸部分，在1980年至1988年这八年间，该地区便是萨达姆·侯赛因的军队与伊朗伊斯兰共和国部队之间进行残酷混战的场所。可是在公元前3000年，这个地方处于苏萨城的管辖之下，苏萨城曾是古代埃兰王国、波斯帝国、帕提亚帝国的重要都城，繁华程度不亚于古代伊拉克的大城市，与之媲美，毫不逊色。在接下来的几个世纪里，这个地区便落入了强大的伊朗古埃兰王国的控制。古埃兰王国的一位国王在公元前2000年左右侵犯了美索不达米亚南部，摧毁了苏美尔人的伟大都城乌尔，掳走了乌尔的国君，直接宣告了乌尔第三王朝的灭亡。直至公元前7世纪中期，美索不达米亚的亚述统治者疯狂扩张，灭掉了古埃兰王国。亚述帝国曾多次入侵巴比伦，经常折磨古代伊拉克的国王。当古埃兰王国衰落的时候，这一地区随之又产生了新的威胁，那便是波斯帝国的居鲁士大帝。几个世纪后，奥斯曼帝国的统治受到了伊朗萨法维王朝统治者的挑战，双方进行了长达一个多世纪的战争，而伊拉克这一地区的紧张局势仍在持续。纵观伊拉克历史，人们不难发现，其东南部与外邦直接接壤，大门敞开，外族入侵经常造成紧张局势，有时会给伊拉克带来毁灭性的打击。

而伊拉克的南端便是波斯湾，如今底格里斯河和幼发拉底河的河水正是通过阿拉伯河流入波斯湾。但它们在古代的时候是分开流入的。靠近波斯湾的湾岬，沿线水路的区域，有着大片广阔的沼泽地。几千年来，这些沼泽地养活了附近村庄上的部落族群——沼泽阿拉伯人。他们在这里从事渔业，饲牧水牛，从事小规模的农业耕作。早在公元前3000年，他们的芦棚小屋和建造的船只就出现在当时的艺术品中。大约在公元前1500年，这里出现了一个弹丸小国——西兰王国，其统治者曾与远在上游河段的巴比伦国王发生过战争冲突。

公元前8—前7世纪，沼泽之地曾是反抗当时称霸中亚的
25 亚述帝国统治的起义大本营。这点可从亚述国王宫殿墙壁的石头浮雕中窥见一斑，浮雕再现了躲藏在沼泽地里的反叛者。即便到了1991年，伊拉克南部的阿拉伯什叶派（在美国煽动下）起身反抗萨达姆·侯赛因的统治，结果遭到了残酷镇压，而南部的沼泽地就为这些反抗强权霸主的什叶派叛军提供了庇护，让他们藏身于此。

越过这片沼泽地，便是波斯湾的开阔水域。在伊拉克近代史上，最具破坏性的外敌入侵就发生在这一地区：最近的一次便是2003年的西方入侵及随后对伊拉克的军事占领；在此之前，1991年，由联合国授权、美国为首的联盟军队悍然入侵伊拉克，发动第一次海湾战争（沙漠风暴行动）；比之还早的是1914年，在第一次世界大战期间英国不宣而战突袭伊拉克，取代了统治伊拉克400年的奥斯曼帝国。但是在此之前的

几千年里，如在公元前3000年，波斯海湾（在古代美索不达米亚那里被称为“下海”，“上海”指地中海或黑海）便是商业贸易往来的重要通道，来往此地的商船将遥远的印度与中国的贵重商品和奢侈品运送到这里。

底格里斯河–幼发拉底河下游平原的西南、西部和西北部便是叙利亚–阿拉伯沙漠中一片干燥、贫瘠的广阔区域，这里是一些游牧民族的聚居地，他们艰难生存，将牲口赶到有水和牧草的地方来维持生计。由于缺少河水和耕地，这个地方的资源与环境不能支撑一个政权或王国威胁冲积平原上的城市或国家。尽管如此，有时这里也会遭遇外来袭击，一些部落迁徙会经过这里，由此对伊拉克历史产生重大的影响。

伊拉克民族构成与社会形态

众所周知，任何国家的资源与潜力清单都会在史料中重点列出，主要包括国民历史、发展能力和主要贡献等。在这样一个工程中，要想穷尽无遗地列出伊拉克此类名录的多样性和方方面面，任务之艰，几无可能。但是，如果人们从更为宽泛的范围来审视此类清单，那么伊拉克社会的丰富性与复杂性便一览无余。这一切多是历史变化的产物，外来移民和入侵者在几千年的历史长河中竞相进入伊拉克，常常带来灭顶之灾。
但也有人定居下来，与比先他们之前到达的或已经定居此地的 26
人民进行互动交流，积极融入当地生活，并且富有成效。这些群体之间的紧张关系主要受制于他们不同的生活方式，很大程度上我们可以对其进行甄别，以群体的自我维系与生存发展为标准——换言之，即他们是如何组织起来维系生存并获得庇护的。

目前，人类学家已经确定了人类社会普遍践行过的四种基本生活方式。最早期的生活方式是狩猎采集。先民们在这片土地上寻觅食物，收获自然生产的食物资源，或是狩猎野生动物，采集坚果、浆果等野生植物的果实，以及诸如小麦和大麦等植物的野生祖先。20世纪50年代，考古学家们在伊拉克北部一个名叫沙尼达尔洞穴的地方出土了关于这种生活方式的大量实物证据，自此之后人们在这里又发现了更多的证据。狩猎采集的生活方式是早期人类唯一的生活方式，这种情形一直持续到公元前1万年左右，从现今的以色列、巴勒斯坦和叙利亚地区开始，然后扩至土耳其、伊朗和伊拉克北部。一些狩猎采集者可能面临着野生食物短缺的危机，因为该地区气候在进入最后一次冰河时期后变化剧烈，导致他们无法找到足够的食物，于是这些人开始尝试种植和培育谷物，驯服诸如绵羊和山羊之类的动物，发展到后来是喂猪养牛。在接下来的几千年里，第二种生活方式出现了：从事农业的群体开始定居在永久占据的村落，开启了农业生产，如今这种农业群体广泛分布在整个中东地区。在伊拉克，扎格罗斯山脉和托鲁斯山脉的山麓丘陵地带，以及底格里斯河和幼发拉底河周边的北部平原地区每年都有足够的降雨量来维系农业耕种。因此，伊拉克便成为地球上最早的农业中心之一——伊拉克人民为全球文明的发展作出了难以估量的贡献，农业文明便是其第一批贡献之一。

随着时间的推移，住在村中的农民似乎已经排挤出或同化了那些狩猎采集者，尽管这些农民还将继续利用野生动植物，将其作为食物的来源。大约在公元前6000年，乡村里的农民开始向南迁徙，到达底格里斯河-幼发拉底河的冲积平 27
原，并在那里安居下来。在那里，正如我们所发现的那样，这批居民成为最早发明灌溉技术的人，并开始利用两河河水来灌溉土地。公元前4000年左右，农耕村落已经遍布伊拉克的大部分地区，直至现在我们还能发现这些村落的踪迹。时至近代，伊拉克的大部分人口，尤其是北部人口都是吃苦耐劳的农民。或许在此之前2000年，第三种生活方式已经开始在伊拉克显现出来，当时一些群体开始发展出一种新的生活方式——我们姑且称之为“游牧”。这种生活方式主要基于畜牧绵羊和山羊，公元前6000年，通过人工干预，人们将野生的绵羊和山羊驯化为家养动物。这些群体通过放牧他们的牲畜来确保它们能够获取足够的食物，而他们自己也主要通过步行、骑驴或骑马的方式进行迁移，前往根据季节变化就可以找到食物的地方。夏季的时候，他们必须将牧群赶往山区，避免中暑，并在那里搭建帐篷，建立营地。而在冬天到来的时候，他们便要拔起插在地上的木桩，收好帐篷，将他们的牧群从高原山区带回河边低地，进行避冬。

然而正是在这里，他们接触到了农业文明。传统意义上，在历史学家与游记作家的笔下，“沙漠游牧与农耕播种”之间产生冲突乃是必然，他们对此总是大做文章，这也是有一定依据的。古代伊拉克的最早文献也揭示了农耕民族对游牧生活心存芥蒂。而且，游牧民族时常袭击农耕民族的村庄，也是中东地区几千年来的生活事实。尽管如此，游牧民族与农耕民族关系逐渐密切起来，如果没有游牧民族向农耕民族提供他们的产品和服务（或者反过来说也成立），几千年来，这两个群体都不可能达到历史上曾经有过的繁荣昌盛。研究这两个群体关系的现代学者，往往将更多的目光关注于两者之间的共生互荣与协同运作，而非他们之间的紧张冲突。游牧民族通常用他们放牧的绵羊和山羊，为村民提供羊毛、皮革、肉类和奶制品等用来丰富他们的饮食结构，改善他们的生活方式。从事农业的农民也可以向游牧民族提供他们谷物之类的农产品，以此来满足游牧民族的生活需要。也许还有一点对牧民来说更为
28 重要，那就是村民们通常允许他们在收割后的庄稼地里放牧，这样牧民们的绵羊和山羊就可以啃食地上的残茬。而农民就此得到的回报便是这些牲畜留下的粪便，以此来给他们的土地施肥。这样的放牧权利对游牧民来说不可或缺，但是牧民和农民之间或是游牧群体之间对这些权利的争执，往往便是游牧民族与农耕民族之间紧张关系和冲突的根源。

一旦这些群体之间或内部的关系恶化并爆发冲突的时候，他们就会各自组织起来保护群体的利益，维护自己的特权，寻求所谓的正义。这些基本原则都与群体内部的亲属关系

相关，简而言之，就是所谓“血缘联系”，或者用专业的新闻术语就是指（因血缘关系构成的）“部落”。伊拉克诸多部落的起源、历史及部落之间的相互关系是层见叠出的学术研究中的重要素材，然而任何一个简单的考证研究并不能公正地揭示出这些研究对象的复杂与微妙关系。“部落”背后隐含的最基本理念是所谓亲属关系，或者更具体地说，他们共享同一个男性祖先的血统（不管这血统真实与否），其历史存在有时很难追寻，历史上也无法证实，但其“后代子孙”强烈地认同这个血统。历史上总有那么几个时期，部落以“联盟”的形式聚集在一起，但总体上看，联盟比较实际，于是部落便成为部落下面的子群体的组成成员——先是“宗族”，其下便是“家庭”——由是，这些村民和牧民，及其子孙后代迁移到伊拉克的各大城市，开启了另一种方式的生活。因此，人们会发现此种情况见怪不怪，即一个村庄中的大多数居民或游牧群体的大部分成员属于同一个大家庭或属于其中几个大家庭。在这样的情形下，保持亲属群体的团结一致，便是从家庭到氏族到部落的共同需要，对他们而言，这种需要甚至也许是唯一最重要的社会价值。与这种需要密切相关的还有许多传统的价值观，其中包括荣誉、英雄气概、女性贞洁美德、对陌生人的热情好客，以及须对群体受辱尽报仇雪耻的义务——不论是群体成员遭到的杀戮或创伤，还是群体性荣誉受到的玷污。

在这样的群体中，个体通常将其最基本且最为持久的忠 29
诚归于血亲——家庭、氏族和部落。然而，正是这种对血亲的忠诚导致了自伊拉克文明诞生以来最持久的社会和政治的紧张态势，历史上的伊拉克一直动荡不安。从诸多方面来看，文明的诞生便是这种紧张态势的主要原因，因为随之而来的就是伊拉克历史上第一批城市的出现——大约在公元前4000年，人类历史上最早的一批城市诞生在伊拉克南部。

伴随着最早城市的诞生，人类学家所谓的四种生活方式中的最后一种也随之出现：城居生活。而且，城市居民还发明了地球上最古老的文字。现今的历史学家正是从城市居民数百年间所写的文字记录中发现了伊拉克的悠久历史，但是这些文字记录并不客观，更多地反映了那些城市居民的兴趣爱好、态度立场，倾向性明显，有时几乎就是从他们的立场看待世间万物的。于是，城市居民的出现便将村民与牧民推到了我们历史雷达屏幕的边缘。

公元前2700年左右，古代伊拉克的第一批城市成了我们这个星球上第一批国王的权力中心。这些国王首要的任务之一，就是建立并加强以城市为基石的“政权”，从而对城市的周围乡村进行统治。而乡间民众长期以来已经习惯了忠于地方权威，并从中寻找领头人，这种权威一直体现在家庭、民族和部落中。因此，从伊拉克文明诞生起，这种组织形式便造就了历史上一直困扰伊拉克的紧张局势。

文字的发明使得我们能够谈论公元前3000年甚至更早的伊拉克，包括其复杂多元的种族与语言。如今，伊拉克的时事
30 常以广泛多元的种族和宗教等类别进行报道。一些新闻记者和

评论员常将伊拉克人归为几个大类，诸如什叶派阿拉伯人、逊尼派阿拉伯人和库尔德人。还有一些属于少数民族的土库曼人，直至最近，其境内的雅兹迪人和曼达人才偶尔被人们提及。此外，在伊拉克境内，包括波斯人在内的伊朗人，偶尔也会被人提及，他们通常被一些伊拉克人视为外来人士，会威胁这个国家的安全。如前文所言，从伊朗向西方迁移到伊拉克境内的伊朗人对伊拉克的历史产生了重大的影响，我们通常将这些人归类为波斯人，他们在改变伊拉克的历史进程中发挥了关键作用。今天，仍然还有许多人类学家认为，“种族”的概念和范畴在科学上一无是处，但是在几十年前，专家们用这个概念阐释伊拉克境内的不同“种族”，而且是见怪不怪。较为有用的策略是要根据族群进行类别划分，主要依据这个群体所使用的共同语言以及他们所共享的文化价值观来进行族群定义。据此尺度，那么现在伊拉克人口中最大的群体便可以归类为阿拉伯人，这主要是因为他们说阿拉伯语，该语言是闪米特语系中最为通用的语言。如今，说阿拉伯语的阿拉伯人在中东地区占主导地位，但从语言学视角来看，伊拉克的通用阿拉伯语与埃及等地的阿拉伯方言有着明显差异。因此，那种认为伊拉克的阿拉伯人是如今沙特阿拉伯境内移民后裔的看法显然是错误的，尽管还有很多人仍持这样的观点。公元前的最后几百年间，确实有一些来自阿拉伯半岛的人们迁徙到了现在的伊拉克。到了公元7世纪中叶，阿拉伯人开始了对外征服，阿拉伯人入侵伊拉克，也是穆斯林大征服的一部分，这次征服一定程度上改变了该地区的人口结构。但是，今天的伊拉克阿拉伯人当中也包括许多比他们更早居住在伊拉克的族群后裔，这些族群往往经过几个世纪的同化，渐渐地接受了阿拉伯语和阿拉伯文化的熏陶，转变成为所谓的阿拉伯人。这些族群先民当中，还有一些人操与阿拉伯语相关的闪米特语，其中包括巴比伦人和亚述人，他们说阿卡德语。还有阿拉姆人，他们使用的语言阿拉姆语至今还在伊拉克北部的一些偏远地区流行，主
31 要用来陈说那里古老的基督教团体礼拜时的祷告。其中还有一些先民，诸如苏美尔人、胡里安人和凯喜特人，他们说着与闪米特语系相关联的语言，而他们自己的本族语言在几千年前就已弃之不用。在如今的伊拉克，阿拉伯人差不多占到总人口的70%。近年来伊拉克战乱频仍，体系化的人口信息普查资料缺失，这个数据虽可能不太精确，但基本可靠。

伊拉克人口的第二大组成部分是库尔德人，也是其人口最多的少数民族。库尔德语属于印欧语系，这就意味着它不仅与伊朗的通用语言波斯语（Farsi，波斯语拼写形式）有着亲密的关系，还与英语、法语和其他的现代欧洲语言有着很多的亲缘关系。库尔德人最早进入伊拉克的确切日期至今仍是一个有争议的问题，但是库尔德人传统上认为自己与古代的民族米堤亚人（Medes，一译“米底人”）有着关联。公元前1000年左右，米堤亚人和波斯人曾征服过伊朗。伊拉克的库尔德人主要分布在伊拉克东北部的扎格罗斯山区，与这片区域关系密切。在这里，他们以农耕、放牧和市民生产交易为生，自食其

力，坚守本族的文化习俗和家庭观念，并以此实行自治。历史上，库尔德人学会了在夹缝中求生存，曾强烈地捍卫他们的独立，不断地抗争，寻求自治和独立，并常常获得相当大的成功。库尔德人占主导的地区称为“库尔德斯坦”，不仅包括伊拉克境内的这一部分，还包括现代土耳其东南部、伊朗西北部和叙利亚东北部的毗邻地区。历史上统治过这些现代国家的诸多政权，普遍将库尔德人视为一个制造麻烦的少数民族，经常采取迫害和诉诸暴力的方式控制他们，压制他们独立、自治的愿望。萨达姆·侯赛因政权曾在20世纪80年代末90年代初对库尔德人采取极端高压手段，并将其征服，自此，库尔德人便一直参与伊拉克政府的管理，与此同时，他们还在政治和经济上保持着高度自治。自萨达姆·侯赛因政权垮台后，他们当中仍然有许多人对建立一个独立的库尔德斯坦抱有希望。

尽管库尔德人怡然于山区生活，但这个民族曾一度成为 32
这个地区的统治者，他们曾横扫亚述帝国，势力拓展到整个中亚和中东地区。而突厥人（一说土耳其人）作为中亚骑马游牧民族，初次登上历史舞台的时候也只是星星之火闪烁在历史的星空之上。公元8世纪和9世纪，阿拉伯统治者将他们引入伊拉克地区，利用他们作为雇佣兵和奴隶战士为阿拉伯人战斗，因为突厥人骁勇善战，骑兵技艺高超，而且凶猛残暴，往往挥舞复合弓就能造成致命伤害，从而受到了阿拉伯统治者的高度评价。到了公元11世纪中叶，突厥部落军队因其中一位大可汗（或酋长）塞尔柱而为世人所知，曾经横扫伊拉克和中东大部分地区。公元1071年，塞尔柱人在安纳托利亚消灭了一支拜占庭军队之后，便建立起一个庞大而短命的帝国，统治中东100余年，直到公元1100年，其后这个帝国在土耳其境内又延续了许多年。塞尔柱王朝臻至鼎盛的几个世纪后，另一群突厥人，同样也是以早期一个伟大的酋长奥斯曼的名字命名，他们首先牢牢控制了土耳其西北部，进而锁住了东南欧，最终将中东的大部分地区纳入版图，其中也包括伊拉克。他们建立起来的奥斯曼帝国一直延续到第一次世界大战结束。今天生活在伊拉克境内的这些突厥人的后代，被人们称为土库曼人，他们的语言属于阿尔泰语系，与闪含语系的阿拉伯语、印欧语系的库尔德语没有什么语言上的亲属关系。虽然人口数量不占优势，但是伊拉克境内的土库曼人仍然保持着强烈的民族认同感和民族团结意识。

总之，尽管在今天的伊拉克，波斯人很难算得上是一个占主导地位的民族语言群体，但自从公元前538年波斯帝国缔造者——伟大的居鲁士大帝征服伊拉克以来，波斯人便对这个国家产生了深远的影响。波斯人和米堤亚人差不多在公元前1000年左右一起到达伊朗，并在法尔斯地区，也就是今天的伊朗西南部（法尔斯省）建立了一个小小王国。在居鲁士大帝征服伊拉克后的几百年间，波斯的国王、官员、行政管理人员和一些学者在伊拉克文化创新和政府治理模式改革方面厥功至
33 伟。今天，现代伊朗伊斯兰共和国的宗教等级制度很大程度上对伊拉克南部的什叶派穆斯林产生了巨大的影响。

既然谈及宗教话题，我们还必须承认，伊拉克的种族多样性与其宗教多样性不分轩轾。现如今，在伊拉克的阿拉伯人、库尔德人、土耳其人和波斯人当中，占主导地位的宗教是伊斯兰教，但在全世界以穆斯林为主的国家中，伊拉克情形比较特殊，难得同时拥有人口众多的逊尼派穆斯林和什叶派穆斯林。不过，逊尼派全球信仰者人口众多，而什叶派，全球信仰者较少。这种关键性的差异，其根源将在后面的论述中详细探讨。不管怎样，这种差异对伊拉克历史的影响持久而深远。

历史上，没有一次人口普查能筛查出伊拉克境内的逊尼派和什叶派的具体人数，但大多数专家认为，伊拉克的什叶派人数远超过逊尼派人数，差不多占总人口的55%到60%。尽管许多逊尼派穆斯林拒绝接受这些数据，宣称他们逊尼派才是伊拉克人口最多的。不过历史上，伊拉克也有大量人口信奉过另外两种宗教——以一神教信仰为主的宗教，分别是犹太教和基督教。接下来，我们将详细地介绍伊拉克这两类信仰犹太教和基督教的小群体的起源和历史。在此值得一提的是，早在公元前8世纪，就有大量的犹太人从巴勒斯坦迁徙到伊拉克，而且直到几十年前，伊拉克境内的犹太社区仍是世界上最大最为富裕繁荣的犹太社区之一。在公元1世纪，美索不达米亚就出现了基督教团体。直至现在，基督徒仍是伊拉克境内重要的宗教团体，尽管像犹太人一样，他们的人口数量在最近几十年里急剧下降，尤其2003年西方国家入侵伊拉克后，战争的困扰（和宗教清洗）使得伊拉克动荡不安，成千上万的基督徒纷纷逃离伊拉克。

但是，并不是仅仅穆斯林、犹太教和基督教是伊拉克宗教遗产中幸存下来且为数不多的几个宗教。还有一些古老的教派，如雅兹迪人、曼达人派和什叶派的沙巴克人，他们信奉各自的宗教信仰已经长达几百年。公元7世纪时，入侵伊拉克的阿拉伯部落成员便将伊斯兰教带到这里，在此之前，犹太教社区和基督教社区在这里扎下了根，他们时常与早已安居此处的另一个宗教社区进行密切的接触，而且富有成效。这个宗教派别的成员遵循伊朗导师查拉图斯特拉（Zarathustra，拜火教
34 的创始人）所宣扬的道德教义。西方主要是通过他的希腊名字拼写方式认识了这个人，即琐罗亚斯德（Zoroaster，为希腊语称法）。尽管在过去的几百年里，琐罗亚斯德教的信众数量锐减，但是他们的社区至今仍活跃在伊拉克和伊朗的一些地方。

潜藏在伊拉克这些一神教的背后，是几千年来这些多神信仰的阶层融合与持久的文化累积。要知道，伊拉克人民曾经崇拜过数以百计的诸神，这些多神信仰的起源可以追溯到史前时期，当时的人们通常将成功与繁荣甚至幸存下来的唯一希望，寄托于超自然神力，无数超自然力量与此密切相关，因此需要这些超自然的力量，因为它们会带来盛宴或饥荒、丰盈或贫困。为了侍奉这些神灵，早期的伊拉克人建造了城市和神庙，并征服了周边庞大的帝国。他们还创造出了大量的艺术，设计了各种礼仪仪式，其内核要义甚至还萌生出了现代的科学和技术思想，他们创作了大量的故事与诗歌等文学作品，至今

还在吸引着我们，教化着我们。

总而言之，伊拉克特殊的地理位置极大地影响了伊拉克的历史，这种特殊的地理位置得益于其高度发展的农业与商业，同时又受到资源匮乏或分布不均（如矿藏、木材和降水）的限制，而今却又因其丰富的石油资源而富甲天下。今天，石油对世界上的工业化国家的繁荣富强至关重要，因此伊拉克也常常让他们垂涎三尺。伊拉克的地理位置所带来的好处也给伊拉克带来了分裂与苦难，因为它让外来者嫉妒不已，引来了不必要的垂青。这些外来者总是骚扰进犯，想要染指这些好处。相对而言，这种特殊的地理位置也向世人提供了相对开放的走廊，这些外来进犯者时常通过这些开放走廊入侵伊拉克，对其实施控制。然而，外来者也带来了种族和文化上的丰富性、多样性，从而塑造了伊拉克历史悠久的文化传统与生活模式。

第二章

文明的摇篮

我们，美索不达米亚的子孙，生活在先知的
35 土地，圣伊玛目（imams，伊斯兰教阿訇）的安息之所。我们是文明的引领者，创造了世界上最早的文字，发明人类历史上最早的算术；在我们这片热土，人类通过了第一部成文法典；在我们的国度，人类最早奠定了国家政治中最崇高的正义观；在我们的国土，人们追随着先知和圣人衷心祈祷，哲学家们和科学家们纷纷著书立说，作家和诗人们也创作出了不朽的文学作品。

——2005年《伊拉克宪法》序言

《伊拉克宪法》中的这些话语清楚地表明：自萨达姆·侯赛因政权垮台后，所有的冲突争斗都在让他们这个国家窒息，伊拉克共和国新宪法的起草者们回溯了历史上伊拉克的辉煌，试图从中找出现代伊拉克民族身份的立国基石，并以此重建被战争、外敌入侵和部族内斗所摧毁的国家。他们为之感到无上光荣。如今，伊拉克新宪法颁布已近10年，而国家的重建依然悬而未决。但毫无疑问的是，伊拉克过去的伟大辉煌无处不在。

在伊拉克和中东大部分地区，最常见的地貌特征便是遍布各处的方形土墩（又称金字形土墩），点缀着另一番风景。36
这些荒凉土墩有的低矮，周长相对不长；有的垒得高大；有的占地达数百亩。在中东阿拉伯国家，包括伊拉克，这样的土墩在当地通常被称为“台形遗址”（TELL）。而在伊朗和土耳其，人们通常用别的称呼来指称这些台形遗址。最常见的术语分别是“人工土丘”（tepe即人工土丘，如哈夫特土墩，Haft Tepe）和“于育克”（huyuk，土耳其语为土丘）。

这些方形土墩至今仍是人们居住的地方。其中一个号称中东地区最著名的方形土墩就位于现今伊拉克北部城市埃尔比勒。人们在这里找到了距今大约8000年人类居住的遗迹。根据一些考古发现，埃尔比勒可能是我们这个星球上最古老、最持久的土墩定居点。然而，多数土墩已是破败不堪。这一切提醒世人，面对环境的变化和历史的变迁，任何方形土墩定居点，无论其规模大小或知名与否，都不可能永远繁荣下去。

根据最近的数据调查统计，伊拉克拥有一万多个方形土墩，绝大多数未经考古挖掘，那些考古学家们最多也只是粗略地调查一番。不幸的是，土墩中的文物大多已经被非法挖掘者洗劫一空，过去几十年来，他们一直在疯狂地破坏这些古文化遗址，尤其是2003年美国及其盟友入侵之后，这些盗取文物

的家伙已掠走了伊拉克文化遗产中的许多宝贵文物。幸运的
是，在19世纪40年代，军人出身的英国考古学家奥斯丁·亨
利·莱亚德（Austen Henry Layard）和他的法国同行保罗–埃
米尔·博塔（Paul-Emile Botta）开始对伊拉克古代废墟进行
考古发掘，并着手尝试复原。这种探险通常都由一定数量的考
古学家探险队来完成。具有讽刺意味的是，他们当中许多人便
是自2003年美国入侵伊拉克后由西方国家派遣前往伊拉克进
行考古的。这次入侵，直接导致大量的伊拉克古代遗产遭到毁
灭性的破坏。生活在各个时代的考古学家们已能证明，伊拉克
这个地方曾诞生了这个星球上最富裕、最强大同时也最为复杂
的文明。正是由于他们的努力与发掘，现代的历史学家们已能
证实希伯来圣经和古希腊人中关于伊拉克的描绘是所言不虚，
其中就证实了所传言的那些令人神往的巨大城市、伟大的统治
37 者和战无不胜的庞大军队对周边帝国的征服。我们还可以通过
这些考古得知，正如现代的伊拉克领导人在其新宪法中所宣称
的那样，古代伊拉克历史上的确曾是“文明的引领者”，他们
世代生活的土地的的确确出现了世界上最早的一批城市，是数
学的故乡、天文学的摇篮，也是人类已知最早的成文法诞生的
地方。

这一切都始于苏美尔人……

“历史始于苏美尔”

东方学家塞缪尔·诺亚·克莱默（Samuel Noah Kramer）秉持这样的观点，这位俄罗斯犹太移民后来定居美国，并成为近东文明研究的教授，到20世纪50年代中期的时候，他已是国际知名的亚述学研究先驱。克莱默通过自己的研究让更多的现代人了解到伊拉克先民的巨大成就，今天的我们将这些早期先民称为苏美尔人。在其著作中，克莱默教授明确地指出，苏美尔人创造了世界历史上许多非常重要的第一（他在《历史始于苏美尔》一书中列出了美索不达米亚的39个“第一”）[1]——而这些“第一”令现代的伊拉克人引以为豪。

可是苏美尔究竟在哪里呢？苏美尔人究竟是谁呢？苏美尔人定居地的古名准确的发音更接近“苏默（Shumer，意即“水门”或“闸门”）”，而非现在的形式“苏美尔（Sumer）”，但是早期的欧洲学者习惯使用后一个术语专名“苏美尔（Sumer）”，于是这个称呼便被普及开来（其实，“苏美尔，Sumeria”这种叫法是不正确的）。苏美尔人自己很可能只是简单地将他们的土地称为“国（kalam，意即祖国、故土，类似于kiengi，即‘母语之地’）”，并自称为“黑头人”。

古代苏美尔人居住的地方位于现今的伊拉克东南部，包括幼发拉底河和底格里斯河下游的大片冲积平原，从巴士拉（Basrah）一直延伸到西北的纳杰夫。但是苏美尔人究竟源自何处，至今还是未解之谜。直到不久前，这个问题还是长期以来“苏美尔问题”的研究焦点——此论题主要致力于研究清楚苏美尔人是谁，源自何处，他们是否为伊拉克低地地区的原住民等。

38 包括克莱默在内的几位学者，认为他们或许是从印度或者东方的其他地区迁移到美索不达米亚的。但史学界达成的共识普遍倾向于他们的本土起源。这种不确定性与苏美尔语的语言特性有关，其证据便是人们在19世纪晚期的开创性考古中首次发现的——时至今日，苏美尔语还无法找到与世界上任何其他已知的语系明确的关联，[2]这就使得苏美尔语很难与已知的民族语言族群联系起来。而且，现有的证据已经清楚地表明，除苏美尔人以外，还有使用其他语言的族群也很早就生活在这片大地上。从某种程度上说，我们可以将不同的语言归于不同的民族部群，这种观点并不是信手拈来的简单设想。我们甚至可以认为，苏美尔人曾与其他族群共同生活在伊拉克南部这片区域。

39 也许早在公元前6000年，伊拉克最南端的沼泽地区就居住着一群与今天的阿拉伯人生活方式相似的部族，他们依沼泽而生，采收沼泽中大片的芦苇丛，并以狩猎和捕鱼为业，为族群提供房屋材料和其他生活必需品。但是，这些先民们定居在这里的确切时间并没有答案。甚至我们还不能肯定，在公元前5000年，有多大面积的区域被波斯湾的海水覆盖着，也不能确定波斯湾海水消退后人类进入这个地区的具体时间。近年来的研究表明，[3]早期的村庄多建立在“龟背”形的土墩上，随着南方水位的下降，这些方形土墩开始显露出来。

这样，早期的定居点通常就被往来于土墩之间的船只连接起来，从而在土墩之间形成了贸易和交流的纽带。其中一些居住点很有可能成为后来出现的城市的中心。

与此同时，另一方面的重要进展也发生在底格里斯河上游，即中世纪至今的城市萨马拉地区。几千年后，伊拉克的阿拉伯征服者将在此建立起一座伟大的都城。这一地区正处在两河下游冲积平原的最北端，而且这里的降雨量无论是过去还是现在都不足以支撑发展农业。为了应对这一挑战，早期的村民想出一个出色的解决方案，直到现代，伊拉克人民还享受着这个方案所带来的红利。那便是：开挖河渠，将底格里斯河的水引到他们的田间地头。正是因为这些古代村民们〔考古学家称之为“萨马拉人（Samarrans）”〕的贡献，美索不达米亚（伊拉克）的人民才拥有了繁荣昌盛的基石，这种贡献在伊拉克的历史发展长河中有目共睹。如果没有萨马拉人发明的灌溉技术，美索不达米亚肥沃的冲积平原上就不可能很快地出现那些伟大的城市。

到了公元前5000年前后，先民们在南部冲积平原的沼泽地区建起一个又一个的小村落。其中一个村庄——埃利都，逐渐地发展成为城市。后来的苏美尔人将其尊为境内最古老的城市——也是他们的第一王城。大约在公元前5000年，埃利都

40 还只不过是个小村落，那里的人们会制作一种独特的彩陶，早在现代考古学家们还没有对埃利都的方形土墩进行发掘之前，20世纪20年代就有人在其附近的地方即乌拜德土墩（Tell al-Ubaid）首次出土了这样的陶器。这种乌拜德风格的陶器显然就源自伊拉克南部地区。起初，考古学家们认为这种陶器的出现多多少少只是一种局部现象，并不能说明什么。然而，近几十年来，人们发现，大约在公元前4000年，古代先民们就会制作和使用乌拜德陶器，范围涉及周边数千平方千米的区域，从伊拉克南部和西北部一直到地中海地区，甚至延及波斯湾西海岸。这可能意味着早期伊拉克南部的族群曾对中东地区产生过重大的影响，其影响之本质与程度也一直是学者们争论不休的论题。

对美索不达米亚本土而言，人类从埃利都这样一个低起点的地方开始，注定要向前迈出一大步，实现文明的大跨越。

早期的城市与文字的发明

公元前4000年之后，美索不达米亚，尤其是底格里斯河–幼发拉底河两河流域的冲积平原就已发展成为亚当斯（Adams）所说的“城市中心地带”和“城市家园”。[4]我们一度相当肯定地认为，美索不达米亚第一批城市的兴起几乎归功于南部冲积平原的自然发展，而上游的北部美索不达米亚其时还只是一潭死水。

近年来，伊拉克的时局迫使考古学家不得不将他们的注意力转移到其他地方，这种向外拓展的直接好处之一便是他们借此机会考察了叙利亚。这个国家的东部刚好位于底格里斯河和幼发拉底河之间的“岛屿”——贾兹拉（Jazira）。叙利亚东北部的哈姆卡尔土墩（Tell Hamoukar）和布拉克土墩（Tell Brak）位于现代叙利亚与伊拉克交界的地方，人们在这里考古
挖掘出了古人们的大型定居点（在布拉克，土墩面积超过0.55 41
平方千米）。现有的大量证据表明，这里曾有过大规模的贸易活动，在其交流的商品中就有来自土耳其的黑曜石。令人吃惊的是，这些发现让我们可以将北方的早期城市出现的时间追溯到公元前5000年后期，即使它们不比南方冲积平原上的城市更为古老，至少也与之同步发展。

布拉克土墩中的发现有可能从根本上改变我们先前关于第一批城市兴起于南部美索不达米亚平原的结论。[5]事实上，关于这些城市的起源，我们仍有许多未解之谜。因此，我们仍需要更多的考古发掘，做更多的学术研究，目前，考古学家正急切地在伊拉克开展考古工作，继续去探索那些未解之谜。

尽管如此，从现有信息来看，我们可以说，公元前4000年之后，越来越多、越来越大的定居点就出现在了南部冲积平原上。随着成千上万的人从周边乡村纷纷涌向这里，定居点的人口数量开始呈指数级增长。而要养活以如此规模增长的人口，人类就需要设计出更为巨大也更为复杂和精巧的灌溉系统（维系农业的发展和城市的生活必需）。历史学家们把注意力集中

在了城市中央集权的兴起与如此规模的灌溉建设需求之间的因果关系上，对这个议题一直争论不休。不过，我们也的确找到了这些城市存在强大中央集权的证据。这种现象可能基于宗教权威，因为在考古发掘中，我们发现一些早期的大型建筑就是他们的寺庙神殿；这种威权也有可能来自宗族势力或家族声威，抑或宗教权威与宗族势力两者的结合。但无论如何，这些中央威权是有合法依据的。在早期的城市中，领导者通常掌控着巨额的财富：成千上万亩的耕地和成千上万只绵羊、山羊、牛和其他牲畜，而且所有这一切还需要成千上万的劳力。

在19世纪和20世纪的考古发掘中，来自欧美国家的考古学家在挖掘这些城市遗址的大土墩时发现，城市中的领导人在掌控城市的过程中财富越来越多，权力也越来越集中。在这些发掘的土墩中，位于伊拉克南部的瓦尔卡土墩为我们提供了那
42 个时代经济社会发展突飞猛进的证据。“瓦尔卡”这个名字依然保留了苏美尔帝国这个伟大城市的古老名称，或者更确切地说，这个城市的名字也许就是古代苏美尔城市中最具传奇色彩的名称：乌鲁克（Uruk，阿拉姆语称Erech，以力，《圣经》亦是这样称谓）。这座城市大约建于7000年前，至公元3世纪被最终废弃，跨越了5000年——这本身就是一项了不起的成就。公元前3000年，乌鲁克便成为人类历史上第一座雄伟的城市，其巨大的防御城墙长达9.5千米，占地约5.5平方千米。其占地面积与古代西方两个具有代表性的城市相比：雅典在城市发展最顶峰的时候也只有2.5平方千米，即使是公元

1世纪的罗马城也只有乌鲁克的两倍大——要知道，这可是在乌鲁克城建成3000年后。乌鲁克城建筑的核心部分由两个雄伟的泥砖建筑群构成，包括供奉着两个伟大神灵——天空之神和掌管性与美的女神的神殿。其中，后者即后来广为人知的伊丝塔（Ishtar，与爱情和战争密切相关）。其中一座神殿坐落在一座泥砖建成的平台上，这样的建法或许是为了将神灵的地位置于繁华的城市之上。可是，不管是出于什么原因，在一个平台上建造神圣的殿堂必然说明建筑技术开始不断地演化，这种演化在几百年之后达到高峰，那时人们已经着手建造了独特的美索不达米亚式的神圣建筑——“金字形神塔（ziggurat，阶梯式金字塔形建筑，又称通灵塔）”。金字形神塔由像做结婚蛋糕一样的平台层层搭建而成，人们通常借助一个巨大的外部楼梯，层层累积，从而创造出一个巨型神塔。今天，考古学家们在伊拉克南部的古城乌尔（Ur）古城遗址发现了迄今为止保存最为完好的金字形神塔。2003年美国发动第二次伊拉克战争后，曾有数百名美国士兵在那里拍照，因为美军一个主要的军事基地就驻扎在那里。但是综合考古发掘和其他渠道的资料——包括2000多年后历史学家希罗多德关于巴比伦城的描述，以及《圣经》中关于巴别塔或巴比伦的故事，我们可以得知，几乎在所有的古代伊拉克大城市中都存在金字形神塔的建筑。

乌鲁克的这些神圣建筑装饰得非常华美，有的墙柱上面 43
贴满了成千上万个锥状黏土制成的马赛克。人们用黏土做成锥形，将其嵌入泥墙，锥体底部的平面涂上白色、黑色或红色。而其尖端部分则是嵌入泥墙上的石膏中，从而拼出对角线、三角形或“之”字形的图案，增加神殿的美感。在乌鲁克神殿群的考古挖掘中，人们也看到了壮观的早期苏美尔艺术，包括雕刻的人像（可能是城市统治精英阶层的成员）；一件大理石制女神头像（即“瓦尔卡夫人”），此雕塑作品可与古典希腊画廊上的最佳作品相媲美；还有一个三米高的石制花瓶，是现存最早的叙事浮雕作品，上面雕刻的场景描绘了人们参与以神殿为中心的经济及宗教仪式生活的方方面面。只可惜在2003年美国占领伊拉克后，伊拉克国家博物馆遭到洗劫，这个花瓶不幸被打碎。

考虑到这些建筑结构的辉煌壮观与规模大小，建造它们需要付出巨大的努力，精心地组织施工以及周到的后勤保障。这类工程要耗费大量的工时，于是（乌鲁克王国）不得不征召成千上万的人参与——我们至今都无法确定乌鲁克是通过什么方式组织起这样一个规模庞大的工程，是通过强制劳工或购买劳力，还是依靠公民责任意识或是借助神圣义务达成。诸多工作——从制作成千上万块的泥砖到在建筑物的泥墙上创作装饰艺术作品都必须在几年时间内由不同层次的管理人员通过组织管理、人员和物资分配等方式完成施工建设，这些管理人员由上至负责整体建设的监工，下至让工人努力干活的工头构成。所有这些劳动者与工头们在工地上忙忙碌碌的时候，神殿的管理人员（那个时候，这些人可能也是乌鲁克和其他苏美尔城市的统治者）必须确保这些干活的人能够得到基本的生活保障、所需的工具与其他生活必需品。他们是如何通过管理来确保合适而又准确的材料到达指定地点的呢？

出于这方面的需要，这些身负巨大压力的古代乌鲁克管理者们不得不创新管理技术，其中有一项技术最终彻底改变了人类的生活。在涉及对公元前3200年左右的考古中，考古学 44
家们在乌鲁克遗址中发现了大量的黏土制品（我们称之为“石板”），上面刻有粗糙的图画符号（象形符号），以及一些代表数字符号的刻痕。这些都是简单的账目记录，记载了当时人们收入或支出的情况，其中应该有涉及神殿地产的管理者和相关物资。乌鲁克这一层次的考古发现表明，在相对较短的时间内，这些石板“抄写员们（scribes）”发明了数百种这样的“象形”符号或标志，将其作为各种各样的动物、庄稼和商品的名称刻录下来，无论是从下级奴隶到高级官员的男人和女人，还是天然物品或是人造产品，都有特定的符号标记。[6] 后来，这些象形符号又经过几个世纪的完善，其指代范围不断地扩展，不仅代指事物和词语，还能表示声音（当然主要是音节）。这种文字我们称之为“象形文字”，随之又变得更加复杂和精细，发展成为所谓“楔形文字”——字面上就是“楔形”文字（cuneiform，来自拉丁语cuneus），因为刻本中的各个文字符号皆是楔形印记组成，通常被抄写员用芦苇针（手写笔）压入黏土板上，或是后来在石碑或其他石头物件上凿出切口，以产生楔形印记，代表所谓的文字。

这一时期，另一项重要的创新便是圆柱印章工艺，乌鲁克的工匠们能在一块拇指大小的软石圆柱表面精雕出独特的几何图案或图像，最终这些图案与符号又演变成楔形文字符号，表示官员的姓名与头衔。就像中世纪欧洲的统治者通常将他们的官方印章以蜡封的方式印在文件上确保文件的严肃性，早期的苏美尔王朝官员也将“圆柱印章”滚压在篮筐边的黏土封口上，或是卷压在制成文件的黏土板上面，形成印记，从而表明发送信件的业务得到授权。这些圆柱印章上所描绘的场景持续沿用了几个世纪，精巧地描绘出古代伊拉克人的宗教仪式图景和神话传说，向现代的人们提供了非常宝贵的历史考古线索。然而，2003年美军入侵伊拉克后，这些易于隐藏且便于携带的印章很不幸地成为寻宝猎人下手的主要目标，正是他们捣毁了不少伊拉克古城遗址中的方形土墩。

45 正如我们提到的，楔形文字始于乌鲁克，并得到了发展，这种新型的书写体系和圆柱印章（又称“滚印圆筒印章”）形成的官方机制很快在整个美索不达米亚南部及更远的地方得到采用。最终，楔形文字体系传入整个中东地区，地中海沿岸及伊朗高原的人们都开始采用这种书写形式，并加以改造以适应各自的需要，从而催生出与苏美尔语完全无关的语言书写体系。不过，苏美尔语似乎就是最早的楔形文字语言。而且，这种文字也一直是中东地区最主要的语言拼写系统，甚至在公元前14世纪的时候，古埃及的官员们也采用了这种体系进行公文的书写。直至公元前1000年后，楔形文字才渐渐被容易上手学习的拼音文字所取代。在伊拉克也是同样的情形，基督时代之后不久，楔形文字的使用空间逐渐压缩。早在公元前2600年，这种文字的演化与发展已经大大超出了最初官方公文书写的目的。从古代苏美尔城市的时代开始，书记员们创造出这种新的文字拼写系统，记录了那个时代的历史、文学、科学、神话和知识学问，为中东文明的发展打下了基础，也为西方的文化发展奠定了基石。

楔形文字的发明将我们带到了伊拉克历史的最初阶段。人们认为，一个国家的历史始于其最早的文字记录，而且历史学家和考古学家们总是认为有必要将历史划分（甚至细分再细分）成不同的条条块块，即所谓不同“分期（Periods）”以便于处理。通常，人们总是通过特定的政治事件来达成这种历史的分期，以此作为不同时期之间的分界线，如新王朝的建立（比如，英国历史就分为金雀花王朝时期、都铎王朝时期和斯图亚特王朝时期）、外族的入侵与征服（同样在英国，比如盎格鲁–撒克逊时期、诺曼征服时期）。大部分历史学家会告诉你，如此按年代界定历史时期的做法相当武断，等于在一个历史时期进入下一个历史时期之间给连贯性的历史强行套上了一个面具。

我们在处理伊拉克的古代历史时，也面临同样的问题。 46
19世纪中叶，人们破译了楔形文字，于是解开了数以千计的文字泥板的秘密。学者也开始寻找历史的分界点，他们希望通过这些所谓分界点将最古老的历史分成一系列时期。时间到了20世纪后期，这些学者已经或多或少地接受了普遍公认的分期，尽管这些不同历史时期的绝对日期，尤其是公元前1000年之前的那些时期仍然无法敲定，而且经常被重新调整。

此外，历史研究发现，那些部落村民与游牧民族的生死存亡通常都不在城市统治者的管辖范围之内，大多时候他们对诸如推翻统治者和改朝换代之类的历史事件漠不关心。举例来说，在著名的古巴比伦国王汉谟拉比统治时期，生活在美索不达米亚的许多人可能从未听说过汉谟拉比这个人——当然，他们肯定也不知道自己就生活在如学者所言的古巴比伦时期。这种情形似乎是不言自明，但它也确实说明了我们关于历史时期的结构划分意义非凡或是关联密切。政治王朝历史分期法掩盖了基本生活状况与社会动荡关系持续时期的历史连贯性。就古代伊拉克来说，城市作为政治、经济和文化生活的中心，具有经久不衰的意义。另一方面，城市居民和部落村民、游牧民之间存在着持续的紧张关系和共生关系。此外，亲属、氏族和部落之间的纽带也将城市和乡村结合在一起，经常支配着他们的社会和政治关系的建构。

所有这些元素皆是古代美索不达米亚生活和历史的核心要素，贯穿于整个伊拉克历史，一直延续到现在。然而，即使粗略地翻看一下下文行将概述的标准分期，我们就会发现，伊拉克这段漫长的历史也常常为外来入侵所打断。这些外来入侵者有些是以劫掠者的身份出现在伊拉克，然后离开；有些进犯

者出现的时候比较温和，不那么突然，有时又莫名其妙地出 47
现，不知从哪里过来——这是因为我们现有的证据零零碎碎，并不完整——但随后这些外来入侵者待了下来，并作为新的统治者控制着这里。作为后续历史的预兆，这些入侵者通常从现今的伊朗地区进入伊拉克。我们事先需要假定一下，所有这些外来者都觊觎伊拉克的财富，无论是公元前3000年伊拉克的富饶农业，还是第三个千禧年早期的油田，受巨大利益驱使，他们才进入这个国家的。

接下来，我们便要对古代伊拉克历史上的主要时期作编年体的简要描述，从第一个“历史时期（有文字记录以来）”到公元前539年居鲁士大帝征服巴比伦——这是伊拉克历史上外来帝国力量的首次展示。

王朝早期（约前 2900—前 2350 年）

人们将伊拉克描述为“巴格达、摩苏尔、巴士拉、拉马迪、埃尔比勒等城邦的集合，在2007年的秋天，每个城市均由各自民兵组织的军阀所控制。各地乡村完全没有保护”（引号里的一整段话引自2007年，美西波士顿的一篇时政评论）。[7]当文献记载首次揭开伊拉克早期的历史面纱时，向世人展示的是这个国家过去与现在相差不大的画面：支离破碎、四分五裂，各种社会团体与城市竞相争夺，企图影响并控制这片土地。其实在伊拉克的大部分历史中，甚至从早期伊拉克开始，任何城市的居民似乎都信服这样一个道理，捍卫城市特性与特权乃是天经地义。因此，他们通常不太情愿自己居住的城市被更大的王邦或帝国所控制。伊拉克最早期的文献记录显示一个叫苏美尔帝国的政权，曾控制着伊拉克大部分地区，文化上也统一了这里，但是苏美尔帝国并不是完完全全统治了整个伊拉克。与之相反，在美索不达米亚南部广大的冲积平原上，遍布着许多城墙坚固的城邦，每个邦国都以一个城市为中心，周围分布着一些可灌溉农田、沼泽和沙漠。

48 在公元前3000年到前2350年这段历史时期，比较重要的城市是乌鲁克、伊里杜、乌尔、乌玛、拉加什、舒鲁帕克和基什，并不包括巴比伦和巴格达，当时这两个城市都还没有出现。而且在苏美尔最古老的城邦中，还有一个伟大的神祇城市——尼普尔（苏美尔语Nibru，恩利勒神的土地）。它应该是一个拥有“国家中心地位”的城市，拥有众多伟大的神殿，供奉着它的守护神恩利尔（Enlil，掌管大气的神明）——他是众多苏美尔神中最强大的神祇。仅此原因，此城就可说重要非凡。根据后来的历史资料，人们很难列出各个苏美尔王的名单，这些古老城邦的每一个城市，除了尼普尔这个城邦，其他城邦从未有过自己历代的国王。因此，我们把美索不达米亚最古老的历史时期称为“王朝早期”。大多数年代遥远的统治者可能永远只会模糊地为我们感知，即便有的国王比其他国王更露锋芒。吉尔伽美什——乌鲁克强大的战士、英雄和国王，他的丰功伟绩与神话传奇为世人铭记数千年——由苏美尔游吟诗人将他的故事传唱。几个世纪之后，在世界上第一部文学史诗《吉尔伽美什》中，人们对他也是极尽崇拜赞美之辞。不过，这部史诗的最早版本在吉尔伽美什统治乌鲁克的近一千年后才出现，后来此书的标准版本中，史诗开头的几行以极尽夸张的方式歌颂了他的英雄品质：

> 威严尊于其他国王，秉相高贵。
>
> 他是英雄，生于乌鲁克，本是荒野公牛。
>
> 他冲锋在前，是乌鲁克的领袖。
>
> 他行走在后，同伴对他深信不疑。
>
> 他撒下强力之网，保护天下苍生。
>
> 纵使汹涌洪水摧毁石墙！身为卢伽尔班达（Lugalbanda）之子，吉尔伽美什臻至完美。[8]

苏美尔帝国的每座城市皆有自己供奉神灵的神殿，有的时候有好几个。神殿中巨大的金字形神塔高高在上，主宰着这个城市，正如著名的古苏美尔宗教研究学者托尔基德·雅各布森 49
（Thorkild Jacobsen）指出：神塔向世人证实了神祇的存在，提供了神灵护佑的“可见的定心神器（visible assurance）”。神殿的泥砖墙厚重，装饰华美，为神殿的神祇提供尊奉庇护之所。神殿不仅是神居之所，更是神祇之中心所在。每座神殿都有自己的管理人员、“祭司”和（或）“女祭司”，他们负责管理神（神殿）的财产，高度遵循教义仪轨，以供养常驻之神，向他们提供供品，使神灵们高兴。他们非常认真地对待此项工作，因为一旦未能取悦诸神，就会遭受天谴。

在早期苏美尔帝国的众多城市中，神殿领袖通常管理着整个城市，到了公元前2600年前后，这种形式上的领袖具有了更多的军事色彩。其中一些领导人开始拥有苏美尔人的头衔——卢伽尔（lugal，即伟人、大人，城邦国王的称号之一）的称号，现代学者们通常将其译为“国王”。他们的城市都在巨大的泥砖垒建而成的防御城墙之内。这些城邦之间一旦因为控制水源、争夺耕地、获取贸易路线权限等产生利益纠纷时，国王之间的争斗便会迅速加剧，尤其是其中的贸易路线——两河流域的平原是这些城邦获取珍贵资源（木材、金属和诸如天青石之类的半宝石制品）的重要途径。这一时期最著名的城邦之间的战争记录之一便是拉格什第三代国王埃纳图姆（Eannatum）著名的秃鹫石碑（Vulture Stele of Eannatum），它之所以如此命名，是因为石碑上面的浮雕描绘了一个生动的场景：秃鹫用利爪攫走被斩首的败军战士的头颅。几千年后，伊拉克领导人萨达姆·侯赛因为纪念1980—1988年与伊朗之间的战争，建了一个规模不大的纪念碑，以纪念战争中死去的士兵和自己的丰功伟绩。而在公元前2450年前后，拉格什城邦统治者埃纳图姆也建立了一座公共纪念碑，实实在在地将强加给被征服的乌玛（Umma，又译温马）统治者的条件刻进石碑，以宣告拉格什对敌对乌玛城邦的征服。与萨达姆的自我美化吹嘘相反，埃纳图姆将其成功归于拉

格什城邦两位伟大的守护神：战争之神宁吉尔苏（Ningirsu） 50
和他的母亲——生育女神宁胡尔萨格（Ninhursag）。两位神祇在纪念碑中皆有所描绘，在两位大神的指挥下，埃纳图姆将拉格什城邦的军队带到战场，与乌玛城邦展开了血战。

作为城邦之神的自封总督，早期苏美尔城邦的统治者们需要肩负起保护神灵领地（城市及其周边地区）、神殿及其财富的巨大责任。换言之，即神殿及其相关财产，包括成千上万头的牲畜、成千上万亩的可灌溉农田。公元前3000年晚期及其后几个世纪里，城邦统治者们的石碑铭文和他们财富的管理记录证明这些城邦国王致力于新修水道的建设与旧有水道的维护，从而确保了灌溉用水的充足供应。当然，古代美索不达米亚的城邦统治者也会出现在纪念碑中，他们将自己描绘成城市守护神的心虔志诚、忠于职守的仆人，他们在神谕之下将仪式性的第一块砖放置在篮筐之中，从而开启了神殿的建造——建造神殿需耗费大量人力资源、精心的组织工作和大批的物资材料。神殿的建造不仅仅需要建筑用的泥砖，还需要由熟练工匠选用异国风情的昂贵材料制成的各种装饰品、豪华家具、精美礼器以及各种器具，除此之外，城邦统治者必须采用华丽的内部装饰来匹配神殿的巨大规模。

根据我们对考古资料推演出来的所有猜想，可以追溯到古苏美尔时期之后的200多年。它是由苏美尔城邦统治者古地亚（Gudea）留给我们的，公元前2100年之后不久，他就统治了拉格什城邦。19世纪晚期，法国考古学家们在这里挖掘出两个刻有楔形文字的圆筒状陶器，上面详细描述了拉格什的守护神——战神宁吉尔苏托梦给古地亚，明确指示他如何重建和翻修神殿的故事。古地亚遵照战神宁吉尔苏的神谕从遥远的未知
51 世界带回了珍奇的木材和宝石：来自雪松之山（可能是现代黎巴嫩）的雪松原木、柏树之山的柏树原木，还有来自刺柏（苏美尔语zabalum，意为juniper，刺柏）之山的刺柏原木、高大的云杉树、悬铃木和埃尔南木（苏美尔语e-ra-num）树。战神宁吉尔苏还指示古地亚进入坚石之山，带回巨大的石板。为了主神宁吉尔苏，古地亚在码头备有许多船舶，用来运送各种神祇所需要的一切，这些船只载着砾石、干沥青……还有来自马格达山（Madga）的石膏，或从田间运回的粮食货物。众多优质材料云集于此，助力古地亚开建宁吉尔苏的雄伟神殿——恩宁努（Eninnu）神庙。于是，基玛斯（Kimaš，产铜之地，亦有史学家认为是铜交易之地）的一座铜山就展现他的眼前。他将开采出来的铜矿产品运到木筏之上以送至建造之所。对古地亚，也即负责建造主神之殿的统治者来说，黄金亦如尘土矿石一样都是从山上开采后运送过来的。同样，其金银制品也是取自山上。

来自梅卢哈（Meluha）地区（可能在印度河流域）的半透明状的光玉髓宝石也摆放在他的眼前。雪花石膏之山开凿的雪花石膏也被运来送到他这里。主神要用白银建造神殿，所以他和那些银匠们坐在一起。主神要用宝石修建恩宁努神庙，于是他又和珠宝商人待在一起。主神要用黄铜白锡来建造神殿，

其母——生育女神在他面前发下神谕，要铁匠师傅为他打造，沉重的石锤（hammer-stone）便如暴风雨般向他呼啸而来，粗粒玄武岩、轻石锤……像一股水喷涌而出。他完全按照主神所谕建造了主神的神殿。终于，真正的统治者古地亚将它建得高大雄伟，顶天立地，给它佩戴上新月皇冠，让它声名远扬，直至高原中心地带。这座神庙，庄严神圣，如太阳一般从云中升起，又变得仿若天青石山端庄富丽，光辉灿烂，矗立在那里；如雪花石膏之山，透明闪亮，令人惊叹。[9]

古地亚是想让人们相信，所有这些华美之物皆是由其发号施令才能获得；或许向主神宁吉尔苏证明，只需弹下神圣的手指，他们就能办到。事实上，城邦之王古地亚能够得到这些神奇非凡的物品，还是要借助贸易商人、沙漠商旅、海员水手或军人士兵等人之力，毕竟他们要通过武力或贸易的方式才 52
能获取这些物资，中途需要跋山涉水，冒着千难万险，行程达数百千米。在印度河流域，那里的哈拉帕（Harappan）人早在公元前3000年就发展出了强大而先进的文明，他们给古地亚送去了红色的光玉髓石，蓝色的天青石则取自现在的阿富汗地区，建筑用的银器来自现今土耳其的托罗斯山区（Taurus Mountain），雪松原木来自黎巴嫩山区。所以古地亚想让我们相信，他们所做的这一切皆是为了供奉拉格什的主神，一切皆是为了这个城市守护之神和恩宠之神的荣耀。

但是，宁吉尔苏及其他同类诸神并不是唯一从这些行动中受益的神祇。尽管古地亚这样的统治者并不像埃及法老那样本身就被视为神祇，但他们会声称自己就是神祇的后裔，受到神灵的殊宠——当然这种情形也会给这些城邦统治者带来物质上的回报。

在伊拉克早期历史中，没有哪一个城市在这方面能比乌尔城邦表现更为突出。在古代苏美尔帝国的所有城邦当中，乌尔城邦是唯一一个在19世纪之前就已经为西方人所知晓的城邦。而到了19世纪，西方考古学家首先在这里进行了开创性的历史考古发掘。《圣经》中的《创世记》就认为“迦勒底的乌尔”便是第一个伟大的犹太人先祖亚伯拉罕的家乡。迦勒底人是生活在两河流域的一个民族，公元前1000年左右，他们定居于伊拉克南部的乌尔城。古乌尔城的方形土墩遗址是20世纪最令人震惊的考古发现之一。当时，英国考古学家伦纳德·伍利爵士率领大英博物馆和宾夕法尼亚大学的联合探险队前往乌尔，发现了一个大型墓地。墓地里找到了16座石室坟墓，其中一部分还是多室坟墓。考古学家们对此争论不休，他们认为，埋在此处的人当中，有不少具有“皇家”身份，但无论如何，它们通常都被称为乌尔的“皇家墓地”。考古发现这些人的尸骨通常遭到挤压碾碎，他们的骨骼上面布满了象征着公元前
53 2600—前2500年左右乌尔精英显赫地位的证据。伍利爵士称这16座大墓为“死亡地窖”，从中发掘出了68名女性和6名男性的遗骸，所有人都戴着珠宝和非常奢华的个人用品，品类繁多，从黄金头盔、黄金匕首到镶嵌着精美饰物的华美乐器。尤其挑动着20世纪的人们敏感神经的是镶嵌着玉石或图案的游戏

板。这种游戏随之又被复建，重新打上乌尔的标签——“苏美尔皇室游戏”。

“死亡地窖”中的尸体整齐地躺在一个女人的石制墓室内，通过墓室内的圆柱印章，人们确认这位女性就是王后普阿比（Puabi）。伍利爵士还发现，墓室中的死者并没有任何被暴力处决的迹象，因此他断定所有的死者都服用了某种毒药，他们要么自愿服毒，要么就是被胁迫自杀。然而，现今的科学家利用现代计算机断层扫描技术和其他一些伍利爵士时代所没有的科技对这些尸骸重新扫描评估，结果发现所有死者都是被利器从头部侧面或后面重击而亡。一些尸体随后经过烘烤，并使用汞化合物对其进行处理，这种做法可能是因为漫长的葬礼仪式需要延缓尸体的腐烂分解。[10]虽然我们无法推知准确的原因，但很容易让人猜测他们这样做的目的——让这些王室的仆人来世继续侍奉他们的主人，就像埃及古王国金字塔时代王室的官员一样，希望拥有特权陪葬他们的国王，这样便可以与国王一道分享永恒的来世。王后普阿比的安葬也是极尽奢华，佩戴的华丽精美头饰由黄金制成，描述如下：

> 华丽的金叶、金箔花环、一串串天青玉石和红玉髓珠、长长的金梳子、贴颈的短项链，还配有一对大大的新月形耳环。她的上身挂满了由贵重金属和宝石制成的珠链，从其肩膀一直拖到腰带，十个指头均佩戴上了戒指。在她头部附近的桌子上放了一顶华丽的王冠，这顶王冠

54 > 串上千颗天青玉石珠，此外还配有动物和植物形状的黄金垂饰。[11]

普阿比王后的皇冠见证了公元前2500年的人类精湛的冶金技术和艺术创造力，而所有这一切均出自为乌尔王室服务的工匠之手。而且，就像几个世纪后由古地亚在拉格什为主神建造的神殿一样，女王的王冠及其他在墓室中发现的奢华物品向世人表明，早期苏美尔王朝的统治者实力强大，能从遥远的国度获取那些奇珍异宝，供技艺精湛的工匠开发使用。这些材料主要有：来自阿富汗的天青宝石；来自印度河流域的红玉髓石；还有大量的黄金，它们可能出自安纳托利亚南部托罗斯山区，甚至是埃及。

苏美尔王朝早期，远在冲积平原以外的地方，不仅贸易盛行，贸易触角伸到了很远的地方，甚至由此出现了城邦争霸的情况。各个民族乘机争权夺利，这些部族当中便有胡利安人。公元前2000年左右，胡利安人的势力兴盛，他们对叙利亚、安纳托利亚和伊拉克北部的历史和文化产生过巨大的影响。直至最近，大多数历史学家还认为胡利安人可能在公元前2300年左右才从高加索地区迁移到底格里斯河和幼发拉底河的上游。不过，新近在叙利亚的莫赞土墩（Tell Mozan）的考古发掘中，人们发现，早在此前1000年，胡利安人可能就已经出现在叙利亚，这使得他们出现在叙利亚的时代与早期苏美尔王朝城邦时代差不多是同步的。但我们对胡利安人的起源知之甚少，对他们语言的了解更是一片空白，目前只知道胡利安语既不是苏美尔语，也不属于后来在该地区出现的闪米特语。[12]

当胡利安人在苏美尔帝国的西北部建立自己领地的时候，其他民族已经对古代伊拉克的历史产生了深远的影响，他们纷纷在帝国的东北部（即现今的伊朗高原和丘陵地区）建立了自己的国家。我们现有的资料已经提及几个早期的王国，其中一些便是为苏美尔王朝的统治精英们所垂涎的原材料和奇珍异宝的来源地，而别的王国则是苏美尔王朝潜在的军事威胁。 55
其中的埃兰王国及其伟大的都城苏萨（今天的胡泽斯坦），在苏美尔王朝的后期历史中扮演了极其重要的角色。

阿卡德时期（约前2350—前2150年）

这一时期最重要的历史进展便是新的统治家族的崛起，这些精英说着闪米特语，而非苏美尔语。闪米特语是有史以来最早有文字记录的语言，使用此语言的人群主要来自苏美尔上游的阿卡德地区。阿卡德王朝的创始人是一位英雄式的人物，他出身低微，自称为沙鲁金（Sharrukin，意即“真正的王”——这也暗示他实际上是一个篡位为王的人），又名萨尔贡（Sargon）。他和继任者不遗余力地对外邦征伐，使用野蛮的军事力量占领苏美尔王朝两河流域的所有平原城市，并对其进行统治。但苏美尔城邦的地方统治者并不满阿卡德的统治，打着独立和特权的旗号经常发动叛乱，让阿卡德国王不得不出兵镇压。这种情形伴随了整个阿卡德王朝的历史。

阿卡德国王从首都阿加德（Akkad或 Agade，阿卡德语akkadê）出兵，讨伐那些叛乱的部族。阿加德由萨尔贡亲自建立，但至今具体位置依然不可考。国王派遣军队深入两河流域冲积平原以外的地区，包括现今的伊朗和叙利亚的部分地区，很有可能也包括波斯湾沿岸地区。当今的学者比较在意阿卡德王国实际征服了多少土地，以及如何对被占领地区进行管理的细节。现在我们掌握的资料足够充分，可以断言——萨尔贡国王（被誉为“帝国发明者”）及其继任者开启了世界历史的新篇章，毕竟他们是世界上最早建立帝国君主专制的民族。在随后的伊拉克历史中，萨尔贡作为开国之君被奉为英雄人物，是无坚不摧的帝国地位的缩影，更是历代统治者效仿的不朽典范。他的孙子纳拉姆辛（又译纳拉姆-辛，Naram-Sin，亦作Naram-Suen）后来征服了更远的地方，但他
56 曾亵渎神灵，罪行引起众神愤怒，自然遭受天谴，导致其王国的灭亡。

纳拉姆辛继承了萨尔贡的丰功伟业，是美索不达米亚第一位自封为神的君主（Naram-Sin中的Sin即神之意）。但无论纳拉姆辛一生如何南征北战，帝国最终还是走向溃败。不过有证据表明，这主要不是他的责任——公元前2200年左右，阿卡德王国由盛转衰，统治区域不断缩小，部分原因是东北山区蛮族库提人（Guti）入侵。阿卡德人由于被苏美尔人同化成为

城市居民，在他们看来，“未开化”的库提人从扎格罗斯山区冲杀而来，直扑两河流域平原。但也有其他资料表明，阿卡德王国在此之后继续统治了两河流域的部分地区，又过了50余年，阿卡德王朝彻底覆灭，两河流域进入库提王朝时期。不管怎样，库提人的入侵开了伊拉克历史上反复出现此类现象的先例：来自东方的威胁总是从天突降，进入两河流域，取代现有统治。

乌尔第三王朝时期（约前2100—前2000年）

阿卡德王朝的崩溃最终使得其在两河流域地区的统治分崩离析，导致美索不达米亚的分裂，目前历史学家对这一时期的确切历史知之甚少。但阿卡德王朝也见证了多重部族对美索不达米亚的统治，其中包含早期苏美尔人、拉格什人的领袖古地亚，这些部族以神的名义建立了大量的神殿，其成就前文已经述及。公元前2100年前后，乌鲁克的英雄战士乌图赫加尔（Utu-hegal，又译乌图–赫加尔）击败库提王朝，将库提人逐出美索不达米亚，有史料将此事件称为“一场解放战争”。乌图赫加尔死后，其下属乌尔纳姆（Ur-namma，又译乌尔–纳姆）继位，霸权转入其手。他自立为王，建立古城乌尔，开启了一个新的王朝，并为祭奠月亮之神南纳（Nama）建造了金字形神塔。研究发现，这座通灵之塔是迄今保存最完好的美索不达米亚建筑。作为乌尔统治的第三个王朝，乌尔第三王

朝（Ur Ⅲ）的国王们，如阿卡德人的国王，起初也是统治着
57 两河流域的平原城市，但后来在乌尔纳姆的继任者——其子舒尔吉（Shulgi）的霸权统治下，乌尔王朝的控制范围不断地扩大，涵盖了美索不达米亚北部及伊朗西部的大片区域。相对来说，乌尔第三王朝比阿卡德帝国要小，有迹象表明乌尔第三王朝统治者还留存有成千上万的楔形文字泥板，这充分说明这些泥板作为档案曾被严密地保管。这一时期的大量（泥板）记录数以万计，比伊拉克历史上任何其他时期都要多得多——充分反映了乌尔第三王朝在其短暂的历史时期最为突出的功绩：某一阶层的一众人士，他们拥有的巨大能量、生产力和想象力，虽然我们将这类人统称为“抄写员”，但是他们的身份并不一致，其中包括从上至下行政级别不同的会计人员，也包括学者、作家和科学家等。大体来说，他们都是乌尔第三王朝行政机构或附属行政机构的雇员。乌尔王朝这些抄写员创作的文学作品中，最为著名的都是用苏美尔语创作的。其时，苏美尔语不再作为口语使用，而只作为书面语或宗教祭祀用语。乌尔第三王朝时期，苏美尔文学获得了空前发展，创作范围从讲述神祇的故事到歌颂国王伟力与美德的诗歌，无所不包。那些献给舒尔吉的所谓“赞美诗”把他吹嘘为当代的吉尔伽美什，而事实上，舒尔吉也常常鼓励他的王室抄写员们在文学创作中将吉尔伽美什与他自己联系在一起。请参看下面这首被称为“舒尔吉 2”的赞美诗节录：

我乃乌尔国君，先王所养，先后所生。我，北斗之尊，生就贵不可言，金印紫绶。幼小事学，问业辟雍，承苏美尔人、阿卡德之泥板之书，习书练艺，溯古从今，学习精进，泥板为书，王公贵族无人能及。问学之宫，人皆习抄写要义。加减计算，会计账务，我独行中。

我纵身跃跳，强壮如猎豹，迅疾如烈马。蒙安神（天空之神）之恩惠，嘉余以美言，足让人欢欣鼓舞；令人喜不自胜的，乃是恩利尔（苏美尔最让人敬畏之神）亦美言 58
于我，更因我秉持正义，诸神予我以权杖。我雄壮威武，扼异国之领，独霸天下。武器威名远播南方，胜利之旗直插高地。昔日征伐，遵照神祇之令，前往讨伐之地，我冲锋在前，为部队主力开道，为侦察战士勘察地形。

我痴情于武器，常乐此不疲。常常携带长矛和长枪，还会机弦投石争功。黏土弹丸，诡谲小球，力量如此强大，劲力强射，弹飞如暴雨。如雷嗔电怒，怎敢让它们失去目标。我要让外邦之人心惊胆战，人心涣散。我视我的兄弟挚友，风华日神乌图（太阳之神，公正和真理的维护者），我之偶像，常伴我左右，为我精神鼓励之源泉。他显现人间，我，舒尔吉，和他畅谈；他瞻视我南征北战……我征服高地，将其武器折断四散；我讨伐南方，死死扼住埃兰之咽喉。叛乱之地，人之生养，皆我所出，像种子散播四面八方，遍布苏美尔和阿卡德——如何他们还能将我抵抗？

让我尽情炫耀我的丰功伟绩。我之声名远播四方。我之智慧，细腻敏锐，妙不可言，谁谓我之功绩不胜身脑？[13]

到目前为止，抄写员们能被证实的任务便是要密切关注那些所谓海量资料。这些资料通常汇集到乌尔三世王室及附属机构，尤其是要送到尼普尔中心（开天辟地之神恩利尔所在的尼普尔是世界的中心，天地之枢纽）的通灵神殿（即金字形神塔）。这些留存下来的大部分泥板资料多是会计账目记录，但实际上这些泥板包含了成千上万的文件：材料收据、牲畜交货记录、收成报告、农工配给或河工配给清单。

59 一块石碑就能让我们了解王室资源家底多少和这些记录的准确与否，上面记录着某个官员的处理记录——在舒尔吉统治的某三年内，一位王室行政中心的官员就曾交易过8601头牛、404头鹿、236只野羊、38匹马、360头波斯野驴、2931头毛驴、3880只瞪羚、457只熊、13只猴子和一只无法辨别的动物。[14]

然而，就和阿卡德王朝的命运一样，乌尔第三王朝也被资料中描述的外来入侵者（伊朗高原西部的埃兰人）给消灭了。这些入侵者来自东方的埃兰王国，他们占领并洗劫了乌尔都城，随之抓走了乌尔第三王朝的末代国王——不幸的伊比辛（Ibbi-Sin）。这场亡国的战争灾难依然保存在一部文学巨著——《乌尔城陷哀歌》中。它向世人讲述了乌尔第三王朝的灭亡，将其归咎为“神的旨意”，尽管乌尔的守护神——月神南纳不断地哭泣请求，众神还是决定抛弃乌尔。外来征服者如一场巨大风暴袭来，很快就毁灭了这座城市，摧毁了它的神殿，消灭了它的人口，将恐怖带进这座城市。在随后的几个世纪里，这种破坏性的毁灭给伊拉克的人民和城市带来了深重的灾难。

> （乌尔城的）人们四散奔逃，遍布郊野，如同陶瓷碎片散落一地。城墙上出现许多裂口——城中的人们哀号呻吟。昔日城门人来人往，熙熙攘攘，如今尸体堆积如山。昔日喧闹大道，如今人头散落一地。昔日人人走过的街道，如今尸体堆积如山。昔日这江山，华宴舞蹈交际的地方，如今也是尸体成堆。他们让河山之血如熔化的铜或锡一样流进河谷。江山溃败，遍地的尸体，就像太阳暴晒下的脂肪，会自行融化。[15]

然而，从西部闯进来另一个部族，其所作所为在伊拉克历史上留下了浓墨重彩的一笔。有史料称他们为阿穆鲁人（Amurru，尼纳布城的主神为阿穆鲁）或亚摩利人（Amorites，又译阿摩利人），来自西边的村野部落。他们多是游牧绵羊和山羊的部落出身——在城市抄写员眼中就是十足的蛮族。美索不达米亚文学作品中通常也有揶揄亚摩利人风俗习惯的记录。60
譬如，苏美尔神话“马尔图（Martu）的婚姻”中，马尔图作为与亚摩利人关系最密切的神，要求苏美尔女神阿佳尔·基杜格（Adjar-kidug）——苏美尔主城的守护神嫁给他。阿佳尔·基杜格的女性友伴恳求她不要嫁给这个粗俗无礼的蛮夫：

> 现在，你得好好听着。他们的手腕毒辣，毁人之事常干，他们的相貌丑陋，尽是尖嘴猴腮，他吃着月神南纳禁止吃的东西，目中无人，傲慢不逊。他们四处游荡，从不停歇……神的宫殿绝容不下这些荒野村夫。他们的思绪乱七八糟，所作所为只会招来骚乱不安。他们皮服裹身……住在帐篷里，任凭风吹雨打，而且也不能背诵我们的宗教祷文。他们住在蛮荒深山，无视神灵所在。他们在山麓挖松露，却不懂得屈膝低头，而且还吃生肉。他活着的时候居无定所，死的时候也没有什么可带进坟墓。我的女朋友，你为什么要嫁给这样一个蛮荒小子？[16]

最终，女神还是嫁给了马尔图——这种结合反映了当时的人们对城市居民和乡野部落之间时而共生、时而敌对的关系的认识，而且在伊拉克历史上，这种社会关系从古代苏美尔一直持续到现今。

公元前2000年左右，乌尔第三王朝灭亡，亚摩利人控制了美索不达米亚大部分地区，并成为这里的政治核心。正是在这个历史时间节点，古代伊拉克历史的标准年表出现了分叉，反映出伊拉克南方与北方政治权力中心的分野。在经过了伟大的苏美尔城邦和随后而来的阿卡德王国1000多年的政治统治和文化熏陶后，南方地区出现了一个接下来统治该地区2000年的新势力：巴比伦王国。由是，自公元前2000年左右开始，史学家将伊拉克南部和中部称为“巴比伦尼亚 61
（Babylonia）”，当然称其为“巴比伦”也是恰如其分。而在北方，公元前2000年左右，在底格里斯河一带诞生了另一个伟大的政治和商业中心——亚述尔（Ashur）。同时，亚述尔还是这一地区备受推崇的宗教主神和战神的名字。亚述古城曾一度风光，重要性自不待言，过了很长一段时间之后，其地位逐渐式微，新的城市不断崛起，如尼尼微（Nineveh），但是这片土地仍然被称作“亚述尔之地”或“亚述”，历史上常把这里的人称作“亚述人”。接下来1500年间，亚述帝国和巴比伦帝国之间的你争我夺主宰了伊拉克的大部分历史，直到巴比伦的迦勒底王国（新巴比伦王国）征服最后一任亚述国王，灭掉当时统治两河流域的亚述帝国。随后，迦勒底王国又步其后尘，被来自波斯的居鲁士横扫，仅存在88年的新巴比伦王国就此灭亡。

古巴比伦和古亚述时期（约前 2000—前 1595 年）

这一时期的标志是亚摩利人的崛起，他们带来了自己的语言，这是一种西闪米特语，与萨尔贡及其后代所说的语言阿卡德语相关。他们的领袖苏穆阿布姆入侵两河流域，控制了整个伊拉克地区，包括南部冲积平原及其上游河段。尽管他们已是城市王邦的统治者，但是亚摩利人的国王仍然保留着半游牧的生活方式，这种观念起源于他们部落的原始认知。由是，后来的亚述王名单史料（亚述历代国王名录，始于亚摩利人的王）中将其祖先描述为“住在帐篷里”的国王。

大约在古巴比伦同一时代，虽然那时楔形文字文献的相关记载尚未出现，但古亚述时期已经见证了亚述作为新型政治和商业力量的兴起。早在公元前1950年，亚述尔城的精英们就开始从事利润丰厚的商旅贸易活动，他们将远在今天的土耳
62 其中部城镇和贸易站点连接起来。在此偏远之地，亚述尔城的精英家族后裔建起了殖民地——家族贸易企业的分支机构就设在那里——在那里，他们与当地买家达成交易，出售他们的驴骡车队从亚述尔运来的锡和纺织制品，再用赚取的利润去采购当地的黄金和白银，然后在回程的时候将其运回亚述尔城大本营。数千年后，曾是亚述居民的商旅将定期往返于伊拉克和土耳其之间的托罗斯山区之间，通过商旅车队将这条贸易路线繁荣起来。在商旅贸易开通约150年后，一位精力充沛、气宇不凡的亚摩利人酋长沙姆希–阿达德（Shamshi-Adad）以武力征服的方式为自己及其子占据了几个城市，其中最著名的城市便是幼发拉底河沿岸的马里城（Mari，即现在叙利亚境内的特尔·哈利利）。1935年以来，法国考古学家从其王室宫殿废墟中挖掘出数以千计的楔形文字泥板，这些泥板提供了诸多关于当时政治、外交和宗教活动的宝贵信息。以这些占据的城市

为基点，沙姆希–阿达德和他的儿子们通过不断的扩张，统治区域越来越广，其领土沿着幼发拉底河一直延伸到今天的叙利亚东部。

沙姆希–阿达德死后，他建立的王国走向分裂，而之前的巴比伦统治者汉谟拉比开始兴盛强大起来。此人是整个古巴比伦时期最著名的君主。[17]在他统治期间（公元前1795—前1750年），巴比伦帝国第一次在古伊拉克两河流域南部崛起。在整个古代时期，巴比伦帝国首屈一指，成为头号帝国。尤其是汉谟拉比，至今仍因其命名的法典而闻名于世。在他那个时代，他的威望与声名全都基于他所创下的丰功伟绩，他不仅征服了幼发拉底河上游直到叙利亚一带的城邦，并且进军马里，摧毁了马里王宫，将巴比伦以南即古苏美尔中心地带的城邦纳入自己的版图。汉谟拉比在治国上精明强干，勤于朝政，励精图治，不知疲倦。如今现存不少泥板书信能证明这一点，这些书信主要是他一位下属官员——某一南方城市的执政官写的。信中写道：他凡事事必躬亲，亲力亲为，关注下属的一举一动，一旦时机合适，便会介入其间，处理相关事务。

毋庸置疑，正是因为汉谟拉比颁布的《汉谟拉比法典》， 63
才使他闻名于世——当然，他受此之名当之无愧。这一方面是因为这部法典刻写在黑色玄武岩石柱之上，其雕刻工艺精湛，极具艺术性；另一方面，这些楔形文字法律铭文也向我们展示了巴比伦理想君主的特质，同时描述了古代伊拉克的经济现实、社会结构和理想的司法标准。1901年或1902年左右，人们在古埃兰首府苏萨王室的废墟中发现了这块石碑。距汉谟拉比统治时代的几百年后，埃兰（Elamite）王入侵并洗劫了巴比伦，将该法典石碑作为战利品运回苏萨。20世纪初，俄国和英国掌控了伊朗事务，此时伊朗卡扎尔沙（Qajar）王朝势力衰微，无力保护这个国宝，于是那些发现法典的法国考古学家便将《汉谟拉比法典》石柱送往法国，至今一直保存在巴黎的卢浮宫（其时，伊拉克丢失的大部分古代珍宝已经流失到了欧美国家的博物馆）。这座石柱是一座纪念碑，让人印象深刻，其高2.25米，底部径长1.90米。石柱顶端浮雕雕刻着汉谟拉比毕恭毕敬地站在太阳神沙马什面前，这位阿卡德人的神祇常是正义与诺言的化身。纪念碑的下端部分便是用美丽的阿卡德楔形文字刻就的49列法典铭文，这种文字正是亚摩利征服者继承下来，并颁写王室铭文。这篇铭文从赞美汉谟拉比的序言开始，颂扬了他为人民和城邦之神所做出的丰功伟绩。汉谟拉比则宣称自己得到伟大的神祇安努（Anu）和恩利尔（Enlil）的庇佑：

> 为增进人类的福祉，由是（以我的名义）命令我：汉谟拉比，虔诚的国君，崇拜众神，伸张正义于世，除暴安良，剿灭邪恶之人，锄强扶弱，使强不凌弱，像太阳神沙马什一样巍然挺立，福泽普世之民，光耀天下万邦。[18]

64 接下来便是281条法律条文，其条款形式以“倘若……

则……”的严格形式呈现在世人眼前，例如第一条规定：

倘若一人（主要指自由民）控告另一人（自由民）杀人而不能证实，则控告者当处以死刑。[19]

这些法律条文根据不同专题分成不同类别，尽管它们各不相同，很难涵盖当时社会生活的所有方面，但对如谋杀、过失杀人、袭击、盗窃、诽谤、绑架、猥亵、婚姻和聘礼、离婚和财产继承等做了明确的规定。条文还包括许多关于奴隶和奴隶制度的裁定。《汉谟拉比法典》清楚地表明巴比伦社会将人分为三级，完全能够明确区分自由民、半自由民（或半从属，或无公民权的自由民）和奴隶的身份，不同身份地位的人其所享有的权利、特权和价值，各自的惩罚措施也不相同。《汉谟拉比法典》的另一个显著特征便是损害赔偿的优先原则，一些法律专家将其称为“同态惩罚法”，直截了当地实现所谓以眼还眼、以牙还牙、以命还命的正义——至少在这些违法犯罪涉及自由民的时候会这样审判。而对涉及奴隶伤亡的惩罚则可以通过金钱赔偿的方式予以豁免。也有些专家认为条文还受到部落习俗文化的影响，譬如对非正常死亡的复仇，判决方式与上述原则并不完全相同。这种判处方式至今仍在中东地区的一些部落中发挥作用。很明显，此类法律条文与《圣经》中记载的以色列早期法律有相似之处。《汉谟拉比法典》的裁决方式反映了当时社会日常生活中诸多的冲突紧张关系。结合考古学家和亚述学家（专门研究古代美索不达米亚文献记录的学者）的考古发现来看，这些法律条文帮助我们再现了古代巴比伦熙熙攘攘的城市生活图景。这些城市的街区各具特色，在蜿蜒曲折的小巷中，富人和穷人比邻而居，与今天我们在中东城市的老
65 城区看到的情形毫无二致。人们在当地的生活起居有助于建构他们的社会和法律身份，而且密切的家庭关系往往比对部落或宗族的忠诚更为重要。城市官员们通常对这些街区进行监督管理，对涉及公众关切的诸如年久失修的危险情况或威胁当地居民安全的家畜等问题，发出预警或召开听证会，他们也要求邻里之间相互监督，提防陌生人，或调查被休之妻的言行举止。

然而，《汉谟拉比法典》并不如人们常说的那样——是世界上最早的法律汇编。目前，我们至少还查到了两个来自美索不达米亚的早期法典版本。虽然我们也不太能确定这些法典在当时的国度是否行之有效。毕竟与之同期的数以千计的其他文献中，并没有文献提及《汉谟拉比法典》，而且在当时的一些庭审文献记录中，人们也发现了与《汉谟拉比法典》相悖的判决。尽管如此，法典对于人们了解古代伊拉克人的生活状况还是大有裨益的，其价值不可估量。作为法律道义之理想和原则的典范，它是人类成就的一座巍峨里程碑。在汉谟拉比之后（其帝国瓦解），其巴比伦上游的邻居与死敌——亚述帝国的早期历史就变得模糊不清，湮没无闻。总而言之，继汉谟拉比之后，古巴比伦帝国在其后代的统治下逐渐衰落，巴比伦的历史也就变得幽暗艰深。学者们研究发现，其原因可能涉及底格

里斯河和幼发拉底河的几次重大改道，几乎所有古代苏美尔南部的城市都遭到遗弃，其时间可能长达200年。

亚摩利人建立的古巴比伦王国终于走到穷途末路，最终落入外人之手，就像阿卡德及其第三王朝的国王一样，也将再次迎来新的国王。不过这次的征服者不是来自伊朗，而是来自北方，一个刚刚兴起的王国——赫梯王国。因为早期的研究学者曾错误地将这个名称与《圣经》中提及的一个民族等同起来，我们也坚称这些人就是“赫梯人（Hittites）”。至公元前1650年，赫梯王国的统治者已经控制了如今土耳其的中部地区。赫梯人说一种与苏美尔语、闪米特语大不一样的阿卡 66
德语，以及与汉谟拉比统治的巴比伦所说的亚摩利语无关的语言，但它们是印欧语系中最早记录的语言。公元前1595年，赫梯国王穆尔西里一世率领军队，沿着幼发拉底河来到巴比伦，将这里洗劫一空。但是，赫梯人与后来征服伊拉克的人不同，他们很快放弃了征服，返回其所在的安纳托利亚家园。

加喜特王朝和中亚述时期（前1595—约前1000年）

从考古学家修复的与这一时期相关的文献来看，在赫梯人洗劫巴比伦之后的几十年间，美索不达米亚的巴比伦王国的大幕渐渐落下，退出了历史舞台。但人们从一份破解的公元前1450年前后的埃及文件研究中得知，当时埃及的法老开始在中东建立帝国，将这件事记录下来，由此巴比伦的历史帷幕再次拉开。不过，主宰巴比伦和亚述的角色阵容已经无可辨认。其中一个民族——与伊朗有关的加喜特人（Kassites），成为新的移民渗透进来，占领了巴比伦城，并无缝地接受了美索不达米亚王权的悠久文化，继承了古巴比伦的宗教和传统。他们这样做更多的是出于利益的考量，毕竟利大于弊：加喜特人统治这里持续了约400年，比其他任何巴比伦的王朝时间都要长。而与此同时的上游，随着新兴军事强国米坦尼王国（Mitanni）的兴起，亚述王国开始衰落，逐步沦为其附庸。

公元前1400年，统治米坦尼王国的胡利安人（Hurrian）横扫叙利亚和伊拉克北部的大部分地区，将其纳入统治领域，并与埃及新王国在叙利亚和巴勒斯坦沿海地区展开争斗，试图攫取这一地区的海港贸易财富。约在公元前1350年，亚述王国开始复兴，诸王逐步摆脱了米坦尼的束缚，重新组建一个独
67 立的亚述王国——所谓中亚述王国。这一时期的一份来自埃及王室的外交信件翔实地披露了当时中东地区的国家关系，两个美索不达米亚王国——加喜特的巴比伦王国和亚述王国——皆是后来一些学者所称的后青铜时代伟大国王兄弟会（或“俱乐部”）的成员，其中也包括埃及法老、米坦尼国王和女王埃利萨（Alashiya，即埃利萨，狄多的腓尼基名，也可能是塞浦路斯王），以及中兴并复国的赫梯王。不过，从现代视角来看，这两个美索不达米亚君王之间很难说是兄弟情谊关系。人们从当时一份写给法老的信中获知，巴比伦国王得知法老接受了自命不凡的亚述王加入他们的俱乐部后愤愤不平。美索不达米亚

王国之间通常相互敌视，而且亚述王国经常占据优势地位，尤其是后来的一位亚述王在公元前13世纪晚期征服了巴比伦，使其成为亚述附庸。直到公元前1140年，加喜特人的巴比伦王国（巴比伦第三王朝）彻底垮台。公元前12世纪，整个中东地区政治和社会秩序混乱，社会动荡不安，范围波及埃及和美索不达米亚诸多王国（这个时期也是科技创新与转型时期，此时青铜器正被铁器取代，铁器成为制作工具和战争武器的主要金属。由此，技术史也从青铜时代过渡到铁器时代）。这场政治与社会风暴冲击着亚述王国和巴比伦王国，使得两国形势岌岌可危。整个中东地区饱受各方势力重创，外来势力再次登场。不过，这回是半游牧部落民族的侵袭，我们将其称为阿拉姆人和迦勒底人。他们的起源至今不为人所确知，但是在公元前1100—前900年之间，这些阿拉姆人和迦勒底人生活在伊拉克和叙利亚的大部分地区以及伊朗部分地区。

他们对伊拉克的影响持久而深远。公元前12世纪，劫掠 68
成性的阿拉姆人开始侵入亚述王国。随着时间的推移，他们当中一些人也逐渐融为王国的普通民众，甚至有人还做起了王朝的官员。而在其他地方，阿拉姆酋长们纷纷在叙利亚、巴勒斯坦和美索不达米亚等地区建立小王国。在楔形文字中，常常用“某某家府（院）”指称这些小王国。这些小王君主们往往通过控制新的商旅驼队贸易路线以自肥。几个世纪前，另一支定居在阿拉伯半岛的闪米特人驯化了骆驼，使得人类得以深入包括阿拉伯半岛在内的整个中东地区。于是，这群人开始闪现在我们的历史坐标雷达上，他们就是所谓的阿拉伯人。然而，在随后的几个世纪里，阿拉姆人在历史上展示的重要性并不在于他们对权力的攫取和对财富的占有，而在于他们在后来的征服者手中被迫不断迁徙、不断寻找定居之所带来的影响。正因为此，他们的语言——阿拉姆语（Aramaic），才成为整个中东地区包括伊拉克在内的使用最广泛的语言。从公元7世纪起，阿拉伯人开始了气势磅礴的征服运动，阿拉姆语才被阿拉伯语逐渐取代。而伴随着阿拉姆语在中东地区大范围的传播，一种新的识字技术就此产生，其影响最终被证明是最具革命性的。公元前1000年左右，阿拉姆人改进了他们正在使用的字母书写系统，使之更加适合生活需要。在这之前，此种拼写系统已经过叙利亚港口城市那些勇敢无畏的航海商人改良。根据历史学家希罗多德的著作记载，我们得知这些人便是大名鼎鼎的腓尼基人（当然，他们从来不用这个名字称呼自己）。阿拉姆语几乎是纯粹的表音文字，其书写系统也主要以纯辅音为主，相较楔形文字，其文字字符数较少，因此更容易辨认学习。在随后的几个世纪里，阿拉姆字母文字渐渐取代了楔形文字，成为整个中东地区的识字记词和文献记录的主要语言。对于现代历史学家来说，这种超越精英学者和抄写员的文字书写方式意
69 义深远，其进步性自不待言，但也利弊参半。与将楔形文字文件刻写在坚固泥板或石碑上的情形相反，阿拉姆字母文字适合（人们）用画笔和墨水在羊皮纸和莎草纸上进行书写——只是这些书写文字的材料在方形土墩里的保存时间不会那么持久。

当我们首次接触到迦勒底人的时候，他们就像生活在巴比伦地区小小的部落酋长国里。公元前7世纪，迦勒底人经过与再度兴起的亚述王国的长期激烈对抗与统治之后，他们接管了巴比伦（重建新巴比伦王国），成为政治上的主宰（史称“迦勒底王国”）。其实在《圣经》中，很早就提到了迦勒底人，《创世记》就认为阿拉姆源自“迦勒底的乌尔（《圣经》为“吾珥”，意即亚伯拉罕祖居之地）”。许多世纪后，他们的名字与伊拉克北部的基督徒联系在一起。

伟大的“世界帝国”时期（约前900—前539年）：新亚述王国和新巴比伦王国时期

随之而来的三个半世纪是伊拉克历史上最早的时期。19世纪中期，考古学家们在这一地区做了大量的开创性考古发掘，并且对失传已久的楔形文字进行了破译。在此之前，现代世界已经对伊拉克的历史有所耳闻。希伯来人的《圣经》，即后来的犹太教文本（主要指《旧约全书》），以及公元前5世纪古希腊历史学家希罗多德撰写的历史已为西方人所熟知了几个世纪。这些作品均提及了始于公元前9世纪的亚述王国和巴比伦国王统治的帝国。这一时期标志着一个更长的统治时代的开始，在这长期的帝国统治中，伊拉克要么成为一个帝国统治的中心所在地，要么便是其他地方的帝国统治的主要统辖领土。

在伊拉克历史中，占据其中心地位或连绵持久的主题便是昔日帝国的征战与辉煌，古代伊拉克的历史知识，多保存在《圣经》和后来希腊历史学家撰写的历史著作中——这些作品也传达出了其作者的态度与观点，它们已经回响了几个世纪，帮助西方人塑造了对现代伊拉克的认知。

70 伊拉克的统治者们手握重权，穷奢极欲，处尊居显。即使是这些统治者的后裔，即现代的伊拉克公民，也绝对没有忘记祖上这段辉煌的历史。在20世纪20年代末，考古学家在乌尔皇家公墓的考古发掘中，发现了著名的王后普阿比（Puabi）的墓葬，找到了她的头骨和身上的珠宝装饰，一些艺术家据此重新复原了其肖像，包括其面部形象和头部饰品，所有这一切均是从其墓穴中数百块碎片拼接中还原起来的。这些艺术家们所作所为，一方面是服务于科学研究的需要，另一方面也希望能复活古代苏美尔人的人文气息，提升这个国家的荣誉感。即使在2003年后英美占领伊拉克的苦难时期，至少还有一位伊拉克艺术家用一幅复原的普阿比肖像来警示他们的同胞——伊拉克这个国家尽管现在被外敌侵占，但是他们这个国家还是有着悠久而辉煌的历史。在首都巴格达，他在美军建造的防爆墙上画了一幅鲜艳无比、戴着头饰的普阿比女王肖像，在这堵象征着占领伊拉克的丑态百出、卑鄙龌龊的防爆墙上，一位古代伊拉克王后安详地凝视着前方，真切地提醒着伊拉克人民：就像她的形象一样，伊拉克这个国家将会永远存在下去。

第三章

帝国的摇篮

今天，许多民族回溯历史，骄傲地凝望着他们的先祖昔日辉煌的帝国时代——那是他们的民族权力和财富臻至巅峰的时代。那时的统治者们控制着辽阔的疆域，充分利用帝国境内的劳动力与自然资源让自己财源广进，享受富贵荣华，也让国家繁荣昌盛。就像在伦敦城待过一段时间的游客，他们难免会在威斯敏斯特教堂、圣保罗大教堂或特拉法加广场看到英国的某种庆典。而一位来到现代伊朗的游客可能需要走更远的路途，到达一处偏僻之所。在那里，他们会发现一座伟大宫殿的遗迹——古代波斯波利斯宫城。这是公元前6世纪前后由居鲁士大帝建立的阿契美尼德波斯帝国的首都。尽管这座宫城在伊斯兰教诞生之前就已建成了很长一段时间，但对今天的民众来说，波斯波利斯仍是伊朗人的骄傲。而在西方游客看来，比波斯波利斯更为古老、历史更为悠久的当数卡纳克神庙遗址（Karnak）和卢克索神庙遗址（Luxor），它们是古埃及新王朝统治时期（公元前1550—前1080年）首都底比斯（当时埃及人称作瓦塞特Waset，意为权杖之城）的纪念仪式中心，当时的埃及法老统治着今天中东的大部分地区。

72 当然，现代的伊拉克人尽可宣称，他们的历史上逝去的古老帝国和现今的国家一样辉煌，虽然也充斥着残暴不仁和横征暴敛。恰如我们所见到的那样，早在古代帝国时代之前，伊拉克的伟大城邦及其文明已经繁荣了2000多年。然而，相较于波斯波利斯宏大的宫殿建筑或底比斯高耸入云的神庙，古代伊拉克帝国全盛时期的遗迹在今天并不那么瞩目，西方公众对此也是知之甚少。其中一部分原因在于伊拉克巴比伦南部建造的大型仪式建筑是用泥砖建造而成，经历了几千年风风雨雨，如今已经变成一堆堆废墟。

公元前9世纪到公元前7世纪，亚述王国那些伟大的国王已经在帝国的首都建造了宏伟壮观的皇家宫殿，宫殿中那些用来展示帝国的强大的动人心弦、辉煌灿烂的艺术品——硕大无朋的雕像、一排排刻在宫殿墙壁上的精美石头浮雕已被发现它们的西方人一一掳走，交给了资助他们的欧美国家的博物馆，安置在其馆藏珍品当中。最近几十年里，亚述王国宫殿遗址多次遭到非法探宝者的洗劫。而在南边，巴比伦遗址更遭到了彻底毁坏：首先是萨达姆·侯赛因在那里建造了自己的行宫，并做了一些修复工作，以此将他自己的独裁统治与伊拉克历史上真正伟大的古代王朝联系起来；其后，在2003年，美国军队扫荡了这里，在古代的废墟上建立起一个军事基地。如今他们的悍马军车和坦克还在碾压着埋藏在地下的巴比伦古代遗物。

不过，美国或伊拉克的观察家们都认为，这种毁灭性的做法本来就是有意地将现代伊拉克人与其伟大辉煌的历史分离。

尽管如此，从公元前9世纪到公元前7世纪中叶，伊拉克也无可非议地成为历史上第一批“世界帝国”的中心——即使有人将这一切归功于公元前3000年阿卡德的萨尔贡帝国及其后代子孙的征服。《圣经》和希罗多德的历史著作中，都保留 73
了关于这些帝国的记忆；不过，资料贫乏，且多有偏见。几百年来，我们一直仰赖这些资料来推敲历史。即使在现代的人们通过考古发现找到了尼尼微和巴比伦等古代帝国首都之后很长一段时间里，他们还是受制于这些偏颇的描述。这些资料影响了人们对伊拉克古代文明的看法和判断，甚至掩盖了一些基本的事实，有时情形更加糟糕。

直到19世纪中叶之前，我们对古代伊拉克的帝国时代仍知之甚少。相较于对罗马帝国的了解，这种认知相形见绌。那个时候，人们一直将罗马帝国奉为西方文明帝国统治和精致文化的黄金时代。时至今日，罗马帝国仍是西方人心中的文化源头和昔日辉煌的中心。相比之下，直到19世纪40年代，伊拉克古代那些灿烂伟大的证据仍沉睡在土墩废墟之下。伊拉克两河流域平原上成千上万个方形土墩便是伊拉克一道道亮丽的风景线，然而当地的阿拉伯人和库尔德人对之兴味索然。这些土墩要么成为当地古老传说的焦点，要么便是发现一些古老物件的地方，然后古老物件可能会被路过的欧洲外交官或旅行者用一两个硬币买下。除此之外，这些土墩对当地人并没有多大的实用价值。

毕竟当地大多数居民是穆斯林，他们通常将伊斯兰之前的历史视为蒙昧野蛮时期（jahiliyya，阿拉伯语音译“贾希利亚时代”），因此并不认真关注。

伊拉克古代的那些帝国首都遗址中高高耸立的巨大土墩一直静静等待着（有人能够发现它们），直到那些孜孜以求，甚至贪得无厌的欧美探险家们组织起来，深入当时真正的美索不达米亚荒野之中。他们经常面临恶劣的自然条件：暴露在自然环境下，身体虚弱，甚至遭遇致命的疾病，食物缺乏，被迫喝受污染的水，也没有基本的卫生设施。更为危险的是，他们还招来了当地部落的怀疑，甚至是深深的敌意。当时，英国考古学家奥斯丁·亨利·莱亚德（Austen Henry Layard）便是早期探索者中最为著名的一位，他曾一度遭到当地土匪的抢劫与殴打，并被剥去衣服，折腾得奄奄一息。幸运的是，他最后还是设法来到了一个村落，并在那里得到休养和康复。[1]有时，探险队的行动还受到当地官员的阻挠，他们不太相信外国佬的动机，讨厌他们出现在这里，拖延他们从君士坦丁堡（伊斯坦布尔）的奥斯曼苏丹帝国法院获得所需的官方诏书
74 （firmans，许可证)，要知道奥斯曼帝国在19世纪和20世纪初统治着中东地区。

那么，这些探险家们为什么要这样做呢？大体来说，他们都是受过良好教育的欧洲人，这基本上意味着他们熟知历史学家希罗多德历史著作和《圣经》的内容，熟悉这些作品中提及的

巴比伦和尼尼微等宏伟壮丽的古都。[2]他们也接受相关的知识，了解阿契美尼德波斯王朝的居鲁士大帝、大流士一世（Darius）和波斯大帝薛西斯（Xerxes）等国王的事迹。当然，在希罗多德历史著作中，有关于雅典和斯巴达的勇敢希腊人曾在公元前490—前479年之间抵挡了由大流士和薛西斯大帝先后派遣的大规模波斯军队的进攻，并且在马拉松（Marathon）、萨拉米斯（Salamis）和普拉蒂亚（Plataea）打败波斯的军队和海上舰队的描述。

希腊军队大获全胜的事迹让这些探险家们津津乐道，兴奋不已。当然，他们也知道亚历山大大帝的军队所向披靡，曾横扫中东，直接开进美索不达米亚，并在公元前331年在高加米拉（Gaugamela，在今天的伊拉克北部库尔德斯坦的埃尔比勒附近，Irbil，时称阿贝拉）战役中一举击败波斯帝国大流士三世的军队，然后直捣巴比伦，进入波斯，横扫整个波斯帝国，波及更远的区域。探索《圣经》中记载的史上名城着实让人沉醉，亦可让人名声大振。在此探索过程中，人们亦能证实《圣经》中的一些记载。此种互证也是吸引众多探险者前往现今蛮荒之地的原因之一。当然，他们也不反对由此发家致富，走红成名，而且欧洲的博物馆也纷纷资助他们的探险活动，以希望从勇敢无畏的先驱者拿回的战利品中分一杯羹。

尽管这些探险家们勇猛果敢，意志坚决，号称所谓“考古学家”，但这对于现代考古学从业者来说近乎奇耻大辱。今天的考古学家们更喜欢一点一滴地进行考古挖掘，而且计划周密，执行谨慎。如果有可能，他们一般采取非侵害式的方法来揭示并研究一切地下遗迹。不过在20世纪，那些考古学家们与之前的探宝者没有什么两样——他们的挖掘和提取方法破
75 坏了诸多的遗迹，而这些遭到破坏的证据恰恰是现代考古学家最想找回来的。他们发现的一些珍品如今存放在海外博物馆里，还有一部分躺在底格里斯河底，因为法国人维克多·普拉斯（Victor Place）带领的，满载着文物的两艘大船被盗匪砸沉，沉没在底格里斯河湍急的水流中。

至今为止，这些古代伊拉克珍宝的合法所有权仍存争议。不过，尽管这些探险家们的探索方法与手段缺陷多多，漏洞百出，但他们作为先驱者，毕竟还是打开了一扇新的历史的窗户。古代亚述帝国和巴比伦帝国在美索不达米亚的土堆下沉寂了十几个世纪之后，终于重见天日，这让现代世界惊叹不已。而这些现代人一方面惊艳于他们创造的灿烂辉煌，另一方面也反感帝国的野蛮残暴。

重新发现“新亚述帝国”

尽管亚述帝国伟大首都的具体位置早已被人遗忘，但是这些城邦的名字为19世纪的西方人所熟知。《圣经·创世记》（第10章）曾提到诺亚的后裔（曾孙）宁录（Nimrod，后改名为尼姆鲁德，Nimrud），他是（地球上）第一强大的勇士，曾统治过示拿（希伯来文Shinar，美索不达米亚）这个

地方（也即巴比伦），而后从这里冒险进入亚述境内，并在那里建造了都城尼尼微和迦拉（Calah）。而且，尼尼微和另外几个伟大的亚述皇帝或国王也出现在《圣经》的《列王纪》和“编年史”以及几本希伯来先知书中。这些书籍甚至形成了人们对伊拉克历史的一些看法，让世人认为伊拉克在历史上是一块诅咒之地。尽管古典希腊-罗马资料当中关于伟大的亚述首都的记载甚少，其实早就存在于希罗多德和其同时代的克特西亚斯（Ctesias）的作品中，他们曾提起过传奇女王塞弥拉弥斯（Semiramis），她与伟大的征服者——一位名叫尼诺斯（Ninus，此名很可能就是尼尼微）的国王结成姻亲，成为王后。后来，尼诺斯王死于战争，塞弥拉弥斯登上了王位。 76
她凭借一己之力征服了远至印度的亚洲大部分地区。在古希腊人的描述中，塞弥拉弥斯是巴比伦的建造者，同时也是一位老谋深算、做事果断、淫邪残忍的女王。在19世纪的后期欧洲艺术中，人们通常以多种形式来纪念她——如法国画家埃德加·德加（Edgar Degas）创作的《塞弥拉弥斯建造巴比伦》（*Semiramis construisant Babylone*，1861），还有意大利杰出的作曲家焦阿基诺·安东尼奥·罗西尼（Rossini）创作的歌剧《塞弥拉弥斯》（*Semiramide*），并于1823年首次在威尼斯进行演出。[3]

不过，传说中的塞弥拉弥斯可能就是现实中的亚述王后萨穆-拉玛特（Sammu-ramat，Semiramis是希腊文名字），也即亚述国王沙姆希·阿达德五世（公元前811—前808年在位）的妻子，国王阿达德-尼拉里（Adad-Nirari）三世的母亲，并借儿子登位之机当上摄政之王，凭借一己之力成为当时的强权人物。

英国历史学家赛格斯（H.W.F.Saggs）恰如其分地称之“亚述强权”（新亚述帝国），我们将这种重新探索的成果归功于两位欧洲人：一位是英国冒险家兼外交官奥斯丁·亨利·莱亚德（Austen Henry Layard），另一位便是法国外交官保罗-埃米尔·博塔（Paul-Émile Botta）。其中，得益于自小接受的国际化教养，莱亚德对游历东方早就梦寐以求，1839年穿越亚洲，希望在锡兰（Ceylon，即现在的斯里兰卡，当时属于英国殖民地）获得律师一职，不过他在出行途中改变路线，取道陆路，沿路访古，在美索不达米亚和波斯逗留了一段时间。在他早年游历期间，他找到机会探索了尼姆鲁德（Nimrud）和库扬及克（Kuyunjik，在今摩苏尔附近）的遗址上的土墩，查访了美索不达米亚北部底格里斯河地区的两个大型土墩。在库扬及克山区，他见到了年轻的法国外交官，当时就任法国驻摩苏尔副领事的保罗-埃米尔·博塔。自1842年起，博塔就开始探索库云吉克遗址土墩，他鼓励莱亚德从事考古挖掘工作。不久后，莱亚德得到英国驻奥斯曼帝国君士坦丁大使的支持，谋得一份差事，重新返回美索不达米亚北部并在1845—1851年间监督了尼姆鲁德和库扬及克的大规模考古挖掘工作。与此同时，1843年，外交官博塔在同一地区靠近豪尔萨巴德村（Khorsabad）的地方挖掘另一处遗址土墩。当时两人都认为他们正在挖掘的地方便是《圣经》中提及的亚述帝国首都尼尼微或其周边地区——这也具体证明了这个传说中的地点之于欧洲考古人士的独特魅力和19世纪以来欧洲人心中关于《圣经》的考古大发现。 77

他们的考古发现第一次让亚述帝国都城重见天日，主要有位于尼姆鲁德的亚述古都城卡拉赫（Kalhu，即《圣经》中的迦拉），位于库扬及克和奈比·尤奴斯（Nabi Yunus）的都城尼尼微，以及先前鲜为人知的（只是短暂占领过的）、位于杜尔-沙鲁金（Dur-Sharrukin）的亚述帝国皇家宫殿（即今豪尔萨巴德）。随着两人的发现，来自欧美的考古学家们纷纷前来，继续并拓展莱亚德和博塔的考古挖掘工作。总体而言，这些考古工作在考古史上具有一些石破天惊、出乎意料的大发现：巨型人首翼牛神兽雕像的守护神；皇家宫墙上装着的数以万计的浅浮雕板，上面一排排地刻着详细说明（记录皇家事迹）的楔形文字；公元前7世纪亚述末代国王亚述巴尼拔王（Ashurbanipal）建造的泥板图书馆，里面珍藏了大量当时的史料，可以说是我们了解古代美索不达米亚文学和科学最重要的资料来源。由于在亚述古国土地上的这些考古发掘影响深远，于是在研究古代美索不达米亚文明的学术领域专门形成一门学问，史称“亚述学”，从事其研究的学者被称为“亚述学家”。因为这些开创性的发掘，加之直到后来伊拉克战争前夕人们所做的考古发掘（战争期间，伊拉克局势动荡不安，考古学家的工作被迫中断），历史学家们已然能够详细地描述出古代伊拉克第一个伟大帝国时代的历史风貌。

在前面章节中，我们邂逅了亚述人。公元前2000年前后，他们源自亚述尔城（Ashur）的积极进取的商人家族；此后不久，他们又处在亚摩利人的国王沙姆希-阿达德一世及其继任者的统治之下；又过了几个世纪，大约在青铜时代晚期的“大国俱乐部”时期，亚述诸王与巴比伦的统治者（巴比伦第三王朝）加喜特人争斗不断。

78 公元前13世纪晚期，一位亚述国王征服巴比伦，将其洗劫一空——考虑到巴比伦在历史上的崇高地位，这位国王的行为被视为亵渎神灵，相当于洗劫了今天的宗教圣地梵蒂冈或麦加。当然，这次征服也使得亚述人受到巴比伦文化的影响，他们引进了古巴比伦的宗教仪式，并将以阿卡德语为主的巴比伦方言作为书面语言。尽管亚述帝国当时在政治和军事上有着优势，但是巴比伦在文化上的绝对优势毋庸置疑。

公元前1000年左右，亚述帝国陷入衰落期，不过这种衰落是短暂的。公元前9世纪初期，亚述出现两位强权的尚武国王，分别是亚述纳西尔帕二世（Ashurnasirpal）和撒缦以色（Shalmaneser）三世（二人统治时间在公元前883—前824年），他们将亚述帝国版图空前扩大，拓展至迄今为止最远的地方——东至伊朗，北达安纳托利亚，西迄地中海地区，南抵两河流域上游，并征服巴比伦。[4]这些早期的征服为亚述的后继者们在公元前8世纪和公元前7世纪实现更大的征服奠定了基础。但是，两位亚述国王也形成了一种帝国统治的风格，虽然他们创下的宏伟业绩令人敬畏，但他们的残暴无情也让人厌恶害怕。他们开了恐怖统治的先河。几千年后，伊拉克总统萨达姆·侯赛因统治之时，他便循此模式，自以为是，傲慢地沿用亚述国王相同的治国之道。

亚述国王当中的第一位王便是亚述纳西尔帕二世（公元前884—前859年在位），他翻修并且加固了亚述古都城卡拉赫，将其建设得极为壮观时尚，并在那里建造了多座神庙与一座宏伟的王宫——正如他向我们展示的那样，他在此处曾举行过一场盛大的宴会以庆祝宫殿落成。美国历史学家A.T.奥姆斯特德（A. T. Olmstead）曾有一个著名的观点，他认为亚述纳西尔帕二世有着“制造恐惧和威慑的力量”。另一位历史学家——大英博物馆埃及与亚述文物保管人H. R. 豪尔（H. R. Hall）将他描述为“拥有无情冷酷、苛刻严厉”的天性，能用一切毁灭的方法来击溃反对他的人，因为“亚述纳西尔帕二世胸中毫无人类的怜悯之心”。[5]这些亚述研究学者之所以把亚述纳西尔帕二世描述得如此阴森恐怖，乃是因为考古学家莱亚德及其追随者们在尼姆鲁德发现了大量雕刻或内切的（浅）浮雕作品。这些浮雕作品原本色彩艳丽，盖住了宫殿大部分墙壁的下面部分，它们同时出现在纪念战神尼努尔塔（Ninurta，大神恩利尔之子）的神庙墙壁上。[6]这些浮雕文献 79
向世人提供了亚述古国最鲜明生动的资料，刻画出了亚述人的野蛮征服和对被征服民族反抗者施加的恐怖与折磨。它们生动展示了亚述纳西尔帕强大的战争机器对外的武力征服。当时他们组织严密，配备了最好的兵种与武器装备，诸如步兵、战车（chariotry，疑拼写错误）、骑兵和攻城撞槌。连同在都城尼尼微发现的相似图画浮雕（可追溯到此后两个多世纪左右时间）。这些作品向我们展示了亚述强权的情形，在强大的亚述国王面前卑躬屈膝远比负隅顽抗要更为稳妥，因为对抗国王便是对抗亚述至高无上的至尊主神——阿舒尔。其神圣之怒乃是战神的复仇，正当且合理，亚述国王对此非常信奉。

只是这种愤怒程度已然超出我们的理解范畴，让人无法想象。举例来说，亚述纳西尔帕曾鼓吹道，如果某城拒绝臣服，我会活剥那些反抗贵族们的皮，将他们的皮覆盖在成堆的尸体上；有些人（皮）被摊开在尸首上面，有些人（皮）被挂在尸堆中的木桩上……在我征服过的地方，我剥去了许多人的皮，将这些人皮包住城墙……我用长剑砍倒了他们50个反抗的士兵，活活烧死了200个战败的俘虏，在一次平原战场上击败了他们的332支部队……我用他们的鲜血将山脉染成红色，就像染成红色的羊毛，其余的全被峡谷洪流冲走。我掳走他们作为俘虏，并带走他们的财物。我砍下了那些士兵的头颅，用这些头颅在他们的城前建起一座塔楼。[7]

这种残忍折磨反抗臣民的野蛮行径便是亚述帝国行径的一个重要方面，一直延续到帝国终结。后来的一位亚述国王辛那赫瑞布（Sennacherib，萨尔贡王朝的第二个国王），在伟大的都城尼尼微建造了宏伟华丽的宫殿，莱亚德正是在这里的遗址中发掘出了浅浮雕品。据他估计，如果将这些浮雕排成一排，其长度可能长达几千米。就像位于尼姆鲁德王宫的亚述纳西尔帕浮雕一样，这些形态各异的雕像也伴有镌刻的楔形文字铭文，记录了国王的丰功伟绩。在其中一块浮雕中，辛那赫瑞 80
布讲述了他对埃兰王国军队的打击与摧毁：

> 我像宰杀羔羊一样割开他们的喉咙。我弄死他们（结束他们宝贵的生命）就像剪断一根绳线。我砍断他们的头颅，让他们食道和内脏的鲜血像暴风雨的洪水一样，流到广阔的大地。那些腾跃的战马，便是我的坐骑，给它们套上马具，投入那些人的血流中，如同在河流中奔腾。我的战车所向披靡，碾死那些邪恶之人，车身也沾染上了他们的鲜血和污秽。我将他们的尸首填铺平原之上，就像草儿长满草原。我割下他们的睾丸，就像收割黄瓜籽一样扯下他们的私处。[8]

除此之外，由亚述国王施行的亚述尔的神圣正义，并不局限于这个世界。辛那赫瑞布的孙子——亚述巴尼拔王，关于他的浮雕在他自己的尼尼微王宫中被人发现，上面记录了亚述人于公元前7世纪在提尔-图巴与埃兰军队的交战。战争中亚述人摧毁了埃兰的军队，在浮雕中讲述了亚述巴尼拔王是怎样处理埃兰人的尸首的——他命人将敌人碎尸，喂给“鹰犬、野猪、豺狼、老鹰，以及天上的飞鸟和深海的鱼儿”；除此之外，亚述巴尼拔还向世人讲述了他是如何对待被征服的埃兰国王死去的先祖：

> 那些是埃兰国王的坟茔，他们在位时从不惧怕我们的主神——战神亚述尔和女神伊丝塔。他们曾经折磨过我们的国王——我的先王和先父。于是，我捣毁了他们的坟墓，把他们的尸骸暴露在阳光下。而且我把他们的尸骸带到亚述，我要让他们心神不宁，始终活在我统治的阴影里。我剥夺了他们的食物与水，一切都不复存在。[9]

81 埃兰国王本人在战斗中阵亡，亚述巴尼拔王的浮雕也描绘了他在战场混战中被亚述战士斩杀头颅的情形。随后，亚述人在与埃兰人的战争中取得胜利，对埃兰的征服已是胜券在握。在浮雕中，我们看到了亚述巴尼拔王、王后和他们的侍从在御花园里举行聚会以获得短暂休整的景象。在他们的头顶上，醒目地展示着令人毛骨悚然的装饰品：埃兰国王图曼（Teumman）被砍下的头颅，被他们冷酷无情地挂在一棵树上。

除去确证亚述尔至高无上的权威之外，亚述人对外征服的基本要义便是拓疆置土，维护王国的尊严，抢夺被征服土地的自然资源和人力资源，毫无顾忌地将这些资源源源不断地输往亚述都城。亚述人的统治并不因为外族的臣服而掉以轻心，因此，亚述帝国的历史便是充满了外族反叛、试图摆脱亚述枷锁的历史。

正是由于这种关系，西方人心目中关于亚述形象的那种根深蒂固也最为持久的观念就此形成。毕竟在遭遇亚述征服与冲击的民族当中，就有早期的以色列人，亚述人的统治劣行甚至还记录在《圣经》的几卷书里。为了理解《圣经》对亚述人的态度及其形成原因，我们需要勾勒出犹太人早期历史的框架。

亚述帝国与《圣经》：创造恶魔

学者们长久以来一直争执《圣经》中被称为以色列人的早期历史的真实性。今天，大多数历史学家会把以色列民族的祖先亚伯拉罕及其儿子以撒、以撒的儿子雅各和雅各的12个儿子的故事归入神话或传说。大多数学者认为，这反映了公元前2000年早期和中期以色列始祖时代结束之后的情况。《圣经》也描绘了这样一个时期，在此期间（躲避灾荒）以色列人（被迫）迁往埃及，并在那里遭到埃及人的奴役。后来，以色 82
列人当中出现了一个有着超凡魅力的领袖摩西，由此宣告了奴役时代的结束，摩西便成了犹太人历史上乃至整个神教历史上最核心、最强大的人物之一。由于希伯来神耶和华赋予了摩西创造奇迹的能力，摩西显现神迹，让埃及法老既心存敬畏又深为不安，最终同意以色列人离开埃及。

正如《圣经·出埃及记》中著名的描述，埃及法老很快就后悔了他作出的决定，率领军队去追赶出走的以色列人。此时，摩西显示神迹，分开红海，带领族人穿海而过，逃脱埃及人的追赶，然后又使红海闭合，淹没了尾随追赶的埃及军队。埃及人的资料中并未提及这场灾难——这也是诸多学者怀疑这场灾难是否真正发生的原因之一。《圣经》后来又陆续描述了摩西如何带领希伯来人穿越西奈沙漠到达上帝的“应许之地”——也就是今天的以色列/巴勒斯坦地区。在途中，摩西在西奈山顶展示了从耶和华那里得到了“十诫”（刻在两块石板上的）。同样，在《圣经》以外的资料来源中，并无此事的记录，“十诫”的事实基本上找不到相应的历史佐证。

《圣经》接着讲述了摩西死后，以色列人在一位名叫约书亚的战士带领下进入巴勒斯坦地区，并在那里打败了当地的许多族群。在一定程度上，他们用和亚述人同样的暴虐方式消灭了敌人，从而在这个地方建立起大本营，分封以色列各部落。此过程传统上称作“希伯来征服”。尽管现在的考古资料使得所述事件更容易通过科学调查来予以证实，但是我们还是在这些事件的真实性方面将信将疑。后来，以色列人受到了非利士人（古代巴勒斯坦南部非闪族人）的严重威胁，他们是新来此处的族群，可能来自希腊或爱琴海地区，来到以他们的名字命名的地方——巴勒斯坦生活。以色列人后来团结在一位名叫扫罗（Saul）的勇士周围。据《圣经》记载，扫罗被先知撒母耳膏立为王，成为以色列联合王国的第一位君主。在短暂地（其实扫罗统治以色列长达40年）统治以色列后，扫罗在一
83 次战斗中被杀害。其后，扫罗的前任门徒大卫继位，大卫的儿

子所罗门又继承了他的王位。这两位以色列国王的统治时间跨度可能在公元前1000—前920年间，这个时间段通常被认为是“以色列联合王国”的黄金时代。不过，现代学者已经对《圣经》中这起事件的真实性产生怀疑。《圣经》认为大卫和所罗门征服一个边远之国，尤其在大卫征服之后，他们便以宏伟壮丽的耶路撒冷为首都对周边区域进行统治。但是大多数人都接受《圣经》中的一个基本观点，即不论耶路撒冷城当初的规模有多大或是如何称呼，它都是统一的以色列联合王国的首都。而且，所罗门王在耶路撒冷大兴土木，负责完成了早期犹太人举行仪式和信仰活动的核心建筑——耶路撒冷圣殿（又称所罗门圣殿），这座圣殿在犹太历史上被称作“第一圣殿”。

也正在此时，以色列似乎形成一种惯例，即以色列人（以及以色列的政治立国）是由雅各12个儿子发展的12个部落组成的。大卫和所罗门时代创立的以色列联合王国是由两个不同的实体组成。在国家的北方地区是以色列人的土地，自然资源更为丰富，这里传统意义上被认为是其十个北方支派的领土。而在南方，其领土主要涉及两个南方部落（犹大支派和势力较小的本雅明支派），也即所谓犹大之地。公元前920年所罗门王之死引发一场以色列人的内战，于是以色列联合王国正式一分为二，南北两个地区相互分裂，各自独立，犹大和以色列所在的地方由不同血统的国王统治，两者的首都分别是耶路撒冷（犹大王国）和撒马利亚（以色列王国）。

公元前9世纪，在亚述纳西尔帕二世和撒缦以色三世的亚述征服时代，我们得以看见《圣经》中述及的王国——更为强大的以色列王国闪现在历史的光芒中。[10]亚述石碑的记载中提到了以色列国王亚哈（Ahab），他是敌对联盟（反叛的埃兰联军）的领导人之一，曾在公元前853年与撒缦以色三世的王军在夸夸之战（Battle of Qarqar）中进行较量。在后来被称作“黑色方尖碑（Black Obelisk）”的亚述纪念铭文和浮雕中，出现了各地向亚述王进贡的场景，其中包括以色列国王耶户（Jehu，亚哈的继承者，公元前842—前815年在位）在撒缦以
84 色三世前俯首称臣纳贡的情景。公元前824年，撒缦以色三世去世，亚述王国在这一地区的权威统治短暂衰落。在此期间，以色列的统治者重新获得自治。公元前744年，亚述国王提格拉特–帕拉沙尔三世（Tiglath-pileser Ⅲ）登基，亚述王国由衰转盛。镇压了以色列王国的独立自治后，提格拉特–帕拉沙尔三世着手对亚述帝国行政体系进行重大改组，对外发起新一轮征服运动，开始重新对外邦实施统治。很快，他将目光转移到以色列王国北部的十个部落那里。不过，《圣经》和美索不达米亚人关于亚述人征服以色列的事实描述经常相互矛盾，但是公元前733—前720年间，在提格拉特–帕拉沙尔三世、撒缦以色五世、萨尔贡二世等亚述国王实施的一系列征服活动之后，以色列的王室首都撒马利亚和其他主要定居点被亚述军队占领，由此以色列王国沦为亚述帝国的一个行省。

此后的历史最为著名的便是《圣经》和亚述浮雕铭文均

提及的内容，即在亚述人的征服结束之后，他们强行将成千上万的以色列人流放到边远之地。这便是古代伊拉克人与希伯来《圣经》中提及的古代以色列人进行持久互动、诡秘莫测的资料来源，相关传说主要围绕以色列十个遗失的部落。[11]不过，《圣经》忽略了这些族群。几个世纪以来，不少旅行者和探险家在遭遇到他们之前并不熟知的族群时，往往试图将他们归为此十个遗失部落的后裔。自从哥伦布1492年开始大航海，欧洲人“发现”新大陆，他们吃惊地发现那里竟然还有《圣经》中没有提到的族群。然而，这些欧洲人相信《圣经》乃是上帝之言，因此也相信一切均是上帝创造的，包括这个世界上的各个民族。其中一些探险家也相信新大陆上的族群便是消失已久的以色列遗失部落（后裔）。在哥伦布于圣萨尔瓦多（萨尔瓦多首都）登陆的300多年后，这个传说继续影响着一代代探险家，不断地塑造着他们的梦想。美国探险家梅里韦瑟·刘易斯（Meriwether Lewis）和威廉·克拉克（William Clark）为他们的史诗探险（公元1804—1806年）做准备，他们计划穿越美国当时刚刚购买获得的路易斯安那州，直达太平洋沿岸，沿途进行考察活动。为此，刘易斯会见了费城最受人尊敬的医生兼科学家本杰明·拉什（Benjamin Rush），并与他商讨了今后的探险过程中可能遇到的一些情形。而医生拉什告诫刘易斯要留心以色列遗失的部落。[12]

对亚述的统治来说，大规模驱逐被征服的族群是一种权宜之计。亚述人通常将此强加给那些被征服的族群，将他们连根拔起，赶出世代生活的地方，从而更好地控制和安抚他们；同时能给自己提供源源不断的劳动力，以资国家急需的农业和建筑项目。《圣经》宣称亚述人驱逐了所有的以色列人，迫使他们离开祖国前往巴比伦。在现代探索发现亚述人对这些事件所作的记录之前，《圣经》的记录算是以色列人关于他们居住地的最可靠的信息。然而，根据亚述浮雕铭文的记录，我们至少可以追踪以色列流亡者的一些路线和最终目的地，有时候他们最远可能流放到过（今天的）伊朗。我们根据亚述人的描述，还可以计算出被驱逐出以色列母国的总人数约为4万人。综合最新的考古发现进行分析，这些流放的人口规模不会超过以色列总人口的20%，甚至更少，也许只有10%。换言之，尽管亚述人接管了以色列，并将其纳入撒玛利亚行省（Samerina，即希伯来文的Siamaria，亚述文为 Samerina），并入亚述帝国，使以色列人开始在亚述人的管辖之下，但大多数以色列人并没有被亚述人强制离开他们的母国。不过，可能有超过8万的以色列人口逃往南方的犹大国，剩下的以色列人还是继续生活在原来的地方，毕竟他们在这里生活了几个世纪，尽管现在他们是亚述国治下的属民。他们当中许多人很有可能与亚述移居到这里的人通婚。根据亚述史料记载，在这些新来者当中，就有成千上万的巴比伦人和阿拉伯人。随着时间的推移，他们中的多数人可能皈依了留下来的以色列人的宗教，从而成为犹太人，这种情形可能在该地区持续了几个世纪。

亚述强权及其征服使以色列人遭到毁灭性的打击，给他 86
们带来了苦难深重的回忆，这一切都记录在后来的希伯来《圣经》中，留下了不可磨灭的印记。希伯来先知们谴责尼尼微城所犯下的罪恶。《圣经·约拿书》记载道，先知约拿曾在那里布道，当上帝拒绝摧毁这座城市时，约拿感到万分沮丧。今天看来，约拿与这座有着穆斯林传统的城市存在着一定的联系，甚至从其中一个废墟土墩的名称也能看出。这土墩便是奈比·尤奴斯，或者可以说是先知约拿的坟墓，而且之上建有纪念他的圣祠。《圣经》也将亚述人视为上帝的选择，是上帝用来惩罚以色列王国的工具，因为它背离上帝律法，从而招致上帝的威怒。《圣经·以赛亚书》第10章第5节写道：

> 啊，亚述，是我怒气的棍，他们手中拿我恼恨的杖。我要差遣他去攻击不虔敬的以色列国民，吩咐他去攻击惹我生气的百姓，我要他去抢劫掳掠，并且要践踏他们，像践踏街道上的泥土。[13]

以色列人被征服以后，亚述人很快将注意力转向了它的南面——以色列王国的邻国，实力并不强大的犹大国。犹大国王希西家（Hezekiah）决定（即在公元前701年）反抗新继位的亚述国王辛那赫瑞布。四年前，辛那赫瑞布的父亲萨尔贡在一次战斗中被杀，辛那赫瑞布登上王位。希西家王反叛的结果与影响在《圣经》文本和亚述浮雕铭文中均有所记载，只不过这两个文献对所发生的事情的记录明显不同。辛那赫瑞布的亚述军队占领并洗劫了犹大国的几十个城市和村落，其中包括戒备森严的拉吉市（Lachish）。尼尼微在辛那赫瑞布宫廷中出土的拉吉之围（Siege of Lachish）浮雕就清楚地显示了这一点：他们（以色列人的）四肢张开，躺在地上，将会被活活剥皮。亚述人的记录声称有超过20万犹太人被放逐到巴比伦。亚述的军队来到犹大王国首都耶路撒冷，将其困在希西家（Hezekiah），据亚述国王辛那赫瑞布的文献记载，当时他们就像笼中之鸟。

辛那赫瑞布的文献还记载了希西家王最终不得不与亚述王议和并臣服亚述的事实，他进贡重金（30塔兰特金子外加
87 800塔兰特的白银）以使他的城邦免遭亚述军队的疯狂洗劫。
而在《圣经》的《列王纪下》《历代志下》中，讲述了一个与辛那赫瑞布的文献记载完全不同的结局：先知以赛亚先向忧心忡忡的希西家王传达了上帝的话语，许以神恩。随后上帝拯救了希西家王和耶路撒冷，并派出天使于一夜之间消灭了亚述军营中的18.5万名战士，迫使亚述退军。当然，现在没有任何亚述的文献提到天使复仇的事实，也没有文献能证实这样一场灾难曾经发生在亚述人头上。《圣经》记载道，亚述国王辛那赫瑞布在此后不久，就被他的两个儿子暗杀——这一事件原原本本地记录在巴比伦的文献资料中，证实了这一事件的真实性，尽管语言表述很简洁。至此，一位伟大的亚述国君就此消亡，尽管他生前曾远征八方，立下赫赫战功。但是《圣经》仍将他

视为轻世傲物、目空一切的狂妄人物，是掌控人类命运的以色列上帝惩罚的对象，借此警醒世人。

> 你辱骂谁？亵渎谁？扬起声来，高举眼目攻击谁呢？乃是攻击以色列的圣者！……你难道没有听说我早就定下主意了吗？很久以前我所计划的，昔日我所决定的，现在我就在实现，叫你毁坏坚城，化为废墟，使城中的居民软弱无力，沮丧失望，惊慌失措，有如田野庄稼，或如青嫩绿苗，或如屋顶缝隙小草，长成之前便遭殃枯萎。但是，你或起或坐，或出或入，还有你对我的暴怒，我都知道，因为你对我的暴怒，和你的狂嚣已传至我的耳鼓，所以我要把环子穿在你的鼻子上，把辔头套在你的嘴上。（《圣经·列王纪》第19章：22，25–28）[14]

亚述帝国巅峰时期

亚述国王辛那赫瑞布死后不到100年，其帝国境内就有不
少人起兵，奋起反抗身居北部美索不达米亚首都王宫的统治 88
者。在此之前，亚述帝国在辛那赫瑞布的孙子——国王亚述巴尼拔的统治下发展至巅峰。亚述巴尼拔王是亚述帝国有史以来最后一位真正杰出的帝王。公元前668年亚述巴尼拔正式登基成为亚述国王，从父亲那里继承了一个巨大的王国，其疆域从伊朗西部一直延伸到地中海沿岸，包括现在的叙利亚、黎巴嫩

和以色列/巴勒斯坦等广大地区。三年前即公元前671年，亚述巴尼拔的父亲伊撒哈顿（Esarhaddon，公元前713—前669年）入侵尼罗河三角洲地区，由此引发伊拉克与埃及这个强大的王国长达1000余年的对抗。自文明肇始，埃及统治者便一直与美索不达米亚的统治者不断斗争，相互征服，并且持续了几个世纪。伊撒哈顿的军队成功地占领了埃及北部首都孟菲斯，但不久随着他的离开，孟菲斯重又落入叛军之手。公元前667年，亚述巴尼拔王军队重返埃及，战败法老军队，再次夺回孟菲斯。公元前664年，他们还占领了底比斯这个古代神都。随之，亚述巴尼拔王完成了对埃及的征服，实现了亚述帝国最大的领土扩张。

亚述帝国已然成为当时历史上最大的帝国。如今，帝国幅员辽阔，管理结构组织有序，国王要么将帝国分成行省，以便亚述统治者直接管理，要么在边远地方培植附庸势力，间接对当地实施统治，这些代理统治者必须发誓忠于亚述国王，按时纳贡，向帝国提供劳力资源。亚述人这种为王国统治设计出来的诸多管理手段，也一直为后来的中东帝国所沿用。其中包括他们发明出来的分段式（设立驿站的）道路系统，王国甚至付费给检查员和间谍，让他们为帝国提供情报信息。波斯人后来对此多有详细阐述，希罗多德还在其历史著作中对此赞誉不断。正是因为亚述帝国的榜样力量，后来的庞大帝国当中，有许多都在伊拉克境内设立首都。亚述人管理帝国的体系思想与维护普遍统治的观念，是他们对中东历史作出的最为持久和重要的贡献。

虽然亚述帝国的统治在亚述巴尼拔当政的时候达到鼎盛，但从后人观点看来，他最伟大的成就并不是他的军事征服与强力控制，而是在文化上的贡献。他当时决定遣人（主要是神殿僧侣和抄书吏）穿越整个帝国收集了大量的楔形文字泥板，并将其送到首都尼尼微进行抄誊和整理，予以收藏。这些收藏的 89
泥板文献，几乎包含了古代美索不达米亚积累几个世纪的科学、文学和学术研究等知识，为后人了解亚述帝国乃至整个亚述-巴比伦文明提供了钥匙。亚述巴尼拔图书馆还收藏有他从其祖父与父亲那里继承而来的王室档案、自己新王宫中收藏的档案，以及纳布（Nabu，智慧与写作之神）神殿中的档案，当时是世界上最大的图书馆。[15]这座图书馆在19世纪中叶被先驱亚述考古奠基人最先发现，目前亚述巴尼拔图书馆的珍迹多收藏在伦敦的大英博物馆。这些珍藏的文献仍是我们研究古代美索不达米亚学术和文学传统最重要的资料来源，特别是神卜科学——预兆解释之学，几百年来一直被古代美索不达米亚王权认为对国王的功名与福祉至关重要。亚述巴尼拔图书馆中的泥板文献进一步证明了这种学术传统背后悠久的文化历史与深厚的优良传统，其中很大一部分文献是用苏美尔语写就的，而苏美尔语早在1000多年前就不再作为口语为人们使用了。另外，还有不少泥板文献使用了与苏美尔语相当的阿卡德语（分别有巴比伦语和亚述语两个分支），但是一些学者在查阅和研究保存在这些泥板上的文字时发现，苏美尔语在当时拥有一种近乎神圣的地位，非常类似中世纪欧洲宗教和学术中使用的拉丁语。

亚述巴尼拔统治后期，衰亡的种子已经萌芽，帝国开始走向瓦解。尽管现代学者认为当时亚述人的统治较之前20年更为温和，并不那么渔夺侵牟，甚至族群之间更加和睦，但是被征服的族群始终憎恨外人的控制掠夺。其实，我们并不必对此大惊小怪，早在亚述处于鼎盛时期，一些人就开始为摆脱亚述的统治而不断反抗。这当中就有新近到达伊拉克的伊朗人、米堤亚人，他们对亚述帝国的毁灭起到了重要的作用。

90 尤其是亚述帝国南部，即巴比伦王国的传统城市中心地带，对帝国的统治痛恨更甚。[16]正是在这里，在公元前8世纪晚期，另一外来族群迁移于此，开始成为伊拉克历史上最重要的一群人——迦勒底人（Chaldeans）。今天，我们都认为迦勒底人便是伊拉克境内的基督徒，最近几年里，他们当中有许多人离开了伊拉克。对希腊和罗马的写作者而言，“迦勒底”一词常与为人类科学知识作出巨大贡献的巴比伦天文学家、占星家、学者联系在一起——这一点这些写作者无可否认。但是，当迦勒底人第一次（公元前878年）被人用楔形文字写进泥板文献记录中时，他们还是偏远“部落”之人，甚至可能是半游牧民族，在族群渊源上可能与阿拉姆人（Aramean）有关，并像他们一样，也可能是自西方而来的移民。不过，迦勒底人与阿拉姆人的做法相反，他们来到巴比伦，很快就在城市及周边的村庄定居下来。他们主要生活在幼发拉底河南部的

聚居地，并且很轻易地就接受了邻居巴比伦人的文化。在美索 91
不达米亚南部，迦勒底人的首领很快掌握了当地重要的政治和经济权力，这很大程度上归功于他们所在地区独特的地理位置——这个地方连接诸多主要贸易路线，将上游的美索不达米亚城市与蒸蒸日上的波斯湾贸易及远在黎凡特（Levant）、阿拉伯北部和埃及的贸易伙伴紧密联系起来。[17]这些马队贸易的合作伙伴中有阿拉伯人，他们通常成群结队地活跃在幼发拉底河的冲积平原上，并首先从他们驯化的、陆路贸易新引擎——骆驼的身上获取利润。

凭借雄厚的经济资源，迦勒底人的酋长们可以召集相当规模的军队，在现今伊拉克南部的纵深地区维持着一种反抗亚述统治的态势。后来迁入该地区的阿拉伯人直至现在都表现出这种类似的文化倾向，对抗外来者对他们的统治。[18]迄今为止，最为知名的早期迦勒底反叛者是马尔杜克–阿普拉–伊丁纳二世（Marduk-apla-iddina Ⅱ；《圣经》中叫米罗达–巴拉但，Merodach-Baladan），在亚述帝国皇帝萨尔贡二世统治期间，他依靠迦勒底人的力量，占领巴比伦，自封为王，统治巴比伦王国约12年。萨尔贡的继任者——辛那赫瑞布至少有四次被迫派军前往巴比伦去镇压迦勒底叛军和他的埃兰盟友。迦勒底与埃兰盟军经常藏身南部沼泽地区，让亚述军队很难找到。于是，辛那赫瑞布不得不将他们在这一带连根拔除，这也像是预示了2500多年后萨达姆·侯赛因的野蛮做法。1991年初，萨达姆·侯赛因被美国领导的联军击败后，伊拉克南部什叶派借机起兵反对他。萨达姆·侯赛因被迫派遣部队进入该地区，他们抽干了沼泽地的水源，让反叛分子无处藏身。[19]

辛那赫瑞布极其讨厌迦勒底的反叛，不能容忍迦勒底人控制当时有1000多年历史的圣城巴比伦，便亲率大军，直扑巴比伦，将其捣毁。这种举动，在巴比伦人和亚述人看来都是亵渎神明的行为，甚至也是辛那赫瑞布遭到暗杀的原因之一。不过，辛那赫瑞布的儿子、王位继承人伊撒哈顿意识到父亲的暴行严重地损害了亚述王室的权威和声望，于是开始重建巴比伦。但是伊撒哈顿的所作所为实际上继续加强了对巴比伦的控制，打击那些反抗亚述帝国的人。他把巴比伦的统治
92 权给了他的长子沙马什·舒姆·乌金，让他做了巴比伦的国王；同时，又将帝国王位传给四子亚述巴尼拔，管辖帝国剩余的地方。公元前652年，伊撒哈顿死后17年，在迦勒底酋长们和埃兰国王的教唆下，伊撒哈顿的儿子之间出现内斗，沙马什·舒姆·乌金起兵反抗他的兄弟。亚述巴尼拔率军花了四年时间平息兄弟的叛乱，传闻其兄弟一把火烧了王宫，自己也死于宫廷大火。这一事件后来被记录在希腊历史学家狄奥多罗斯·西库鲁斯（Diodorus Siculus）的历史著作中，也作为素材被写进后来的西欧艺术和文学作品中。在描述萨尔丹那帕勒斯（Sardanapalus）国王的故事中，他遭遇军事失败，最后纵火烧掉宫殿，自杀身亡。其后，亚述巴尼拔开始将注意力转向埃兰王国，并在公元前640年一举击溃埃兰，俘虏了埃兰末代国王。

不过，亚述巴尼拔将这些叛乱与威胁解除之后，他自己也从历史的雷达上消失不见，给后人留下很少的资料信息来重构他最后15年的人生或是结束于公元前626年的那段统治生涯。自他死后，巴比伦从此一劳永逸地摆脱了亚述人的控制，由迦勒底王子那波帕拉萨尔（Nabopolassar，新巴比伦王国的开国君主，公元前664—前605年）统治。但仅17年后，强大的亚述帝国就遭到新外族联合攻击，被打翻在地，从此一蹶不振。亚述伟大首都尼尼微被巴比伦尼亚的新统治者迦勒底人和前伊朗境内的亚述附属米堤亚人组成的联军占领，遭到毁灭性的打击。尤其是米堤亚人，他们转向反抗他们的亚述领主，派出军队摧毁了亚述帝国。

几个世纪之后，亚述地区将东山再起，再度复兴，尽管现在他们还处在外来侵入者的监管之下，不过这次他们的领主是阿拉伯人和伊朗统治者。那个时候，《圣经》作者已经汇编好了《圣经》中的历史记录和先知预言，这些文献记录塑造了亚述人傲慢自大、穷兵黩武的形象。与此同时，希腊地区和拉丁地区的著者也抓住了亚述帝国的混乱记忆，趁机创作出像塞弥拉弥斯女王、尼诺斯、宁录和萨尔丹那帕勒斯国王等这样一 93
些伟大人物的传奇故事。又过了许多世纪，在莱亚德、博塔及其后继者们考察亚述古城卡拉赫和尼尼微废墟遗址，使其历史重见天日之后，伊拉克北部的基督教徒声称古代亚述人便是他们的祖先。而伊拉克的独裁者萨达姆·侯赛因曾命令在壁画、海报、货币和邮票上重现古代亚述人的雄伟辉煌的形象，以此利用亚述历史来宣扬他自己在辛那赫瑞布和亚述巴尼拔曾经统治过的地方再度崛起。

巴比伦：历史形象的诅咒

2009年版的《梅里厄姆–韦伯斯特在线辞典》曾非常简洁地将巴比伦定义为“一个致力于追求物质和注重感官享受的城市”。[20]如果在互联网上搜索“巴比伦”，人们会看到各色各样关于巴比伦的图片，内容无所不包，从关于这座古城的奇特描写到印着诸如《好莱坞巴比伦》《乡村音乐巴比伦》《威斯敏斯特巴比伦》等标题的图书——更不用说一家名为“巴比伦女孩”的伦敦（应召）陪护组织了。

巴比伦在历史上曾是立法者汉谟拉比王国的核心。公元前610年后，巴比伦成为中东帝国的首都，迦勒底国王那波帕拉萨尔在联合米堤亚人捣毁亚述帝国后，趁机控制巴比伦，将其立为都城。和亚述都城的发现情形一样，巴比伦也只是在近现代才被考古学家们重新发掘出来——不过，这次是由一位德国考古学家瓦尔特·安德烈（Walter Andrae）率领的德国探险队进行的，他们对该处遗址开挖时间持续很长，从1899年一直挖掘到1917年。挖掘出的建筑遗迹和楔形文字泥板表明，巴比伦是一座大型城市，居住人口稠密，建有众多神殿和宫殿，其古代文化博大精深，出神入化。但是，与亚述文化（挖

94 掘）的情形相比，科学性的考古挖掘和巴比伦黏土泥板文字的

破译所产生的影响，已经远远不及几个世纪以来早已被印刻在西方人心中的古代文学所形成的刻板认知。《圣经》的作者和古希腊罗马时期的历史学家们已经在他们的作品中创造出了一种恒久且歪曲的伟大城市形象。

古希腊和罗马时期的历史学家们对巴比伦的认知反映了他们对这座城市所拥有的财富、气势恢宏的建筑和博学多才的学者们（尤其是天文学家和占星家）的钦佩，同时又极其反感这里的奇风异俗。[21]巴比伦建筑中最为驰名的便是空中花园（Hanging Gardens），花园四周围绕着高大的城墙，堪称世界七大奇迹之一。[22]据说，这是一位巴比伦国王（尼布甲尼撒二世，Nebuchadnezzar）为其患思乡病的伊朗王后安美依迪丝（Amyitis）建造的。人们将空中花园描述成一座灌溉式的梯田花园，建在由圆柱或拱顶搭建而成的平台之上。这些建筑材料必须能够支撑起数百吨位的泥土与植被。有一种说法是，花园中“植有一般公园中常有的阔叶林木，上面百花齐放，多种多样。简而言之，花园的一切看上去都那么赏心悦目，无不让人身心愉悦”。[23]不过，现代考古发掘并没有找到空中花园存在过的痕迹与证据。考古学家们对相关考古资料进行重新检验，他们发现，希腊人和罗马人有可能搞错了空中花园的建造与历史，这些“花园”实际上是由辛那赫瑞布建于尼尼微的，在这位亚述王领导下，亚述的工程师们在水利工程方面取得了一些不凡的业绩。[24]

早在历史学家希罗多德那个时代，古典作家们也惊叹这座城市的巨大规模，尤其是宏伟高大的城墙。根据希罗多德的描述，巴比伦的城墙构成了一个完美的正方形，每边边长120希腊士德达（超过21千米长。stades，长度单位，相当于法浪，一法浪等于一英里的八分之一），每面城墙高110米，厚28米，全部由窑炉烧的泥砖建造而成。城墙顶上建有相对的单间房屋，房屋之间拥有足够的空间距离，能够让一辆四马战车
95 通过。另一种说法是，两辆四马战车可以相向通过。城墙的大门全由铜铸成，共有100座。城墙之内还有城墙，所以这座城市有两层防御工事护体。希罗多德描述说，幼发拉底河将巴比伦一分为二，东岸部分主要是王宫、神庙和贵族住宅区，另一半则由巨大神殿广场占据。神殿广场上屹立着一座八层通天高塔（古典式金字形神塔），其顶端立有一座神殿。神殿之内有一张大床，神（希罗多德称其为“宙斯”）常与迦勒底祭司挑选出来的女人共眠于此。

尽管历史学家希罗多德拒绝相信祭司们所说的这类故事，即神祇会在神殿接访祭司挑选出来的女子，但他更易相信关于巴比伦女人的另一个习俗——而且这个习俗一直是史学家们争论不休的话题。希罗多德说，每一位巴比伦女人，不论其社会地位高低，都要充当庙妓，在女神（伊丝塔，希罗多德本人称为“阿佛洛狄特”）神殿内出卖肉体，迫使自己献身给陌生人。这些妇人都要去她的神殿，坐在神圣的指定区域，头上还要戴上花环，在那里与第一个朝她大腿掷硬币的人交合。他补充说明，长相姣好的女性无须多长时间就能完成任务，但那

些长得不怎么标致的女性则可能需要三四年时间才能完成这一任务。今天的大多数学者都不太相信希罗多德关于巴比伦神殿宗教卖淫一说。最近的一项（史实）评估称其说法为“垃圾”，并且指出此种说法已经激起多年的学术讨论。另一种观点认为它保留了一些女性的回忆，早在1000多年前，她们可能充任“女祭司”（而非妓女），服务于伊丝塔崇拜仪式，从而与陌生男子进行性行为。[25]

不管希罗多德对庙妓的描述影响如何，现代人一般都认为巴比伦就是堕落之城，是纵欲和堕落的巢穴，这要归因于《圣经》。《圣经》中对巴比伦的谴责，没有哪一部分比《新约》中的《启示录》更为知名了，在《启示录》中，巴比伦是堕落的罗马的隐喻，是一个只顾肉体享受，穷奢极欲的地方。
而且，罗马宫廷曾长期迫害过早期的基督徒。《启示录》的作 96
者描绘了世界末日的景象，其中一个女人坐在一只七头十角的朱红色的怪兽身上，“身上穿着紫色和红色的衣服，上面饰有黄金、珠宝和珍珠等珍贵物品，手里拿着一个金杯，里面盛满可憎之物，便是她那淫乱的污秽”，在她的额头上还写着一个名字、一个秘密：“巴比伦大帝，你这淫妇和世界上一切可憎之物的母亲。”后来，一位天使向世人宣布：“倒下了，巴比伦大城倒下了！它成了鬼魔的住处和各样污秽之灵的巢穴，并且也是各种污秽可憎之雀鸟的巢穴。因为列国都被她的邪淫污染，地上的君王与她行淫，地上的客商因她的浮华发了财。”（《启示录》17：3–18：3）[26]几个世纪以来，许多西方基督徒认为《启示录》所言即上帝所说，并且认为其字面的解释即历史。因此，巴比伦就被打上了邪恶、淫乱和堕落的烙印。

《旧约》同样待巴比伦和巴比伦人不善，尽管《创世记》声称亚伯拉罕最初即来自“迦勒底的乌尔（一译吾珥）”。《创世记》还讲述了一个著名的故事，说到诺亚后裔是如何迁徙到示拿的平原，并在那里发现了沥青，将其用于制作砂浆，或是作为烧制砖块的材料，于是决定借此建造一座城市和一座通天之塔（即巴别塔），以“为自己扬名”。《创世记》指出，那个时候，地球上所有的人都说同一种语言。当上帝看到这些人要搭建这座通天之塔，即将建至天国的时候，他为人类的能力感到害怕，担心“人类无所不为，能做一切欲为之事”，于是决定变更人类语言，使其语言混乱，这样他们就不能彼此互相理解。自此，这些人因为语言不通，散落在世界各地。这座废弃的高塔也被称为“巴别塔（Babel）”。《圣经》作者也向世人表明，“巴别塔”意在传达混乱的观念（“胡言乱语”），预示着人类不再团结，上帝给人的教训便是劝阻人类不要傲慢不逊，狂妄自大。事实上，巴别塔之说明显暗示诺亚后裔们要建造一座金字形神塔，而且需要用到烧制
97 而成的砖块与沥青，借此方可造出所谓传统的巴比伦圣殿之塔（巴别塔）。

但在犹太人历史上，希伯来的《圣经》中关于巴比伦的认知则是由一系列事件造就，其中一件历史性重大事件最为猛

烈，反映了他们的集体创伤。在现代人还未发掘出古巴比伦楔形文字泥板之前，《圣经》的《列王纪》“编年史”中的相关记载和几本关于希伯来先知书便是我们关于巴比伦征服犹大王国及其后续事件的唯一资料来源。今天，人们得益于楔形文字写就的泥板铭文证据，可以确定各类大事件发生的日期，从而证实《圣经》“编年史”的相关片段，以及与此事件相关的《圣经》故事（中所说的事实）。对巴比伦人来说，这些事件相对来说无足轻重——与他们推翻亚述统治和击垮亚述帝国的事件相比更是微不足道。然而，对犹太人而言，伊拉克现在已然占据了他们历史的中心。

公元前610年，随着亚述帝国的衰落，巴比伦的迦勒底国王那波帕拉萨尔继承了亚述帝国的大部分国土，但与此同时，埃及——这个曾在亚述巴尼拔在位期间被亚述统辖过的国家，也开始再度复兴，并且将影响施及地中海沿岸地区，当然也包括犹大王国。不过，当那波帕拉萨尔的儿子——尼布甲尼撒二世（Nebuchadnezzar，公元前605—前562年），在科底利亚一役中率军打败了埃及军队，埃及人想巩固这一区域统治的希望破灭。不久之后，犹大王国也起兵反抗尼布甲尼撒二世的统治。公元前597年，尼布甲尼撒二世镇压犹太人的反抗斗争，占领耶路撒冷，赶走了犹大国王、他的家人以及许多犹大社会的上层阶级（将他们流放到巴比伦），并且掠夺了其王宫和圣殿中的大量财富。十年后（公元前587/前586年），尼布甲尼撒二世扶植统治犹大国的西底家（公元前6世纪犹大国末代国王）也开始起兵造反，谋求独立。巴比伦人不得不复返犹大国，对其进行了残酷的报复。这一次，巴比伦军队尼布甲尼撒二世再一次攻陷耶路撒冷，将其夷为平地，摧毁所罗门神殿，掠杀了大量的犹大国民。《耶利米哀歌》曾描述犹太人遭遇征服与堕落，他们挨饿受冻，遭受上帝屈辱的惩罚，是上帝利用
98 尼布甲尼撒，决定让犹太臣民遭受苦难，因为他们曾犯下诸多越轨不道之事。为了让犹太人蒙羞，巴比伦人将这座城市洗劫一空，并摧毁了早期犹太教的宗教仪式与精神信仰中心——大卫之子所罗门王建造的所罗门圣殿。最终，尼布甲尼撒当着西底家王的面残忍地杀死了他的儿子们，又剜去了他的眼睛，然后将他和数以千计的犹太人作为战利品押往新巴比伦，并将他们关在那里。具体而言，楔形文字泥板资料告诉我们，这些人被遣送到了克巴尔（Kebar。靠近古城尼普尔，Nippur）运河的沿岸地区。[27]

正是在那里，犹太人历史上被称为“巴比伦之囚”的苦难时期开启了，同时也迎来了流放到世界各地且更为漫长的大离散时期，也就是说，除去巴勒斯坦外，犹太人最终分散到地球的各个角落。

不过，这次囚禁并没有持续太长时间：不到50年。公元前539年，波斯的居鲁士大帝武力夺取巴比伦，结束了迦勒底国王的统治，并且允许流放的犹太人返回耶路撒冷。犹太人在那里重新建立了自己的政权，很快在耶路撒冷建造了新圣殿（即第二圣殿）。然而，犹太人在巴比伦流亡期间，许多本来

隶属于耶路撒冷圣殿和皇家法院的牧师、抄写员和学者就着手收集、整理并编辑他们带来的手稿——这些手稿包括犹太先祖、国王与法律条文的资料和相关故事传说。于是，犹太文献主体的汇编工作开始了，也就是我们今天所知的希伯来《圣经》或《旧约》。

现在，我们还知道，当时居鲁士大帝给了犹太流亡者以返回巴勒斯坦的机会。不过，有许多犹太人——也许是大多数人——决定继续留在巴比伦生活。不久，在巴比伦就出现了几个主要的犹太人社区，这里便是他们人口集中的地方，也是商业与学习的中心。在现今的伊拉克和伊朗境内的其他城市里也出现了同样的情形。

这些犹太人社区在那里延续了几个世纪，并且繁荣了几个世纪。这直接导致1948年现代以色列政权诞生之前，伊拉
克境内的犹太人口数量是中东地区最多的。生活在巴比伦似 99
乎是许多离散犹太人比较一致的想法。《圣经》中有些部分就以尼布甲尼撒和他的继任者生活的巴比伦为背景，这在一定程度上反映出当时犹太人非常敬畏巴比伦，对其城市规模与宏伟辉煌羡慕不已。但是《圣经》的叙述也给世人留下经久不衰的犹太人形象，描述了他们被迫流亡、屈服于异国统治者的忧伤与憎恨。《圣经》中的先知，无人能敌耶利米亚（Jeremiah），但他们曾承诺借由愤怒的复仇之神之手，对巴比伦施以可怕的惩罚。《圣经》中有好多章节都表达了这样的主题。我无法在此处详细描述，但其中一些章节常被人

清楚地记起，而且经常被引用，甚至也用于音乐创作。“巴比伦河畔（我们促膝长谈），想起心中的圣地锡安（Zion）我们都不禁潸然泪下”——这是威廉·比林斯在其创作的美国革命时期寓言合唱作品《为波士顿哀悼》中的一首歌曲。[28]这首歌后来也成为20世纪70年代流行的一首雷鬼音乐的开场歌曲。

但是在这方面，这些故事均不及《但以理书》影响深远，该书讲述了一个年轻的犹太人（即但以理）和他的朋友从耶路撒冷一路被流放到巴比伦的故事。在巴比伦，他凭借自己的解梦神技，在尼布甲尼撒二世和伯沙撒（Belshazzar，新巴比伦王国最后的国王）的王宫里为业谋生，最终挨到波斯灭亡巴比伦那个时候。因为但以理还侍奉过波斯国王大流士——从人类寿命长短的角度来看，这种情况几无可能。《但以理书》中讲述的故事反映了《圣经》中犹太人被掳流放而遭遇危险的隐忧，同时也反映了在以色列上帝的力量面前犹大国的王室俘虏孤立无助与徒劳无益的境地。

这些人的故事也成为后来的中世纪和现代欧洲艺术家们创作艺术与音乐作品的灵感来源。[29]《圣经》中烈火窑的故事便讲述了但以理的三个朋友因至死不拜国王所铸金像，便被扔进烈火熊熊的火窑。不过窑中烈火并没有烧到他们，甚至窑中还出现第四个人的影子，与他们一起出现在火炉之中。在另一个故事中，由于但以理遭到波斯国的巴比伦朝臣们嫉妒，波斯国王不得不命人将他投进狮子洞里，结果第二天人们发现洞中

狮子并未动他一根毫毛——于是国王发布公告，命令境内人民 100
要敬畏以色列的上帝。

《但以理书》还讲述了伯沙撒王大摆盛宴的情形，伯沙撒王显然在欢饮之际，吩咐手下人将父亲尼布甲尼撒从耶路撒冷圣殿中掠来的金银酒杯分给参加宴会的人使用，让他们用这些器皿饮酒。就在觥筹交错之际，王宫的墙上突然现出一只人的手，写下神秘的文字，这些文字只有但以理才能理解。这些文字预言了巴比伦帝国的毁灭，并含蓄地谴责其统治者，指责他们傲慢无礼，对唯一的上帝大不敬。《伯沙撒王的盛宴》后来成为17世纪荷兰著名艺术家伦勃朗·范·瑞恩（Rembrandt van Rijn）创作的一幅名画的主题，同时也是英国作曲家威廉·沃尔顿（William Walton）一首乐曲的主题。至今，当人们形容失败或不幸似乎不可避免时，仍用这个“the writing's on the wall”短语来表示“不祥之兆”。所以，《圣经》的作者对巴比伦的评价没有什么闪光点。因为《圣经》版本的巴比伦印象成了后来基督教道德评判世间万物的参照模板，一般来说，巴比伦被称为“罪恶之都”，受到过诅咒，作为虚华奢侈、堕落颓废以及其他所有可能的恶行之地的象征，同时也是充满危险又极其强大的强硬对手。

正如我们所见的那样，《圣经·启示录》又延续了巴比伦城市的这种刻板印象。到中世纪早期，巴比伦已与新的邪恶势力勾结在一起，成为基督教生存的新威胁。对信仰基督教的人们来说，他们便是野蛮的异教徒；对基督化的欧洲来说，也是最新的无所不在的威胁：伊斯兰教。虽然中世纪早期史诗《罗兰之歌》据说是关于查理大帝的基督教法兰克战士与西班牙的穆斯林摩尔人之间的一场战争，但是这篇史诗也提及了巴比伦国王“埃米尔”（Amireil）——他在《罗兰之歌》中是
101 与查理大帝相对应的人物，“比维吉尔或荷马更古老……领导着一支从非基督教世界招募来的军队。这些人来自信仰异教的东欧到波斯至非洲的广大地区，一切都在他们异教之神的三位一体的旗帜之下。他招募的人当中有可怕的类人族”——其中包括一些体刺长在背上或是皮肤像盔甲一样闪亮的亚人类。[30]在8世纪晚期的《阿方索三世编年史》（*Chronicle of Alfonso* Ⅲ）中，当时穆斯林统治者掌控着大半个西班牙，有人称他们为“迦勒底人”。他们迫使信奉基督教的西班牙人称颂“巴比伦王”，向国王纳贡。当然，在这个时候，西班牙编年史家通过“《圣经》《旧约》先知的放大镜”看到了他们自己的抗争。这些穆斯林便是迦勒底人，他们统治着巴比伦，他们之所以暴虐不堪，乃是因为上帝选中他们，让他们惩罚选中之民的罪恶。[31]

其实，有关天启均与《圣经》中的《但以理书》和《启示录》相关，直到今天还影响着全球的政治事务。这些《圣经》书籍也是19世纪基督教福音传道者约翰·纳尔逊·达秘（J. N. Darby，公元1800—1882年）的传道用书，也是其译写《圣经》译本的资料来源之一，达秘曾提出基督教天启论的一个版本即是所谓的时代论（Dispensationalism），以呼应他的教

会毁坏之说。根据其理论，世界末日的来临与基督的回归取决于以色列的复兴和耶路撒冷第三（也是最后的）圣殿的建成。[32]

“伟大（真正）归于巴比伦”

同样，写出精彩一书《新亚述帝国》的历史学家赛格斯（H. W. F. Saggs）早前也写就一本高质量的著作，名为《伟大归于巴比伦》。这是一本极具权威性的通俗读物，目的是让英语世界的读者重新发现“真正的”巴比伦，该书介绍了19世纪和20世纪的考古学者在亚述几个都城遗址和巴比伦废墟的早期考古发现。自赛格斯的著作问世以来，无数的楔形文字记录资料相继被破译，并得到了分析与研究；与此同时，人们还在巴比伦遗址上有了更多的考古发现。

公元前610—前539年，巴比伦便是新巴比伦帝国的首 102
都，迦勒底人的皇帝便是从这里发号施令，统治了一片广大的领域，尽管与亚述帝国巅峰时期相比要小很多，但也包括了大部分中东地区。公元前6世纪，新巴比伦帝国发展臻至全盛，此时的巴比伦可能是这个星球上最大的城市。当时，除了中国的城市镐京〔编者注：此处疑有误，此时期中国最大的城市应为洛邑（今河南洛阳）。西周末年镐京被毁，遂于公元前770年迁都至洛邑。〕之外，巴比伦作为巨大建筑风格的典范或作为人类高级文化——宗教、文学和科学的摇篮、宝库，几乎无城能与之匹敌。它当时是全球性的商业中心，正如一位学者所描述的——它是“大型的港口城市，拥有海量的资源，这些资源从世界各地运来，从非洲延伸直到亚洲内陆地区，从欧洲边界通达到南亚地区”。这里“每天都有来自世界各地的各色人等，各种商品囤积于此，多元思想在此交汇……有来自非洲的黄金、阿富汗的天青宝石、波罗的海的琥珀和印度的红玉髓石”[33]。

到了迦勒底王国时期，巴比伦就已经是一座很古老的城市了。现代考古学家们几乎没有挖掘出汉谟拉比时代的巴比伦（痕迹），它可能位于地下水位之下而无法接近（进行考古挖掘）。今天我们所知道的巴比伦遗存只能追溯到稍晚的时期，特别是从公元前7世纪后，亚述王伊撒哈顿在其父亲摧毁了这座城市后又开始复建，建设工作一直延续到亚历山大大帝及其后继者时代。在这些君王的统治期间，巴比伦一些大型建筑退化瓦解或脱落，这些建筑所用的砖块又被用在新建的项目当中。这些遗迹当中最著名的当数伊丝塔之门（又译伊什塔尔大门），但它已经不再立于巴比伦遗址之上了，德国的考古挖掘者将其移走，并在柏林的佩加蒙博物馆（Pergamon museum）进行了部分修复。伊丝塔之门的其他部件多被收藏在西方城市的博物馆里，譬如伊斯坦布尔、底特律、多伦多、巴黎、费城、纽约、芝加哥、波士顿和纽黑文。这些真品都不在伊拉克掌控之中，尽管萨达姆·侯赛因后来的确在遗址那里建造了一座复制品。近年来，这处遗址由于越来越多的政治干预而频
103 繁遭到迁变。为了将自己统治的合法性与历史上巴比伦的伟大

联系起来，恢复巴比伦古城的光辉面貌，萨达姆·侯赛因授权对巴比伦遗址开展大规模的整修和重建工作，并在那里为自己建造了一座奢华的行宫。在2003年后英美联军占领伊拉克期间，他们在巴比伦遗址上建立了一个军事基地，军队车辆在此频繁活动，不断扰动地下，对埋藏在地下的考古文物造成很大损伤。

尽管如此，已经有足够多的考古文物和留存下来的文字资料被考古学家修复并破译，我们能据此还原巴比伦这座规模宏伟的城市。其市域面积较为广大，占地大约85平方千米，内城占地约40平方千米，可容纳约8万人口生活其间。[34]这座城市的内外墙均采用泥砖加固而成。根据现代考古学家的观点，其外围防御工事构成一条长约18千米的环线。古代的资料告诉我们，这条环线比当时其他城市要长数倍，而且它的城高从23米到102米不等，也高于其他城市。[35]其中，幼发拉底河穿过城墙，沿着城市延伸到外城城墙的西边，于是河流本身也成为城市外围防御的重要屏障。

在城市外城防御城墙以内居住着众多人口，行人熙熙攘攘，忙忙碌碌，各色人等，不论地位和种族，杂居其间：有巴比伦人、迦勒底人、亚述人、埃及人、阿拉姆人、伊朗人和犹太人。他们住在泥砖搭建的房屋中，房子一般很大，有两到三层，中间还带有院子。这样的住宅分布在城市内的十个城区，四周道路呈直线网格形状，非常便利。其中一些街道，我们至今仍能叫出名字，如“伊丝塔（街），人民的代祷者”，或如“祈祷（街），上帝会感应得到”，甚至更为简洁的如“窄街”。[36]此外，还有43座寺庙、数百座神殿，以及路边小教堂散布在这些城区以及城市内部核心地带。[37]

巴比伦的中心地带位于城市内城——圣城。那里矗立着许多宏伟壮丽的纪念性建筑。这个内部核心也是巴比伦城的神经中枢，尼布甲尼撒二世——犹大王国的征服者便居住在这里，统治着一个从地中海和西部埃及边境到东部即包括如今伊拉克在内的庞大帝国。东部地区，除了都城巴比伦外，还有其他一
104 些同样声名古老、规模气派的城市。虽然这些城市都在尼布甲尼撒的统治之下，但他不得不尊重这些城市在漫长历史发展演变中积累的特殊地位与特性，其中一些城市，如古城乌鲁克，从过去到当时一直延续了2000多年。尼布甲尼撒辖下的这些领地向新巴比伦王国的国库交付了大量的税收，进贡了诸多的贡品。他本人掌握着大量的资源，用以资助各项活动来维护皇家特权。他有着数千亩的灌溉平原，同时，皇家法院也能从由神殿管理的耕地中获得收益，而且国王也可从巴比伦商业贸易中抽取利润份额。尼布甲尼撒利用这些资源优势来为皇家特权提供支持，以维护王国的统治。

对巴比伦人来说，没有什么比在内城的圣城建造巨大的圣殿与王宫更为重要的事了。这些建筑主要是给巴比伦城的守护神——马尔杜克（Marduk，希伯来语Merodach，意太阳之牛）提供庇护之所，并加以侍奉，同时也是为了展示巴比伦王——马尔杜克的凡间总督的权力和威望。从内城北部开

始，便是一条仪仗大道（Processional way，仪仗大道北通什特门，南连塔庙，街北是主宫，街东有宁马克神庙，街西为南宫），在每年的三月或四月的新年节日期间，即巴比伦历法中最重要的宗教节日期间，人们会携带主神马尔杜克和其他诸神的雕像，沿路穿街而过。这条大道通向南方，直对着围绕神殿区域的内墙。仪仗大道铺着彩色石板，两侧约有180米长的城墙也用蓝色琉璃砖装饰而成，上面刻有浮雕白色狮子图像，象征着女神伊丝塔（自然与丰收女神，狮子为其象征）。接着，这条大道通过不朽的伊丝塔门穿进内墙，伊丝塔门约48米长，最初的高度超过23米，门上的砖块上有575个龙牛的浮雕图像，分别象征着主神马尔杜克和天气之神阿达德（Adad）。[38]过了伊丝塔门，在仪仗大道的右边便矗立着南宫，它是尼布甲尼撒在巴比伦三座主要宫殿（南宫、北宫和尼布甲尼撒之宫）中最大的，也是令人印象最为深刻的王宫。整个宫苑建有五大院落，拥有几十个公共和私人房间，占地面积约为7.15万平方米（325米×220米）。在中央庭院的尽头便是一处大型王宫大殿（又称“国王觐见大厅”），其外部由饰有几何图案、树木和动物图像的釉面墙砖贴铺而成。[39]

自北向南沿着仪仗大道最远处，便是巴比伦神圣地貌中 105
最为圣洁的区域：主神马尔杜克的神殿区。其中就包括对巴比伦人来说世界上最神圣的地方——马尔杜克神殿——以沙基（Esagil，苏美尔语，意为屋顶很高的大房子）神庙。到尼布甲尼撒统治的时候，以沙基神殿已经存在了1200余年，其规模已经达到86米×79米的巨大建制。按照巴比伦国王的传统职责规定，国王们必须照看好诸神祇及其神殿（每一任国王都要进行神殿的修葺与扩建工程）。尼布甲尼撒拥有丰富的资源，能够慷慨表达对主神马尔杜克的感激之情，从而确保主神能够继续庇佑他。因而，“这里到处都是黄金、白银和宝石，还有由巨型黎巴嫩雪松木打制而成的巨型大门与横梁”。神殿里到处都是奇形怪状的形象——毒蛇和巨龙怪兽、狮怪和人首蝎身的“蝎人”（scorpion-men）、野牛和人鱼；龙兽、山羊鱼（goat fish）和狮身人面像（sphinxe）等之类的雕像就守着神殿的入口。除此之外，尼布甲尼撒并没有使用传统常用的沥青和石膏来装饰内墙，而是选用了更加奢华的材料——雪花石膏和天青玉石（lapis lazuli）——以达到他所期望的效果。[40] 以沙基神殿在新年庆典中发挥着核心作用，在神殿附属的一个庭院中，当主神马尔杜克和其子纳布的雕像（被安置）坐在一个平台上，决定来年宇宙命运的时候，庆典活动达到高潮。因而，这个平台被命名为命运黄金台（Dais of Destinies），整个台子由黄金包裹。当一个人自伊丝塔之门而来，快接近以沙基神殿时，他的视野会应接不暇于神圣区域的另一建筑——雄伟壮观的神殿塔，或是金字形神塔，又被称作埃特曼安吉通天塔（Etemenanki，又称七曜塔，字面意思即天地之家，苏美尔语即为连接天堂和地狱之间的基础平台），也是《圣经·创世记》中巴别塔故事的由来。如今这里一片空洞，几个世纪以来，建造神殿用的砖块被陆续抢走，尼布甲尼撒时代结束后几十年时间，这里的神殿便被一点点地拆除。很难想象，在诸神信仰、神殿盛行时代，它并未被赋予“世界奇迹”的称谓。如前文所述，历史学家希罗多德对此印象深刻。之前我们也已提及，现有的考古发现并不能证实他所说的一切。但是综合这些发现，结合保存下来的楔形文字泥板碑文（以沙基石碑， 106
Esagil tablet）证据，能够清楚地表明这种建筑构造是当时那个时代最伟大的奇迹之一，毕竟碑文对神殿的构造（一直）保持着理想化的描述。不过，亚述王辛那赫瑞布将其摧毁之后，后来的亚述国王伊撒哈顿和亚述巴尼拔陆续对它进行了修葺与整缮。再后来，尼布甲尼撒的父王那波帕拉萨尔继续对其进行修复。整个神殿最终在尼布甲尼撒时期完工，最终埃特曼安吉通天塔实测面积为91平方米，整个建筑由实心砖块建造而成，内部核心用干制泥砖砌成，外面墙体部分则由烧制砖块搭建而成。至于神塔高度，我们现在无法确定，以沙基石碑上写着91米，其他资料估计此塔不高于69米。[41]但我们知道此座神塔分为七层，每层大小是由下至上逐级变小，在其南侧有一组三重式楼梯，可以到达第一层顶部。塔顶之上建有独立神殿，其外贴着蓝釉色砖，神殿带有一个院落，在神殿正厅，主神马尔杜克高坐宝座，旁边纳布与其他诸神相陪左右。至于神殿之内如何举行仪式的情况，当下研究还是一无所知。[42]

埃特曼安吉通天塔其功能与埃及的金字塔完全不同——毕竟金字塔是皇家陵墓——但在某些方面，二者的目的相差无几：均是彰显荣耀，让观者刻骨铭心。巴比伦的这座通天神塔独绝天际。通天塔若隐若现，其存在方式一定会让城内居民和从城外一步一步接近神塔的人们敬畏不已——如同人们走近法国的沙特尔大教堂（Chartres）的时候，远远看到大教堂的尖顶从几千米外的地平线上升起，心中顿生敬天畏神之感。

埃特曼安吉通天塔类似于埃及吉萨（Giza）金字塔，而且还是其他事件的缩影与象征：巴比伦国王，像埃及旧王国时期的法老一样，掌握着丰富的经济资源，拥有高效的管理机构组织和巨大的政治影响力，能够有效地加以利用来完成金字塔的建设。毕竟建造规模如此巨大的神殿需要复杂的工程计算和大量的人力物力，这在前工业时代几乎是不可想象的。尼布甲尼撒曾说过，他从帝国各地带回劳工，将他们送往工地，修建神塔。也许正是因为这些工人来自不同的地方，语言互不相通，因此不同语言间喋喋不休的纷争成就了巴别塔的故事。建造工
107 作十分繁重，费时费力，任务也多种多样，其中没有一项工程比烧制砖块工作更加重要：劳工们将稻草和泥土混合，制作成型的砖块，然后放在一边晾干，在窑中烘烤其他已经晾干的砖块，其间还要不停地添加燃料以保持炉窑充分燃烧。接下来是堆积砖块、将砖块运送到建筑工地、铺设砖块、将砂浆涂抹到制成外壳的烧制砖块上等一系列繁重的工作程序。工地上的劳动者需要水、食物、衣服、住所，所有这些都必须由皇家行政机构来组织。我们强烈地感受到这项工程实在浩大，工程需要用到3200万到4500万块烧制的砖块，其总重量估计要几十万吨。[43]如果将其神殿、王宫与商业中心的规模放在一起考虑的

话，尼布甲尼撒执政时期的巴比伦就是那个时代的特大城市，这无疑是当时的统治者与城市百姓的骄傲，今天它也仍是一段让伊拉克人引以为豪的历史。当然，也会有人反驳说，巴比伦这座城市规模之大也会让人忽略其他一些大有可观、影响深远的方面，即它在科学知识与学问创造方面之于世人的贡献，是人类的珍贵遗产。不过，大多数科学知识主要服务于主神马尔杜克和其他诸神，当然也包括国王。巴比伦人和亚述人始终相信他们的命运掌握在诸神手中，神掌控世上发生的一切，从气候变化到战争冲突无所不包，这些我们后文将会专门探讨。总的来说，诸神决定了人类事业的成败。因此，人类最谨慎最明智的做法便是荣耀诸神，敬畏神明，并适当地供奉他们，安抚诸神，请求息怒。国王尤其要确保神的住所（神殿）建造坚固，坚如磐石，其装饰要豪华精美，祭司和仆人要精心为他们服务。正如一位亚述学者指出的那样，他们的使命便是要在一年当中指定的时间里举行祭祀和其他庆祝仪式，来确保诸神得到“精心照顾和最佳的供养”。

当时的人们认为，让诸神满意能够减轻人类在神灵面前的无力感。针对神明决定的潜在不良影响，其中一个特别有效的保障措施便是通过占卜仪式（来进行化解）。巴比伦人认为，诸神一般通过自然现象来启示人类，表明他们的决定，只有受到过适当训练的专家及行家里手才能读懂这些神迹，这样他们就可以确保国王的行动符合神明的意旨，从而帮助国王纾 108
忧解困，避免灾祸。甚至在公元前2000年之前，皇家宫廷中就已经出现了这样一个我们可以称为“学者祭司”的阶层。这群祭司已经掌握了一套揭示征兆的手段，他们基于羊祭仪式，对羊的肝脏进行检查，并加以解读，以此寻找神启。几百年后，亚述巴尼拔王也在尼尼微建成的伟大的图书馆里收集来各种各样的占卜书籍资料，这在很大程度上是为了其麾下的学者和牧师有更多更好的参照来准确解释这些预兆。[44]其实，我们也有其他的途径来破译各种征兆，包括观察天体外象的方式：月亮、行星和诸多恒星。到了尼布甲尼撒时，占卜学越来越依赖于对天象的观察和解释。我们知道，美索不达米亚的天象观察者已经在记录天体的运动情况，并由此设计了一种每月29天与30天交替编排的阴历，并发明（闰）月，每三年增加一个月（八年三闰），以维系与阳历的平衡。甚至在尼布甲尼撒时代之前的100年里，巴比伦的天文学家就已经将一天分成两个12小时，每两个小时60分钟；后来，希腊的天文学家借鉴这种分法，将一天分为24小时，每小时60分钟。巴比伦人还计算出了太阳回归年的确切长度，并创造了每隔两三年就增加一个额外阴历月（即闰月）的历法。一段时间以后，流放到巴比伦的犹太人也采用了这种历法。因此，这种历法最终成为犹太教和基督教（阴阳合历）历法的基石。

巴比伦的天文学家们参照他们早期同行的工作，并结合在尼布甲尼撒及其后继者的统治下所取得的成绩，继续使用苏美尔人创制的科学术语，继而编纂了一份长达800余年、条理分明、观察详细，也是迄今最早的天文记录——正如最近的一项相关评估指出的那样：“这是世界历史上持续时间最长的天文观测记录。”[45]这些“迦勒底”的天文学家们的工作后来也被古希腊天文学家采纳沿用，成为希腊天文学进步的基础。这种文化遗产也是西方天文学的基石。巴比伦的天文学家在占卜服务的过程中编辑这些天文信息，他们深信诸神在天上逐字记录了他们的决定，唯有通过了解天空中日月星辰的规律，才能够解读诸神意志，预测将要发生的大事。这些后来便成为占星术的基础。正是巴比伦的天文学家们早已知道黄道，并将黄道分成12等份，遂产生了最早的黄道十二宫图，后来他们用十二宫图和某些特定恒星出现时的位置来绘制星座图。在《圣经》的《新约》中，希腊人和罗马人耳熟能详的“东方三博士（Magi）”也是从巴比伦人那里学到了他们的天文学知识和占星术。古希腊的天文学家便是从他们那里习得这种天文学知识，并将天文学家、占星家和智者统称为“麻葛（有魔力的人，magoi即东方三博士；希腊语为μάγοι，拉丁语转写为magoi）”——也就是英语单词“魔力（magic）”的起源。[46] 109

然而，巴比伦人对西方科学史的贡献直到最近才被人们真正发现。[47]由于缺乏对巴比伦数学家贡献的认知，今人严重低估了他们所取得的成绩。他们创制的60进制的数学系统，基于60这个数，并以6、12或60等能被60整除或切分的数为单位，或以能被60整除的数来给世间万物排定次序。后来印度数学家采用了巴比伦人使用的位置标示法，将它们转换成十进制，并加入了零的概念——所有这些算法又反过来被阿拉伯数学家们沿用，自此一直为西方科学所袭用。[48]正如有学者指出的那样，巴比伦的科学遗产“向世人证实了他们的历史的存在”：

> 自公元前1000年开始，巴比伦人的这种智慧与知识就渗透进了欧亚大陆诸国的占卜活动、占星术和天文学中，乃是希腊、印度、（波斯萨珊王朝时期的）伊朗、拜占庭、叙利亚、伊斯兰、中亚和西欧等地科学文化发展的基石。纵使这些地区强行变化了这些智慧与知识，并做了些改进，但丝毫不影响巴比伦人的贡献。巴比伦人对重要现
> 110 象的鉴别，以及他们所提供的数学模型的参数和结构，一直向世人证实了他们的历史的存在。[49]

伊拉克古帝国时代的漫长没落期

尽管在《圣经》描述中，尼布甲尼撒是个残酷无比的君主，但在他统治时期，巴比伦帝国发展到顶峰。可以肯定地说，直至他统治结束（公元前561年），其所创下的史迹都刻在诸墙之上。而自尼布甲尼撒死后，王室政权问题重重，烦扰不断，大多王权继任者乃是平庸之辈。巴比伦王国的政策很大程度上是出于维持贸易、攫取财富的需要，但此时他们遭遇到了各种挑战，其贸易线路越来越受到各方力量的阻挠与限制，从而变得越来越闭塞——在东方有米堤亚人的势力，在北方有刚刚兴起的吕底亚王国（即今土耳其西部）的干扰；而在南

方，由于底格里斯河和幼发拉底河带来大量的泥沙淤积在波斯湾上游海域，致水深逐渐变浅，这一带的所有重要港口可能已经变得无法通行使用。自此，巴比伦国王不得不向西瞻望，但同样是麻烦不断。公元前605年，尼布甲尼撒曾击败埃及人，挫败了法老控制叙利亚和巴勒斯坦一带地中海港口的企图。公元前586年，他征服了犹大王国，先发制人，阻止了那里的叛乱。但是到了公元前6世纪，一股新的政治势力在西方崛起——希腊大陆和爱奥尼亚（古希腊殖民地，即今土耳其西部沿海地区）地区兴起的希腊城邦，他们开始主导东地中海地区的经济贸易。

这也许可以解释当时迦勒底国王中最后一位重要人物那波尼德（Nabonidus，阿卡德语为Nabû-nā'id）所采取的一系列非同寻常的军事行动。他是尼布甲尼撒的将军之一（尼布甲尼撒王的女婿，巴比伦帝国最后的君王），公元前555年登基。那波尼德似乎很尊崇巴比伦帝国的古代辉煌历史（对古代文物研究有着浓厚兴趣），不遗余力地发掘古代神殿，并将其修复，仿效古代先辈的做法。举例来说，他像约2000年前阿卡德王国的萨尔贡一样，在乌尔古城让自己的女儿充任月神辛神（Sin，阿卡德人崇拜的男性月神）的高级女祭司。[50]而他 111
本人则来自月亮崇拜的中心——美索不达米亚西北部的哈兰城（Haran）。他长寿的母亲阿达德-古比（Adad-guppi）是当地月神辛神神庙的首席女祭司。后来的历史证明，那波尼德可能太痴迷于月神宗教，以致不思政治，给政权统治带来困扰，甚至玷污了其晚节名声。有一则古老的资料描述那波尼德是“不尊敬主神马尔杜克的国王”，尽管有其他史料表明他对主神恪尽职守，维护了巴比伦的马尔杜克神庙。

后来，那波尼德突然离开巴比伦，远征南部的阿拉伯地区，并在那里的绿洲小城泰马（Taima，位于阿拉伯半岛西北，今沙特阿拉伯王国塔布克省境内东南，位于泰马绿洲中心）一待就是十年，在那里他建造了一座宫殿，专门用来侍奉月神辛神，而此处早有一处月神栖身之所。对主神马尔杜克的祭司来说，那波尼德这种做法几近疯狂，尽管他将儿子伯沙撒留在巴比伦，当他本人不在的时候让儿子处理国家事务。那波尼德有十年没有参加巴比伦城举行的一年一度的新年庆典，毕竟国王参加新年庆典往往被认为对其本人幸福及城市福祉皆是不可或缺。然而，在那波尼德所谓的疯狂中可能藏有另一种考虑。在他统治时期，月神崇拜在帝国境内的人民中间颇为流行，尤其是阿拉姆人和阿拉伯人当中。在绿洲小城泰马逗留期间，那波尼德可能想到，在国家面对新的威胁时，可以让这种信仰崇拜作为一种治理手段来（从思想上）统治他的帝国。[51]

此外，泰马小城当时也是重要的贸易交通站点，通过骆驼商队线路连接起美索不达米亚、黎凡特与西南阿拉伯半岛（即今也门）地区——当时该地区盛产乳香和没药，香料贸易兴旺发达。那波尼德极有可能想在泰马城站稳脚跟，希望掌控这种香料贸易，从而为巴比伦输送急需的收益。不论他是出于何种意图，古代的资料都认定他为群臣鄙视，亦冒犯了主神马尔杜克，遭到他的拒绝。虽然那波尼德最终返回巴比伦，但为时已晚，已然无法阻止巴比伦（及他本人）落入新征服者之手。这些外来征服者是世界历史上少有的几个被理所当然地冠以“大帝”称号的人之一。

此时，帕尔苏（Parsua，波斯古名，意即边疆，帕提亚国 112
名也是源自此词）的国王居鲁士（Kurush）已经在帝国的地平线上步步逼近。如今我们更容易从西方知晓的名字——居鲁士（Cyrus）来认出他（Kurush）。因为古希腊人认为他出身贵族，先祖乃是阿契美尼斯（Achaemenes）；我们亦知道他的王朝或许是古代伊朗历史上最著名的朝代——阿契美尼德王朝（波斯第一帝国）。公元前550年，居鲁士正式建立波斯帝国，赢得了广阔的疆域，领土从印度河向西一直延伸到现代土耳其的广大地区。帝国包括当时的米堤亚王国，这个王国在消灭亚述帝国的过程中发挥了重要作用，此外还包括对西方文明来说起决定性作用的国家——吕底亚王国及其以西海岸的希腊城邦。

接下来便轮到美索不达米亚了——居鲁士大军沿着底格里斯河杀出一条血路，并于公元前539年举兵攻入巴比伦。在这里，居鲁士废黜了倒霉透顶的那波尼德。根据居鲁士圆柱上的楔形文字铭文记录：

> 巴比伦所有的百姓，苏美尔和阿卡德全体居民，诸侯王公与统治者，在他身前跪拜，亲吻他的脚，为他的王权

> 而喜悦，他们的脸上闪着光。他们高兴地迎他为主，借由神主的信任与帮助，他将所有人从死亡中解救出来，从悲痛与苦难中解救出来，他们（亲切地祝福他，并）称颂他的名。[52]

就这样，伊拉克古代诸王统治的最后一个王朝覆灭，在某种程度上他们算得上是这片土地上土生土长的原住民。占领巴比伦后，居鲁士声称要继续保护这座城市、神殿和人民，这样巴比伦城就可以继续延续它的伟大。但伟大的名誉之城（ceremonial city）——波斯波利斯（Persepolis），在现今的伊朗，成为波斯帝国昔日辉煌的真正名胜之所在。

巴比伦王国作为一个省也被并入波斯帝国版图，巴比伦城只不过是波斯统治中心的其中一个罢了。不过，波斯领主在这里修建巨大的灌溉工程，灌溉农业进一步发展，借此产生更多的财富。几个世纪以来，这些财富均取自美索不达米亚的冲
113 积平原。根据历史学家希罗多德的记录，巴比伦尼亚当时是波斯帝国最富庶的省份。与此同时，亚述王国和它那些曾经伟大的首都犹如一潭死水，停滞不前，显然还没有从不到一个世纪前米堤亚人的破坏蹂躏中恢复过来。就像过去的埃兰人和古提人，以及此后的萨法维人和什叶派革命者一样，美索不达米亚南部的人民不断反抗外来者伊朗的统治，团结当地的反抗者来对抗波斯人。[53]当时，有两名起义军的领袖化用“尼布甲尼撒”来号召人们反抗波斯人的入侵。对此，波斯人自然要做

出回应。在镇压巴比伦人的一次叛乱时，波斯皇帝大流士开始下令拆除巴比伦的埃特曼安吉金字形神塔（通天塔）外围核心部分的建筑。在接下来的几十年间，阿契美尼德王朝的继承者以及亚历山大大帝的继承者也将这些建筑一一拆除，将其毁灭殆尽。

在巴比伦的这些居民当中，其中有犹太人因波斯人的到来而得到繁荣发展，他们的祖先曾被尼布甲尼撒从犹大王国流放，并驱逐到那里。先知耶利米亚（Jeremiah）曾劝诫说，是神将犹太人送到巴比伦的，鼓励他们在新的环境中创造美好的生活。如果公元前5世纪巴比伦王国的尼普尔城还留下什么铭文档案（或犹太人移民的遗迹）作为证据或有所暗示的话，那么这条先知的建议已经在他们当中烂熟于心。[54]犹太人经常作为企业家或商人的形象出现在这些文本记录当中，他们并没有（因流放于此而）受到歧视，可以自由地参与一切商业活动，完全融入当地，有些家庭甚至还给他们的孩子取了巴比伦人的名字。我们还看到，巴比伦王国的犹太人也会参与到充满活力的精神生活当中去，而且这种精神生活受到了巴比伦文化的影响。随着巴比伦越来越国际化，新潮文化也不断地让犹太人的精神生活丰富起来。我们甚至可以这样认为——巴比伦尼亚作为犹太教的文化摇篮，成就了犹太教。

另一方面，那些想要回到犹大故土的巴比伦犹太人，被居鲁士大帝放行，可以回到迦南之地。但他们不得不面临这样一个问题，即昔日的犹大王国如今成了波斯帝国的一个行省。

因此，《圣经》的作者将居鲁士大帝视为英雄——他与尼布甲
尼撒和伯沙撒对待犹太人的暴行形成了强烈对比。然而，正是
在这些迦勒底人的统治下，美索不达米亚的犹太人才开始了他
114 们在这一地区的文化同化与文化适应。后面我们将看到，作为
迦勒底时代文化同化的副产品，巴比伦的犹太人可能促成了他
们一神教信仰的出现（即从多神教信仰逐渐演变成一神教），
这种一神教信仰最终在几个世纪之后诞生于阿拉伯半岛的绿洲
和沙漠中。

第四章

宗教的摇篮，冲突的熔炉 115

在西方世界，大多数人会认为——宗教特立独行于（世俗）生活，属于精神与超自然的世界，通常与世俗生活分离开来。但在古代美索不达米亚，我们几乎找不到宗教信仰与世俗生活显著分开的证据。古代亚述王国和巴比伦王国所用的阿卡德语中，没有一个特定的词汇可以专门用来表示“宗教”的意思。恰如一位学者指出的那样——“必然的结果便是，在现代世界中，所谓被区分和描述为宗教的经验范畴，在古代美索不达米亚被认为是理所当然的（与世俗生活融合在一起的）。”[1]而且，西方人也认为一神教尤其是犹太教和基督教的传统，其内在精神优于多神教，因此也是文明社会真正的宗教基石。我们也倾向于认为，一神教信仰传统本质上还是属于西方世界。现代政治、军事和经济力量的优势一直处在被一神教信仰的基督教长期把持的欧洲和美洲。经过几个世纪充满敌意的反犹太主义之后，西方世界基本上接受了犹太教。

但是，不论是犹太教还是基督教，均植根于中东文化土 116

壤，即起源于这一地区，诞生于巴勒斯坦，而后在这一地区开花结果，影响范围延及北非和伊朗。

在这个地区，没有哪个地方能比得上伊拉克，能在此孕育并维系早期的一神教信仰。公元前8世纪，犹太人（被迫）来到伊拉克。而公元1世纪晚期的时候，基督教徒很可能已经在这里扎下了根。自这时起，两种精神信仰关系相对密切的社区就在伊拉克共存互动，并且与那里的其他宗教社区互通交流，一直延续到20世纪后期。不同宗教信仰（并存的）社会在促成和丰富犹太教与基督教方面起到积极的作用，同时这两种宗教反过来又促成了后来成为该地区最主要的一神教信仰——伊斯兰教。

最初，一神教信仰在伊拉克扎根之时，它已经在这片历经几千年的宗教信仰和宗教仪式的精神土壤中孕育，得益于当地文化的滋养而生根发芽。在非常传统的穆斯林信众当中，前一神教世界通常被认为是贾希利叶时代（Jahiliyyah），亦称蒙昧时代——具体说来，就是对唯一上帝无知的时代。对犹太人和基督徒来说，那是一个“异教徒”和“偶像崇拜”的时代，人们受惑于虚妄的信仰、迷信和恶行，无法找到真正的出路。正如我们见到的那样，《圣经》中对这些人只有鄙夷。然而，正是在古代伊拉克人的各种信仰与故事当中，还保留了一些“西方”一神教信仰中那些常见的经久不衰的故事传说和教义信条。

古代美索不达米亚（伊拉克）的宗教

正如我们前面所看到的那样，早期犹太民族与古代美索不达米亚在历史上联系频繁，在《圣经》中可见一斑。《创世记》说，亚当和夏娃生活在繁茂的伊甸园中，今天的历史学家也认为伊甸园的故事发生地在美索不达米亚南部某个地方。事实上，“伊甸园（Eden）”这个词本身就源于苏美尔语中的“草原（edin）”，《创世记》也声称亚伯拉罕来自“迦勒底 117
的乌尔（Ur of the Chaldees）”。尽管《圣经》作者对亚述人和巴比伦人报以轻蔑的态度，但是他们并没有意识到，他们本民族中那些经久不衰的故事和宗教观点与古代美索不达米亚人十分相似，而且常常是从美索不达米亚人那里借鉴而来的。最近的研究表明，古希腊人也从美索不达米亚人那里得到过很多启发。

美索不达米亚早期宗教中一个最核心的概念也被古希腊人接受，但在《圣经》中遭到了拒绝，即多神教信仰。这个观念认为，超自然世界不只有一个神来主导，而是由许多的神来管控。值得注意的是，学者们认为早期希伯来人同样崇拜不止一位神明，这种情形最晚可能持续到他们被流放巴比伦。直到此时，犹太人那种排他性的一神信仰才真正生根发芽。亚述人的最高神亚述尔和巴比伦人的主神马尔杜克，是古代美索不达米亚人数百个大大小小的神明中最为突出的两位大神。其中一些神明的名字出现在苏美尔城市（如乌鲁克）最早的神殿管理记录当中。这些神明的起源与自然力量和元素相关，但随着时间的流逝，自然当中的神圣力量呈现出人格化的属性，似乎也和相应的自然现象紧密联系在一起。因此，在早期的苏美尔人生活中，主神安（An，即天空或天堂）、恩利尔（Enlil，风暴之王或风之王）、恩奇（Enki，即大地父神，也指水神，意指地下淡水），以及宁胡尔萨格（山之神母，又称宁图，Nintu，为生育之母），占据着特别突出的地位。学者托尔基德·雅各布森（Thorkild Jacobsen）认为这四个神明是特定社会文化力量的化身：主神安，代表权威；恩利尔，代表武力；恩奇和宁胡尔萨格，各自代表创造和生育。[2]苏美尔人的其他主神还有太阳神乌图（UTU，也与正义和占卜相关），以及月神南纳（Nanan）和伊南娜（金星女神，对应于后来闪米特
118 人的神伊丝塔），是性爱女神和女性美神。已故的犹太圣经学者提克瓦·弗莱默-肯斯基（Tikva Frymer-Kensky）粗俗而准确地将伊南娜或伊丝塔称为“宇宙荡妇（cosmic cunt）”。[3]公元前2000年早期的神话中也有这位女神的故事，说她行淫，“六十又六十个男人轮流与裸体的她交欢来满足自己，结果年轻的男人体力不支，精疲力竭，而女神伊丝塔从不会累，依然游刃有余”[4]。

就像主神亚述尔在其城市亚述尔（亚述王国最初的都城）和主神马尔杜克在他的巴比伦一样，这些最早期的苏美尔诸神在它们各自供奉的美索不达米亚城市里都有自己的神殿。只是它们没有恩利尔的神殿著名。它是宇宙中最强大的神

祇，其神殿埃库尔（Ekur，意即神所之山）就坐落在尼普尔城。诸神也有自己的“神圣家庭”（配偶和子女），现在的一些《圣经》学者认为希伯来神耶和华有自己的神圣配偶亚舍拉（Asherah），早期的以色列人也视她为天后而尊崇她。一般（次一等）的神明亦有等级之分，都有各自的指定角色与责任，在男女主神的神圣家庭中各行其是。

如同《圣经》中的以色列人经常遇到的情形，古代伊拉克人也认为自己完全仰仗神恩（才能存在），因此，只有对神明报以最大的敬重，才有望获得这种恩惠。基于此种原因，他们为诸神修建神殿，作为神的居所，就像所罗门在耶路撒冷为耶和华所做的一样。他们向神明献上供品，包括动物，就像以色列的祭司在耶路撒冷神殿为耶和华所做的一样。如果对神不敬，无视他们的神殿，不能让神灵满意，就会招致灾祸。《圣经》中的《耶利米哀歌》就哀叹了所罗门圣殿的毁灭，并将其原因归于犹太人的一意孤行，不服从上帝的旨意。早在此1000多年前，苏美尔作家们就创作了哀歌，用生动形象的语言描绘了像乌尔和尼普尔那样的大城市和它们的神殿是如何被洗劫一空，直至断壁残垣，化为废墟的。他们认为，一切皆是因为诸神抛弃了他们；唯一的救赎之道就是向诸神妥协，卑躬屈膝，乞求他们回到自己的城市，恢复他们往日的荣耀。[5]我 119
们知道，古代伊拉克得天独厚地拥有底格里斯河-幼发拉底河冲积平原，受益于由此带来的巨大农业生产力，但随着这种幸运而来的便是诅咒：每年的春季洪水摧毁了当地居民的收成和定居点，加之夺取当地城市，并推翻当地统治的外来入侵者所带来的苦难与破坏。由此，在美索不达米亚人心中滋生了根深蒂固的悲观主义和宿命论思想，同时也滋生了他们坚韧不拔的个性。这些均在他们的宗教信仰、礼拜仪式以及文学作品中有所呈现，甚至有人认为，在经历了几十年的战争、侵占和混乱之后，这种心理特性依旧保留在今天的伊拉克人民心中。

从美索不达米亚文学上看，这些品性在《吉尔伽美什》史诗中展现得更为明显。史诗中，我们遭遇了英雄人物吉尔伽美什，他是公元前3000年中期苏美尔人的一个城市——乌鲁克传说中的王（乌鲁克第五任君主），他的功绩与美名在此后几千年里为人传唱。早在公元前2100年左右，他的故事就被苏美尔人传唱。这些故事可能是从几个世纪前的口口相传的民间传说演变而来。而所谓“标准”史诗版本便是将早期故事传说中许多元素串联编织，并在公元前2000年晚期以书面形式记录下来。

《吉尔伽美什》这部史诗讲述了一个人追求长生不朽的故事——反映了人类对于生命和死亡的思考和领悟，表达了渴望逃离死亡的普遍愿望。故事伊始，主人公吉尔伽美什是强大的英雄国王，统治着乌鲁克王国，但他同时也残暴不仁，虐待他的臣民，借着权势抢男霸女，甚至强迫新婚的女子与自己交欢。为了制服他，人们只能求助于诸神。于是诸神创造了恩奇都——一个蛮荒的野蛮人，诸神向他送去神妓以引诱他与其交合（当然也教导恩奇都知识礼仪），从而达成“教化”他的目的，在经过漫长而又精疲力竭的交欢后，他终于来到城里挑战吉尔伽美什。

恩奇都与吉尔伽美什大战一场，战斗不分胜负，自此两人惺惺相惜，结为好友。此后，二人一起踏上路途，从乌鲁克出发，开始了一系列充满男子气概的（he-man）冒险。他们打败凶猛的怪兽，并将其肢解——首先是打败守卫西部山区雪松林的怪兽洪巴巴（Humbaba），接着挫败了带来旱灾的天之公牛（Bull of Heaven）。天牛是诸神派来对付吉尔伽美什和 120
恩奇都的，希望借此削弱他们的力量，但无济于事。性爱女神伊丝塔仰慕吉尔伽美什的英武，并向他求婚，结果遭到了两位年轻人的粗暴拒绝和羞辱。于是，众神认为二人需要为他们的傲慢狂妄付出代价，决定两人当中的一个必须死去。很快，恩奇都就生病卧床，吉尔伽美什为了照顾这位垂死的伙伴，守在他的旁边，直到恩奇都死去，尸体腐烂。

吉尔伽美什被这一幕惊呆，并对死亡景象感到害怕，于是决定前往世界的尽头去寻找不死者乌塔那匹兹姆（Utnap-ishtim）——大洪水中被众神赐予永生的人。经过一段漫长而危险的旅程之后，吉尔伽美什终于找到了乌塔那匹兹姆。不死者告诉他，他的索求不可能实现。不过，乌塔那匹兹姆还是给了他一个机会，如果他能够做到六天七夜不睡觉依旧保持清醒，那么就可以获得永生。

结果吉尔伽美什未能通过这项测试，被激怒的乌塔那匹兹姆决定把他送走。但是乌塔那匹兹姆的妻子为吉尔伽美什求情，说服她的丈夫给予吉尔伽美什安慰：永生之草。如果吉尔伽美什能够顺利地从海底取回此草，便可恢复青春光华。于是，吉尔伽美什来到海底取回了这株植物，但在归途中失去了它，因为一条蛇趁他睡觉的时候偷吃了这株仙草。吉尔伽美什铩羽而归，并最终沮丧失望地回到了乌鲁克城。在史诗的结尾，他凝视着在城市周围建起的雄伟城墙，从这种世俗的成就中找到些许安慰，毕竟他开始认识到，死亡和（回归）尘土是所有人的宿命。这种对生命永恒的苦苦追索，令人心酸。除了这部史诗之外，人们再也找不到这样的美索不达米亚宿命论的文学作品了。

正是在吉尔伽美什拜访不死者乌塔那匹兹姆的故事中，我们发现了史诗与《圣经》中最受欢迎的故事有着显著的相似之处。吉尔伽美什质问不死者乌塔那匹兹姆，为什么众神会将永生赐予他。乌塔那匹兹姆于是向他讲述了一个故事，很久以前，由于人类的贪婪，众神决定发动一场大洪水来消灭人类。

根据大洪水故事的一个早期版本，众神创造了人类来为他们劳作，结果人类的噪声激怒和冒犯了众神，于是决定毁灭人们。在乌塔那匹兹姆的叙述中，其中一个神依亚（Ea，苏
121 美尔人的神恩奇在阿卡德人中的对应神）向乌塔那匹兹姆发出指示，要求他建造一艘巨大的船，将世间各种各样的生物装载进去（以避免洪水的侵袭）。乌塔那匹兹姆遵照神依亚的指示，根据其详细讲述的船身结构与大小尺寸建造了这艘船，并把家人与田野里的野兽带上了船。紧接着，众神降下巨大风

暴，持续了六天七夜，引发大洪水，淹没了地球，淹死了地球上所有的人。不过，乌塔那匹兹姆他们安然度过风暴，洪水退去，他们的船只也搁浅在山顶上。于是，他放出一系列的鸟儿——先是一只鸽子，然后是一只燕子，但是它们都找不到栖息之地；后来，他放出的乌鸦找到了陆地。洪水退去，陆地显现，乌塔那匹兹姆下了船，向神敬献祭品，众神像苍蝇一般汇聚到这些供品上。不过这也不足为奇，在消灭了为他们生产食物的人类之后，众神也在挨饿受冻。但是，至高无上的主神恩利尔一开始就对依亚向乌塔那匹兹姆通风报信并让他得以逃跑而勃然大怒，其他诸神的表现也让恩利尔蒙羞。于是，恩利尔变得宽容大度起来，赐予乌塔那匹兹姆和他的妻子长生不老。

其实，任何熟悉《圣经·创世记》的人都会立刻想到这个故事。从这个故事的主要元素中，甚至在许多故事细节中，比如从搁浅的船上放飞鸟儿这个情节，就和著名的诺亚方舟的故事极为相似。但是，《吉尔伽美什》史诗可以追溯到公元前2000年晚期左右，而乌塔那匹兹姆的洪水故事则是人们从公元前1700年的石板铭文上得知的。这两个版本的洪水故事要比任何已知的《圣经》版本故事都要早。[6]显然，它们是诺亚方舟故事的来源。

早期犹太人的宗教信仰与实践和古代美索不达米亚人的信仰和实践之间有相似之处，很有可能是《圣经》借鉴了古代美索不达米亚的神话传说，不然故事很难以一场大洪水而告终。《圣经》所记载的律法——包括《出埃及记》中的《十

122 诫》和所谓的《契约法典》，以及《申命记》中的律法，比之古代美索不达米亚的法律，如《汉谟拉比法典》，又如另外一套更为古老但保存不善的《埃什努纳法典》（埃什努纳王国位于巴比伦东北迪亚拉河谷），它们之间有许多相似之处。不管是在《汉谟拉比法典》《埃什努纳法典》，还是在《出埃及记》中，我们都可以找到关于“公牛（goring ox）”案例的具体法律明文规定。《汉谟拉比法典》中的条款涉及牛抵伤（死）人时的赔偿问题，在《出埃及记》和《埃什努纳法典》中涉及一头牛抵伤（死）他人的牛时，其条款措辞和赔偿方案基本如出一辙：平分死牛，把活牛卖了，平分银子。[7]同样引人注目的是，《契约法典》（《出埃及记》第21章）和《汉谟拉比法典》证实了同样的处理方式——“若X发生，则Y必须这样处理”。除了金钱赔偿外，采取同样的死亡或伤害等同态（等）赔偿原则：塔里昂法（同害补偿法），这种律法要求基于严格对等的赔偿，即以眼还眼，以牙还牙，以命还命。

这些律法类似的最后一个例子，包括以色列人对五十年节（犹太禧年）的做法（具体见《利未记》25：10），其中规定，除其他规定外，（在圣年来临之际）每50年（债权人）要免除债务人债务（《圣经》原文：这年必为你们的禧年，各人要归自己的产业，各归本家）。我们发现，在早期的美索不达米亚也有类似的做法，国王可能会颁布法令来免除债务人的债务。在所有这些例证中，我们还不能确定这些习俗做法是如何融入早期以色列人的生活中的。而美索不达米亚法律的明文规定比任何已知的《圣经》手稿都要早得多，因此大多数学者认为《圣经》中的律法是受到了美索不达米亚先前法律的高度影响。

当然，前文所列的这几个例子无法穷尽《圣经》和古代美索不达米亚文献之间在宗教和文学方面的相似之处。在这两者当中，我们都找到了先知和预言的证据，以及描述天堂和地狱的文本、诗篇与哀歌的体裁，还有新年庆祝、赎罪日和替罪羊仪式等概念。

同样，我们也在《圣经》和美索不达米亚文学中找到了 123
所谓的智慧文学：寓言、谚语、圣贤教导、智者哲语。在一部巴比伦文学作品——《正直受难者诗篇》（*The Poem of the Righteous Sufferer*）中，列举了一个人在上帝面前遭受苦难与无助的情形，显示出与《圣经·约伯记》非常明显的相似之处。史诗中，上帝似乎没有同情心，表现出漠不关心，但是那些不幸的受难者执着地保持信仰，耐心忍受一切苦难。这样，在无助中漂泊的古代美索不达米亚人，就像他们的《圣经》同伴一样，也常诉诸祈祷（来解决问题）。巴比伦人和亚述人的文学作品中充满了许多传神有力的例证，当中说到，无论是王室成员还是普通民众，他们都会乞求上帝代表他们进行（生活）干预。

当然，古代美索不达米亚人也会相信，如果他们能够提前知晓神的意图，他们就要采取措施尽可能减轻因诸神决定而造成的恶劣影响，从而减轻他们的无助感。于是，在这种对上帝意图的探求中出现了人类最早的占卜活动——解译神的预兆，比如或观察祭羊的脏器（关注脏器形状及其位置）或通过天文观测确定天体的运行——这一实践活动直接导致了占星术的发展。

同样，人们还要考虑到那些邪恶的力量——超自然的力量，譬如女巫、恶魔和恶灵，类似于阿拉伯人的神怪（jinn，即妖怪，genies）。传统的阿拉伯人至今仍然相信还有这种精灵潜伏在他们房屋和村庄中。除此之外，还有更为世俗的邪恶力量藏诸人或物，诸如人之生气、狗之咆哮、蝎子之毒，以及人之头痛发烧和胃肠胀气。为了应对此等威胁和灾祸，古代美索不达米亚人可以求助于他们的宗教仪式专家，这些人通常配备了全套魔法（装备），掌握通灵咒语。[8]《圣经》通常会让我们相信早期的犹太人是拒绝这样的迷信的，但这样的观点可能是错误的。早在公元前3世纪，也就是犹太人遭到流放的几个世纪之后，巴比伦城中繁荣的犹太社区中的犹太人，就已经从他们的邻居那里借用一些与美索不达米亚人占卜活动非常相似的魔法仪式。我们在他们的魔法实践中看得非常真切，犹太房主通常会委托男巫（或）抄写员用阿拉姆字母文字在陶瓷碗的内面刻上咒语（有时刻在人类骷髅上面），以防止鬼魂恶魔伤害他们的家人。这个刻有文字的瓷碗，有时也会用一个戴着镣铐的恶魔图像进行装饰，然后人们将其倒埋在房子地板之下，
124 以使得恶魔始终困于碗内，不得翻身害人。

这种犹太民间宗教信仰在美索不达米亚兴起，并延续了

几个世纪，常常与犹太社区的宗教精英们努力完善与强化、严格排他的一神教信仰并行不悖。[9]即使到了今天，这个传统当中的某些思想元素还能在伊拉克现代什叶派的民间习俗中窥见一斑。这些什叶派穆斯林仍然相信，“人体随时会遭到各种魔鬼撒旦的攻击，因此人需要时刻保持警惕，以应付敌人的阴谋诡计”[10]。总体看来，这种早期的信仰习俗进一步证实了犹太一神教信仰滋生于伊拉克悠久的多神教信仰传统的土壤，并不断地孕育发展起来。犹太传统的最大荣光，便是《巴比伦塔木经》的创造，此事发生在古代晚期的伊拉克，即公元前最初的几个世纪。

那个时候，其他的伟大传统也已经生根发芽。为了解释这种现象是如何发生的，我们需要重回伊拉克的过去，来到它被波斯帝国吞并后的那段历史，也包括其后经历的一系列帝国统治的历史——这些帝国通常由今天还在伊拉克境内的民族所统治，而非由那些称为“古代伊拉克人”的人来统治的。

阿契美尼德帝国的波斯人与明主宗教

在这些非伊拉克人的统治者当中就有阿契美尼德波斯人，他们从居鲁士大帝开始，并在其后继者的统治下一直持续了两个多世纪。除非波斯的皇帝认为有必要时，他们才会对巴比伦臣民采取严厉的行动。比如，波斯帝国皇帝大流士一 125
世（公元前522—前486年在位）曾有一次因巴比伦的大规模

叛乱，不得不派出军队前往镇压。尽管如此，波斯人也曾将巴比伦作为他们的一个首都，连同其他四个如今都位于现代伊朗的首都：古代埃兰国首都苏萨城、前米堤亚王国首都埃克巴坦那（Ecbatana）、阿契美尼德人自己的波斯古城帕萨尔加德（Pasargadae），以及始于大流士一世定位为新都与仪式综合体的波斯波利斯。

尽管大流士对巴比伦人采取了残酷的统治，但总的来说，这位阿契美尼德国王还是尊重巴比伦及其臣民，善待他们的神殿、传统宗教和宗教习惯的。这一点在当时著名的文献居鲁士圆柱中表现得最为明显。[11]居鲁士圆柱1879年发现于巴比伦（现收藏在大英博物馆），长23厘米，呈圆筒状，用陶土烧制而成，柱上刻有阿卡德语的楔形文字铭文，记录了巴比伦最高神马尔杜克是如何牵着居鲁士的手，命令他将巴比伦从邪恶的那波尼德手中解放出来，最终马尔杜克将作恶多端的那波尼德交到居鲁士手上。铭文接着颂扬居鲁士的胸怀宽大，他善待巴比伦的神和人民，实际上他对自己帝国境内的所有人民都大度包容。居鲁士声称，“我能使所有土地都生活在和平之中。”

《圣经》也告诉我们，居鲁士特别尊重那些被尼布甲尼撒流放到巴比伦的犹太流亡者，对他们施以宽容之策。居鲁士宣称，如果犹太人愿意回到故土耶路撒冷，那么他们就可以回去。居鲁士的宽容大度给《圣经》作者留下了深刻的印象，他们用世界宗教史中具有伟大意义的头衔来称颂他：希伯来语称为“玛赛亚”或“弥赛亚（mashiya）”，意思是指“上帝的受膏者（anointed，这个词的意思常常与弥赛亚等同）”，说希腊语的中东地区称他为“克里斯托（Christos）”或“基督（Christ）”。而那些选择留在巴比伦的犹太人大多兴旺发达，在宗教信仰方面没有什么负担，也没有遭受什么社会歧视。

不过，我们对阿契美尼德王朝统治的观点可能会被《圣经》对居鲁士的过度赞美带偏。许多学者已经注意到，在波斯帝国境内，波斯人对各地臣民的习俗礼仪与宗教活动都相当宽容。为什么会这样呢？难道是波斯人希望从这种宽容大度中获 126
得什么好处？

尽管学者们并没有对此达成共识，但答案有可能存在于波斯人当时的宗教信仰体系中。他们当时信仰一种较为古老、同时又具有颠覆性的宗教（拜火教），这种宗教信奉伟大的善界神主，也是尘世创造者的阿胡拉·马兹达（Ahura Mazda，Ahura字意即为贤明、崇高，象征物为“火”）。早在此1000多年前，这种宗教起源于现在的伊朗东部和阿富汗地区，信众主要是游牧民族，他们操持的语言被语言学家归为印度伊朗人或雅利安人的种族语言（印欧语系中的雅利安语族）。其中，雅利安语是印欧语系中的一个较大语支。这些游牧民族后来陆续迁移，一部分迁徙到现在的印度地区，还有一部分迁徙到现今的伊朗东部地区。这两部分群体都是多神论信仰者，崇拜诸多神明，这些神明通常与自然力量联系在一起，并以这种身份相互关联，不断地（在社会文化生活中）延伸，成为重要的社会和文化力量。

在诸神当中，有两位主神对中东宗教和西方宗教的历史产生过巨大的影响。其中之一便是密特拉（Mithra），波斯神话中的光明之神，常与太阳联系在一起，也与法律契约密切相关（密特拉这个词也有“契约”义，词根“mi-”表示“约束”，后缀“-thra”表示“工具”）。这种关联显然源于头顶的太阳，它在天上俯视人类，能够察觉出任何契约破裂的情形。而且这种信仰至少也在伊拉克的另一个古老宗教体系中表现出来。在伊拉克，刻着《汉谟拉比法典》的黑色石柱顶部就有一幅浮雕，刻画的是代表着正义的太阳神沙马什（Shamash）将象征着统治标志（的一个绳环和一截木杖）交予汉谟拉比的场景。随着时间的推移，密特拉成为真理的化身。[12]1000多年后，大约在基督时期（即约在开始公元纪年之时），这种信仰已经有了很大的变化——他被更远的西方所接受，一度成为宗教信仰的中心，甚至在整个罗马帝国境内与早期的基督教进行竞争。

然而，对阿契美尼德人来说，这两个早期的伊朗主神当中最重要的当数阿胡拉·马兹达，也叫“阿胡拉马兹达
127 （Ahuramazda）”，后来又叫作“善神奥尔穆兹德（Ohrmazd，
智慧之主）”。总的来说，阿胡拉·马兹达成了革命性宗教教义学说的核心焦点。根据传统——和摩西一样，我们同样没有其他方面的证据来证明他是否真的存在。最初，阿胡拉·马兹

达的宗教是由一位名叫查拉图斯特拉（拜火教的创始人）的伊朗牧师和先知来传教的。有些人称查拉图斯特拉为波斯人的第一个先知。[13]在西方世界，人们多以其希腊名而知其人：琐罗亚斯德（波斯国教拜火教之祖）。关于他具体的生活时代，目前还不十分确定。一些研究者认为他生于公元前628年，死于公元前550年左右。查拉图斯特拉所倡导的主要教义体现在琐罗亚斯德教的17首赞美诗——圣赞美诗《迦特》（*Gathas*）中。《迦特》是波斯古经《阿维斯塔》（*Avesta*）的一部分。这部古经规模更大，保存了琐罗亚斯德教的教义纲要，但并不完整（被称为"琐罗亚斯德教的圣书"）。圣赞美诗《迦特》是用一种非常古老的伊朗语言写成的，在此语言文本之外还没有找到其他的语言文献作为支撑。根据传统描述，这些赞美诗是由琐罗亚斯德本人创作的。几百年来，琐罗亚斯德教（拜火教）的祭司们并未将它们形诸文字，而是通过一代代的口耳相传的方式在他建立的圈子里保存了下来。这些赞美诗直到阿契美尼德王朝建立之后的几个世纪里才被记录成册，在后来的伊朗王朝—萨珊王朝时代——曾在公元3世纪到7世纪统治着伊朗和美索不达米亚（伊拉克）等地——（传播到）广大地区。

因为这个新兴的宗教体系是基于琐罗亚斯德的教义学说，因此它通常又被称为"琐罗亚斯德教"。然而，一些人为区分阿契美尼德国王阿胡拉·马兹达的统治，专门使用术语"Mazdaism"（词根Mazda即先知马兹达，中国古代称为祆教或拜火教）来代表那个时期。当时，一些国王为了表达对阿胡拉·马兹达的忠诚与敬意，并没有提及琐罗亚斯德。当然，也有人倾向于使用“Mazdaism ”术语来指代琐罗亚斯德教，以表示对先知阿胡拉·马兹达（智慧之主）的承认，而非琐罗亚斯德，这也正是琐罗亚斯德教义的核心之所在。最终，这种宗教教义由被称为“东方三博士”的波斯祭司传播并进行仪式推广，因此，也有人将这个宗教叫作东方三博士教。琐罗亚斯德教在其诞生后的几百年间，就像世界上大多数宗教一样，其教义也经过不断扩展与演变。现代学者将它视为一个融合了（神学上的）一神论、多神论和（哲学上的）二元论的宗教体系。历史上，琐罗亚斯德教的演化有时会在琐罗亚斯德教社区内部产生冲突，导致派别分裂，甚至琐罗亚斯德本人可能并未
128 能发现与其倡导不一致的行为，诸如公元4世纪针对非信徒的迫害。但就其本质而言，琐罗亚斯德教是世界上最具人性的宗教之一（在基督教诞生之前在中东地区最有影响力的宗教）。它对后来一神教信仰的犹太教、基督教和伊斯兰教的影响，以及对古代伊拉克地区出现的其他宗教运动的影响之深远不言而喻。

在传统的信仰中，琐罗亚斯德的教义主要基于他（20岁时弃家隐居）在30岁左右第一次受到的神启。于是，他改革传统的多神教信仰，宣称阿胡拉·马兹达（智慧之主）是世上唯一至高无上的、永恒且不被创造的上帝，是宇宙中一切善的创造者。在这种宗教体系中，阿胡拉·马兹达也创造了其他一些

次要的神，这些神代表了其神力在各个方面的展现。

其教义信仰的核心也是学者们所说的“二元主义”。琐罗亚斯德宣称阿胡拉-马兹达有一个与之共存的对手，即代表黑暗的恶神安格拉·曼纽（Angra Mainyu，后来又叫作“恶神阿里曼Ahriman）”，他是宇宙中邪恶的源头，并且也有听命自己的诸神随从。善（以阿胡拉-马兹达为代表）和恶（以安格拉·曼纽为代表）始终处于冲突之中，这种矛盾永恒持久且无所不在。阿胡拉-马兹达创造一切便是为了战胜邪恶。人类便是源自阿胡拉-马兹达的神圣创造，穷其一生要努力战胜邪恶，让世界可以及时恢复到阿胡拉-马兹达创造它之初的那个完美状态。人类的职责便是要关怀自己与同类，引导他们向善而行，以一种善念、善言和善举的方式生活，最终战胜邪恶。

这种教义也标志着人神关系的本质发生了巨大的变化。相较于人们被动信仰早期美索不达米亚多神教那种变化无常、异想天开的神道思想，此时的人类已经成为最高的主（Supreme Being）的积极支持者，甚至是并行的战斗伙伴，同他一起与邪恶力量展开持久的宇宙战争。而且，在此生之外，人们会因其致善伐恶而获得智慧之主永恒的奖赏。当他死 129
亡时，每个人的灵魂将经受道德的审判，用正义的秤衡量善与恶。那些通过审判（之桥）的好人将会升入天堂，而那些被发现的恶魔将会坠入地狱——一个充满痛苦和折磨的地方，任凭恶神安格拉·曼纽主宰。不过，人的死后审判只是最终审判的前兆，最终审判将会发生在世界末日之时。当这个世界上的邪恶彻底被击败之后，历史将会终结，人类居住的地球将会放弃人的尸身，最终审判也会彻底将善恶分开；所有的邪恶将被摧毁，当然也包括恶神安格拉·曼纽，以及他所居住的（黑暗）苦难之家。所有的好人将会永生，永远和善神阿胡拉-马兹达一起生活在这个世界，享受着完全的和平与极度的幸福。

对那些信奉犹太教、基督教或伊斯兰教的人们来说，这些环节听起来是那么熟悉，因为我们在这里所发现的一切便是这些宗教信仰的主要思想与核心概念：一个至善的、至高无上的神灵（Supreme Deity，即上帝），还有那些神力较小的超自然生物（天使）；最高神的对应者或对手，便是邪恶的化身（魔鬼撒旦）；至高神灵发布命令，要让人们过道德生活，强调慈善待人，人当拥有善良的思想、语言与行为；所有的个体最终都要接受最后审判，获得上帝永恒的赏罚，善良之人将会前往和平美丽的地方（天堂），邪恶之人都要被送往悲伤与痛苦的国度（地狱）；当天国降临到世间，善良的人便会汇聚到一起，得到拯救，永远与上帝同在天堂（天堂这个概念即出自波斯语的“花园”）。[14]

琐罗亚斯德似乎相信世界末日和最终审判即将来临——在他有生之年便会来到。然而，随着他渐渐老去，这种可能性似乎越来越小，但他似乎已经发展出一套信仰，即在未来某个时候会出现一个英雄般的人物——沙西安（Saoshyant，即救世主，犹太教与基督教中的弥赛亚），他会带领人类与邪恶势力
130 做最后的抗争，以终止世间的恶行。世界将变得无限美好，并

为阿胡拉-马兹达王国的复兴铺平道路。随着时间的流逝，琐罗亚斯德教逐渐相信沙西安是琐罗亚斯德的后裔。据说，琐罗亚斯德的精液被保存在一个大湖的深处（伊朗东南部锡斯坦境内的卡扬塞湖，由众多善灵守护），会有一个处女在那里沐浴从而受孕。[15]同样，在这个故事里，我们再次看到了一个（与其他宗教信仰）相似的地方，甚至是救世主弥赛亚观念的前身，这种观念成为犹太教和基督教的核心思想，随后又成了伊斯兰教的核心思想——救世主马赫迪（Mahdi，拉丁文拼写形式，意为“蒙受引导者”）。

不过，琐罗亚斯德的教义学说似乎成了某种讽刺的牺牲品：尽管琐罗亚斯德对人类的宇宙善愿似乎可以放之四海普遍适用，但是他的教义渐渐地与伊朗民族紧密联系在一起，几乎成了伊朗人的专属——其中也包括拿下美索不达米亚的阿契美尼德波斯征服者。我们甚至都无法知晓居鲁士大帝和他的继任者是否真的在践行琐罗亚斯德教教义，尽管大流士的铭文中确实记录着他十分笃信阿胡拉-马兹达。大多数专家认为，居鲁士征服巴比伦的时候，琐罗亚斯德教的教义从伊朗东部的地理发源地向西传播到了很远的地方，最远可能到了现代的土耳其境内，毕竟公元前546年居鲁士就征服了土耳其，远在他征服巴比伦之前（公元前538 年）。琐罗亚斯德教的教义被广泛采纳，并在整个波斯神职人员当中得以践行（琐罗亚斯德教在基督教诞生之前是中东地区最有影响力的宗教）。当然，在阿契美尼德王朝统治阶级中也有人信奉这些教义——在居鲁士征服巴比伦之后，统治那里的犹太人的也是这个王朝的统治阶级。

因此，在巴比伦的犹太聚居区中，犹太人和琐罗亚斯德教的信众可以共享一些教义理念也就毫不奇怪了。在这些理念当中，有一个至高无上神的观念。在现代专家们看来，也只有在这段时间，那些致力于研究并编辑从耶路撒冷带来的《圣经》古卷的犹太学者们，才开始全面阐述上帝耶和华的概念，当时耶和华并不是作为以色列人的保护神出现在犹太人面前，而是作为唯一的至高无上的神、创造一切的神现身于犹太人世界——这种观念酷似琐罗亚斯德教体系中阿胡拉–马兹达（智慧之主，最高主神，全知全能的宇宙创造者）这种说法。后
131 来，有人在这个观念上加上弥赛亚、加上经由精神与道德指导的生活方式、加上一套行为规范等概念，并辅以严苛的律法确保仪式与身体的纯洁，并给不信教者罗织罪名，防止其玷污神圣，犹太教的所有这一切思想均取自琐罗亚斯德教。现在看来，这点是不言而喻的。[16]躯体的重生、最终审判和永恒赏罚（升天堂或下地狱）等诸多琐罗亚斯德教的概念最终进入犹太教思想体系需要更多的时间，后来的基督教和穆斯林也接受了这些概念，并干脆直接将它们引入一神教信仰传统的主流当中，从而主导了中东地区及更远地方的宗教信仰实践。

历史学家加思·福登（Garth Fowden）曾经说过，尽管中心位于伊拉克的新月沃地（Fertile Crescent，又指中东阿拉伯世界）经常因其地理环境的脆弱性连连遭受苦难，但它也是“一股向内旋转并不断融合周边事物的涡流”。[17]古代伊拉

克，毫无争议是东西方文化交汇的熔炉，对全球历史产生过巨大的影响：来自西方的有流放于巴比伦的流亡犹太人聚居区，其根便在巴勒斯坦；来自东方的有琐罗亚斯德教，其发源地在（今天的）伊朗东部（和阿富汗）。

伊拉克是各种精神理念和道德思想融合的交汇地，这些不断碰撞交流的思想最终激发了最早的一神教信仰。不到几百年时间，新的思想不断地从东西方汇聚到伊拉克境内。由此，一神教的新思想也在这里涌现，并从这里传播到世界各地。当然，这些新思想的影响通常伴随着其他黑暗邪恶的势力，给伊拉克带来巨大伤害和深重灾难，也让其人民茫然而不知所措。

亚历山大大帝与希腊化的到来

公元前331年，马其顿国王亚历山大率领其强大的军队浩浩荡荡地跨进巴比伦（进攻波斯帝国）。对古代伊拉克人来说，希腊人和马其顿人并不陌生（经常出现在他们的土地 132
上）。早在公元前8世纪，尼尼微城的亚述国王们就知道来自希腊大陆的殖民者在爱奥尼亚（古希腊殖民地）建立起了城邦国家。公元前546年，居鲁士在征服了吕底亚王国后（随后于公元前538年征服巴比伦王国），就宣称这些城邦是其帝国的一部分。公元前5世纪之初，波斯帝国境内的米利都人起义反抗波斯统治，并得到了雅典方面的支持（起义最终被镇压）。

于是，波斯国王大流士一世决定对希腊展开报复性的进攻，从而点燃了希波战争的导火索，直接导致了公元前490年波斯国王大流士一世入侵希腊大陆的历史事件。大流士一世的这场军事冒险最终以惨败告终，雅典重装步兵显然在数量上寡不敌众，却在马拉松平原战役中以少胜多，击败波斯军队。然而十年之后，大流士的儿子，王位继任者——波斯大帝薛西斯发动了第二次更为可怕的希波战争，卷土重来。双方在塞莫皮莱（Thermopylae，即温泉关，希腊东部一多岩石平原）展开一场惨烈的战斗，史称“温泉关大战”。当时雅典著名的“斯巴达300勇士”全军覆没。随后，波斯大军前往希腊雅典，将那里洗劫一空，并放火烧毁了雅典卫城。但是这场入侵战争随后反转，公元前479年，在萨拉米斯海战中，雅典海军和普拉蒂亚的联军大败波斯大军，将他们彻底逐出欧洲。

这些历史事件在诸多方面让西方人与东方人就此分野，成为相互区分过程中的一个分水岭。到了公元前5世纪末期，希腊黄金时代的作家们对希腊人的历史荣光颇为满意，认为希腊人是自由和民主的旗手，而他们贬低过的波斯则是一片奴役之地，社会下等，一切由国王统治。他们谴责波斯国王傲慢无礼，是残暴国君。在古代希腊人眼中，东方民族——也包括被希腊人称为劣等民族的美索不达米亚地区的民族，在这种传统的刻板印象下，西方人对东方民族一直保持这样的认知偏见。

希腊人最终赢得了希波战争的胜利。不过，阿契美尼德的国王们仍要插手希腊人的事务，因为这种干涉符合他们的地缘政治需要。与此同时，希腊战士们（为了生计）开始干起雇佣兵的行当，向波斯国王兜售他们自身非常有价值的服务，或是向波斯国王的对手推销自己，毕竟他们也想推翻波斯的统治。关于波斯国的敌对者就有一个例证，那时波斯国王阿尔塔薛西斯二世刚刚登基不久，便遭人（小居鲁士）觊
觎。公元前401年，他们征募了一万多名希腊战士在库纳科萨 133
（Cunaxa）——幼发拉底河距离巴比伦以北约72千米远的地方与国王的大军展开一场大战。他们表现非常出色。不过篡位者在那场战斗中被杀身亡，于是希腊雇佣兵发现他们失去了保护人，而且由于昔日盟友的背叛，他们甚至没有了自己的主要将领。然而，值得注意的是，这些希腊雇佣兵最终逃离，成功地穿越了现在的伊拉克库尔德斯坦地区和亚美尼亚地区，回到黑海之滨。雇佣军中新当选的将军色诺芬（Xenophon）指挥他们有序撤退，回到希腊后，他写成《希腊远征波斯记》（*Anabasis*），对这一历史事件作了详细的描述。

在色诺芬远征期间，强大的希腊城邦——雅典和斯巴达及其盟友之间爆发了一场极具灾难性与破坏性的兵燹之祸。希腊内部矛盾重重，这为外来者腓力二世的崛起埋下了伏笔，他是希腊北部马其顿地区的国王。到了公元前338年，腓力二世已经控制了希腊所有的城邦。随后，腓力二世决定侵入波斯帝国。不过关于此段历史，历史学家们一直争论不休。公元前336年，腓力二世在首都遇刺身亡，未竟的理想落到了他年轻的儿子——亚历山大身上。

亚历山大继位后，继续父亲征服波斯的梦想。在两年时间里，他集结了一支42000名士兵组成的军队，率领他们跨过赫勒斯滂海峡（Hellespont，达达尼尔海峡古称），进入小亚细亚（今土耳其）。公元前333年，亚历山大在安纳托利亚南部的伊苏斯同波斯军队展开激战，第一次打败大流士三世，迫使阿契美尼德王朝最后一位波斯国王只身逃离，只留下了他的妻子和其他家庭成员。不久，亚历山大很快征服了叙利亚的其余部分和巴勒斯坦，然后便是埃及。

到了公元前331年，亚历山大将大军推进到美索不达米亚的中心地带，从而跨过幼发拉底河和底格里斯河，在一个名叫高加米拉的地方与大流士三世的军队展开决定性的会战。这个地方离埃尔比勒（Irbil）也就是今天的伊拉克库尔德斯坦的首府埃尔比勒市不远。会战以亚历山大再次获胜告终，他第二次将大流士三世从战场上赶走。

大流士三世只好逃往遥远的东方，进入伊朗，最终（因彻底失去了臣民的信任）被一个叛变的贵族杀死。

随着通往巴比伦和波斯的通道被打开，亚历山大率军乘胜追击，终于向巴比伦进发。在那里，在欢迎的锣鼓声中，在鲜花的簇拥下，他沐浴着熏香，受到了巴比伦人盛大的欢迎。其后重要的八年里，亚历山大带领他的军队南征北战，征服了
134 几乎所有曾被波斯统治过的地方，甚至一度进入印度（向南进入印度次大陆，后因军队疲惫和物资短缺而放弃进攻）。亚历山大在平定甚至杀死他麾下叛将的同时，一路征伐，高歌猛

进，取得了诸多辉煌的胜利。他每攻下一个地方便派军殖民，长驻当地。这种长期影响是他当时无法想象的。种种迹象表明，亚历山大曾打算将巴比伦作为帝国首都（毕竟巴比伦城地理位置特殊，是兵家必争的战略要地）。当然他有着充分的理由这样做。当时，巴比伦仍然是地球上最恢宏壮丽的城市，是世界商业贸易的交汇地，有着悠久的历史，声名远扬，没有哪座城市可与之匹敌。

亚历山大延续了阿契美尼德王朝的行政体制，尊崇巴比伦人的神明、城市、传统和皇家礼仪，当然也包括他们的新年节日。他还打算修复被毁的马尔杜克神庙（巴比伦祭司称亚历山大为“马尔杜克神之子”）。为了提升自己在美索不达米亚及其更远地区神圣统治者的地位，他和继任者将自己的头像刻印在当时的硬币和雕像上，把自己塑造成一个有（公羊）角的神性人物（即埃及祭司所认定的太阳神阿蒙之子）。早在苏美尔王朝时期，美索不达米亚的诸神就被描绘成有头角的形象。[18]

到了公元前323年亚历山大在巴比伦逝去的时候，其帝国疆域已然超过了当时世界上任何一个帝国。因而，亚历山大大帝的传说是真实可靠的，即使在现在的伊拉克，关于他的传奇依旧不少。2009年1月，希腊和伊拉克的两国政府同意在加米拉战役遗址附近建造一座亚历山大大帝雕像。但是，如果亚历山大活得更久一点的话，这个伟大的传说可能就会遭受玷污，不会那么熠熠生辉。因为他之后的继任者很快发现，通过军事征服将如此巨大的版图纳入自己的统治是一回事，可如何持久地统治这片土地则是另一回事。亚历山大死后，帝国逐渐分裂。其麾下的将领为了争权夺利，相互之间展开一系列生死攸关的苦战，内在关系复杂玄妙，但目标皆是一样：控制他所统治的帝国。到公元前3世纪初，其中几位将军和一些地方统治
135 势力从其帝国分裂出来，出现了许多小国，所有这些从帝国分化出来的国家被历史学家称为“希腊化”国家，毕竟他们承继来的希腊文化及希腊体制的统治对整个中东地区产生过深远的影响。

其中一位将军——托勒密很快在埃及站稳脚跟，建立起马其顿王国——托勒密王朝（Ptolemid，Ptolemaic）。他以亚历山大建立的新型城市亚历山大港为首都，来施行自己的统治。在随后的几个世纪里，亚历山大港不仅成了托勒密王朝的政治首都，也可以说是当时中东地区和地中海周边世界的文化中心。亚历山大麾下的另一位将军塞琉古（Seleucus）也宣布自己是亚历山大大帝的继承者，他于公元前312年在巴比伦建立自己的统治。他在击败了强劲对手安提柯（Antigonus）之后，其统治的帝国才渐渐安稳。公元前310—前307年，托勒密与塞琉古之间展开了大大小小的会战，两国军队蹂躏了巴比伦地区的城市和乡村，使得生灵涂炭。他们的战争开创了一种模式，这种模式在此后许多世纪里祸害不断，给伊拉克人民带来了深重的伤害，甚至在现代社会早期也是如此。因为东西方新兴势力在这一地区彼此相互对抗，不断探试彼此底线，都希

望拥有美丽富庶的美索不达米亚中心地带的主权，但后果是给这片土地带来死亡与荒芜。后来，塞琉古及其继任者改变了这一战争策略，将注意力转向巴比伦中心地带以外的地方。[19]接下来的250年间，他们开始应对西方（罗马帝国的崛起）与东方（伊朗帕提亚人）的新威胁。塞琉古王朝不得不将他们的政治权力中心从伊拉克向西移到叙利亚。塞琉古的儿子和王位继承人——安提俄克一世，在安提俄克（Antioch，古叙利亚首都，现土耳其南部城市）建立起他的一个主要都城，这是塞琉古建立的许多殖民地当中的一个，并以家族成员的名字命名这座城市。塞琉古王朝还在美索不达米亚平原地带建立了多达12个殖民地，其中可能包括现代城市基尔库克（伊拉克东北部城市）这个地方。[20]

为了加强对东部领地的控制，他们建立了一座新都城，即底格里斯河畔的塞琉西亚（小亚细亚古城市），即距离今巴比伦西北约65千米的地方。当时，塞琉西亚人口60万，是塞 136
琉古王朝里最大的一个城市，[21]为当时东西交通的枢纽，商业繁荣，汇集了来自阿拉伯的陆上商队贸易以及来自印度的陆路、水路商业贸易。塞琉古人沿袭了以前亚述人和阿契美尼德人的政策，想方设法控制这些贸易要道（有的甚至到达更远的西部如埃及、希腊、罗马），以便从中谋取巨额商业财富。[22]像希腊化世界中诸多新殖民地一样，塞琉西亚和美索不达米亚地区的其他希腊殖民地吸引了许多殖民者，其中包括不少沉浸在新哲学、科学和宗教思想中的文人及学者，他们的思想学说曾在地中海和中东世界掀起声浪，产生巨大影响。我们甚至可以揣度，从印度和阿拉伯来到塞琉西亚的商人带来了商业贸易的同时，也引入了有关技术、商业、科学与神学的新思想。在塞琉古帝国接下来的几个世纪里，汇集于此的科学家们、学者们和精神导师们将会从美索不达米亚调制的智力和精神杂烩中汲取营养。

由于亚历山大及其继任者的持久声誉和巨大光环，以致今天的我们对塞琉古王朝的行政管理知之甚少，对本土巴比伦人在帝国中发挥的作用也一无所知。这看上去似乎很有讽刺意味。当然，关于希腊文化对古代伊拉克的影响程度如何，历史学家们也是莫衷一是。[23]但塞琉古王朝在巴比伦施行统治期间，延续前朝的政策、尊重当地古老习俗和王权传统是事实。[24]安提俄克一世似乎对巴比伦历史情有独钟，想要寻根问底，以至于有一位操说希腊语的巴比伦祭司贝罗索斯（Berossus）专门为他写了一本书。在这本幸存下来的书中，人们找到一些有趣的片段，可以窥见当时社会风貌。当时，因塞琉西亚的建立，巴比伦城可能受到很大的影响，部分巴比伦人口从老城搬到了新城，于是塞琉西亚成为当时新的统治中心。尽管如此，塞琉古王朝还是修复了巴比伦神庙，并从他们的文化立场出发举行了祭祀仪式。此外，一些希腊人也开始在巴比伦定居，并在那里建了希腊风格的剧院、体育馆和露天集
137 市广场。乌鲁克城距今已有3500多年的历史，在塞琉古王朝的统治下一直繁荣昌盛，那里新的神庙不断地建起，他们的

管理者也在继续行使职权管理他们的地产，并将有关事件信息记录在泥板上。大部分泥板保留至今，根据泥板记录，美索不达米亚南部灌溉平原上大部分农业财富进入了塞琉古王朝的国库。不幸的是，对其后的历史学家来说，他们更喜欢用希腊文或阿拉姆语（将事件）记录在难以保存的羊皮纸上。

极其幸运的是，对现代科学史家和天文学家与占星术家来说，乌鲁克和巴比伦神庙的祭司学者一直沿用现在看来是非常神秘的苏美尔-巴比伦学术语言来记录他们所观测到的天体奇观，使用古老的楔形文字将这些信息刻记在泥板上。公元前3000年初，这些神庙便是声名远扬的楔形文字学术传统所在地。如今，这些神庙是这些楔形文字资料最后的保存地。即使塞琉古王朝统治者被另一拨入侵者驱赶，这些楔形文字的学者数量不断锐减，他们仍在继续书写与研究，继续用楔形文字记录历史。

不过这种情形没有持续多少时间，（距离现代）最晚的楔形文字记录——一本天文学记录写于公元75年。到了这个时候，伊拉克人民的曙光降临，昭示着这个国家黎明的开始，他们终于迎来了一个政治统治和精神活力并存的新时代。

帕提亚帝国治下的伊拉克宗教：宽容与活力

塞琉古帝国的垮台缘于两个新兴的帝国，这两股势力分别从西方和东方将塞琉古帝国夹在中间，使它无法抽身。兴起的罗马人先前征服了意大利半岛，小试了下自己的军队，磨砺他们的战争机器。公元前200年，罗马人打败了伟大的将军汉尼拔，从而消除了北非对手迦太基的威胁，并控制了地中海西部地区。一连串的胜利让罗马人开始将注意力转向了东方，公元前188年，他们在马格尼西亚战役（Battle of Magnesia）中重击塞琉古帝国安提俄克三世的军队，强迫他交出了小亚细亚
138 （即今土耳其）的统治权。公元前146年，罗马人征服希腊和马其顿，并摆开架势，在地中海东部沿岸地区建立起殖民地。在此之后不到90年的时间里，罗马继续扩张。公元前64年，罗马将军庞培征服叙利亚，将叙利亚并入了罗马版图。至此，塞琉古帝国消亡。次年即公元前63年，庞培征服耶路撒冷，又灭掉了早在公元前140年就脱离塞琉古的犹大王国，使之成为罗马属地。这次事件的影响持续了几个世纪。在征服过程中，他将罗马仪轨引入犹地亚（Judea，此词来源于Judah，即此前犹大王国）王国，正式控制耶路撒冷。公元前31年，罗马将军屋大维（即后来的奥古斯都·恺撒，第一位罗马皇帝）经过亚克兴海战（Battle of Actium）彻底打败古埃及托勒密王朝法老的联军，占领埃及，当时托勒密王朝最后一位统治者，著名的克里奥佩特拉女王结束了自己的生命。至此，亚历山大帝国的最后一个希腊化王国从此消亡。

而在东方世界，早在庞培打败他们之前，塞琉古王朝就已经失去美索不达米亚的控制权，让位于东方的一支后起的入侵势力——帕提亚人。他们最初是伊朗高原一个擅骑的游牧民

族，最早形成了自己的游牧军队，对后来的匈奴人、土耳其人、蒙古人产生过积极的影响。这些民族来自欧亚大陆草原地区，时常威胁到中亚、西亚以及欧洲的城市，有时还会对这些地区进行占领统治。有关帕提亚人的起源至今尚未可知，尽管他们曾经统治中东地区几个世纪，但是有关他们的历史资料非常稀少。而且，许多与他们有关的资料均是由罗马作者所书，难免会有褊狭，是非曲直令人存疑，毕竟他们既害怕帕提亚人也污蔑帕提亚人（将他们称为“野蛮人”）。帕提亚人第一次出现在历史记录中，是以游牧民族的形象展现在世人眼前，又被称作“帕尔尼人（Parni，Parthia即源自此部落）”，他们进入古波斯帝国塞琉古行省后便被人们称作“帕提亚”（即今伊朗东北部地区）。一旦定居于此，并在此建制，帕提亚人便以帕提亚为行省名称，意为“安息”[25]。在公元前250年以后的岁月里，帕提亚人在他们第一位伟大的国王阿萨息斯（Arsaces）——安息王朝（Arsacid dynasty）的领导下，建立起一个独立的国家，其势力范围刚好在塞琉古王朝的势力范围之外。根据帕提亚人自己的计时体系，阿萨息斯国王的统治始于公元前228年。到公元226年安息王朝统治结束时，帕提亚 139
帝国几乎横跨了整个中东地区，美索不达米亚也成了其中心地带。

帕提亚人在塞琉古帝国的地盘上开疆拓土，很大程度上归功于他们的军事实力，尤其是其骑射兵和枪骑兵实力的强大。帕提亚骑射兵以闪电般的速度和无与伦比的骑马技能而闻名于世，尤其以“帕提亚回马箭（又称安息回马箭）”战术而驰名天下。在这种战术中，帕提亚骑射兵一开始骑马向敌人防线驰去，诱敌追赶时突然掉转马头，迅速骑走，用膝盖控制坐骑，同时又向后面摆开射击姿势，对敌人发起攻击。

帕提亚回马箭成为经典传奇，名扬四海，在人们不可靠的回忆中将其保存在“parting shot”（扔下一句伐人语）这个片语当中。回马箭战术不仅需要弓箭手的膝盖和双腿有着很好的平衡感和力量，还需要他们有专为帕提亚弓箭手所使用的弓，大名鼎鼎的复合弓。这种复合弓由木材、兽骨与筋腱加工制作，经由皮革胶合而成，需要相当长的制作时间，也需要巨大的力量来弯曲和射击。它能以致命的速度射出很远的距离（最远有效距离可达200米），可以穿透盾牌和盔甲。[26]除了弓骑兵外，还有另外一支铁甲骑兵——枪骑兵，同样是强大的帕提亚骑军的组成部分，即所谓重骑兵，以“铁甲骑兵”闻名于世，这些骑兵头戴头盔，身着盔甲，配有长矛武器。同样，这支铁甲骑兵因其全身盔甲、全副武装，屡立奇功，成为帕提亚人的传奇。后来，帕提亚王国的继承者，波斯萨珊王朝也沿袭他们的这一战术，采用重型铁甲骑兵与轻型弓骑兵相结合的作战模式。在伊拉克和中东其他地方与波斯萨珊王朝作战的拜占庭（东罗马）帝国军队也从他们那里学到这种战术，进而采用了这种攻战模式。随着时间的流逝，这种战术从他们那里一直向西传播。后来罗马帝国在欧洲的势力影响日渐衰落，这种战术又传到日耳曼王国境内，为他们的将士所采用。于是这种传统成为中世纪欧洲骑士（他们通常穿着闪亮盔甲）的起源。

或许人们认为，在帕提亚人的历史进程中，他们的军事力量并没有始终如一地服务于其政治统治。王权体系对帕提亚 140
人来说相当陌生，事实上对大多数游牧民族来说都是如此，毕竟这些民族的社会组织与政治组织基于血缘关系和宗族关系。甚至早在阿萨息斯一世统治时期，帕提亚国王们就需要在国王特权与他们所依赖的宗族领导人的特权之间保持微妙的平衡。[27]随着帕提亚帝国的发展，版图也不断扩大，为了便于统治，帕提亚的国王们不得不承认那些小一点的王国。不过，这些小王国的统治者需要忠于帕提亚国王，并且在国王的同意下，行使他们的自主权。在这些附庸国中，有几个位于美索不达米亚平原地带，包括西北部的小国奥斯若恩（Osrhoene，首府埃德萨所在行省名），在埃德萨及其周边地区（Edessa，即今土耳其乌尔法）；东北部的小国阿迪亚波纳（Adiabene），对应于古亚述王国核心区的一部分地区；波斯湾沿岸的查拉塞尼王国（Characene）；还有小国阿拉巴（Araba），也在亚述地区，这里主要居住着阿拉伯人——其时，这群阿拉伯人早已定居在伊拉克地区——尽管历史学家还在为“Arab”一词在当时究竟何指争论不休。

由于帕提亚国王们并没有真正地建立起自己的王权体系，他们转而向外寻求治国之道。从一开始，他们就利用其熟悉的历史与人事：希腊化的塞琉古王朝模式和阿契美尼德王朝的波斯模式。比如，阿萨息斯一世统治时期的硬币（银币和铜币）上就印有早期波斯风格的肖像元素，但是上面的铭文使用了希腊语的“国王”字眼。[28]后来的帕提亚国王也将这一点用在他们的硬币上，其发行的银币图案使用了希腊化元素，因此博得“爱希腊者”（Philhellene）称号。不过，近来有不少历史学家贬低帕提亚人，认为他们比那些崇拜希腊文化的国家好不了多少，毕竟那些国家也没有多少真正的文化。不过，从相对客观的评论来看，帕提亚人承袭古希腊文化，选用希腊文化的主题和图案以适配自己的需要与品位，并非一味地盲目模仿。[29]

无论帕提亚人这种分散管理的政体有多少弊端和不足，到了公元前2世纪中期，帕提亚人在其伟大国王米特里达提一世（Mithridates 公元前171—前138）的带领下，成功地将塞琉古人逐出美索不达米亚平原而成为那里的主人。由此，帕提亚王国版图扩大，帕提亚国王们像他们的阿契美尼德王朝的先辈们一样，在境内建立多个都城来进行管理，不断地从一个都城通往另一个都城，以此确保王国境内联系通畅、政令通行无阻。除了他们的传统首都赫卡托姆皮洛斯（Hecatompylos，在里海东南方的希尔卡尼亚行省Hyrcania，今伊朗东北部和土库曼斯坦）外，他们还将米堤亚人和阿契美尼德人的都城埃克巴
141 坦那（即今伊朗城市哈马丹）作为自己的夏日行都。尽管塞琉古王朝在塞琉西亚建成的都城依然兴旺繁荣——米特里达提一世甚至还在这里举行了他本人的加冕典礼。但是，帕提亚人在底格里斯河上游又修建了一个新的冬季行都。这个行都便是泰

西封（Ctesiphon）。

泰西封距离巴比伦古城很近。不过，塞琉西亚与泰西封两城（国）之间的竞争注定了这座古代辉煌大都市走向衰败的命运。尽管巴比伦的一些古城还能继续存在几个世纪，但到了公元200年左右，巴比伦已是荒无人烟，而且再也没有兴起的机会了。

楔形文字书写系统及其学术研究终究没有长久繁荣下去。因为楔形文字已失去使用的根基，逐渐被更容易学习和应用的字母文字所取代，首先取而代之的是阿拉姆语，然后便是希腊语。楔形文字的秘密随着苏美尔和巴比伦的古城一起消亡，如今隐伏在棕灰色的方形土墩之下，成为点缀着伊拉克的平原的一道风景，成为此后几个世纪里当地神话传说的温床。

由于这个地方处于东西方帝国的拓展领域，或许还是帕提亚人最重要的首都，于是整个伊拉克成为帕提亚政权中最关键的组成部分。但是，随着罗马帝国巩固了叙利亚和巴勒斯坦一带的政权统治，并加强了对有利可图的港口城市的控制，他们开始将帕提亚人视为其强劲的对手和威胁。虽然大多数的罗马帝国作家对帕提亚人知之甚少，对其历史习俗也是鲜有耳闻，但在他们的笔下，以轻蔑的口吻描写帕提亚人，就像几个世纪前希腊人描写阿契美尼德波斯人一样。对那些想要通过军事胜利和慷慨发放战利品来提升政治声望的罗马政客来说，（战胜）敌人帕提亚（或许）就是一个机会。 142
公元前53年，在一次最为有名的征服中，富裕显赫的罗马贵族、奴隶主马库斯·利西尼乌斯·克拉苏（Marcus Licinius Crassus）——其人与庞培、尤利乌斯·恺撒三人一起并称为“前三巨头（同盟）”——进犯美索不达米亚，在距哈兰古城不远的卡莱（土耳其哈兰旧称）小镇与安息骑兵将军苏雷纳（Spahbod Surena）率领的帕提亚军队展开激战，史称“卡莱战役（Battle of Carrhae）”。帕提亚弓箭手首先使用毁灭性的火力，进而其重骑兵采用毁灭性的冲锋战术，这样人数较少的安息骑兵最终击败了人数较多的罗马军队。罗马军队损失了两万人，或许还有一万人被俘，罗马军团的七面鹰旗被夺。

克拉苏蒙受耻辱，整个罗马帝国的情况变得更加恶化，想要恢复昔日荣光需要罗马人几十年坚持不懈的外交努力（罗马人慑于帕提亚人的武威，在接下来的时间里一直以谈判为主来解决两国争端）。克拉苏本人被俘，死于帕提亚人的“黄金灌口”之刑，据说是将熔化的黄金倒进他的喉咙里。根据罗马历史学家普鲁塔克在《平行列传》中的描述，帕提亚人将克拉苏的头颅（据说还有右手）送到了帕提亚王宫。碰巧，那里正在上演希腊悲剧作家欧里庇得斯的戏剧《酒神》。此时，克拉苏的头颅刚好送到，帕提亚人将其扔到戏剧舞台上，恰好代表了悲剧中命中注定失败的主角底比斯国王彭透斯（Pentheus）。[30]

不过，在接下来的三个世纪里，罗马帝国在一定程度上（通过反击）击败过帕提亚人。在大多数情况下，两个帝国的边界线基本上沿着幼发拉底河稳定下来。公元2世纪前后，罗马有几次深入美索不达米亚地区，占领了帕提亚人当时的首府泰西封。罗马皇帝图拉真（Trajan，公元53—117年）甚至一度实现了对美索不达米亚平原的短暂征服，但他的继任者为了和帕提亚人达成和平协议，又将它还给了帕提亚人。尽管如此，罗马人并未能从根本上征服帕提亚。但是，那次失败一直让罗马人如鲠在喉，难以接受。而伊拉克人民却在几近残酷的罗马人与帕提亚人拉锯较量的诅咒中煎熬，饱受征战之苦。他们的家乡惨遭蹂躏，成千上万的人被役使。在此后的几个世纪里，伊拉克人还将经历更多这样的灾难，尤其是伊朗高原兴起的帝国与西部地区的政权在这里南征北战，刀光剑影，冲突不断。甚至帕提亚人有时在美索不达米亚遭受军事挫折，但他们仍要保留这一块地方。这一点对他们极其重要，并不仅仅因为这里也是帕提亚人伟大的都城之一。情况恰如帕提亚人兴起之 143
前的3000年的情形一样，伊拉克南部的冲积土层（即冲积平原）生产了巨大的农业财富，而且此处也是便利的贸易路线集散地。贸易所带来的丰厚利润往往也汇聚于此。伊拉克南方的城市长期以来一直是重要的陆海贸易据点，这些据点通过波斯湾和幼发拉底河连接印度和东地中海地区。

这些地方依旧重要。来自巴尔米拉（今叙利亚城市）的叙利亚商队贸易中心的商人们前往波斯湾上游地区，在那里向阿拉伯、印度和中国的商人购买香料、棉花和珍珠，然后用船队运往美索不达米亚地区。沿着幼发拉底河而上，再由陆路运往他们的家乡，经由他们的家乡再将货物发往地中海港口一带。但是到了帕提亚人统治这里的时代，北方商队贸易路线繁荣起来，并且在接下来几个世纪里一直兴盛，驰名世界。这便是统称为丝绸之路的贸易路线，商人们将从中国运来的丝绸和其他奇珍异宝向西穿过中亚，越过今伊朗北部和伊拉克的帕提亚帝国领土，带到地中海的港口城市，并从那里将货物发往西方的罗马。因为聪明的帕提亚外交官能够欺骗中国的（贸易）代表，让他们相信如果直接与罗马建立联系会很危险，[31]这样一来，帕提亚人便能够对来自中国的丝绸贸易保持垄断。因此，他们仍然是东西方贸易中至关重要的中间商，由是帕提亚人及其依靠者能够从中获取过境贸易的巨额税收。

从这种贸易中得到的一些回报的证据以及由此孕育出的国际化社会（城市）的证据，甚至可以在今天的伊拉克古老的哈特拉（Hatra，当时帕提亚王国的军事重镇）遗址上看到。这个军事重镇是由塞琉古人建立的，距离亚述古都亚述尔不远，此地在帕提亚人统治的时候浮出历史地表，公元前7世纪晚期曾遭到米堤亚人和迦勒底人的蹂躏摧毁，自此一直经济低迷萧条。哈特拉是通往西方的商队贸易路线上的一个重要据点，也是当时帕提亚附庸国的首府，由当地阿拉伯王朝进行统治。哈特拉有长达6000米的防御城墙，上面建有超过160座方形塔楼，城内包括一个建有几座神庙的大型综合体，其样式多是希腊罗马建筑风格，当然也有独特的帕提亚文明的建筑特
144 征，通常称之“伊凡（Iwan）”式建筑风格——一种入口大门造型为三面封闭、正面完全敞开、顶部为矢状大拱的建筑

形式。[32]而其万神殿的建筑所代表的多元文化特别令人印象深刻，让人叹为观止。哈特拉神庙群侍奉一个伟大的神灵阿卡德人的太阳神沙马什[33]，此外还供奉着苏美尔人和阿卡德人的战争之神奈尔迦尔（Nergal，又是死亡和瘟疫之神）、阿拉姆人的神阿塔伽特/阿塔伽提斯（Atar'at/Atargatis）、阿拉伯人的神阿里拉特（Allat）和莎迷娅（Shamiyya），以及希腊神赫尔墨斯（Hermes）。[34]

在这里，各种多神教信仰混合在一起，不同起源的神的崇拜者似乎都能在这宽容的气氛中共存和互动。虽然我们对帕提亚人的宗教活动知之甚少，但我们知道，帕提亚的国王们还是十分崇敬琐罗亚斯德教派（拜火教）的最高神明——阿胡拉·马兹达，以及其他古代伊朗的神灵。他们似乎在相当程度上接受了美索不达米亚的其他宗教传统，甚至有可能包括巴比伦的犹太社区的宗教。

在罗马统治势力的影响下，美索不达米亚西北部地区显示出了类似的多元宗教信仰并存的现象。这一特点在东边幼发拉底河附近的杜拉-欧罗普斯城（Dura-Europos）遗址上表现得最为明显。此城在幼发拉底河边，位于现代伊拉克-叙利亚边境地区叙利亚境内一侧。约在公元前300年，它由塞琉古人建立，到了公元3世纪前后，杜拉-欧罗普斯城庇护了这种多神信仰并存的情形，其中包括希腊-罗马万神殿中的诸神、阿拉姆人和巴尔米拉人的万神殿中供奉的闪米特诸神，以及密特拉神（战神）——一位起源于伊朗高原的神祇，在当时的罗马士兵中很是受人膜拜爱戴。最近，人们在伊拉克北部的杜胡克省发现了密特拉信仰的新证据。[35]

到了公元257年前后，杜拉-欧罗普斯城被萨珊波斯帝国摧毁的时候，它还曾为一神教信仰提供庇护。考古学家在古城遗址上找到了一座犹太教堂和一座小型基督教堂——这两座教堂的墙壁上都绘有精美的壁画，描绘了其所信仰的圣地美景。[36]其实这证明了，到这一时期，这两种宗教信仰在当时更
145 远的南方也有着相当不错的表现，主要在泰西封地区和古巴比伦的中心地区。然而，在公元纪年后的三个世纪里，这里所发生的一切，显然受到了罗马的朱迪亚（古巴勒斯坦的南部地区，Judaea）和巴勒斯坦地区的巨大影响，并在后来传入西方世界。

从巴勒斯坦到美索不达米亚：伊拉克，世界宗教发源地

关于这一历史时期的巴比伦犹太人社区信息，我们的研究资料还是相当贫乏。但是，其后期的一些史料来源能够帮助我们了解一点当时的情形。犹太人当时的人口规模与繁荣程度足以说明他们是在帕提亚人的统治下逐渐繁荣兴盛起来的，因为帕提亚人相对宽容，允许这些犹太人在其领袖——犹太宗主（the exilarchs，此词专指流亡巴比伦地区的犹太人的头领）的带领下拥有一定的自治权。但是在西方，在这些犹太人的巴勒斯坦家园，犹太人内部发生分裂，同时又饱受罗马压迫和侵

扰。公元前4世纪，罗马的附庸犹大国王希律王死后，罗马人更是废除了犹大王国的君主政体，使之成为罗马属下一个行省，由总督主持政务，直接控制了该地区。当时作为罗马在这一地区的代理人，希律王受到了其臣民的唾骂，但是他也为犹大王国做了一些事情，其中包括一些大型工程——最著名的当数耶路撒冷第二圣殿的重建。这个耗费巨资打造的巨大建筑便是犹太人最高的祭祀场所，也是举行宗教仪式和知识学习的中心。它的大祭司和高级议会（即大犹太公会，当时罗马帝国准许成立的议会）在犹太居住区内拥有最高的权威，其成员通常都是犹太贵族精英，常被称作撒都该人（当时一个犹太党派，成员多属上层富裕阶级人士，其名称源于所罗门时代的大祭司撒督）。

不过，撒都该人的权威并非没有受到质疑（与犹太领袖的另一派别法利赛人观点相对）。到公元前1世纪的时候，由于罗马人加重了对犹太人的压迫，加之人们对一些犹太教义产生争议，由此也滋生了反对撒都该人的派系。这些派系中就有法利赛人（Pharisees，原意为“分离者”）——当时一个比较小的教派，曾被一位权威人士（可能为耶稣，《圣经》中《马太福音》第十二章曾认为法利赛人只注意外表的行为，却忽略了律法的精义和内心的敬虔与谦卑）描述为“自以为义的道德精英（self-constituted moral elite）”。[37]他们只学习托拉犹太律法（Torah，即《摩西五经》），但与撒都该人不同，也相信口传律法及其释经传统——可以说是口头的托拉

146 （Torah）。法利赛人与撒都该人还有个地方不同，即他们已经开始接受灵魂不朽、最后审判和肉身死后复活的可能性——这种信仰曾在琐罗亚斯德教的教义和其他在中东及地中海地区传播的宗教当中十分流行。与此同时，对罗马人统治的不满也催生了另外一些团体，他们希望出现一个英雄人物——即弥赛亚（messiah）——敢于反抗罗马人的统治，救犹太人于水火之中。其中就有奋锐党人（Zealots，又称“吉拉德人”），他们主张用暴力反抗罗马统治，将犹太人解救出来，建立一个神的国度。

大约在公元30年前后，一位来自加利利（Galilee）拿撒勒城（Nazareth）的巡回传教士叶舒亚·巴尔·约瑟夫（Yeshua Bar Yosef，意为约瑟夫之子耶稣）——在历史上广为人知的耶稣，约瑟夫之子——从当时这个政治与精神的熔炉中浮现出来。在三年的传教生涯中，他走遍了巴勒斯坦的整个犹太社区，拯救病患，医治伤者，帮助体弱多病者，并向世人宣扬即将到来的天国（借此把人类从苦海中救出，引导他们到幸福快乐的天堂）。因为其门徒信众公认他为人们期待已久的弥赛亚，激起了犹太公会的不满。在耶路撒冷，他们以亵渎罪逮捕了耶稣，对他进行审判，并给他定了罪。之后他又被罗马当局钉死在十字架上。当时罗马派驻犹太行省总督——一位残暴不仁和贪污腐化的官员——彼拉多主持这一事件，是他下令将耶稣处决。耶稣死后不久，马上就成了犹太人宗教信仰的核心灵魂（人物）。其信徒与追随者被称作“拿撒勒教徒”，他们声称耶稣便是世人等待的弥赛亚，并且基督已经复活。他们已经接收到他带来的信息，向世人宣扬复活与永生的承诺。此后不久，在塔尔苏斯（Tarsus，位于小亚细亚东南端尽头）的扫罗（俗称使徒保罗，迫害过早期的犹太基督徒，然后皈依并传教）——一位前法利赛人，后人将其称为保罗——的不懈坚持下，一些拿撒勒教徒开始走出当地的犹太社区，前往那些讲希腊语、受希腊文化熏陶的外邦地区传教。此前，已有一部分非犹太人信奉了犹太人的思想和习俗，而现在他们将开始接受保罗及其门徒的教导，笃信耶稣便是上帝之子，因而他是神圣的。公元100年左右的时候，在安提俄克地区，人们找到了第一份考古证据，上面记载了耶稣追随者的实例，希腊语将其称为弥赛亚（克里斯托斯，Christos，即基督）的追随者。于是，（在希腊人眼中）他们变成了克里斯蒂亚诺（christianoi，即“Christians”基督教徒）。也正是在这个时候，关于耶稣一生的口述传说也被明文记录下来，被归到基督教徒所谓的《圣经》福音书中。但是不久之后，只有其中四部福音书——《马太福音》《马可福音》《路加福音》和《约翰福音》被认定是权威福音，要知道早期基督教的福音书要比这四部福音书内容多得多。同样，也是在很短的时间内，关
于耶稣到底是神是人的问题，经常出现相互冲突与矛盾的教义 147
争论。这些教义的冲突与争执对基督教的发展产生了巨大的影响，东（包括伊拉克和波斯）西方对基督教的接受度也有所不同。[38]巴勒斯坦一带的绝大多数犹太人拒绝承认耶稣就是犹太

教信仰的弥赛亚。他们也继续在罗马统治的枷锁下等待观望，内心烦躁不安。公元66年，朱迪亚的犹太人起义反抗罗马在这一地区的暴政，推翻了罗马势不可当的军事力量。公元70年，罗马帝国派出军队，镇压了犹太人的起义，对耶路撒冷进行了一场大规模的围攻，由是不可逆转地改变了犹太人的生存历程，他们占领了耶路撒冷，拆毁了第二圣殿——犹太人生活和仪式的核心。

此后又过了几十年，公元135年，罗马皇帝哈德良视察耶路撒冷后，决定在耶路撒冷的废墟上建立一座新的罗马城（并将其改名为“卡皮托利纳”，以加强对犹太人的控制）。犹太拉比阿基巴（Akiba，全名阿基巴·本·约瑟，Akiba ben Joseph）义愤填膺，号召犹太人发起一场圣战，宣布随后起义的领袖西蒙·巴尔·科西巴（Simon Bar Kosiba，又被称作“西蒙·巴尔·科克巴，Simon Bar Kochba）”为救世主“弥赛亚”。不过，罗马人镇压了那次起义，科西巴一败涂地，成千上万的犹太人失去了性命。在犹太人起义失败之后，罗马皇帝哈德良重新命名朱迪亚，取名为叙利亚·巴勒斯坦（Syria Palestina）。根据有关史料，哈德良甚至下令禁止犹太教，禁止教授犹太律法，禁止举行割礼，并废除犹太人的安息日习俗。他可能打算施行同化政策，彻底根除巴勒斯坦地区的犹太教。

因此，耶路撒冷第二圣殿的毁灭，使得撒都该人的圣殿祭司阶层失去了存在的依傍，于是他们很快消亡了，退出了历史舞台。相对地，法利赛人的学者因其广博学识与虔诚信仰为他们赢得了“拉比”的称号，遂成为巴勒斯坦犹太社区的领袖人物，跃升犹太人的顶层。不久，他们便从沦为废墟的朱迪亚，迁往北部的加利利地区。在这里，他们建起了新的学校——其中最为知名的，便是在雅尼亚（Jamnia）/雅夫涅（Yavneh）的大学院。他们继续在这里学习研究，编辑《圣经》文本。到公元150年的时候，他们出版了标准版的希伯来文《圣经》——《塔纳克》（*the Tanak*）。他们还延续着口头释经的传统，旨在为这里的犹太人提供生活指南；这是犹太人 148
从巴勒斯坦被迫分散到人口稠密地区后的一项关键措施。[39]

到公元200年前后，加利利的拉比们已经收集好了一个新的《圣经》文本，后来这个文本成为犹太律法传统的一个重要组成因子：《密西拿》（*Mishnah*，意即“重复学习或教导”，为犹太教口传律法集部分）。《密西拿》列出了所有的托拉犹太律法，并不断补充，后来又加进去了以口传形式保存下来的戒律。它还列出约150名犹太拉比的姓名，肯定了他们在编定犹太律法文本的漫长过程中作出的重要贡献。[40]

《密西拿》编成之后，在接下来的四个世纪里，给犹太人的律法实践提供了便利，但是也逐渐显露出一些问题，愈来愈成为加利利和巴勒斯坦其他地方的拉比们深加讨论与研究的焦点。到公元400年左右，拉比们编出了一部新的律法释义，即《巴勒斯坦塔木德》（亦称《耶路撒冷塔木德》）。

其时，巴勒斯坦的犹太教已经遭受过罗马帝国皇帝的残酷打压与宗教压迫。公元313年左右，罗马帝国皇帝君士坦丁颁布《米兰敕令》，这个决定性公告宣布给基督教合法地位，与其他宗教平等。自此开始，罗马帝国皇帝——除了一位皇帝例外，即最后一任多神教皇帝叛教者朱利安（Julian）——都成为后来发展得愈发繁荣强大的基督教会的热心支持者。

公元330年，君士坦丁大帝将其命名为“新罗马（Nova Roma）”。这座城市遂以君士坦丁堡（君士坦丁的城市）而名闻世界，后来又以现代城市伊斯坦布尔（奥斯曼土耳其人攻占了君士坦丁堡将其改名）扬名天下。公元400年，基督教正式成为罗马帝国国教。罗马皇帝自此便从君士坦丁大帝建立的新首都开启帝国统治，这座新首都位于希腊移民建立的一个古老殖民地拜占庭（博斯普鲁斯海峡岸上），地理位置优越。

罗马皇帝们把传播推广新起的“东正教”作为他们的神圣使命，并通过各种方式加以捍卫，这便是帝国支持下反对不信者的基督教。许多不信者受到了帝国当局的攻击，其实他们也是基督徒，只不过他们所信仰的基督教不是罗马皇帝批准和实施的那种形式的基督教。这样，这些所谓不信者就成了“异教徒”，无论是在罗马帝国境内还是境外皆是如此。

149 伊拉克的历史也因此受到了巨大的影响，不论好坏，其自身改变不少。在地中海东部，随着不宽容的基督教拜占庭帝国的出现，大量的犹太知识分子和律法人士被迫离开巴勒斯坦家园，一路向东来到了巴比伦。在巴比伦，犹太人的生活和经学事业在帕提亚人的统治下得以延续，甚至一度繁荣昌盛。在萨珊王朝后续诸王的统治下，这种情形也大多如此。越来越多的犹太拉比和其他饱受基督教压迫的难民离开巴勒斯坦，也来到了巴比伦，于是这里的犹太生活与文化变得更加丰富起来。

但是，犹太人开始与帕提亚人交好，一直持续到萨珊王朝时，伊拉克的犹太人也加入了新的宗教团体。他们在伊拉克留下了深深的足迹。一些犹太人利用伊拉克作为跳板，横跨亚洲，建立起新的犹太社区，甚至最远还在中国境内出现过犹太人的身影。

萨珊波斯人治下的伊拉克：宗教万象与圣战

由于罗马帝国的入侵，削弱了帕提亚王国的力量，加之政权分散，公元227年，安息帕提亚国王被来自伊朗法尔斯的贵族阿尔达希尔（Ardashir）罢黜。他推翻了安息的统治，建立起萨珊王朝。早在几个世纪前，法尔斯地区便是居鲁士大帝和阿契美尼德帝国的发源地——萨珊王朝也据此宣称，阿尔达希尔家族的祖先血统与他们有关联，可以追溯到他们那里。实际上，萨珊王朝对阿契美尼德知之甚少，但这个号称万王之王（shahanshahs，阿契美尼德帝国和安息帝国的皇家称谓）的王朝，参照前朝的做法，将他们看作自己的祖先，通过在这两个帝国发源地附近——比如波斯波利斯附近一带，在阿契美尼德帝国的皇家公墓那西–伊–鲁斯塔姆（Naqsh-i-Rustam），即波斯帝王谷——建造诸多自己的纪念碑的方式将自己与他们联系起来。据此，萨珊王朝也宣称对帕提亚帝国的疆域拥有主权，当然也包括伊拉克境内的都城泰西封。此前，帕提亚国王通过在帝国境内几个都城之间巡回的方式进行统治，比较倾向于分
150 散的王权治理模式，但是阿尔达希尔入主泰西封后，将其设为首府，当作他们的政治统治和举行礼仪的中心。如今，泰西封废墟遗址依旧巍然挺立，庄严地提醒着世人伊拉克历史上一段辉煌的插曲，尤其是这座废墟上的伊凡大厅、王宫的谒见厅等建筑。不幸的是，它们都毁于伊拉克近年来的战火。与帕提亚人的治理方式相反，萨珊王朝的国王统治着一个高度中央集权的帝国，牢牢掌握着绝对权力。为了加强统治，萨珊王朝的国王们也是费尽心思，让自己成为各种精心安排的大型仪式、奢华生活和典礼活动的中心角色，以强调自己独特的地位与尊严。通常，萨珊王朝的国王居于整个王朝高度组织化的官僚机构之上，这些机构由首席大臣“维齐尔”（vizier，波斯萨珊王朝官职，相当于中国古代宰相一职）负责管理国家。公元7世纪，阿拉伯人在赶走了萨珊王朝统治者之后，在其新建的首都巴格达沿用了萨珊王朝的王权模式。[41]就像美索不达米亚统治者一样，譬如早在他们之前3000年的苏美尔人，萨珊王朝的国王们也是依靠底格里斯河–幼发拉底河部冲积平原带来的丰富收益来充盈国库，将其视为帝国权力的基石。为了达成这一目的，萨珊王朝统治者们也像几千年前的苏美尔人所做的那样，在两河地区修建了大量的灌溉网络，让这些大大小小的河道成为美索不达米亚农业的命脉。[42]他们从连接中国、印度和东南亚的贸易中

获取大量财富，通过经由波斯湾的海路和美索不达米亚的水路到达东地中海地区及其更远地区。

也许因为萨珊王朝政权高度中央集权的本性，它似乎是君士坦丁堡的罗马（或拜占庭）皇帝更为强劲的对手，远比帕提亚人更为可怕。像帕提亚人一样，萨珊的军队也有效地利用了重装铁甲骑兵和高度机动的弓箭手。萨珊人也给罗马人带来了毁灭性的打击，其中一位萨珊波斯王朝的沙（即国王，shahs，旧时伊朗国王称号）沙普尔一世（Shapur I）甚至在战场上生擒了罗马皇帝瓦勒良。沙普尔这一光辉业绩被刻进了波斯帝王谷（Naqsh-i-Rustam）的纪念碑上，画中瓦勒良跪在骑在马上的王面前，向他屈服投降。公元3—7世纪之间，在阿 151
拉伯人真正征服中东地区之前，罗马（拜占庭）人和萨珊王朝的波斯人是欧亚大陆西部的两股超级力量。这种情形与第二次世界大战后，1945—1991年间的美苏超级大国对抗的情形没有什么本质上的不同，只不过这两个超级大国从未发生过正面的交战与冲突，都在扶植边境沿线小国的统治者作为冲突的缓冲或代理人，试图抗衡或控制对方。

在冷战时期，美苏双方都以自己是各自阵营的意识形态旗手而自豪，当然这种意识形态与国家实力直接相关。同样，君士坦丁堡的皇帝们也是以东正教的捍卫者和执行者自居。凭借能力，这些皇帝们与强大的神职人员结成联盟，其中就包括帝国境内主要城市的大主教们以及与皇家法院关系甚密的神职人员。另一方面，琐罗亚斯德教得到了萨珊王朝的万王之王和贵族的支持——统治者也利用琐罗亚斯德教教士们（让他们致力于传播教义，并且让他们在宫廷中担任一些重要的角色），帮助国王进行统治。作为这种信仰的保护者，萨珊王朝的国王们通常都与祭司阶层结盟，祭司阶层由大祭司统领，在首都泰西封万王之王的国家法庭上发挥着举足轻重的作用。这些祭司都是智慧之人（意即法师、巫师，专指负责祭祀的氏族，《圣经》中的东方三博士据说即源于此），所以有些人把这一时期的宗教称为“祆教（Magianism）”。[43]

因此，萨珊王朝和罗马帝国之间的长期军事对抗达到了一种全新又极具破坏性的维度，这在帕提亚人与罗马人的战斗中闻所未闻，但此后一而再、再而三地出现在伊拉克的漫长历史长河中。这便是所谓的圣战——举例来说，在萨珊王朝于公元7世纪初征服并掠夺耶路撒冷后，罗马人（拜占庭人）却要试图恢复耶稣受难的“真正十字架”，两国之间于是有了所谓的圣战。伴随着圣战而来的人们的狂热也导致了在罗马帝国与萨珊王朝的对抗中出现了国家授意或出自神职人员煽动的宗教迫害事件，尤其是萨珊波斯王朝境内的伊拉克基督徒。当时的人们很快便怀疑这些基督徒与拜占庭教廷的敌人沆瀣一气，狼
152 狈为奸。于是，萨珊王朝当局对其帝国境内的基督徒进行了残酷的镇压，这种情形持续了很长时间。

在伊拉克早期的基督教文学中，“殉道者的故事”[44]以及拜占庭皇帝对“异教徒”的迫害与清洗同样对伊拉克基督教的形成产生了决定性的影响。在这样的圣战中，夹在两群圣战军

队之间的人们往往会付出可怕的代价，被萨珊王朝统治的伊拉克人民也是如此。拜占庭帝国与萨珊王朝对抗的大部分战场都在伊拉克境内，尤其在其北部地区，罗马军队通常在那里越过幼发拉底河到达底格里斯河，有时能抵达更远的地方，但最终都被萨珊人击退。早期拜占庭的著名历史学家普罗科匹厄斯（Procopius，亦有译作普罗柯比）曾记录了公元6世纪的拜占庭皇帝查士丁尼的统治时代。他告诉世人，在圣战这段时期，幼发拉底河上游地区曾（因战争）变成一片无人之地。[45]

尽管如此，萨珊王朝在伊拉克的统治却一如既往地稳固，有时候他们表现脆弱，这个政权对非琐罗亚斯德宗教的信仰团体奉行宗教宽容政策。事实上也是如此，在萨珊波斯王朝时期，伊拉克是世界上多元宗教信仰融汇的大熔炉。

萨珊波斯人治下的犹太人

历史上关于在帕提亚时代，伊拉克犹太人的资料极度贫乏[46]，而且伊拉克和伊朗的现行政治环境也不利于关于这方面的考古发掘，因而很难发现早期犹太人或早期基督徒生活于此的历史证据。在帕提亚人统治时期，巴比伦的犹太人不断繁衍生息，逐渐取代以前的异教徒，而且当时大部分阿拉姆人也开始接受犹太教信仰。[47]当时的犹太人不仅定居在巴比伦的中心地带——巴比伦北部的尼赫底（Nehardea）、塞琉西亚和泰西封等城市，甚至往北定居到了埃德萨、尼西比斯（Nisibis，美索不达米亚北部）和杜拉–欧罗普斯城。1932年，考古学家在杜拉–欧罗普斯小城的教堂遗址里发现了一座公元3世纪时的带有《圣经》场景壁画的犹太教堂（主要展示了《以斯帖记》的一个场景）。当然犹太人自公元66—70年和公元132—135
153 年的两次反抗罗马统治的起义失败之后，[48]便失去家园，浪迹天涯。

巴比伦的犹太人随着巴勒斯坦地区犹太移民的到来而人口不断地膨胀，这些犹太人在随后的岁月中扮演了至关重要的角色。当时，帕提亚人施行相对宽容的民族政策，因此，巴比伦的犹太人在很大程度上获得了一定的自治，他们通常由流亡此地的犹太宗主进行管理。目前，史学界找不到证据证明当时的犹太人对帕提亚的统治构成威胁，帕提亚人也没有限制其宗教活动。犹太史学家约瑟夫斯（原名约瑟夫·本·马赛厄斯，生于耶路撒冷，曾著《犹太战争史》和《犹太古事记》）的观点认为，一位来自伊拉克南部的犹太商人曾凭借一己之力成功地让帕提亚一些属国比如阿迪亚波纳（Adiabene）王国国民改宗，皈依了犹太教（即所谓的阿迪亚波纳皈依犹太教事件）。虽然帕提亚帝国与罗马帝国的边界阻隔了巴勒斯坦地区和巴比伦地区的犹太人之间的联系，但是两地之间还是保持了经常性的联系，犹太拉比们常常在两地之间旅行奔波。

公元3世纪初，萨珊波斯王朝开始崛起，加之公元4世纪君士坦丁大帝及其继任者治下的东罗马帝国基督教化，基督教正式成为罗马帝国官方维护统治的思想工具，其结果便是伊拉克的局势开始发生变化。同时，巴勒斯坦地区的犹太教及其拉比经学学校遭到基督教化的罗马帝国当局的压制，于是巴比伦地区的拉比经学学校便担起了一个更为重要的角色，尤其是因为那里的拉比们相信他们的犹太教教义和传统并未像巴勒斯坦犹太人那样受到希腊文化同等程度的影响，因此更加真实可靠。而另一方面，琐罗亚斯德教优先地位给犹太人的信仰带来了一定的困惑，因为他们的一些信仰与活动，比如埋尸地下和仪式中使用蜡烛与琐罗亚斯德教（拜火是其神圣职责，崇尚光明）关于火与地球纯洁的信仰产生直接的教义冲突。正如一位学者所指出的那样，“对波斯巫师而言，犹太人是世上不洁和腐败的来源。”[49]尽管如此，到了公元500年前后，犹太人已经增长到200万人，其中多数人是贫苦劳工、农民和奴隶。[50]

在这段历史时期，这种背景下的伊拉克已然成为犹太人生活的中心，同时也是犹太教文本精神和文化的核心所在地。他们遵循着拉比教派的方式生活，其所辑成的文本即是《巴比伦塔木德》。虽然《塔木德》（“教学”，从口传《托拉》汇集整理而来）早在公元400年左右就在巴勒斯坦编纂而成，但 154
是《巴比伦塔木德》要比原来的内容多出四倍，而且今天所谓的《塔木德》指的就是《巴比伦塔木德》。《巴比伦塔木德》编纂于公元500年前后，并在接下来的几个世纪里不断地编辑增补，最终演绎成一部巨著，成为犹太教的权威之作，其内容复杂艰深，对那些外行生手来说，着实让人头大。公元200年前后的犹太律法与传统被巴勒斯坦地区加利利的拉比们编成法典，形成了《密西拿》，《巴比伦塔木德》即由巴比伦的拉比在此基础上进行汇编评注而成。这部经典很大程度上是萨珊王朝时期巴比伦地区发展兴起的拉比学院（又称“萨珊波斯学院”）的产物。其中，蓬贝迪塔（Pumbedita，即今伊拉克费卢杰）、苏拉（Sura）和尼赫底（所有这些拉比学院均在幼发拉底河沿岸地区）的拉比学院最负盛名。在《塔木德》汇编的裁决中，拉比宗教学者通常被称作“首席导师阿莫拉（Amora，复数为amoraim）”——“言说者”或“解释者”，他们致力于为早期伊拉克的犹太社区建立起一种适宜的犹太生活方式。这些律法裁决涉及日常祈祷、仪式的纯洁、日常饮食、服装配饰和其他日常生活中的方方面面。所有这一切裁决均是建立在严格遵守犹太宗教法律体系的基础上，而这种律法体系又是出自早期犹太悠久的拉比口头解释传统（即口传《托拉》）。《塔木德》这种汇编解释的经典距离早期传统已经有几个世纪的历史，然而拉比们坚持认为犹太人的生活应当循规蹈矩，严格遵守犹太宗教律法传统。此时，还有另一种宗教信仰模式在巴比伦的犹太社区盛行——考古学家在伊拉克南部的许多地方发现了成百上千的陶碗，上面刻有魔法咒语，用以抵御各种外邪。[51]这些考古发现证明了在这个时期，这种魔法形式的信仰在犹太家庭中很受欢迎。这无疑反映了当时犹太社区与很早之前就住在那里尊崇异教多神信仰与习俗的人们联系紧密，往来不断。

萨珊王朝统治的大部分时间里，拉比们还在犹太流亡的政府里效力，在当地许多犹太社区里担任法官、市场督察员和税收员。萨珊王朝统治后期，统治者被迫放弃了曾经坚持的宗教宽容政策，而趋向严厉。犹太人的处境越发艰难，直到阿拉 155
伯人征服了伊拉克和伊朗，将萨珊王朝赶出波斯，这一宗教体系才基本上得以恢复。[52]当时，许多拉比学院坚持了下来，由于这些学院久负盛名，《巴比伦塔木德》被广泛接受，成为“仅次于《圣经》的，最权威的犹太教教义汇编，其规定与律法成为从美索不达米亚地区到欧洲的众多犹太社区管理规则，并且一直延续直到现代”。[53]到如今，《巴比伦塔木德》仍是犹太人生活和实践的基础，这也是伊拉克作为世界宗教文化摇篮的又一个例子。

萨珊波斯人治下的基督教

基督教在美索不达米亚的起源云山雾罩，笼罩在传说和伪经的迷雾之中。从表面上看，当中会有人将最早期的伊拉克与基督教联系起来，与所谓上帝耶稣本人产生交集。公元300年前后，早期的基督教历史学家，来自凯撒利亚（以色列一座著名的罗马时代古城遗址）的尤西比乌斯（基督教史学的奠基人）就曾声称在埃德萨地区小国奥斯若恩（即今美索不达米亚北部）的档案中看到一些文件，其中就有奥斯若恩国王阿布加尔（Abgar）写给耶稣的一封信——他听说耶稣拥有治愈病人的神奇力量，于是请他来王国一趟。尤西比乌斯还说，他看到了耶稣的回信，信中耶稣告诉国王阿布加尔，到时他会与天父一道前往，一定会有人来埃德萨。这些档案文件陆续记录了耶稣被钉死在十字架上之后发生的事，使徒托马斯派出撒迪厄斯（Thaddeus，伊拉克基督徒称其为玛·亚戴）前往阿布加尔，撒迪厄斯来到埃德萨，向阿布加尔宣讲了福音，并且治好了他的疾病。[54]其他的传说则认为，在前往印度传教的途中，托马斯——耶稣最初的使徒之一，第一个在伊拉克人中传播福音的人——彼得、亚戴、亚佳、马里紧随其后而来。[55]

不过，以上传说皆不可信，但是我们可以推测出，早期的基督教传教士在将基督教引入伊拉克的过程中一定起到了重
156 要的作用。公元100年左右，基督教传到了埃德萨和美索不达米亚北部，传播路线可能是由安提俄克向外辐射，并且不断延伸。当时，安提俄克是基督教新兴的中心与思想的温床，俨然成了一个独立的基督教公国，早期的基督教教义在此形成，并在整个中东地区开花。埃德萨在伊拉克-叙利亚-基督教历史上有着非常特殊的意义，这也反映了当时的一个事实，即那里通用的方言（古）阿拉姆语（阿契美尼德帝国崛起后将古阿拉姆语作为官方语言，古阿拉姆语迅速成为该地区的通用语言）即叙利亚语成为叙利亚北部和幼发拉底河东部基督教文学的主导语言。当时的基督教在整个伊拉克地区的传播受惠于穿越其境内的贸易路线，以及伊拉克当地定居已久的犹太社区网络。在犹太人居住的地方，耶稣教的教义信息会渗透进犹太教堂，人们在那里进行辩经，甚至布道。我们甚至有证据表明，到了

公元200年左右，犹太人社区和基督教社区共存于这个地区，尤其是杜拉-欧罗普斯城——考古学家在这里除了发现犹太教堂，还找到一座基督教宅邸教堂（house-church）。

这是迄今为止人们发现的最早的基督教堂，里面配备了最早的室内洗礼堂（baptistery）。[56]萨珊王朝的万王之王对拜占庭帝国的军事行动可能也推动了基督教在此地的传播。萨珊王朝的国王不止一次地将拜占庭帝国的俘虏或被征服的人口从其领地向东驱赶到他自己的王国。这些被流放的人当中可能就包括了基督徒——这种可能性当然会使人想起古巴比伦王尼布甲尼撒的事迹，他曾将犹太人赶出他们的母国朱迪亚，无形当中将犹太教带到了伊拉克。

毫无疑问，将基督教带到伊拉克的最重要的原因之一，便是最初几个世纪里困扰着基督教早期运动的那些激烈争议。几乎从一开始，基督教世界就被各种问题所困扰，这些问题比起罗马帝国统治时期时断时续的迫害更加具有威胁性。这些困扰主要集中在不断演化的基督教教义的核心问题上。对于21世纪的基督徒来说，许多问题似乎已经解决。但对于21世纪的世俗论者来说，这些问题相当晦涩难懂，几乎毫不相关。但是，对于基督纪元最初几个世纪的基督信徒来说，这些问题确确实实事关生死，非同小可。当这些信徒与当时广为传播的其他宗教和哲学运动联系在一起时，其结果必然是陷入一场精神的大 157
旋涡，遭遇社会思想的大混乱。也正由此，新的宗教团体从中诞生，形成新的宗教信仰。

关于伊拉克历史上这个时期的基督教及其相关的宗教运动的起源和教义的详细探讨，已然超出本书范围。[57]但是，想要理解伊拉克的早期基督教及其影响，我们得首先探究一下聂斯脱利教派（Nestorians，公元5世纪由君士坦丁大主教聂斯托里创立；唐代传入中国，称“景教”）和基督一性论派（Monophysites，为君士坦丁堡附近的修道院院长优迪克所倡导）。

到了公元6世纪，聂斯脱利教派（景教）已经成为整个萨珊王朝境内和整个伊拉克地区最主要的基督教团体。聂斯脱利派（景教）有如此规模主要得益于其创始人聂斯脱利的推动。公元4世纪，他曾担任君士坦丁堡牧首，教导世人基督有两个独立的位格：一个是人，一个是神；圣母玛利亚只是生育了耶稣肉体，而非授予耶稣的神性，因而不可能是上帝基督的母亲（反对将她作为神祇膜拜）。君士坦丁堡牧首这个职位比较特殊，加之诸多帝国政治事件，导致他与极有权势的埃及亚历山大主教西里尔（Cyril，基督教早期中心的一个权力中心）和当时帝国皇帝之间发生了观点的对立。公元431年，一次伟大的教会会议——以弗所大公会议突然发难，将聂斯脱利定罪，谴责他是一个异教徒，随后将他废黜，并放逐到埃及。[58]聂斯脱利于公元450年死在埃及。次年，另一次伟大的教会会议——卡尔西登大公会议（Chalcedon，在君士坦丁堡附近）举行，会议继续谴责他的教义，用基督一性论否定了聂斯脱利的基督神人二性论。而且，拜占庭帝国的皇帝还在通缉聂斯脱利的信众与追随者，于是这些人只好向东逃向了萨珊王朝。在这里，东方（亚述）教会（公元498年，聂斯脱利派基督徒宣布与罗马帝国境内的正统派教会决裂，自称“东方儿女”）早已建立起来，并且得到了大踏步的发展，他们在公元4世纪的万王之王沙普尔二世的恐怖迫害下幸存下来（沙普尔二世从公元339年开始对国内的基督徒大加迫害，大批基督教徒被杀，无数基督教堂和圣物被毁）。这一历史性事件衍生出许多用古叙利亚语讲述的关于早期伊拉克基督教殉道者的故事。新到达的聂斯脱利派（景教）很快成为东方（亚述）教会（或波斯教会）的一部分，他们也采纳了聂斯脱利教的一些教义。

东方（亚述）教会与萨珊王朝政体建立起了良好的合作关系，其神职人员必须确保忠于萨珊王朝，以此获得萨珊王朝的宽容与庇护——一段时间里，对萨珊王朝来说，这些基督徒 158
是很有利用价值的，毕竟王朝的死对头就是君士坦丁堡的基督教皇帝，这些西方来的基督徒很有可能被怀疑是倾向于他们的政敌，因此他们也就有了利用价值。

公元424年，泰西封大公会议宣布东方（亚述）教会完全独立于君士坦丁堡以及东正教（美索不达米亚的基督教会对“西方”主教断绝所有的从属关系）。公元498年，东方（亚述）教会的大公会议完全切断了东方教会与西方教会的联系。

公元600年，东方（亚述）教会牧首正式将教会设在萨珊帝国首都泰西封，宣称这里便是其教会所在，而非君士坦丁堡或罗马，是真正使徒信仰的保护者，这块土地没有异端邪说，也没有邪恶作祟。这位牧首掌控着一个组织协调尚好的团体，其中包括伊拉克和美索不达米亚北部的六个教会省份（简称“教省”）和伊朗境内的两个教省。在这些教省中，东方（亚述）教会都建有自己的教会学校。最著名的当数美索不达米亚北部尼西比斯聂斯脱利学校（建于公元489年）——这是一所专门教授聂斯脱利派（景教）教义的神学院，也是当时最大的医院和医学院之一，是翻译、传播对未来影响深远的古希腊著作的主要中心，他们也致力于研究古希腊人的科学、宗教和哲学等一些开创性的论著。这些古希腊人的著作后来传到巴格达等地的阿拉伯学者手中（阿拉伯学者又把这些古代文化的光辉重新展现在西方人面前）。这些教会学校也是研究教会律法的中心，对聂斯脱利派（景教）团体持续的组织发展与正常运作至关重要。总之，东方（亚述）教会也因伊拉克各地的聂斯脱利修道院得以充实而发展壮大。同时，这些修道院本身也是学习经义的中心，信奉心虔志诚，坚守清规戒律。然而，到了公元6世纪，东方（亚述）教会在与新兴的基督一性论派之间激烈的斗争中得以不断地发展壮大，同时自身也变得更加复杂。其中，基督一性论也被称作雅各教派（Jacobites），其教派名称取自公元6世纪美索不达米亚北部宗教运动中的一位领导人的名字。基督一性论的教义当时也已经成型，主要是作为对聂斯脱利教派（景教）的回应。但是，聂斯脱利教派（景教）坚持基督神性和人性的二位格，对此予以严格区分，而基督一性
159 论则强调基督神性的首要地位，其人性已然被纳入神性之中。

基督一性论的教义后来传到了中东大部分地区，并在埃及的科普特教会（Coptic Church）生根发芽，其信徒甚至将其传播至遥远的南方——埃塞俄比亚。而且，基督一性论的学说在叙利亚境内也受到了欢迎，但是在公元451年遭到了君士坦丁堡的帝国教会在卡尔西登大公会议上的谴责，于是许多基督一性论派信徒只好逃离叙利亚，纷纷向东前往萨珊王朝境内的伊拉克地区。不过，聂斯脱利教派（景教）称他们为异教徒，并对他们发起一场无情的战争，以争夺其教义至高无上的地位，获得新灵魂的皈依。尽管基督一性论派一直是伊拉克基督教中的少数宗教团体，但是它在公元6—7世纪的200年间稳步发展，尤其是伊拉克中部城市提克里特地位稳固，声誉良好，如今这里因为是伊拉克前总统萨达姆·侯赛因的家乡而闻名天下。和聂斯脱利教派（景教）的发展模式一样，基督一性论派也在伊拉克各地建起了自己的教会学校和修道院。他们吸引许多前来皈依的人，尤其是南方阿拉伯部落的牧民。

聂斯脱利教派（景教）为了信众与皈依者竭力发动战争，赢得了许多人的支持，尤其是波斯拜火教徒、剩下来的阿拉姆人和波斯异教徒等。但是，他们对基督教传播的影响很快就超出了中东范围。我们找到的一些史料报告说：公元200年，基督教传教士向东来到最远的中亚城市梅尔夫（Merv，古称木鹿、蒙奇、马鲁、麻里兀、马兰，中亚土库曼斯坦马雷州的一个绿洲城市）；公元415年，他们在撒马尔罕（Samarkand，乌兹别克斯坦一座城市）设立了一个主教。

来自中国的历史与考古资料也告诉我们，到了公元615年，一位聂斯脱利教派（景教）的传教士在西域建起了一座教堂，最终聂斯脱利教派（景教）在该地区流行起来。公元8世纪，聂斯脱利教派（景教）已经在中国中原地区建起了传教团，像当时的中国西安这样的国际大都市有着大量的基督教徒。随着成吉思汗（Jingiz Khan，通常拼作Genghis Khan）及其继任者对欧亚大陆的征服，聂斯脱利派（景教）在广阔的蒙古王国得以广泛传播，中世纪的欧洲商人和教皇派往蒙古宫廷的特使经常会在蒙古帝国境内遇到他们的信众。这种情形一直持续到
160 后来的征服者帖木儿（1336—1405年，在西方社会以帖木儿Tamerlane闻名于世）统治时期，他在皈依了伊斯兰教后，便开始大规模地强迫基督教徒改宗。[59]

“诺斯替教派”和光明使徒（摩尼）

尽管在国教为琐罗亚斯德教的萨珊王朝统治下，犹太教和基督教还是深深扎进了伊拉克的精神领域。在这段时间里，一系列的宗教运动也未让他们元气大伤。特别值得注意的是，一些专家们通常（或许是为了便于讨论）将他们放在“诺斯替教（初期基督教的一派）”的标题下进行讨论。最近的一项研究评鉴说，“诺斯替教（又称诺斯替教派或真知派，Gnostic源于希腊词汇Gnosis，意为真知）”已经成为一个专有术语，基督教正统的古代捍卫者和现代专家们都可将基督教的许多非

基督正统的解释归于这个术语名下，而且这种解释模式在公元纪年的最初几个世纪里得以广泛传播。这一名头之下还包括许多相关的宗教运动，这些宗教运动受到了晚期希腊罗马哲学和波斯宗教的影响，其中关于物质和精神对立的概念和波斯宗教中关于善与恶、光明与黑暗在宇宙间的较量等观念对诺斯替教影响较大。换言之，也许就没有诸如“诺斯替教”这种叫法的东西存在。[60]

人们使用这个专有术语掩盖了各种各样的宗教运动中无数多样的宗教属性与关联，其中大部分反映了古希腊哲学与当时流行的中东信仰在某种程度上的融合。这些宗教运动认为，当黑暗世界的邪恶势力或恶魔入侵光明世界时，包括人类在内的物质世界也会滋生邪恶，但是有些个体保留了神性的光芒，拥有善良和光明之神的一丝光明。而且个体的人类可以从肉体与黑暗的物质世界的邪恶中以及他们自己身上释放出光芒，（通过虔诚的信仰与戒律）获得秘密的知识（即灵知），复归光明世界。不过，这种灵知是由神的使者带到人间的（目的是要世人借助灵知达到精神的解脱）。

基督教在对诺斯替教的改造中，这个信使变成了耶稣基
督。这种观念被吸收进基督教教义中的时候，又会导致出现另 161
一种信念，即上帝派出耶稣基督降临人间，将人类从肉体的罪恶中拯救出来，但他自己本身并不是肉体之身（即基督教中所说的“道成肉身”），其身形只不过是幻影而已——由是，基督并不是完全意义上的人。这些教义也衍生出另一些分支，主

要体现在公元2世纪的主教马吉安（Marcion，来自黑海土耳其一侧的沿岸地区锡诺普Sinop，其父为当地主教）的学说中。他主张物质与精神二元对立，推断说因为被创造的物质世界是邪恶低劣的，那么造它的上帝当是一个邪恶的仇恨之神，因此并不可能是耶稣基督的父亲。马吉安将这种邪恶的仇恨之神等同于《旧约》中的耶和华（Yahweh）。因此，马吉安和他的追随者认为，真正的基督徒必须完全拒绝《圣经·旧约》，和它一刀两断。

而在伊拉克，“诺斯替”思想可以在两个宗教团体的教义中找到一二。其一便是被西方称作曼达派的（Mandaeans，来自阿拉姆语的曼达，意为“知识”）教派，但在穆斯林看来，他们是萨比教（Sabians，又称“拜星教”）。这个名字可能与“施行洗礼（baptize）”有关，如果真是这样，就反映他们出了名的仪式——“洗礼（baptism，洗礼是最重要的一项礼仪）”。曼达教派迄今仍作为一个独特的宗教团体活跃在伊拉克境内，他们的起源可以追溯到施洗者约翰（伊拉克的曼达基督徒声称是施洗者约翰的追随者的幸存残余）。直到19世纪，欧洲人还称他们为施洗者约翰基督徒——显然这是误解，因为在曼达教派的信仰中，耶稣就是一个彻头彻尾的骗子。

关于曼达教派的起源和早期历史，目前史学界并不是很清楚，它有可能起源于巴勒斯坦的一个犹太教派，在最初几个世纪的早期，其中一些成员离开巴勒斯坦去了伊拉克。像其他的“诺斯替”团体一样，他们相信善良/邪恶、光明/黑暗的对立世界，个人的灵魂便是需要被拯救解放的被困光粒子。[61]

曼达教派并不是古代伊拉克唯一的洗礼教派。到了公元2世纪早期，在伊拉克南部靠近泰西封的地方（巴比伦北部的玛第奴Mardinu），也有一个被称为“厄勒克塞教派”的宗教团体（Elchasaites，属犹太派基督徒派别），他们也同样进行（烦琐）洗礼的仪式（另一个特点是禁欲），其信仰似乎融合了犹太教和基督教的一些元素。公元216年，这个宗教团体里诞生了一名男孩，其父母皆是伊朗人，此人长大以后成为历史上第一个试图建立普世宗教的人。他的名字叫作摩尼，所创立的宗教叫作摩尼教（Manichaeism，来自阿拉姆语“摩尼生命”）。[62] 162

摩尼在其一生当中似乎经历了两次神启。第一次，当他12岁的时候，上帝命令他离开他父亲的教派；第二次在他24岁时，上帝命令他开始传道布授，向世人宣讲他的教义。他随即去了刚刚崛起的萨珊王朝的宫廷，在那里赢得了沙普尔一世的信任与庇护，由此得以向更多的人传播信仰。他甚至辅佐萨珊王朝的万王之王，在美索不达米亚北部的埃德萨参与了抓捕罗马皇帝瓦勒良的军事行动。有了沙普尔一世的庇护，摩尼向东方和西方派遣了福音传教团，其中一个传教团甚至来到了（埃及）亚历山大。传闻，随着传教团的一路传教，叙利亚富裕的商城巴尔米拉的著名女王丝诺比亚（zenobia，公元3世纪巴尔米拉王朝时期）也皈依了摩尼教。[63]沙普尔死后，他的继任者终止了对摩尼教的庇护。摩尼的成功引起了当时国教琐罗亚斯德教的敌视，成为其首席祭司嫉妒的对象和阴谋的牺牲品。摩尼最终变成阶下之囚，并于公元277年左右惨死狱中。

由于摩尼教遭到覆灭而淡出了人们视野，直到近代，人们对摩尼教教义的了解主要出自基督教作家的作品。在这些作品中，他们痛斥摩尼是最邪恶的异教徒，但这种长篇大论并不是有关摩尼信息最可靠的来源。近代发现的摩尼教文献手稿包含了他诸多的著作，由此揭开了自称为“光明使徒”和“封印的先知”的摩尼的真实形象，他想出了一个让人迷乱的复杂而又精密的宗教体系，吸收并融合了前辈的教义思想——尤其是耶稣、佛陀和琐罗亚斯德（但没有一个是犹太先知）。他声称，这些教义原本合法有效，但随着时间的推移，它们遭受污染变质，这也是《古兰经》后来对《旧约》和《新约》采取的立场。摩尼的学说还包括与众不同的“诺斯替”式创世叙事，以及光明/精神、黑暗/物质在宇宙间的争斗。他提出了历史进程中的三个阶段：过去时代乃创始之初（初际），善良/光明、邪恶/物质/黑暗截然分开；现在之时（中际），包括人类历史时期，这些对立的元素相互混合，黑暗越过边界，侵入光明王国；世界末日之时（后际），所有光性粒子（人物）得以拯救，物质黑暗世界将被摧毁（即中国古代所谓摩尼教的二宗三际之说）。显而易见，这种教义与琐罗亚斯德教派的末世论极其相似。

163 除了教义外，摩尼还设计出一套社会系统和生活模式，旨在加速解放光性之物和迎接世界末日的最终到来。这就需要建立起由下层信徒（听众或旁听者）和上层精英（即摩尼最高层所选之人）组成的两级架构的社会体系，其中下层信众要负责为上层精英提供食物与其他方面的支持。精英选民生活方式极其严谨，以保持其性至上纯洁，其中包括安贫乐道、保持禁欲、崇尚素食等，如此所为，皆是为了防止他们心性迷失，不能释放光性之物（光明）。这种生活方式是有助于释放光性之物的，举例来说，摩尼曾教导说，光性之物就在精英们吃的食物之中。人们打嗝便有助于释放光性之物，使其回到光明世界。所选精英阶层亦是摩尼教精英汇聚之池，在某种程度上，它是精心设计的摩尼教神职人员的等级体系（法主之下分设五个教阶），上有“摩尼法主（pope）”，再有十二法师（旧译慕阇）、七十二教监（旧译萨波塞）和三百六十尊者（旧译宣教士）（此外还有出家僧侣和听众）。而另一方面，对那些听众信徒则要求不那么严格——如果精英选民得到合理照顾，则对他们大可不必这样严格要求，但是他们必须遵照法主指令，履行五项主要义务：守摩尼教的主要戒律、虔诚祈祷、赈济穷人、施守斋戒、忏悔罪孽等。

我们将在后面看到，这些职责义务与伊斯兰教的五大基柱（Five Pillars of Islam）有一些相似之处。[64]鉴于后来罗马/拜占庭帝国和萨珊王朝都要想尽办法彻底根除摩尼教，说明其影响深远，传播广泛，确实引人注目，十分出色。摩尼教在西方获得了许多信徒，包括教会神父希波（Hippo，他曾是北非希波·里吉诃Hippo Regius的主教）的圣奥古斯丁（St.

Augustine），他作为摩尼教的信众时间长达九年。

罗马天主教诸位教皇，如公元5世纪的利奥一世（Leo I）将摩尼教视为基督教的最大敌人，对其大肆抨击，残酷镇压。在西欧，摩尼教的影响一直延续到公元13世纪，其时，罗马教皇派出十字军去镇压屠杀法国的异教徒——异端教派清洁派（Cathars），又称“阿尔比派（Albigensians）”，因为他们接受了摩尼教的部分教义和社会（工程）体系架构。在东方，摩尼教的教堂建到了遥远的中国，伟大的蒙古可汗允许摩
164 尼教的传教士在他们的疆域进行传教。但到了公元1800年左右，摩尼教逐渐在东亚消亡。直到近代，摩尼教这个曾经最早的世界性宗教之一也被列入“邪恶异端”。究其原因，无非这个来自东方的宗教曾威胁到了西方基督世界。今天，当我们提及摩尼教时，通常将其视作形容词，即“有关摩尼教的（Manichaean）”，以此来描述个体或团体的世界观，毕竟它严格划定了黑白分明的善恶界限。

对于生于公元3世纪早期的伊拉克村庄里的孩子来说，这是一份令人印象深刻的珍贵遗产。在摩尼教兴盛的时代，它只不过是伊拉克近古时期扎根于诸多宗教中的一分子罢了。相比之下，犹太教和基督教遵循严格的一神论原则，而琐罗亚斯德教（Zorastrianism）、曼达教（Mandaeism）和摩尼教却信奉（黑暗/光明）二元体系。数千年来，古老的美索不达米亚平原上的“异教”多神教在这个地区的一些城镇和乡村仍有人信奉，反映在古典晚期（公元7—8世纪）犹太人家庭梦寐以求

的魔法咒语之碗上（又称“恶魔之碗、魔法之碗”，以阿拉姆语写成，一般是从碗的边缘往中心去书写和阅读。内容多是《圣经》和犹太教教义，用以抵抗恶魔之眼）——所有这一切都证明了古代伊拉克是（世界性）宗教的发源地。

到了公元7世纪中期，另一拨对伊拉克的财富垂涎不已的入侵者到来。不过这一次，他们来自阿拉伯半岛的西部。他们也给这里多元混杂的宗教带来了新的元素，这种元素能量极其强大，影响久远。

第五章

165 伊拉克、伊斯兰和阿拉伯帝国的黄金时代

公元600年左右，欧洲陷入了早期历史学家口中所谓“黑暗时代（Dark Ages）”。东罗马（拜占庭）帝国焕发了强大的生命力，文化和经济高度繁荣发达，并且帮助扶持了一个活力四射（如果有争议的话）的基督教。而此时的西罗马帝国因经济萧条而衰退，政治上也四分五裂，国势日渐衰微，“野蛮的”日耳曼部落的入侵在很大程度上加剧了这一进程。公元410年，其中一个蛮族部落（日耳曼蛮族大军在西哥特人首领阿拉里克的率领下）攻进了罗马城，将这座城市洗劫一空。公元476年，西罗马末代皇帝被（日耳曼人奥多亚克）废黜，西罗马帝国灭亡，自此无人继之为王；直到公元800年，其中一支蛮族部落首领法兰克人查理大帝在罗马被教皇加冕为新的“罗马皇帝”（以此为界，西欧进入日耳曼罗马时代。查理大帝被誉为“欧洲之父”，这一年也被认为是西方文明诞生之年）。在查理大帝统治时期，（他完成了加洛林王朝的文艺复兴）欧洲的文化活动再次活跃起来，只是后来（在查理大帝死

后）遭到了斯堪的纳维亚北部和包括中东在内的其他地区部族的入侵与洗劫。到了公元11世纪和12世纪，欧洲进入了中世纪，欧洲文明才再次兴盛。随着欧洲人发现他们文化植根于由古希腊和罗马创造的伟大的“西方”文明之中，于是中世纪很快地过渡到了欧洲文艺复兴时期。如今，欧洲学者也在致力于 166
研究并模仿古希腊和拉丁作家们的文学和哲学创作。欧洲科学家们也利用古希腊和罗马研究者在天文学、数学和医学方面所取得的贡献，并以此为基础，创造了西方独步于现代世界所需要的构架。但是，这里面如果没有伊拉克的贡献，西方人恐怕很难做到文化上的进步，文艺复兴和随后欧洲的一切运动皆有可能永远不会发生，而这些成绩主要来自生活和工作在伊拉克的阿拉伯和波斯学者。

伊拉克在这方面的遗产贡献，西方世界的大多数人对此无视或是一片茫然。其实，细究一下并不难发现，因为我们即将探索的时代——欧洲人在经历了长时间的停滞不前之后才扬帆起航，慢慢地重新发展壮大；而此时的中东列强已是全速发展，蒸蒸日上。这是一个西方长期以来认为是生存遭受中东威胁的时代。在伊斯兰教的加持与庇护下，中东地区成了全球文明的旗手，这一点没有哪个地方能比得上伊拉克。伊拉克在经历了两个多世纪的征服之后，从两大帝国列强之间战火纷飞的边境地带，一跃再度成为世界历史上一个伟大帝国的中心，或许也是世界上最伟大的城市家园。同样，还是在伊斯兰教的庇护下，基督教世界（Christendom）目睹了它在东地中海沿岸地区统治的终结，甚至它对欧洲的控制也是岌岌可危。因而，西方误解伊拉克太多，历史上伊拉克的任何恩义贡献都未得到西方世界的承认，甚至遭到无视，让人渐渐遗忘。

至于伊拉克，当它在伊斯兰教的旗帜下领导世界的时候，历史也给伊拉克人民带来了深重的灾难，让他们苦不堪言。后来，伊拉克发生的（恐怖）事件也证明了这样的事实，而且痛苦依旧。伊拉克人的这种苦楚从一开始就与伊斯兰教的辉煌和冲突交织在一起。

167 序幕：伊斯兰教的兴起和阿拉伯人对伊拉克的征服

阿拉伯穆斯林大征服是历史上一件划时代的大事。它催生了一个新的族群作为统治阶级统治这里，同时也带来一种全新的宗教，而且这种宗教一直主宰这个地区长达几个世纪，直到今天。基于此种原因，历史学家们普遍将穆斯林征服中东视为（伊斯兰世界政治和经济上的）分水岭——就像他们评价1000多年前亚历山大大帝统一希腊、横扫中东一样。但是，穆斯林大征服似乎要更加特殊一点，因为它是中东古代史与中世纪史的分界点。事实上，多数中东通史始于穆斯林大征服，这些著作常常在前一两章例行公事，介绍一下“（阿拉伯半岛的）地理和环境”和“古代开端序曲”。

正如历史上的分水岭事件经常发生的那样，真相是，在整个中东地区，特别是在伊拉克地区，穆斯林大征服的分水岭历史事件前后桥接，有着诸多的因果连续性。而在伊拉克，底格里斯河和幼发拉底河依旧是两河流域的生命线和至关重要的资源基石。两河流域平原上大大小小的渠网河道和湖泊纵横交错，星罗棋布，这些河流为伊拉克生命之血提供了源源不断的灌溉用水。一如对这片土地上的古代先辈一样，河流为阿拉伯征服者提供了重要的食物支撑，肥沃的冲积平原也给他们带来了巨大的财富。

尽管人们曾错误地认为，穆斯林阿拉伯战士是突然（一 168
夜之间）从沙漠之中闯入了他们并不熟悉的中东地区，但事实上是，在穆斯林大征服之前的几个世纪里，阿拉伯人一直生活在中东地区，并在那里发生的事务中发挥着重要的作用。[1]现代的政治地图也显示，穿越伊拉克西部和西南部的沙漠边界将伊拉克与沙特阿拉伯、叙利亚、约旦和科威特等国分隔开来。但在20世纪之前，那里还没有这样的边界线。即使到了现在，这样的边界线也毫无意义。今天，阿拉伯部落牧民们仍然可以带着他们的羊群越过这片通达所有国家的沙漠，他们很少在意诸如此类的边界线。此外，沙漠地带亦有自己固定通行的大道，不过是以旱谷河道的形式出现，这些旱谷河道（干河床）通常成了部落牧民们相互联系与交流的纽带。例如，瓦迪·萨拉姆（Wadi al-Salam，阿拉伯语译为“和平谷”）连接了伊拉克南部低地地区和阿拉伯西部地区，而瓦迪·索罕（Wadi Sirhan）盆地则连接起了阿拉伯北部地区和叙利亚。早在公元前1100年，那些骑在骆驼上的战士们可能就是来自阿拉伯半岛的阿拉伯人，但《圣经》中通常将他们当作米甸人（Midianites）和以实玛利人（Ishmaelites）。他们在叙利亚和巴勒斯坦以劫掠为生，肆虐横行。另一方面，《圣经》中也记载了公元前10世纪阿拉伯人的一次友好拜访：阿拉伯最南部的地区示巴城（Sheba）的南方女王专门拜访了所罗门王（英国画家爱德华·约翰·波因特为此创作了历史画卷《示巴女王访问所罗门王》）。

从公元前9世纪中期开始，亚述帝国的皇帝便频繁地与（早期）阿拉伯人打交道，他们之间有时是敌人有时是盟友。后来，在帕提亚人的统治下，阿拉伯统治者逐渐控制了伊拉克南部和北部的一些小王国，其中包括位于哈特拉的大型寺庙群和商队贸易中心，历史上，这些小国的统治者们也是第一次将自己称作“阿拉伯国王”。[2]到波斯萨珊王朝时期，阿拉伯的小国基本上环状盘踞在肥沃月湾（Fertile Crescent）的沙漠边缘地带，即位于今天的伊拉克、叙利亚和土耳其等国。在这些阿拉伯小国之中，主要有两个部落人牢牢把控阿拉伯世界，由西北部的加萨尼人（Ghassanid）和拉赫姆人（Lakhmid，阿拉比亚语中称Al-Manādhirah或Banu Lakhm，也译为莱赫米人）各自组成的部落联盟来进行统治，他们是当时那个时代两个超级大国在边境地区的代理人：加萨尼人是拜占庭帝国的保护国，而拉赫姆人则为萨珊王朝屏卫沙漠边疆。其中，拉赫姆人的都城在希拉（Al-Hira），位于伊拉克南部的幼发拉底河西
169 岸附近（即今伊拉克库法），处在一条连通叙利亚和东方诸国

的商队贸易主干线上。往后的传统观念中，希拉通常被认为是一座富裕的国际大都市，这座城市的公民也因文化水平高深而闻名于世，其统治者也常向来到希拉宫廷的那些巡游天下的阿拉伯诗人提供庇护。因此，人们也有理由相信阿拉伯字母本源自阿拉姆语，它们在希拉王国得以完善，然后从这里又由商人将其带回圣地麦加和阿拉伯半岛北部的其他城镇。[3]

最后，希拉王国也是在拉赫姆人的领导下成为聂斯脱利派基督教的一个主要中心，与其对手加萨尼人刚好相反，他们采信了一性论观的基督教。这里潜藏了一个更大的要点，那就是在穆斯林大征服之前，伊拉克是各种一神教思想的大熔炉之地，有着悠久的历史，各种宗教团体之间思想多元，相互宽容。到了公元7世纪的早期，基督教成为其中最大的宗教团体，但是，这个地区也包容了大约200万信奉犹太教的犹太人，以及成千上万的信奉琐罗亚斯德教、摩尼教和其他教义的人。穆斯林阿拉伯人到达此地后不久，许多人皈依了伊斯兰教，有的是出于信仰而改信，有的则是出于权宜之计的需要（临时改变信仰）。不过，仍有许多人继续保持他们自己的信仰传统和生活方式。穆斯林统治下的伊拉克仍有活力四射、繁荣昌盛的犹太教和基督教的社区。值得注意的是，上述三种信仰加上琐罗亚斯德教和摩尼教，这些宗教皆有一个相似的宗教倾向：即它们都倾向于一个单一的全能男性神祇，并且主要由男性神职人员侍奉。[4]这一倾向反过来又强化了控制伊拉克及其以外世界的社会愿景。

正如早在穆斯林大征服之前，阿拉伯人就已经影响了伊拉克的历史和文化一样，同样来自伊拉克和邻近地区的文化生活习俗也对阿拉伯半岛产生了影响。公元6世纪，萨珊王朝的千王之王统治着阿拉伯南部和东部的一些地区，同时也与这些地区保持着紧密的经济联系。[5]同时，对伊斯兰教的兴起具
170 有特别重要意义的是，阿拉伯半岛上涌现出了大量的犹太社区和基督徒社区。其中一些社区由来已久，有的历史长达几个世纪，还有一些犹太社区可能要追溯到公元前6世纪，那个时候正值巴比伦最后的国王那波尼德离开巴比伦（来到泰马，专注于崇拜月神“辛”，多年后才返回），前往阿拉伯绿洲小城泰马。正如两位受人尊敬的《圣经》学者曾经指出的那样，其中“很有可能有一些犹太士兵和犹太家庭跟随他来到阿拉伯半岛，因为他曾声称，几乎他所到过的绿洲后来都成了犹太人定居的中心”[6]。其中一个犹太定居点便是雅特里布城（Yathrib，又译耶斯里布），它在穆罕默德和伊斯兰教的兴起中作用关键，贡献卓著，以至于该城后来被重新命名为“先知之城”——麦地那（Madinah或Medina）。这个地方便是先知穆罕默德带着信徒们迁徙到的地方，早期传教的时候，他遭遇到了不得不面对的最重要的反对者，被迫出走，来对付以麦地那为大本营的犹太阿拉伯部落。显然，当时也即公元570年左右穆罕默德出生的时候，一神论的理念在阿拉伯半岛已广为人知。但是，阿拉伯版本的一神论思想一开始出现在阿拉伯半岛西部地区（这个地区叫作汉志，Hejaz，又译希贾兹，古为

小王国，今沙特阿拉伯西部一省），穆罕默德通过其教义宣讲和个人领袖魅力赢得阿拉伯人的信任，于是伊斯兰教的一神论思想取代了犹太教和基督教的一神论思想，一跃成为整个中东的文明基石。在伊拉克，这一点表现尤为明显。

穆罕默德和伊斯兰社会的起源

直到穆罕默德去世，他的全名才为世人所知，即阿布·阿尔卡西姆·穆罕默德·本·阿卜杜拉·本·阿卜杜勒-穆台列卜·本·哈希姆（Abu al-Qasim Muhammad Ibn Abd Allah Ibn Abd al-Muttalib Ibn Hashim，含义为“受到善良人们高度赞扬的真主的使者和先知”）。他和摩尼教的创始人摩尼一样，也被称为“封印的先知”。

我们现在有必要指出先知穆罕默德名字的三个重要特征，这对理解阿拉伯文化极其有益。首先，穆罕默德这个名字（在西方学术著作中通常首选Muhammad的拼写）还有另外两种拼法，即“Mohammed”和“Mahomet”。所有这些拼法都指代同一人，这表明当时阿拉伯人在用罗马字母来表达一个通用的阿拉伯称谓方面作出的诸多尝试。其次，阿拉伯文化术语中的Ibn意思是指“……的儿子”或“……的后裔”，这反映 171
了伊斯兰教起源的传统阿拉伯社会非常重视血缘关系。第三，就是穆罕默德名字的最后部分，“本·哈希姆”表示他所从属的家族，即他是哈希姆（又叫作哈希姆家族，Hashemites）的后代。从先知穆罕默德时代开始，哈希姆家族的成员身份，因其与穆罕默德潜在的血缘关系，从而被赋予特别的（神性）地位（成为最尊贵的阿拉伯人家族）。这种情形对现代伊拉克、叙利亚和约旦等国的形成和历史产生了重大影响。

哈希姆家族原是强大部落——麦加古来氏（Quraish）部落的一个小分支，古来氏部落曾统治着贸易重镇麦加（又叫Makkah，麦加阿拉伯语名称）及其周边地区。公元570年左右，穆罕默德就出生于此。但是，我们对穆罕默德的生辰年份并不能确定，这主要是因为当时穆罕默德生活颠簸不稳，行踪轨迹飘摇不定。关于其生平，传统公认的说法主要源于在他死后一个多世纪里人们所作的记述。不过，多数现代历史学家认为这些并不靠谱。尽管穆斯林传统上非常珍视这些传说，不过，这些由穆罕默德及其言论汇编而成的《穆罕默德言行录》中的言行记录，与由其弟子代代传述累积而成的传统，能否被当作可靠历史来源，同样也是值得怀疑的。[7]穆罕默德的教义在其死后（即公元632年后）也被辑录在穆斯林圣典当中，成为规制被确定下来，所有的穆斯林视其为神圣经文《古兰经》（又写作*Koran*），意即“读”或“背诵（recitation）”。在穆斯林信仰中，《古兰经》是上帝（或称“真主”，又称“安拉”）的真言，这是阿拉伯语中的专名，表示唯一至高无上的存在，正如英语中的“God”专指上帝一样。《古兰经》是用阿拉伯语写成的，真主安拉颁降先知穆罕默德的最终的、完美的启示。

穆罕默德也是从一系列事件中得到这些启示。根据穆斯林的传统记载，先知穆罕默德得到真主的启示，最早约始于公元610年。那个时候，40岁的穆罕默德已是一名成功的商人，在商队中主要担任管理员。他曾在东地中海地区有过一些商业往来，在那里他接触到了基督教徒，也许还有一些犹太教的一神论信徒。他的商业才干和美德受到了其原配妻子赫蒂彻
（Khadijah，约公元555—620年）的垂青。她是一位寡妇，在 172
其第一任丈夫去世后继承了他的商业，并且雇用了穆罕默德。 173

当时，穆罕默德在麦加建立起了声望，被视为一个正直之人，调解事务公正公平，而且思想内涵丰富，有精神深度，常常一个人独处静修。正是公元610年，已经40岁的穆罕默德在麦加城外的一个山洞里潜修冥想，这次静修改变了他的人生。那时心怀恐惧、肃然生畏的穆罕默德收到了真主的启示，不过是通过天使吉卜利勒（Jibril，或加百列，Gabriel，给穆罕默德带来《古兰经》）向他传达的，这是他第一次接受真主的启示，之后他又收到了诸多启示。穆罕默德受到真主启发之后，很快开始在麦加宣扬这些启示，公开传教。恰如《古兰经》中记录的那样，这些启示仍然是伊斯兰教（本意“顺从”，即顺从真主安拉的旨意）的基础，也是广大穆斯林（“顺从者”，即顺从安拉旨意的人）行为和信仰的基础。

这里，我们很难找出一部完整的伊斯兰教及其教义演化的历史。但是，对我们来说，重要的是要意识到其基本信仰与信众应尽的义务。伊斯兰教，比之犹太教、基督教和琐罗亚斯

德教有着一定的相似性，在教义上也保持着一定的连续性，毕竟这一点表现得非常明显，因为在穆斯林征服的前夕，所有这些宗教都在伊拉克这片土地上践行过一段时间。

174 我们注意到，伊斯兰教和早期一神教之间有着相似之处。最早的基督徒和早期穆斯林一样，都曾遭受过迫害。尽管许多麦加人很早就接受了穆罕默德的教义，并且皈依了伊斯兰教，但在麦加社会中，还有许多有权有势的上层阶级（富商和贵族）拒绝信仰这种教义。他们拒绝的原因之一是，麦加当时作为一个贸易中心，其重要性自不待言。在这里，不同的族群和平相处，做着有利可图的生意，但穆罕默德教义中提出的施舍济贫的主张，损害了这些贵族和富商的经济利益。麦加的地位犹如某种意义上的圣地，这似乎与其存在方式有关，那里有一座“天房”——卡巴克尔白（Ka'ba，其形状为立方体结构），是石头建造的神龛，显然在穆罕默德创立伊斯兰教之前就已存在，里面供奉着当地部落崇拜的多神偶像。后来，又有一种传统认为，卡巴克尔白是由亚伯拉罕和其子伊斯梅尔（Ismail，又叫以实玛利，Ishmael）建造而成的。穆罕默德推行一神教，坚持世间只有一个真神，这显然威胁到卡巴克尔白在当地人心中的地位，进而影响到了当地精英阶层的利益，于是他们开始排斥穆罕默德及其追随者。

175 大约也是在这个时候，发生了一件改变历史进程的偶然事件。穆罕默德此时在他的人生生涯中，作为一个追求公平正义的人，声名远播，从麦加向北影响到了当时绿洲小城雅特里布城。这座城镇及其周边地区原本就是几个阿拉伯部落的家园，其中也包括一些犹太人。当时，各个部落之间纷争不断，于是雅特里布城的首领就邀请当时具相当影响力的穆罕默德来到他们中间，作为仲裁人调解他们的纷争，以调和部落之间的矛盾。

穆罕默德接受了这一调解任务，此后不久，他和其追随者离开麦加，长途跋涉来到雅特里布城——这一迁徙事件被穆斯林称为“希吉拉（Hijra）”〔旧译“徙志”，阿拉伯语又称Hegira，其字面意思是（断绝关系的）“迁移”〕。按公（西）历纪年，这一年是公元622年。对广大穆斯林来说，这是他们日历（伊斯兰历）的第一年。这一时间点将伊斯兰时代与之前的蒙昧野蛮时期，即《古兰经》中所谓对真主启示蒙昧无知的时代完全分割开来。这一年也标志着“乌玛（umma或ummah，穆斯林共同体）”的开始——这个共同体最终发展成为世界性的穆斯林共同体，因为穆罕默德来到雅特里布城后，便基于他从真主那里得来的启示，开始组建穆斯林信众社区。根据传统的观念，他的居所成了第一座清真寺（阿拉伯语为masjid，即跪地祈祷的地方）。雅特里布城因与先知的生活联系紧密，被称为“先知之城”，从此名扬天下，后来又在阿拉伯语或麦地那语中简称为“城市”——在阿拉伯语中称麦地那。穆罕默德以麦地那为基地，在随后八年的时间里，他作为先知，亲自上场与麦加的领导人展开思想交锋与武装战斗。此时的麦加统治者仍然视穆罕默德为他们的威胁，欲除之而后快，下定决心要消灭穆罕默德及其追随者。

尽管他至少经历了一次重大挫折，但到了公元630年，机会终于成熟，穆罕默德还是在一场战斗中击败了麦加人（壕沟战役），并吸引了其他一些部落加入他的阵营，支持他的传教布道事业。最终，穆罕默德和他的追随者成功地来到麦加城，兵不血刃地占领了这座城市。接下来最高潮的事件便是穆罕默德摧毁卡巴克尔白的偶像和仪式，将神所中的壁画全都清除一
176 空，并宣布麦加是伊斯兰教唯一真主最神圣的地方。不过，穆罕默德在他布道传教生涯的早期，曾指示其追随信众要在祈祷时面向圣城耶路撒冷。后来，他才指示其追随者祈祷时面向圣城麦加和卡巴克尔白，如今卡巴克尔白仍然是穆斯林朝圣者朝觐麦加的最终目的地。[8]

攻克麦加之后，穆罕默德选择返回麦地那，继续住在那里。直至穆罕默德生命的最后，他一共娶了12房妻子，其中一些是出于政治联姻的需要（或是社会责任而结合），这些妻子为他生了几个孩子。不过没有一个男孩活到成年，但是他的几个女儿都嫁给了后来成为精英的领导人。他的女儿法蒂玛（Fatima，又译法图麦），德行最完美的穆斯林女性，后来嫁给一个男人，这个男人的事迹对伊斯兰和伊拉克的历史不可或缺，他便是阿里·本·阿比·塔里布（Ali Ibn Abi Talib，公元656—661年），自此人们便将他叫作女婿阿里。他是先知穆罕默德的第一代堂兄弟，因此阿里也是先知的血亲，何况他与法蒂玛的婚姻又让他成为先知的女婿。

公元632年，穆罕默德病逝于耶路撒冷。[9]他的去世平静安详，却让羽翼未丰的阿拉伯穆斯林帝国进入了一个动荡的年代。借由军事征服，乌玛控制的面积迅速扩张，但是乌玛内部也产生了分裂，滋生巨大动荡，甚至出现暴力内斗。很明显，由于穆罕默德生前从来没有指定继承人，也没有具体说明通过何种程序来选择继承人，于是穆斯林内部开始分裂（伊斯兰教历史上称之为“叛教”）。而传统的阿拉伯社会主要依靠两种截然不同的机制来决定领导人：其一便是通过精英阶层内部的商讨，进而以达成共识的方式来选择一位新的领导人；其二便是根据当时统治家族中的男性世袭继承人所赋予的尊重程度和优先权大小来决定领导人人选，譬如近代历史上沙特阿拉伯王室的国王就是通过这样的方式产生。在这种情况下，达成共识的程序占了上风，于是经各派协商，由穆罕默德的弟子艾卜·伯克尔（Abu Bakr）出任继承人——他是穆罕默德早期受人尊敬的朋友，穆罕默德一位妻子的父亲——作为先知穆罕默德的第一位“继承人”，被选为伊斯兰世界的领导人。阿拉伯语中的“继承人”在英语中通常被翻译成“哈里发（caliph）”。接下来经过几个世纪，由于伊斯兰教快速扩张，哈里发这个角色也从简单的“继承人”演变成那种本质上“神授的万有统治者”。然而，在初露锋芒但羽翼未丰的乌玛国内，也有许多人认为，哈里发的头衔理应授予阿里， 177
他是穆罕默德的第一个堂弟，也是他最亲近的男性血亲，而且更是先知穆罕默德的女婿。从一开始，这些支持者就形成一个派系支持阿里，最终阿里的后代子孙们，成为先知衣钵的更合法的继承人。有些人甚至扬言声称正是穆罕默德本人指定阿里继承其衣钵，阿拉伯语中将这种穆斯林派系称为“什叶派”（shi’a，意为“追随”）。经过一段时间以后，亲阿里派的穆斯林成为众所周知的什叶派成员（Shi’a），或者用西方的术语就是“Shi’ites”（什叶派）。

这便是穆斯林分裂为两大派的起源，而分裂也一直是伊斯兰历史和政治的中心问题——也许在伊拉克尤为如此——至今仍是这样。占主导地位的多数派被称为逊尼派——源自阿拉伯语“sunna”，意为先知穆罕默德的“道路”或“方式”。如今，世界上穆斯林人口20多亿，逊尼派穆斯林占了90%以上。在“伊斯兰世界”大部分地区，什叶派仍是由逊尼派政治领袖主导的少数派。但是，在埃及以东的中东国家，什叶派穆斯林通常占人口的大多数——尤其在伊朗伊斯兰共和国，什叶派人口大约占总人口数的85%。

尽管伊朗占绝大多数的什叶派人口由什叶派宗教领袖统治（通常是伊朗最高领袖），但是在这一地区的其他国家，大量的什叶派人口一直掌控在逊尼派甚至逊尼派和基督徒领导的政府之下，处于被统治地位，并且常常受到压制。举例来说，巴林王国有65%—70%的人口是什叶派穆斯林，却长期受到逊尼派君主的严厉统治。又如黎巴嫩共和国，在过去的40年里，这个国家的什叶派穆斯林人口迅速增长，占到总人口的45%；但直到最近，黎巴嫩政府还一直为逊尼派和基督教的政治领袖控制。什叶派穆斯林在中东盛产石油的沙特阿拉伯东部沿海地区也占了多数，但同样也不受待见，长期受到歧视，遭到坚定的沙特逊尼派君主的严厉打压。

同样，伊拉克也是什叶派穆斯林的历史摇篮，是他们最受尊敬的圣殿和朝圣地的大本营。但是，在伊拉克总统萨达姆·侯赛因被推翻之前，占伊拉克总人口65%的什叶派穆斯林一直处在逊尼派统治者的控制之下。

阿拉伯人对伊拉克的征服之路：早期阿拉伯（民族）身份（相对于波斯）的形成 178

公元632—661年间，两大趋势主导了伊斯兰教，显示了早期穆斯林社会内部的生机活力与矛盾冲突。其一即快速的军事征服，到了公元661年，阿拉伯穆斯林掌控了从今天的伊朗到利比亚海岸地区的广阔土地。其二便是穆斯林社会内部的矛盾分歧，其中一些是关于领导人人选问题，还有一些是关于伊斯兰教义问题。这种纷争经常引发暴力冲突，其中包括对教派领导人的暴力（暗杀）。在穆罕默德去世后，接替他位置的最初四个继任者当中，只有一位——第一任哈里发艾卜·伯克尔——安详辞世。四位哈里发中的最后一位——阿里本人——在公元656—661年的五年统治时期内遭遇伊斯兰社会的第一次内战（菲特纳，fitna，意即挑起争端），最终以遇刺身亡而告终。尽管伊斯兰教内部纷争不断，但阿拉伯穆斯林大征服仍能取得成功，这也证明了当时在早期伊斯兰教内部还是活力四射，动力不断的。

我们所倚重的这些史料，主要基于阿拉伯人对这些事件的描述，很难做到客观和公平，这自然会引发历史学家们之间的争议，即为什么阿拉伯人能够如此迅速地达成这些征服，又是通过何种方式做到的。[10]有着坚强品格的阿拉伯部落的战士传统，从来都强调个人勇毅果敢，维护部落的名声荣誉，大征服的成功一定与此有关。除此之外，战利品的诱惑包括财富和奴隶都从中东地区繁荣的城市里掠夺而来，也是阿拉伯人征服的动因之一。而且，虽然部落间的劫掠抢夺在当时部落中已是一种习惯，但是通往财富之路不再开放也不可行，因为这些部落从理论上而言都统一在穆斯林社会当中，毕竟大家都是穆斯林社会中的一分子。如果他们要继续维系传统意义上以掠夺财富为主的经济基础，同时又想保持穆斯林内部的团结一致，那么他们就需要将目光转移到阿拉伯半岛以外的地区。简而言之，在对外扩张或内部崩溃之间作出选择。[11]

179 虽然在当下这个世俗时代，人们倾向于淡化这些动机，但我们也有充分的理由相信，那些穆斯林战士，像他们后来东征的基督教十字军一样，认为自己是在为一个神圣的事业而战，而且相信为了这个事业牺牲，死后会立即进入天堂。与此同时，他们的宿敌——拜占庭人和萨珊王朝几个世纪以来一直相互争斗，尤其是在穆斯林到来前的几十年里斗得更加厉害。公元613—618年，伟大的万王之王库思老二世率领萨珊王朝军队横扫叙利亚和巴勒斯坦，占领耶路撒冷，并将其洗劫一空，随后又带走了基督教世界最神圣的圣物——（耶稣受难的）真十字架。然后，他们将军队推进到埃及，又几乎打到了君士坦丁堡的门口。此时，拜占庭皇帝希拉克略（Heraclius）对萨珊王朝发动一次高超的反击，直捣伊拉克萨珊王朝的心脏地带，迫使库思老二世军队回撤。

拜占庭人和萨珊王朝之间的连年争斗，极易耗尽双方资源，让两国很容易受到阿拉伯穆斯林的攻击，而且也让两国惊慌失措，无法应对阿拉伯人的侵袭——尽管后来的穆斯林传说，声称穆罕默德曾致信库思老二世，敦促他接受唯一真神，否则就注定在劫难逃。但同样的传说也声称愤怒的库思老二世在读完后将信撕毁。

之后，两个帝国都受到了阿拉伯穆斯林的侵扰与猛攻。在以基督教为主的拜占庭帝国，皇帝们经常采用增加税收和镇压“异端”基督教信徒的方式折磨他们的基督教同胞——其中，这些“异端”思想主要包括埃及、大部分黎凡特地区的一性论观以及聂斯脱利教义观。拜占庭帝国这种对本地非东正教教会的频繁迫害，无疑弱化了这些基督教信徒对君士坦丁堡的忠诚，也让这些人更愿意改变信仰，或调适自我以适应穆斯林征服者的信仰，这种做法与他们自己坚信的一些基本教义和实践非常相似。

当阿拉伯穆斯林的军队侵入这些地区的时候，他们最初往往进行一些抢劫和杀戮。一般来说，穆斯林不会强迫人们皈

180 依伊斯兰教，甚至在一定程度上不鼓励他们这样做。阿拉伯穆斯林接纳一神教信仰的基督教徒、犹太教徒和琐罗亚斯德教徒，并容忍了他们的宗教行为，在法律上确定了他们吉米（阿拉伯语叫作dhimmi，又译齐米，意为“履行义务者”）的身份与地位，这就意味着这些教徒得到了官方的宽容与保护，尽管其代价是这些信徒必须支付特别的赋税，接受比穆斯林更低的地位。这也就无怪乎他们当中许多人更喜欢新统治者——而且随着时间的推移，他们当中的确有许多人改宗，皈依了伊斯兰教。

公元632年在穆罕默德去世后仅一年时间，穆斯林阿拉伯人在杰出的指挥官哈立德·本·瓦利德的领导下，开始对东地中海沿岸地区进行军事征服。哈立德率领的军队从叙利亚出发，沿着幼发拉底河，直抵美索不达米亚平原。在这里，他们通过一连串的战斗击败了萨珊王朝的军队，并占领了伟大的拉赫姆人的首都希拉。在哈里发乌马尔（Umar）在位时（公元634—644年），阿拉伯帝国开始向阿拉伯半岛以外的地方扩张。他派哈立德返回叙利亚，去对付驱逐穆斯林的拜占庭帝国军队；与此同时，萨珊王朝利用短暂喘息的机会重新集结伊拉克境内的军队。公元636年8月，阿拉伯人在约旦河支流雅穆克河附近的战役中与拜占庭帝国军队进行决战，最终击败东罗马帝国军队（史称雅穆克战役）。阿拉伯穆斯林的胜利，使得他们随后控制了耶路撒冷、安提俄克和大马士革等地区。之后不久，大马士革变成阿拉伯人重要的军事基地，成为叙利亚和西方（向西征服）穆斯林的统治中心。

这为后来一场成为传奇的战斗交锋奠定了基础，而且这场战斗决定了今后伊拉克的命运。公元636年，约有数千人的穆斯林军队在他们新的指挥官萨德·本·阿比·瓦卡斯（Saad Ibn Abi Waqqas）的指挥下，前往幼发拉底河畔，其间有一些其他穆斯林军队也来到雅穆克河附近与瓦卡斯的军队会合。

穆斯林军队人数大增，在伊拉克南部，他们准备在距离库法小城约50千米远的阿尔-卡迪西亚（Al-Qadisiyyah）镇附近与萨珊王朝的部队展开决战，在这场会战中阿拉伯人以少胜多大败波斯人。几个世纪后，阿拉伯历史学家对这场战役进行了详细描述。著名的波斯诗人菲尔多西（Ferdowsi，公元940—1020年）在其伊朗早期历史史诗《列王纪》（*Shahnameh*，*Book of Kings*）当中也提到此次惨烈的战斗。不过，战争实际的情形已是很难叙述再现。卡迪西亚战役持续了大约三四天，这场战斗因双方表现出来的勇敢果毅、英雄主义和血风肉雨的惨烈战争场面而为世人铭记。到战争结束之时，那些强健坚毅、得到神启的伊斯兰阿拉伯战士给他们的波斯劲敌——著名的骑射兵和枪骑兵造成重创，将他们打得一败涂地。[12]根据阿拉伯的史料，阿拉伯人的胜利很大程度上归功于阿拉伯战士的坚韧意志和军事美德，相较于波斯人的堕落颓废与傲慢嚣张，就像公元前5世纪和公元前4世纪的希腊爱国演说家伊索克拉底（Isocrates）曾将希腊人的高尚美德与阿契美尼德帝国由大流士和薛西斯领导的波斯军队的颓废和傲慢相比 181

一样。

在卡迪西亚会战取得胜利的几个月里，阿拉伯穆斯林就占领了萨珊王朝首都泰西封。公元637年，阿拉伯穆斯林在贾鲁拉一战取得胜利，使他们得到了底格里斯河、幼发拉底河冲积平原的农业控制权，从而打开了通往东方的道路，进而完成了对伊朗的征服。公元653年，波斯萨珊王朝随着最后一位君主的去世而覆灭。

至此，阿拉伯征服者控制了横跨中亚、通往印度和中国的大片领土。对伊拉克历史来说，卡迪西亚战役是一个转折点，波斯军队的溃败让阿拉伯穆斯林完成了对伊拉克的征服，并为它的阿拉伯穆斯林化奠定了基础，使其在伊拉克保持优势地位。在此后的几个世纪里，即使在土耳其、英国和美国的武力统治下，伊拉克的穆斯林仍占主导地位。与此同时，卡迪西亚战役也成了伊拉克阿拉伯民族主义有力抗击伊朗波斯“他者”长期以来的敌视最有影响力的象征。在1980—1988年间伊拉克与伊朗惨烈无比的局部战争中，萨达姆·侯赛因异乎寻常地利用阿拉伯在卡迪西亚战役中的胜利，将其作为宣传工具，抗击他所认定的伊拉克历史上的死对头——背信弃义的伊朗波斯人。然而，正如我们看到的那样，波斯人对伊拉克作出了巨大的贡献，在伊拉克这个国家的历史上创造了最伟大的帝国及其高雅的文化。当然，伊拉克也对后来统治伊朗的什叶派的发展同样起到了至关重要的作用。

伊拉克与什叶派（相对于逊尼派）身份的早期形成 182

伊拉克的新统治者起初与境内的被统治者保持着距离，生活在他们建立的要塞（一位历史学家将其称为“军营城市，camp-cities”）中，阿拉伯穆斯林将自己与当地人隔离开来。[13]其中特别重要的要塞建在伊拉克南部的库法和巴士拉之间。[14]阿拉伯军事领导人和任命的总督掌握着最高权力，不过，他们仍然沿用萨珊王朝的前辈们所施行的管理方法，毕竟这种方法行之有效（tried-and-true），屡试不爽。恰如美国考古学家麦圭尔·吉布森（McGuire Gibson，芝加哥大学东方学院教授）在美军入侵伊拉克之后不久就指出的那样，“与当前美国对伊拉克的占领不同，阿拉伯人进入伊拉克后，依旧保留了萨珊官僚体制，进而能够在几乎没有中断的情况下继续保持这个国家的正常运转”。[15]

与此同时，公元644年，卡迪西亚战役胜利后不到几年的时间，伊斯兰哈里发这个“继承人”的位置便从先前虔诚的乌马尔转至奥斯曼·本·阿凡（Uthman Ibn Affan），他先是被乌马尔任命的一个小组选中（乌马尔任命了一个六人委员会，该委员会最后经协商任命奥斯曼·本·阿凡为哈里发），继而成为他的继承人。不过，随着奥斯曼·本·阿凡的上台，阿拉伯境内部落之间的关系变得越发紧张起来。

奥斯曼本属于倭马亚的古莱什族贵族富商，后来改宗皈依了伊斯兰教。他极其富有，久负盛名，自然也令人尊敬。很快，奥斯曼利用哈里发的位置，大力扶持本家族成员在帝国境内担任军政要职，维护倭马亚人的利益，让他们担任有利可图的职位，或者从帝国的收益中攫取财富。虽然在这之前，乌马尔允许库法地区和巴士拉地区的总督保留他们获得的大部分收入，并可以享有大部分自治权，但是奥斯曼上台后要强行控制那里，[16]由此引发很多人的不满，也使得他失去了更多的支持。

也许在奥斯曼的倭马亚亲戚当中，因其政策走向而受益最多的当数他自己的亲属穆阿威叶·本·阿比·苏富扬
183 （Muawiya Ibn Abi Sufyan）了。穆阿威叶在他早年的时候曾是先知穆罕默德传教时代的宿敌，只是在穆罕默德控制麦加之后，他才（和其父亲一道）皈依了伊斯兰教。乌马尔先是任命他担任叙利亚总督，获得对整个叙利亚的军政统治权，由此积聚了雄厚的军事力量。不久之后，奥斯曼扩大了穆阿威叶的管理权限，让他也掌管了伊拉克北部的大部分地区。到公元656年叛军暗杀奥斯曼的时候，穆阿威叶控制了从首都大马士革到伊拉克境内的广大地区，并指挥着一支强大的军队。几乎就在此时，他开始利用手上的这些资源，借此产生巨大的效应。

当时继任伊斯兰第四任哈里发的不是别人，而是阿里，他是先知的堂弟、养子和女婿（又兼师生关系）。在先知穆罕默德去世一开始，就有许多人支持他成为穆罕默德最合法的继承人。

不过，在他登基成为哈里发之前，作为一名战士和军事领袖，所表现的豪迈气概也只是增加了他的威望而已。但是，阿里在营地城市库法建立了自己的哈里发帝国后，却未能惩办杀害奥斯曼的凶手和事件的幕后支持者，因此也削弱了人们对他的支持。当时，在挑战阿里地位的反对力量当中，便有穆罕默德年轻的遗孀阿伊莎（Aisha，信士之母），她是第一任哈里发艾卜·伯克尔的女儿。公元656年，在巴士拉附近爆发了一场著名的遭遇战，即后来众所周知的“骆驼之战”。据说，阿伊莎的军队集结在她所搭乘的骆驼周围，大部分战斗都围绕着这头骆驼进行。最终，阿伊莎的军队被阿里的军队击败了。[17]

但是，作为倭马亚的旗手，穆阿威叶决定为他的亲属奥斯曼报仇，开始起兵反抗阿里。公元657年，他们的军队在幼发拉底河绥芬（Siffin）平原会师，即今天的叙利亚中北部城市拉卡（Raqqa）附近。根据对这场战役的传统描述，总督穆阿威叶的军队与阿里的军队在平原上展开对垒。一开始阿里军队占上风，穆阿威叶便决定调停争端，请求仲裁。就在阿里军队快要取胜时，善于应变的穆阿威叶以一种巧妙的策略加以防御，在战场上让部下把《古兰经》绑在长矛的末端，然后一起叫喊“让真主来判决谁有资格任哈里发”——这种姿态似乎要让阿里感到必须尊重（先知）。

阿里居然接受了建议，这个决定也让他付出了生命的代价。阿里的一些追随者也认为，同意仲裁则意味着阿里拒绝接受上天的审判，毕竟这是在战场上确定的。这直接导致其追随者极度失望愤怒，在绥芬战役结束后，这些人离开了阿里的军队，转而反对他。公元661年，阿里在伊拉克首都库法的一所清真寺祈祷时，被这些反对他的当中一人谋杀，这群反对者也即后来广为人知的哈瓦利吉派（Kharijites，意为出走者、退
184 出者）。阿里死后不久，穆阿威叶宣布自己为哈里发。

关于阿里埋葬之所的选择，甚至其陵墓的具体位置的相关传说也是自相矛盾，至今莫衷一是。有人认为他被埋葬在阿富汗的马扎里沙里夫市。但是，现今的大多数穆斯林更相信他的尸体躺在伊拉克南部城市纳杰夫大清真寺里，那里建有专门安葬他的陵墓。除了伊朗的库姆（Qom），伊拉克的纳杰夫便是什叶派穆斯林的精神中心和圣地。每年有数百万穆斯林朝圣者从世界各地来到这里，尤其是伊朗人——他们站在阿里所葬的地方，伫立在他的墓旁，并在安葬他的清真寺里祈祷。因而，什叶派圣城纳杰夫这块土地也显得非常特别，毕竟这里是阿里的长眠之地。虔诚的什叶派教徒都渴望使用纳杰夫土壤制成的泥板（阿拉伯语为turba，意即土壤），祈祷的时候，他们将泥板放在面前，这样他们在跪拜的时候，额头就可以触碰到纳杰夫的圣地。这里便是哈里发阿里葬身的陵墓，它可能是世界上最大的墓地，因为几个世纪以来，世界各地的什叶派穆斯林将他们教徒的遗体运到这里，埋葬在阿里附近。这个墓地被称为瓦迪·萨拉姆（Wadi al-Salam，阿拉伯语译为“和平谷”）。对大多数美国士兵来说，这绝对是一个讽刺。2004

年的时候，他们就在这里的数千块墓碑中间与伊拉克什叶派领袖穆克塔达·萨德尔（Muqtada al-Sadr）领导的贾什·马赫迪（Jaish al-Mahdi，即马赫迪军）战士对抗。比邻纳杰夫的阿里陵墓建有纳杰夫负有盛名的哈瓦扎（Hawza，传统伊斯兰神学院），它是伊斯兰神学学者会集之地，使得纳杰夫成为世界上什叶派神学研究的卓越中心，只有伊朗的库姆神学院可与之比上一比。现今，纳杰夫哈瓦扎最受人尊敬的成员便是阿亚图拉·阿里·西斯塔尼（Ayatollah Ali al-Sistani），他是全世界什叶派，当然也包括伊拉克境内数百万什叶派教徒的精神领袖。在2003年美军入侵伊拉克后的几年里，他在伊拉克政治中起到了至关重要的作用。

阿里本人及其传奇故事蕴含着引人入胜的个人魅力。他 185
是阿拉伯帝国四位哈里发当中的最后一位，在穆罕默德之后，他对早期伊斯兰社会发展起到了重要作用，直接促成了伊斯兰社会的形成。那个时代社会动荡不安，这很大程度上归因于这些哈里发的自身弱点与错误决定，有时他们处事褊狭，以权谋私，上台之后进一步偏袒他们自己和亲属，以他们的利益为重。尽管如此，传统意义上，他们还是被认定为“正确导引”（阿拉伯语叫rashidun，意即正统哈里发）的哈里发，肯定他们的领导英明，能鼓舞人心，勤于推进伊斯兰教的信仰事业，承认他们各自与先知穆罕默德之间的紧密联系。因而，他们作为伊斯兰教早期纯洁和成功的化身而备受尊敬。而在什叶派穆斯林当中，阿里的地位甚至更为独特，作为一名坚持平等和社会正义的领袖，他不仅渴望成为一名政治领袖和军事指挥官，还渴望能给信众提供宗教指导，从而能真正确保政府的正常运行。同时，阿里还是十二伊玛目（Twelve Imams，意为领袖、表率、楷模等，为伊斯兰教教职）中的第一人，阿里直系后裔中的11人也为伊玛目，他们皆是什叶派的神圣领袖和楷模。在接下来的几个世纪里，那些源自少数人的观点——主要是关于如何选择穆斯林社会中合法的统治者——经历了一个漫长而又曲折并且支离破碎的演变过程，逐渐发展成为穆斯林信仰、实践和其前景的一种独特表达。在它的其他特征中，什叶派的界定是因什叶派穆斯林对殉道概念的接受，其中还有对正义的少数派在正义事业中拥有战斗特权的接受，以及在必要时可以为正义事业献身的意愿——就像阿里和他之后的许多人所做的牺牲那样。

在这些人中，没有谁比阿里的次子侯赛因（Husayn Ibn Ali）对伊拉克的历史或什叶派的未来发展更为重要了。阿里被暗杀身亡后，穆阿威叶被认定为哈里发，建立了新的哈里发国——倭马亚王朝，定都大马士革（自此，哈里发由选举或委派变为世袭）。后来，历史学家以其家族之名命名了新的哈里发国——倭马亚王朝，这种命名极其恰当，因为直到公元750年，穆阿威叶的所有继承者都出自这个家族，从而形成了统治阿拉伯帝国的第一个真正王朝。但是，公元680年，当穆阿威叶的儿子叶齐德（Yazid）在其父亲去世后成为哈里发时，库法阿里家族的支持者说服阿里次子侯赛因从麦地那带来一支军队反对叶齐德。这一天在传统上被认为是穆斯林教历的第一个月——穆哈兰姆月（Muharram）的第十天，俗称阿舒拉 186
节（Aşure，与公元680年10月10日相关）。侯赛因率领着不到100名战士的部队在幼发拉底河的卡尔巴拉（Karbala）——约在巴格达西南100千米处——遭遇有压倒性优势的倭马亚军队。两军众寡悬殊，但侯赛因的部队作战勇敢，英勇抵抗不可能打败的强敌。为了便于作战，叶齐德属下的将军命人将幼发拉底运河河水从部队旁边分流而去，从而使得侯赛因部队的作战变得困难重重。就这样，先知穆罕默德的孙子侯赛因及其所有同伴因寡不敌众，全部罹难。在这群罹难者当中，有侯赛因的幼子阿里·阿斯加尔（Ali al-Asghar）和侯赛因的兄弟阿巴斯（Abbas）。被砍下的侯赛因头颅也被送往大马士革叶齐德的王室。侯赛因的姐妹也在那里被监禁了一年，根据传统的描述，她们在那里辱骂叶齐德，并声称侯赛因的事业是正义的。

卡尔巴拉战役之后，侯赛因开始被什叶派视为最重要的殉教圣徒，卡尔巴拉便成为什叶派的主要圣地之一，成为最大的纪念地。侯赛因因其牺牲，处在接受祝福礼拜的什叶派殉道者等级的顶端。

穆哈兰姆节期间，世界各地的什叶派穆斯林每年都会纪念这位在卡尔巴拉的殉道者，纪念活动在阿舒拉节这天（穆哈兰姆月的第十天）达到高潮。在这一天，中东各地的什叶派穆斯林社区常常在公共表演中重演这场惨烈的战斗，再现侯赛因殉道的场景。此种情形可比之基督教徒纪念耶稣受难的“基督受难剧（Passion plays）”，也有些人发现耶稣受难之时他那苦难的母亲玛利亚（Mary）与侯赛因的母亲法蒂玛之间亦有相似之处。

在阿舒拉节这天，男人们和男孩们行进在游行队伍中，口中高呼着口号，以表达对侯赛因的忠诚，缅怀这位殉道者。他们用利刃划破头皮或用铁链鞭打自己，以流血的方式表示他们要效仿侯赛因，随时准备殉道。卡尔巴拉像纳杰夫一样，成为什叶派穆斯林朝圣的中心。每年来自世界各地的什叶派穆斯林在穆哈兰姆节期间聚集在卡尔巴拉的大清真寺（tomb-mosque）里进行祈祷，因为人们认为，侯赛因的遗体就埋葬在那里。此外，和纳杰夫一样，卡尔巴拉也是什叶派穆斯林神学教育的主要中心。

187　正是哈里发叶齐德发布命令将侯赛因杀死，并斩其首级，因此他成为什叶派穆斯林的头号元凶，更是邪恶暴行的典型恶棍。近年来，纳杰夫的哈瓦扎（Hawza，传统伊斯兰神学院）裁定，什叶派教徒不得下棋，因为据传，人们将侯赛因的首级呈给叶齐德的时候，他正在下棋。在伊拉克什叶派穆斯林心中，叶齐德是邪恶的典型。因此，当什叶派领袖穆克塔达·萨德尔2004年被美军围困在库法的时候，他就曾宣称乔治·W. 布什总统就是现代叶齐德。[18]

不过，在什叶派历史上，伊拉克的中心地位并不限于阿里和侯赛因的事业，也不限于世人对圣城纳杰夫和卡尔巴拉的敬畏与尊崇。一时来说，卡尔巴拉战役的失败抑制了人们对阿里的后裔担任穆斯林社区和国家领袖的支持，但是在接下来几十年间，什叶派的不同派系纷纷联合在一起，许多人选择继续支持侯赛因的后裔，将其视为先知衣钵真正合法的继承人。阿里之子哈桑（Hasan）和侯赛因，以及侯赛因的后世九代人被大多数什叶派穆斯林认定为十二伊玛目。后面我们还将看到，一些后来兴起的少数什叶派团体对这种世系血统质疑，因为根据他们的测算，真正的伊玛目止于第六代或第七代。十二伊玛目中的最后一位，即穆罕默德·马赫迪死于公元872年。然而，传统的什叶派穆斯林信徒和一些逊尼派教徒声称，马赫迪从未死去，只是隐遁于世，他将在最后审判日那天作为伊玛目马赫迪降临世间，重新归来。到时，他作为一个神圣的救世主，将伸张正义，铲除暴虐，彻底消灭这个不公正的世界。

事实上，许多什叶派穆斯林，包括伊朗前总统马哈茂德·艾哈迈迪–内贾德（Mahmoud Ahmadi-Nejad）似乎都在期待着他的降临。可是，侯赛因之后的伊玛目经常遭到逊尼派哈里发的迫害，根据什叶派的记录，在逊尼派的残害下，有八名伊玛目可能被其毒死。但是，像纳杰夫和卡尔巴拉这两个圣地一样，这些伊玛目的陵墓所在地后来也成为什叶派穆斯林重要的清真寺墓地。其中，第八位伊玛目被埋葬在伊朗的马什哈德（Mashhad，中国古称墨设）；伊拉克境内安息了12位伊玛目中的六位，远比其他任何国家都要多。除了第一任伊玛目阿里和第三任伊玛目侯赛因外，第七任伊玛目及其孙子 188

（即第九任伊玛目）均埋葬在伊拉克卡济米耶区一座双穹顶的卡齐姆清真寺（圣坛）之内，寺以第七任伊玛目卡齐姆（al-Kazimayn，也拼作al-Kadhmiya，卡济米耶，意即隐忍者）命名。这座清真寺建于公元8世纪末的巴格达郊区，最初位于一个小镇上，后来由于巴格达的扩张，小镇被其兼并。因此，像圣地纳杰夫和卡尔巴拉一样，巴格达于是也成为什叶派穆斯林朝圣、游行和学习的中心之一。而第十任、第十一任伊玛目（引导者哈迪及其子阿斯卡里），他们是父子关系，被埋葬在萨马拉市，位于巴格达西北沿底格里斯河上游（约125千米）的地方，阿斯卡里（al-Askari）清真寺也是以第十一任伊玛目的名字命名。传统的什叶派信仰认为，第十二位伊玛目也即最后一位伊玛目正是在阿斯卡里清真寺朝拜时消失不见。像伊拉克境内所有的什叶派圣地一样，阿斯卡里清真寺数百年来不为西方所知，直到2006年2月，逊尼派极端分子炸毁了萨马拉金顶清真寺，并破坏其水晶穹顶，此次事件迅速引起了西方媒体的关注，阿斯卡里清真寺才为世人所知。这一袭击事件随即引发伊拉克南部大部分地区的教派冲突，尤其在巴格达市，逊尼派与什叶派之间的冲突持续了两年之久。

倭马亚王朝统治下的伊拉克

公元680年卡尔巴拉战役无疑造成了早期倭马亚哈里发帝国内部的政治动荡与分裂（此次事件导致伊斯兰教发生严重分

裂，什叶派只承认阿里的后裔为伊玛目，并与逊尼派对立延续至今）。但是，在倭马亚王朝时代，阿拉伯人将其政治和文化影响进行了大规模扩张，远远超出了阿拉伯边界，并在其内部组织管理方面也取得了重要的进展。阿拉伯人向西入侵，横扫了北非的柏柏尔人（Berbers）的领地，后来柏柏尔人（被迫改信伊斯兰教，接受阿拉伯文化）加入了阿拉伯军队，随之征服了现在的突尼斯、阿尔及利亚和摩洛哥。公元711年，阿拉伯军队渡过了直布罗陀海峡（以柏柏尔人的将军名字命名），因他领导了这次渡海战役。阿拉伯人将西班牙称作安达卢西亚（al-Andalus）——他们在此建立了穆斯林行政管理机构（由摩尔人统治），直到1492年。

为了巩固倭马亚王朝的统治，倭马亚人将阿拉伯语作为帝国政府的官方语言，他们还发行了一种穆斯林风格的金属货币，其表面只有铭文，并无动物或人物的形象。在拜占庭帝国统治的土地上，阿拉伯人继续沿用了许多拜占庭时代的管理方法，因而一些学者更愿意将这一时期的倭马亚帝国视为原拜 189
占庭帝国的“继承国（successor-state）”。倭马亚王朝的哈里发们通过行之有效的方式来管理国家，他们有效利用罗马/拜占庭风格的建筑来标识王朝权势与伊斯兰教新的支配地位。那时，也没有什么能比耶路撒冷的圣殿山更加辉煌和合适的地方，于是在耶路撒冷，第九任哈里发阿卜杜勒–马里克建造了第一座穆斯林纪念性建筑——圆顶清真寺（the Dome of the Rock）在倭马亚帝国首都大马士革，其继任者瓦利德一世请来拜占庭的能工巧匠建造了当时世界上又一个最伟大的伊斯兰纪念碑——倭马亚大清真寺（Great Umayyad Mosque，又名大马士革清真寺）。这座大清真寺建在施洗约翰的基督教堂旧址之上，而这座教堂前身是一座罗马神庙，其内外墙都装饰着精美的马赛克图案，这些镶嵌着的马赛克描绘出了世界各大城市，据说是由拜占庭皇帝慷慨捐赠给倭马亚王朝的。这种（拜占庭皇帝与倭马亚哈里发之间）合作（意愿）可能预示着双方达成了（什么样的）和解，但公元715年瓦利德去世两年后这种缓和的关系就消失了。当时，倭马亚陆军和海上舰队继续向东进发，希望占领基督教在东方的堡垒——拜占庭帝国首都君士坦丁堡。

倭马亚帝国首都在大马士革，帝国行政管理主要由叙利亚的军队执行，毕竟倭马亚王朝的统治中心就在这里，因而力量也最为强大。帝国的正常运行需要从伊拉克引入所需要的资源，而这一切得之非易。公元683年，叶齐德去世，离他卡尔巴拉之战的胜利仅仅过了三年时间，而此时的伊拉克也落入叛军手里。直到公元691年，阿卜杜勒-马里克的军队击败叛军，收回了大片领土，才得以为倭马亚王朝收复伊拉克。如果公元694年有任何迹象表明第九代哈里发阿卜杜勒-马里克想要选择一人担任伊拉克新总督的话，那他一定是下定决心占有整个伊拉克，并将伊拉克人民置于他的控制之下，此人选必是哈贾吉。当时，哈贾吉·本·优索福·塞盖菲（al-Hajjaj Ibn Yusuf al-Thaqafi，公元661—714年）乔装打扮进入了库法的清真寺，然后抓住里面一位正向众人布道的神职人员，他向信众清楚表明这不是闹着玩的：

> 我看到我前面的人头已经长大成熟，是时候可以摘下 190
> 来了，我就是那个来摘下头颅的人，我看到头巾和胡须之间的鲜血闪闪发亮……长期以来，你们急于煽动叛乱，盘踞在错误的巢穴，定下那僭越的律条。以真主的名义，我要像剥树皮那样剥掉你们的皮，像捆树枝一样捆住你们的手脚，像鞭打迷路的骆驼一样惩罚你们……以真主的名义，我将要践行我的诺言，我言出必行，说到做到。[19]

虽然伊拉克总督哈贾吉的策略极其暴厉，但到公元714年他去世的时候，伊拉克的秩序恢复正常，阿拉伯人已经重建起行之有效的管理体系，并常常沿用波斯萨珊王朝时代可靠的制度来管理伊拉克。事实也是如此，一些现代学者常将东部的倭马亚疆域称为波斯的继承国。倭马亚王朝依照早期萨珊波斯人成立的阿索里斯坦省区（Asoristan，即萨珊成立的巴比伦省区名）建制，在美索不达米亚中部和南部（包括库法和巴士拉）建立一个新的省份——将它命名为“伊拉克”。

这个名字也许是后来伊拉克历史的预兆。有学者认为，将北部城市摩苏尔从新成立的伊拉克省分离出来的策略是明智之举。[20]公元702年，总督哈贾吉还在伊拉克省建立了一个新的都城瓦西特（Wasit）——这是对库法和巴士拉地区既得利益集团的沉重一击。从他的新都城开始，哈贾吉不仅控制了整个伊拉克，而且还控制了倭马亚帝国的东部大片区域，在他的扩张之下，倭马亚帝国疆域已经横跨伊朗，直达中亚，一直通到中国的边境。

对倭马亚人来说，牢牢锁住伊拉克对维系帝国统治至关重要。萨瓦德地区的农业财富所带来的收入对倭马亚帝国来说举足轻重，毕竟这里是位于底格里斯河和幼发拉底河之间可以灌溉的冲积平原，常常是中东地区开国者权力和财富的摇篮。到了8世纪，由于哈贾吉运河建设和土地复垦计划，萨瓦德地区的财富收入竟是中东古代另一个巨大粮仓——埃及的四倍，
191 差不多是叙利亚和巴勒斯坦——倭马亚核心区收益的五倍。[21]

伊拉克财富的急剧膨胀，还来自其发达的商业贸易，繁荣的印度洋贸易将巴士拉与中国和印度联系起来，这进一步增加了伊拉克的财富收入，而且这一贸易给世界文学留下了不可磨灭的印记——这种贸易通道为《一千零一夜》中著名的水手辛巴达的故事提供了背景（见《辛巴达航海历险记》）。

鉴于那时如此繁荣，人们有理由认为倭马亚王朝善待伊拉克人。但总的来说，出于多种原因，伊拉克人对倭马亚残暴统治十分不满。这一方面是因为，哈贾吉的残酷统治因有叙利亚驻军的支持而势力强大，让伊拉克人处于威慑之下。就其本质而言，伊拉克其实是处在被占领状态，正如2003年美军入侵后一样，伊拉克人民对这种侵略进行了抵抗。除此之外，当伊拉克人民收获农业收益时，倭马亚帝国让大部分收益流入

当时首都大马士革。因而，反倭马亚统治的情绪连年高涨，尤其是遭到早期移民到伊拉克的穆斯林战士的后代怨恨而进一步加剧，他们当中有许多人被倭马亚王朝的新秩序剥夺了曾经享有的特权和声望。当新来的移民——通常是波斯人或阿拉姆人改宗皈依伊斯兰教的时候，还要被迫接受“委托人”（mawali，又称马瓦里，意即非阿拉伯人血统的穆斯林）的身份地位，不得不委从于阿拉伯庇护人，这种屈辱性对待让他们耿耿于怀，心生不满。当然帝国的这一切做法均是为了维护阿拉伯穆斯林征服者的统治和统治精英税收的根本利益，但激起了这些“委托人”的极度不满和痛恨。这些做法与《古兰经》宣称的所有男女信徒在安拉面前众生平等相互矛盾，而且它还侮辱了这些改宗皈依伊斯兰教的非阿拉伯穆斯林，这些穆斯林本来就是有着悠久历史的土著文化传统的继承人，可以说他们的文化传统本身就极其优越。最后一点原因便是，虽然侯赛因在卡尔巴拉战役的失败是伊斯兰世界的一次重大挫折，甚至导致伊斯兰的大分裂，但是许多支持阿里家族的穆斯林仍然认为，伊斯兰世界需要恢复更加有原则、有魅力的伊斯兰治理模式，哈里发人选最好还是来自先知穆罕默德的家人。

公元747—750年间，一场新仇旧怨交织在一起并被加以利用的运动袭然而来，共同挑战倭马亚王朝的权威。公元698年，呼罗珊（Khurasan，意即太阳升起的地方，霍拉桑省）地处偏远，即今伊朗东北部，被哈贾吉并入伊拉克行省区，但考虑到8世纪长距离联系的现实问题，对牢牢把控的伊拉克来

192 说，呼罗珊距离伊拉克实在太远，无法进行严密控制。因此，在阿拉伯穆斯林征服呼罗珊之后的几年里，人们在那里建起了一个与伊拉克截然不同的穆斯林社区。与管理伊拉克省区的方式相反，虽然阿拉伯人在库法和巴士拉建立了驻军城市，但他们没有将阿拉伯穆斯林与当地人严格隔离开来。因此，新来的阿拉伯穆斯林便与当地的伊朗人不断交流融合——包括他们之间的通婚。就这样，当地有许多人皈依了伊斯兰教，转而成为所谓马瓦里，由于当地阿拉伯人和伊朗人之间的同化程度很高，因而呼罗珊穆斯林社区特点便是阿拉伯人和马瓦里人之间的关系更加平等。这种平等思想极其符合先知对社会正义的强调，这些穆斯林也对此笃信不已，认为应当由先知的家人领导伊斯兰世界。但是这两种趋向皆与倭马亚王朝的利益背道而驰。与此同时，到了8世纪中叶，尽管有许多穆斯林希望看到穆罕默德家族成员担任哈里发，他们仍然倾向于阿里的后裔来担任此职（阿里是穆罕默德的堂弟，且由穆罕默德抚养成人），但是另一个派系也已出现，他们支持哈希姆家族的不同世系来担任哈里发，即这些人倾向于支持穆罕默德叔父阿巴斯的后裔。这个组织——阿巴斯派，也就是后来的阿巴斯王朝（阿拉伯帝国的第二个世袭王朝）的创建者——起初只满足于与阿里后裔的支持者（即阿里派）结成联盟，两个派系都把事业与呼罗珊地区反抗倭马亚残酷统治的运动结合在一起。

在阿巴斯派的队伍中，出现了一位比较神秘、富于人格魅力的人物，此人姓名不详、来历不明，以制造马鞍为业，他化名为“阿布·穆斯林（Abu Muslim，又译阿布·穆斯里姆）”，也就是后来鼎鼎大名的阿巴斯革命的军事领袖，阿巴斯王朝开国功臣。到了公元750年，阿布·穆斯林领导阿巴斯起义军进行了艰苦卓绝的战斗，取得了一系列抗击倭马亚王朝的胜利。公元750年，他率军占领库法，并于同年在底格里斯河的一条支流——大扎卜河（Zab River）战役中彻底粉碎了倭马亚王朝军队的进攻，取得了决定性的胜利。随后，起义军开始对倭马亚王朝进行血腥清洗，几乎灭绝了所有倭马亚精英。

倭马亚家族的一个后裔子孙（即阿卜杜勒·拉赫曼，Abd Rahman I）得以逃脱，逃到了西班牙。在经历了五年的逃亡生涯后，阿卜杜勒·拉赫曼最终建立了一个独立的王国，定都科 193
尔多瓦，延续了倭马亚王朝的统治（史称后倭马亚王朝）。科尔多瓦很快地就发展成为穆斯林西班牙的主要城市，在其鼎盛时期曾是欧洲最大的文化和艺术中心。

在阿布·穆斯林领导的义军取得大扎卜河战役的胜利之前，阿巴斯派就已经断然拒绝阿里派的主张，并宣布从阿巴斯派当中选一人——阿布·阿巴斯萨法为库法的新哈里发，此人另一个更广为人知的名字叫作“萨法（al-Saffah，意即流血者、杀人者）”。他们如此作为，造成了与其结盟的阿里派的不满与怨恨。在接下来的几年间，阿里派间歇性地举行武装叛乱，反对阿巴斯的统治，而萨法的继任者也反过来以残酷的手段来镇压阿里派。萨法自己的统治时间不长（只有五年），亦未有特别突出的业绩，但他开创了一个新的哈里发时代——阿巴斯哈里发——阿拉伯帝国的第二个世袭王朝，在他的领导下，伊拉克变得十分重要，较之古代（统治）其战略地位更为突出。直至500多年后，阿巴斯哈里发被蒙古人消灭（公元1258年）之前，伊拉克一直是阿拉伯穆斯林帝国无可争议的政治中心。而且，萨法的继任者在底格里斯河畔建造的新首都不仅是世界上最著名的科学和学术中心，更是现代人回忆感知中世纪伊斯兰世界的源泉。

阿巴斯哈里发：伊拉克是伊斯兰文明的中心

萨法去世后，由其兄长阿布·贾法尔（Abu Jafar）接任第二任哈里发，在历史上他以“曼苏尔（al-Mansur，意即胜利者）”闻名于世。有现代专家认为，曼苏尔是“整个阿巴斯王朝历史中最杰出的哈里发”。[22]他继位后的前几年，一直忙于巩固萨法阿巴斯王国，付出了毕生努力，南征北战，不断加强阿巴斯王朝对哈里发的控制。为了达成这一目标，曼苏尔精心策划了一场暗杀行动，斩杀他唯一的军事对手，阿巴斯起义革命的英雄——阿布·穆斯林将军，并残酷地镇压了呼罗珊人民起义，由此也平息了联盟当中阿里派的叛乱。自此，他设法
194 将帝国权力集中到哈里发手上。在随后的王朝中，其继任者都成了绝对的君主，这些哈里发大权在握，只手遮天，生杀予夺，皆可由之，拥有近乎无限的、神圣认可的权力，其作风就

像一个多世纪前统治伊拉克和中东大部分地区的萨珊波斯王朝的万王之王。

也可能是为了继续推进集权目标，远离亲阿里派穆斯林和其他阿拉伯部落（毕竟这些南方力量对阿巴斯王朝充满怨恨，与王朝关系也不断恶化），在公元762年，曼苏尔建立了一个新首都。

曼苏尔对新首都的选地非常严谨，并为这个决定做了大量的祈祷，最终通过古代美索不达米亚的前辈们经常使用的方法来确定其修建地点与开工日期：占卜——在此情况下，他自然要起用那些专业占星家，其中也包括琐罗亚斯德教徒，利用他们的专业知识为建都提供参照。毫无疑问，曼苏尔在不知不觉中延续了一种可以追溯到几千年前的美索不达米亚的做法，据说新城第一块砖就是由曼苏尔亲自铺就的。他将新首都命名为“马蒂纳特·沙拉姆（Madinat al-Salam）”，意即“和平之城”，不过后来它以巴格达闻名于世。[23]最初的城市呈环形（即所谓圆形城市），直径约2千米，由两堵同心的坚固双层泥砖城墙外加一条深深的护城河加以防护。四个等距的城门均匀地分布在城墙四面，每道门均指向疆域广大的帝国一个不同的城市（分别是巴士拉、库法、库拉桑和大马士革）。每道大门皆由横穿城市中心的直道连通。城墙之内建有供哈里发家族和官员居住的房舍建筑，还有行政办公室和商店。在这些建筑群最为中心的地方便是曼苏尔的帝国宫殿——金门宫（The Golden Gate）、警署机构和大清真寺（Grand Mosque，又叫集会清真寺，the great congregational mosque）。其宫殿最著名的部分便是它的两个圆形穹顶，在其中一个顶上有一个风向标，形如一个手持长矛的骑士。在以后的岁月中，人们相信长矛可以指向任何对哈里发不利或有威胁的方向。

195 现代一些报道称，巴格达市的诸多建筑是大理石建制而成（尽管烧制泥砖是当时最常用的建筑材料），就这样保持了千年之久。不过，人们发现，哈里发的宫殿中没有任何物质结构保存下来。这是因为伊拉克在历史上经历过多次的征服与破坏——在1250年的历史当中就有15次被外邦征服。更不用说当时在这座环形城市周围迅速涌现的拥挤不堪的贫民窟以及杂乱蔓延的郊区，它们更没有留下多少痕迹。但是，自曼苏尔建都巴格达到公元1258年蒙古汗国孛儿只斤·旭烈兀（Hülegü Khan，意为“战士”，公元1217—1265年）的军队入侵，巴格达一直是阿巴斯帝国的首都——除了其中一次重大的短暂变故。在其全盛时期，巴格达可能有多达150万人在这里生活和劳动，伊拉克的人口一度可能已经达到了2000万人。当代关于巴格达的描述——主要根据后来许多广为流传的传说和荒诞不经的故事，以及大量歌颂这座城市的诗歌——为我们提供这座城市的样貌，巴格达城鲜明生动地展示在世人面前，超越现实人们对它的印象，催生了人们对它不同的形象认知，这些多元形象有的相互补充却又相互矛盾，就像《圣经》与经典中对古巴比伦的描述一样，其中的一些图景比现实更加迷人。[24]

巴格达的这种文化魅力至今让我们惊喜不已。几十年来，我们浸润在那种骇人听闻、丰富多彩的文学故事中，还有那充满神奇想象的电影世界里，童话和漫画中的巴格达让人们流连忘返，乐此不疲。那里有着无数的财宝，数不尽的宫廷大家闺秀，还有人间游荡的瓶中精灵和空中飞翔的神奇魔毯。其中一些事迹也可以从阿巴斯时代的阿拉伯历史学家的叙事中得到证明，他们用神奇的饕餮盛宴来取悦读者，极力夸张巴格达宫廷生活的辉煌壮观，用神秘阴谋激起大家的探索欲望，用奢华消费让读者心驰神往。公元9世纪的阿拉伯地理学家、历史学家——著名的作家雅库比（al-Ya'qubi，又译雅苦比）在表达对这座城市的看法时也是大张其词，夸夸其谈。他将伊拉克描绘成“世界的中心，地球的肚脐”，并且进一步告诉读者，巴格达是“伊拉克的中心，最伟大的城市，在许多方面独步天下，如在面积大小、规模程度、繁荣发展、丰富水源和气候健康宜人等方面，放眼东方或是西方，无可匹敌”。[25]雅库比和其他一些作家通过他们的作品，清楚地向世人表明巴格达汇集了全世界最多的财富。当然，如果哈里发曼苏尔建造新首都的目的是最大限度地攫取财富，那他一定是选对一个地理位置绝佳的建都地点。因为巴格达南边的萨瓦德就蕴藏着丰富的农业资源，而且当时的
巴格达大大小小的运河与底格里斯河和幼发拉底河相连，四 196
通八达，是当时两河流域的驼队贸易路线和水上运输商业的 197
枢纽，连通波斯湾上游入口附近的巴士拉海上贸易路线。让

我们再次一睹作家雅库比对巴格达财富的赞叹：

> 各种货物与食品经由水陆二路轻松自如地到达巴格达，因此无论是东方还是西方，无论是不是伊斯兰世界，各种各样的商品都可以在这里买到。这些货物主要来自印度、巴基斯坦（注：信德Sind巴基斯坦省名）、中国、突厥（或土耳其）、可萨（the Khazars，可萨人是一个半游牧的突厥语民族，公元6世纪末建立了突厥语部落联邦，形成了大型商贸帝国，覆盖今俄罗斯欧洲南部）、埃塞俄比亚以及其他地方，货品之丰，以至于在巴格达的这些国家的产品远比它们本国还要多。这些货物在此极易获得，好像世上所有的好宝贝都被送到了这里。世界上所有的宝藏都汇聚于此，真主创造的一切祝福在这里尽善尽美。[26]

没有什么地方比哈里发的王宫更显巴格达的至尊财富与堂皇奢华——或可就此而言，在帝国首席行政官员、曼苏尔的高官维齐尔表现得最为明显。公元917年，拜占庭帝国皇帝派出两位使节正式拜访巴格达的哈里发。从这些所谓目击者遗留下的叙述来看，巴格达在接待他们之前，特地花了两个月时间，以此在公关活动方面展示和炫耀巴格达优渥的生活；在他们看来，这肯定是阿拉伯帝国为了向大使展示阿巴斯宫廷生活的富丽奢华和复杂精巧。其中最为精彩的地方便是他们穿过王宫23座宫殿时：有五万多张毛毯，或挂在墙上，或铺在地上，许多地毯上织有华丽彩锦，嵌有鸟兽图案，绘有金银马鞍的骏马，有狮子和大象在内的皇家动物园，还有奇妙无比的花园庭院，其中一张还配有一棵人造假树；而且墙上还挂满了成千上万套士兵用的甲胄。最后，这些景象让拜占庭使节目不暇接，头昏眼花、精疲力竭，为其宏伟壮观所折服。

之后，他们被带到哈里发面前，只见他身穿华丽锦缎，198
戴着金饰华帽，高坐在乌木与织锦的宝座上，宝座两边挂着两串珍贵的宝石。[27]

但是，绝大多数的巴格达老百姓并不能享受如此奢华的高档生活。在我们现有关于中世纪巴格达生活丑陋阴暗面的资料中，没有什么比《一千零一夜》更广为人知了。故事集的女主人公，也就是给国家讲故事的公主舍赫拉查德（Scheherezade，苏丹新娘）的名字在西方世界家喻户晓，常常被视为“东方”感官愉悦与诱惑的同义词——俄罗斯作曲家尼古拉·安德烈耶维奇·里姆斯基-柯萨科夫（Nikolai Andreivitch Rimsky-Korsakov，公元1844—1908年）曾经创作一首著名的管弦乐作品，即取材于《一千零一夜》，作品名称亦由此而来（作品名为《舍赫拉查德交响组曲》，又名《天方夜谭》组曲）。几十年来，其中一些故事备受孩子们和电影制片人的喜爱，其中就有《阿里巴巴和四十大盗》《阿拉丁和神灯》以及水手辛巴达的故事。而实际上，《一千零一夜》是一个各种故事题材的大杂烩，有些故事中的元素可以追溯到萨珊波斯王朝时代，有些故事出人意料，就是最近才出现的，年代并不久远。例如，最早版本的《阿拉丁和神灯》可以追溯到1709年。总之，《一千零一夜》题材广泛，内容众多，汇集了从英雄史诗到色情文学和各种低俗笑话等类型。[28]事实上，由于这本书中有不少情色淫秽内容，它从未被列入“经典”阿拉伯文学文集名录。《一千零一夜》故事背景多发生在巴格达、开罗和大马士革。当我们审慎地研究这部著作，为其故事增加其他来源信息时，我们似乎发现了另一座城市，在王宫高墙之外，肮脏邪恶盛行，提供了各种惊险刺激的可能性，那里既充满了喧嚣欢乐，又有龙争虎斗，存在着各种各样的危险。遍地都是小的酒馆食肆，一些较大的酒馆甚至开进了基督教的修道院内。[29]如果有人离开酒馆，他看上去又那么明显不够精明或能力不足，那么他大概率会遭到一些经常横行出没于城市贫民窟的小偷和骗子们的伏击。年轻暴徒帮派向他们所在地区的当地机构强行索要保护费用，并且为了确保自己的势力范围，经常和其他地区的帮派进行火并争斗。这座城市的精英阶层往往鄙视生活在贫民窟中的人们，这些人通常操持着这些精英看不起的职业，诸如“铁匠、屠夫、魔术师、警察、守夜人、制革工人、女鞋制造商、掏粪工、掘井工、浴室司炉、按
199 摩师、赛鸽手和棋手”等。[30]我们关于巴格达城市中丰富生活图景的匆匆一瞥，均是来自《一千零一夜》这本故事集，其中还讲述了阿拉伯帝国阿巴斯王朝最著名的哈里发哈伦·拉希德（Harun ar-Rashid）夜间偷偷出离王宫的故事，他经常和其密友——巴尔马克家族（Barmakid family）的贾法尔一

同溜出王宫，在街上游逛，想要体察民情，一睹他的人民如何生活。

然而，哈里发哈伦的宫廷生活极尽奢华，充满了它自己独特的欢乐情趣，他经常举行宴会招待客人，宴会上美酒为伴，一众女人上场，唱着欢快歌曲，诗人也是灵感泉涌，写下优秀的歌颂诗篇。早期阿巴斯王朝中绝大部分宫廷文化多以诗歌和歌曲的形式呈现，以此热烈赞美庆祝伟大的阿巴斯王朝时代。哈里发们对此也是乐此不疲，慷慨资助文人的创作。可以说，阿拉伯时代最伟大的古典诗人艾布·努瓦斯（拉丁文Abu Nuwas，约公元757—814年）[31]也创作出十分精彩的诗篇来对哈伦极尽赞美——正因如此，艾布·努瓦斯也和哈伦一起出现在《一千零一夜》的故事当中——有着“酒诗魁首”的他在诗歌中颂扬宫廷中自由流淌的葡萄美酒所带来的恣意行乐的思想和追求自由的精神，讴歌了哈里发宫廷中年轻男女歌手与侍酒师（wine-bearers）的绝凡美貌。[32]那些用诗篇取悦哈里发的诗人可能会获得巨大的奖励——像诗人艾布·努瓦斯本人凭借自己创作的十四行诗获得了500枚金币、1件荣誉长袍、10个女奴和1匹哈里发王宫马厩里的宝马。[33]

尽管艾布·努瓦斯坚持用阿拉伯语进行诗歌创作，但是他和其他同时代的著名诗人一样是波斯人（生于波斯阿瓦士，在巴士拉长大）。波斯出身的官员、学者和作家对阿巴斯王朝时代的阿拉伯文化和行政管理作出了巨大贡献。现在我们将目光转向这些人，便可以将我们的焦点从让人心驰神往的巴格达转移到这座城市的另一种形象上来，而且这种形象在西方世界的认知中鲜被提及。这是公元9世纪的一位观察家笔下描绘的巴格达：巴格达的学者所受教育良好，似乎无人能及；甚至比他们传统的权威更要见多识广，见地深远；所学知识比他们的
200 语法学家还要更加精通扎实；演唱方面其功底比他们的歌手还要灵活娴熟；比之《古兰经》的读者，他们对其经文更是烂熟于心；行医方面，比起他们的医生则更加行家里手，专业性极强；书写方面笔走龙蛇、行云流水，则要胜过他们的书法家；思维上，比他们的逻辑学家更要心思缜密，巧捷万端；心地热忱，比他们的苦行僧更要热肠古道；铜唇铁舌，比他们的传教士还要能言善辩。[34]

阿巴斯王朝的哈里发的成功，在很大程度上要归功于这些高级官员的专业知识与高效工作，他们奔逸绝尘，全力以赴；尤其是伊斯兰的高级官员维齐尔，其使命重大，能负重致远，基本上承担了一国首相和首席执行官的职责。从哈伦的前任——哈里发马赫迪——的时代开始，维齐尔一职便一直由波斯巴尔马克家族的人担任。众所周知，他们在管理国家事务方面做得出类拔萃，非常出色，在帝国税收和提升哈里发威望上功勋卓著。尤其在提高帝国威望方面，他们能娴熟使用各种法律条件与仪式规定。事实上，巴格达城就离古代萨珊王朝首都泰西封的法庭不远，这就意味着他们无须舍近求远去寻找一个样板。哈里发原本是阿拉伯部落中战斗之士的酋长，现在已经转变成一位由神决定的神圣君主，现在有了“真主在大地上的

影子（真主使者的继承人）”这个头衔，这就要求出现在他面前的人们都要匍匐在他的帝国宝座面前——王座附近铺展开的地毯便是刽子手杀人时的专用（当毯子用的皮革），象征着哈里发掌握着生杀予夺的绝对权力。

阿巴斯王朝政府的成功在很大程度上还要归功于他们引入的一种全新的识写与记录的技术——造纸术，当时的中国在造纸术这个领域独步天下，阿拉伯人在东扩的过程中掌握了这门制作技术。纸的广泛使用使其很快地远远超出日常行政管理工作的目的需要——特别是在寻求实用的知识来管理真主安拉赋予他们的辽阔疆域方面，成就了阿巴斯王朝的黄金时代。早在阿巴斯王朝之前，大马士革的倭马亚王朝哈里发就已经开始收集并翻译来自前拜占庭帝国境内（残存）的希腊手稿，尽管这些手稿主要集中在实用知识方面，多限于与伊斯兰法律和医学实践有关的书籍文献上。如今，阿巴斯王朝则可以搜集网罗东西方更多的知识。自曼苏尔统治时期开始，在哈伦·拉希德及其继任者的引领下，加之巴尔马克家族的维齐尔及其继任者
的大力支持与鼓舞下，帝国保持了良好的发展势头。他们力 201
图使首都巴格达成为一个知识宝库，同时也是引领自然科学和哲学进步的一架引擎。起初，巴格达人专注于收集和整理波斯学术著作，并将其翻译成阿拉伯语，这些著作当时在伊拉克随处可见。[35]但是，哈里发曼苏尔同时也希望引进并利用希腊科学与知识遗产，要知道这些遗产在亚历山大大帝时期及其塞琉古王朝和托勒密王朝时期已经影响到地中海及中东地区，早在

1000年前，希腊文化在这些王朝于中东和中亚建立的殖民地上开花结果，繁荣昌盛。

为了便于翻译和研究不断增加的波斯、希腊和梵文手稿，曼苏尔还在巴格达建立了一个皇家图书馆。在这个过程中，他有意识地仿效萨珊王朝前任统治者。几十年后，在哈里发马蒙（al-Mamun）的领导下，这座图书馆真正成为著名的智慧宫（Bayt al-Hikma，又称智慧之家），它是帝国的一个翻译和研究中心，是“早期阿巴斯王朝学术雄心与国家政策的集体表达与帝国意志呈现”。[36]后来的哈里发赞助了更多的学者翻译家，大肆网罗来自帝国各地的用希腊语、拉丁语、叙利亚语、科普特语（Coptic language）、梵语和波斯语写成的手稿，以及来自拜占庭帝国的宫廷文献，阿拉伯帝国在与外邦进行和平谈判时，甚至可能会以这些手稿文献作为谈判的部分筹码。在哈里发马蒙当政时期，人们甚至得到了来自更远地方的手稿文献，当时一个印度代表团访问巴格达时就带来了大量印度人的科学文献，其中就有印度数学和印度占星术的著作。[37]这些占星术文献本身就受到了古巴比伦科学遗产的影响，他们传到了印度，古巴比伦的占星理念在印度得到了延续，现在反过来又回归其源头。阿巴斯王朝的学者们在翻译和研究印度数学著作时直接采用了我们今天仍然称之为“阿拉伯”数字的数字系统和零这个概念——尽管这种数字系统发源于印度。正是由于阿巴斯王朝学者们的贡献，阿拉伯人才得以在印度文化与希腊文明的基础上，衍生出“代数（源自阿拉伯语，后拉丁转写为al-jabr）”这个数学工具（阿尔·花剌子模写了一本《代数学》）。

现代文明很大程度上要归功于那些阿巴斯王朝时代的阿 202
拉伯学者们，他们在公元8—10世纪做了大量文献翻译工作，并对古希腊数学、自然哲学、科学和医学等那些开创性人物——其中包括柏拉图、亚里士多德、欧几里得和天文学家托勒密——的著作详加阐述，并予以周密的保护。读者诸君可能会注意到，历史学家希罗多德和修昔底德，或者剧作家埃斯库罗斯、索福克勒斯、欧里庇得斯和阿里斯托芬并不在其中。因为，阿巴斯王朝的哈里发们只对他们认为有用的知识感兴趣，因而历史和戏剧等文献并不在他们的考量范围之内。而且从事这些工作的学者们几乎与他们所处理的手稿文献也是千人千面，背景各异。他们就是阿巴斯王朝的巴格达社会中国际化社会的一个微型宇宙。他们当中有阿拉伯人和波斯人，有些来自伊拉克，有的则是从数百千米远的地方迁徙到巴格达的。

这些人多是穆斯林，也有些犹太人和基督徒，诸如智慧宫中最有影响力的人——侯奈因·本·伊斯哈格（Hunayn Ibn Ishaq），他本身就是一名聂斯脱利派教徒，他翻译了柏拉图和亚里士多德的著作，尤其因翻译古希腊名医希波克拉底（Hippocrates，医药之父）和盖伦（Galen，希腊解剖学家、内科医生和作家）的作品而闻名于世，而自己对眼病的研究也闻名天下。我们甚至可以找出许多这样的人物，诸如伊拉克的阿拉伯人金迪（al-Kindi，穆斯林科学家）、有可能是波斯人的法拉比（al-Farabi，拉丁语为Alpharabius，又译法拉比乌斯，喀喇汗王朝初期著名医学家、哲学家、心理学家、音乐学家），此二人皆是博学多才之人，分别在公元9世纪和10世纪为巴格达效力。他们的博学诞生出了诸多成就，其中包括柏拉图和亚里士多德等人著作的翻译与研究评论，并在其中纳入伊斯兰教义思想的框架。

金迪、法拉比，以及其他学者对后来两位穆斯林学者——本·西那、本·路世德的治学生涯也起到了至关重要的作用，他们对欧洲中世纪早期的“黑暗时代”之后的西欧科学和哲学的复兴影响深远。正如历史学家菲利普·希提（Philip Hitti，公元1886—1978年，美国著名东方学家和教育家）曾经写道的那样，哈里发拉希德和马蒙在当政时期都积极钻研古希腊哲学，而当时查理大帝和贵族臣属据说也“涉猎名字书写的艺术”。[38]波斯学者本·西那（Ibn Sina，约公元980—1037年），伊斯兰黄金时代的医生、天文学家、思想家和作家，早期的现代医学之父）和他才智超群的前辈金迪一样，也是博学多才，在许多领域建树良多，尤其是其医学研究对欧洲
203 文明的演进是功勋卓著的。他留下了一部医学百科全书《医典》（*The Canon of Medicine*），不过在他去世后很久才被翻译成拉丁文。这本书通过西班牙穆斯林传到西欧后，阿维森纳（Avicenna，即本·西那的拉丁语名）便成为西欧医学的创始人（伊斯兰“医学王子”）。早在17世纪，其《医典》

仍是西欧标准医学教科书，成为17世纪欧洲大学医学教学的基础。同样也是在巴格达学者前期所奠定的基础上，阿拉伯哲学家、教法学家、医学家及自然科学家本·路世德（Ibn Rushd，公元1126—1198年，又称阿维罗伊，Averroes，简义为“评论者”；又称大阿尔伯特，Albert the Great）从伊斯兰教义哲学角度对亚里士多德的著作作出述评研究。在其撰写的评论相继被译成拉丁文并被介绍到欧洲之后，本·路世德的著作促进了中世纪经院神学家阿尔伯特斯·麦格努斯（Albertus Magnus）和他的学生托马斯·阿奎那（Thomas Aquinas）等人的宗教思想的发展，而且他们二人的著作多是对阿维罗伊作品的回应。在本·西那和本·路世德等穆斯林学者的著作助推与影响下，欧洲文化开始缓慢地转向以知识为基础的世俗理性主义——但讽刺的是，这一发展的结果最终让西欧得以跨越式发展，并在后来一度主宰了伊斯兰世界。后来的欧洲人也认识到他们的才智进步当归功于本·路世德，这在意大利杰出画家拉斐尔（Raphael）于1511年创作完成的作品——《雅典学院》中显而易见。画中，柏拉图和亚里士多德最为显眼突出，他们并排站在画的顶部和中央，但在其下方偏左侧的位置可以看到一个蹲坐在那里的阿拉伯伊斯兰学者本·路西德——在欧洲人普遍谩骂侮辱穆斯林的时代，有此一幅场景算是对穆斯林的特殊赞颂。[39]

然而，为了避免我们单纯地以为阿巴斯王朝的巴格达学者主要在欧洲文明发展中留下他们的一席之地，[40]我们还应当注意到，至少在一位知名学者看来，阿巴斯帝国最重要的贡献在于他们的伊斯兰律法——或又称之为“伊斯兰教法（shariah）”的发展。[41]在伊斯兰文明发展的广阔历史文化背景下，人们对伊斯兰法的研究一直高于对神学或哲学的研究。阿巴斯哈里发们对伊斯兰法律研究的支持，就像他们对古希腊科学研究的赞助一样，主要出自他们对高效政府管理和自我保
204 护的兴趣。在很多人看来，倭马亚王朝的哈里发们未能构建起一个适合穆斯林统治和联邦管理的体制。于是，后来的评论家们经常谴责倭马亚王朝屈从于奢侈的生活习惯和外国习俗的诱惑。随之渐渐而来的便是其统治合法性的丧失，民众也不再对他进行支持，进而直接导致了它们的消亡。但阿巴斯并没有打算走他们先辈的路，而另觅路径，寻找出路。因此，他们在资助新兴的伊斯兰法学者（ulema，即乌理玛，伊斯兰国家的学者、宗教权威或法学家称谓）方面不遗余力，慷慨资助。这个术语通常译为“神职人员”——但是，它与罗马天主教神职人员不同，乌理玛既没有祝福或神圣化的神职权力，也不能主持礼仪庆典。

差不多从穆斯林大征服一开始，对阿拉伯帝国来说，发展出一套适当的伊斯兰法律也是有要于时，而且越发明显。这主要基于两个原因：其一，《古兰经》本身不包含具体规定的“法典”，它只是整个教法的根本法——相较于希伯来《圣经》则差异明显；举例来说，《出埃及记》中的《十诫》和《申命记》就详细列举了具体的法律条文。其二，随着阿拉伯

穆斯林的征服扩展延及阿拉伯半岛以外的地方，他们将广大的疆域纳入自己的版图之中；不过，这些征服之地的社会与阿拉伯穆斯林社会有所不同，它们通常有着自己古老而又根深蒂固的传统和法律习俗，因此，需要将其中大多数地方限定在一个统一的法律框架体系以内，从而使这些地区的人民适应帝国的生活要求或规范他们的行为，但是这个框架体系必须忠实于真主在《古兰经》中所说的法旨，同时也要向先知穆罕默德尽其一生所树立的榜样学习和处世。

到了公元9世纪中叶，帝国境内形成了四种截然不同的法律“教法学派”——制定、解释和执行伊斯兰法律的框架体系——开始在逊尼派伊斯兰世界形成。什叶派穆斯林也发展出了自己的法理体系，但阿巴斯不太承认其合法性。在逊尼派教法学派的四位创始人当中，其中一位（本·阿纳斯）住在麦地那，其他三位（阿布·哈尼法、穆罕默德·沙斐仪和阿赫默德·本·罕百里）都在巴格达地区生活并从事伊斯兰教义教学工作。这些教法学派的信徒与支持者由于对教法的认识程度和解释方法不同，之间相互竞争，以引起哈里发的注意，作家本·阿西尔（Ibn al-Athir）曾在其著作中讲到教派之间相互攻击的事件。公元935年，一些极端严谨又过于狂热的罕百里学派信徒突袭巴格达的某处房所，没收室内的葡萄酒，并殴打屋内唱歌女子；他们甚至招募盲人瞎汉，让他们躲在清真寺里用 205
手杖殴打任何路过的沙斐仪学派成员。[42]

不过总的来说，阿巴斯还是给予这四个逊尼派的法律教法学派合法性地位。而且四大教法学派都延续至今，在世界各地都有信众与追随者。但是哈里发们在法律争议问题的解释上却并不一致，这就要求他们及其法学教义学者们在经训伊斯兰法的原则、精神以及深入细致研究伊斯兰法宗旨的前提下，运用个人意见、推理创制律例，以解决社会生活中出现的问题。阿巴斯王朝时代一个更具争议的教法发展集中体现在唯理主义思想解释学派的兴起，这个学派亦叫作穆尔太齐赖派（Mu'tazila）。这个教法学派深受当时涌入的希腊哲学知识的影响，其追随者强调：在解释《古兰经》的过程中，人类的智力（意志自由）和理性推演（唯理主义）具有普适性。在他们影响最大的时候，哈里发马蒙甚至委任穆尔太齐赖官职以彰显阿拉伯帝国对他这一学派的认可，并两次颁布敕令宣布"《古兰经》是受造之物"为官方信条，而其他派别的伊斯兰乌理玛学者则被投入大牢或惨遭杀戮——本·罕百里便是这样的下场，受刑最重。[43]

但是，阿巴斯王朝治下的伊拉克在穆斯林信仰和实践（内容）细化方面的贡献远远超出了伊斯兰律法的范畴，而是欣然接纳另一种思想运动——一场更能动人心魄、撼人灵魂的运动，这场运动诉诸人的心灵，超过寻求对法律秩序的规范。生活在伊拉克和其他地区的早期基督徒当中，出现一些思想另类的男男女女，这些人认为，有必要寻求一种更具个人化、更能令人动容也更为神秘莫测的方式接近上帝。在基督教中，这一运动后来逐渐演变成修道（monasticism），修道之人常常聚集在一起，大多数情况下是在男女分开的修道院里修行，在一位公认的宗教领袖监督下，孜孜以求，全心全意投入这种追求上帝的生活当中。于是，阿巴斯王朝的伊拉克，伊斯兰教也出现了这样一个同样神秘主义的运动教派：苏非派禁欲神秘主义（Sufism，又称苏非主义）。这一教派在伊拉克精神沃土的滋养下，其影响最终延及伊朗西部、阿拉伯半岛、呼罗珊、中亚，甚至远至西班牙。如今，苏非派禁欲神秘主义成了“伊斯兰教最多元化的化身——无论是有才学的人还是无知的人，不管是信教的人还是不信教的人，都可以轻易接触得到——因而也是东西方文化之间沟通独一无二的宝贵桥梁”。[44]首都巴格达在这中间厥功至伟。[45]

这场运动最初集中在那些选择主动脱离主流社会生活的
人们身上，他们经常过着一种贫困和禁欲主义的生活，提倡守 206
贫、苦行和禁欲。大约在同一时间，他们当中许多人又开始专注于陶冶内在生命，这是一种自己向内修行的“向内转向”，目的是达到一种以静幽神秘、沉思冥想和欣喜入迷的方式接近真主，感受真主之爱的状态。据说，这些神秘主义者通常身着羊毛衣服，苏非一词即源于阿拉伯语中的“羊毛（wool）”一义。

苏非派禁欲神秘主义有句名言更清楚地表达了这个运动的特征，它将禁欲主义和无私奉献融为一体，成为整个运动的最大特色：

> 啊，我的真主，如果我因害怕地狱而敬奉您，就请把我烧死在地狱；如果我因企盼进入天堂而敬奉您，请把我逐出天堂；如果我因仅仅是您而敬奉您，请您不要止住您那永恒的美丽。[46]

随着苏非派禁欲神秘主义在巴格达站稳脚跟，并逐渐产生影响，它便放弃了其早期那种从主流社会隐退来脱离俗世关系，从而禁欲克己的观念。相反，苏非派欣然接受了巴格达的城市生活，并且始终坚持每日践行，在虔诚以待中尽力接近真主的精神。苏非派并不拒绝巴格达伊斯兰法义学校的律法门道，但他们更倾向于一种神秘主义且强烈个人化的方法以接近真主，甚至将自己视为真主的天选之人，从而他们常常与教义派学者发生冲撞。

因为这些教法学派的学者与他们的神学律法学校得到哈里发官方的支持与庇护，因此，对苏非派来说，失宠于当局也是再正常不过。苏非派此时也开始聚集，汇聚在那些被尊为虔诚神秘、苦行禁欲的榜样周围，将其视作这个教派的领袖。在此过程中，他们组成了兄弟会（或“修道院”，亦译“互助会”）的团体，成为当地宗教和社会组织的关注焦点，包括提供社会服务。

阿巴斯王朝的衰落：伊拉克逐渐淡出（世界）中心舞台 207

伊斯兰文明是如此庆幸，苏非派兄弟会教团的出现锚定当地的社会组织，这一点在伊拉克表现尤为明显。在公元9世纪，阿巴斯王朝命数将尽，开始逐步衰落，到了公元10世纪中叶，阿巴斯的哈里发们已经沦为有名无实的傀儡。随着他们的权力削弱，对帝国的庇护日渐孱弱，直至最后消亡。此时新的外族征服突然映入历史，巴格达旧日征服故事重演，一如既往的历史阴影重现，伊拉克由此失去了伊斯兰世界中心舞台的光环与地位。尽管在阿巴斯王朝时代，伊拉克多产的翻译家、高尚的神学律法学者和虔诚的苏非派为巴格达的文化和宗教增色不少，但阿巴斯王朝气数已尽，其政治命运已是前途渺茫。有些原因现在仍存争议，但个中原因肯定涉及王室内部的紧张冲突。当初，在公元803年，哈伦·拉希德发现清除巴尔马克家族只不过是权宜之计，要知道阿巴斯王朝的成功在很大程度上要归功于巴尔马克家族。哈伦死后，他的两个儿子为争夺阿巴斯王朝的王位展开争斗。由此引发内战，战争直接破坏了两河流域的大部分冲积平原及其灌溉系统，直到长期围困巴格达的战争宣告结束。在这场围困战中，尽管巴格达街头帮派奋勇对抗训练有素的士兵，意在保护首都，但巴格达还是在这场内战中遭受重创，几近毁灭。公元869年，伊拉克南部平原上，被带到那里为农业生产而在沼泽地排水的数千名非洲奴隶（也包括从事开采盐渍地硝石矿等艰苦劳动的黑人），开始起义反抗阿巴斯王朝（因起义者为黑人，故称赞吉，史称赞吉起义，Intifadah al-Zanj），其结果是两河的冲积平原农业（及其重要收入）遭到进一步重创。就像几个世纪以前，迦勒底反叛者在起身反抗亚述人时避难沼泽一样，现在这些非洲奴隶将这些沼泽地带作为反抗阿巴斯王朝的军事行动的基地。到了公元883年，阿巴斯王朝的军队粉碎了赞吉的叛乱，但在此之前，他们早已摧毁了伊拉克南部的农业基础设施。为了弥补农业收入的减少，阿巴斯王朝下令对他们手中留有的土地进行过度利用——这只不过是权宜之计，在伊拉克历史上屡见不鲜，但由于农田过度灌溉，反复开垦，土壤盐碱化在所难免，农业产量逐年减少。关于这个时期的阿拉伯编年史和20世纪的
208 考古发现清楚地表明，此时位于巴格达和萨瓦德地区一带的乡村正在衰落。[47]农业收成减少则意味着国库收入减少，严重地削弱了阿巴斯王朝维持统治所需的物力与财力，尤其在维系他们赖以生存的军事力量方面。随之国家变得羸弱，让阿巴斯王朝的哈里发付出了沉重的代价。在公元9世纪晚期和10世纪早期，哈里发不得不将国内大片领土的控制权交予地方小王国，这些王国尽管声称要效忠并保卫阿巴斯王朝，但实际上或多或少地保持着独立，统治着这些地区。其中一个小王朝在公元10世纪初获得了对摩苏尔的控制，这种方式既削弱了阿巴斯王朝对伊拉克的直接控制，又加强了摩苏尔与阿勒颇（Aleppo，叙利亚西北部城市）和叙利亚西部的联

系——这一情势保持了很长一段时间，常常使摩苏尔超出巴格达的影响势力范围。

公元969年，控制埃及的地方封建王朝——伊赫什德王朝（al-Sulalah al-Ikhshidiyyah）被乔哈尔率领的柏柏尔军队推翻，取而代之的是一个宣扬新激进思想的什叶派意识形态（统治埃及）。这些人自称是法蒂玛王朝后裔（此名来自伊斯兰教先知穆罕默德之女，后来嫁给阿里），他们断然拒绝阿巴斯王朝对他们的统治霸权。由此，阿巴斯王朝认为他们是伊斯兰教的亵渎者，需要毁灭他们。法蒂玛王朝随即建立了一个新首都，作为政治和文化的中心——开罗，并且很快就超过了巴格达，开创了埃及的新时代。

那时，巴格达的哈里发一度失势，甚至连首都周围的地方也无法控制，落入了他们最初引进来帮助自己的外来力量之手，一时间束手无策。哈伦·拉希德死后，阿巴斯王朝爆发内战，战争中新的哈里发企图任用新的军事骨干来巩固自己的统治地位。这些将军忠诚于哈里发，其程度甚于传统上维护阿巴斯统治的阿拉伯部落酋长。这种倚靠他人忠诚效力的方法只不过是中东地区统治者在此后几个世纪内相继效仿的权宜之计：首先招募雇佣军和（购买）奴隶士兵——通常以马穆鲁克（Mamluk，意指被其他人拥有的人）或古拉姆（Ghulam，意即年轻的奴隶）为主。这些人组织在一起，形成专业的军事力量，只忠诚于哈里发，不会受到任何与哈里发为敌的亲属部落影响。阿巴斯人最初只不过是阿拉伯帝国偏远地区的一个

209 民族，后来逐渐发展壮大，最终取代了阿拉伯人。就像帕提亚人，1000多年前出现在帝国东部边境地区，曾与亚历山大的塞琉古王朝继任者对抗。土耳其人当时是野蛮强悍、勇敢坚定的游牧民族，有着骑射的传统，其部落勇士善于使用复合弓箭，由此也使他们拥有一支强大的军事力量。公元9世纪的一位阿拉伯人评论道，对土耳其人来说，骑马和战斗便是“他们唯一的乐趣，他们的荣耀所在，以及他们所有谈话的主题。由是，他们在战争中的表现就像希腊人沉思在自己的哲学当中一样，乐此不疲”。

但是，马穆鲁克奴隶军队对阿巴斯统治的支持迫使哈里发付出了惨重的代价。巴格达城内的原居民开始憎恨这些外来的奴隶士兵，他们在城内经常打打闹闹，扰人不安，还威胁到原居民的社会地位。基于这种原因以及其他因素，公元836年，哈里发将他的马穆鲁克奴隶军队从巴格达移至底格里斯河上游约130千米处的新建都城萨马拉。公元892年，萨马拉时代结束，哈里发被迫离开萨马拉返回巴格达。其时，萨马拉已经拥有相当规模的城市建筑，城中建造了辉煌壮观的宫殿和清真寺——其废墟如今已成为世界文化遗产——这些建筑见证了萨马拉历史上巨大的动荡，因为马穆鲁克奴隶军队的指挥官逐渐取得权势，开始将他们的意志强加给哈里发，不再听命于阿巴斯统治者。当时，一位哈里发曾授予马穆鲁克奴隶军队的一名指挥官头衔——“苏丹”，其头衔威望在后来几个世纪里甚至超过哈里发。“苏丹”一词源自阿拉伯语中的抽象名词，与权力和威望相关，后来变成特殊统治者的称号。然而，哈里发迁都重返巴格达，并未扭转这一颓势。哈里发成为马穆鲁克指挥官的傀儡，甚至变成了他们自己属下的高官维齐尔，反而听命于这些外来将领。这些人掌握军权，任意废立甚至杀害哈里发，哈里发即便没有被杀死，也会被残忍地弄瞎眼睛或作为乞丐扔到大街上。到了公元10世纪中叶，阿巴斯王朝命运已是江河日下。公元945年，哈里发成为伊朗（今阿塞拜疆境内）军阀世家——布韦希家族（Buyids，公元934—1062年，又叫布韦希德王朝，Buwayhids）的傀儡，被迫承认其家族的统治地位，授予其领导人总司令的头衔，并将实际上的统治权交与布韦希家族，由是布韦希家族名义上承认哈里发的权威。雪上加 210
霜的是，布韦希家族属于什叶派穆斯林。次年，萨瓦德地区的阿巴斯农业基础设施遭到毁灭性的打击。自波斯萨珊王朝时代起，伟大的纳拉万运河一直是帝国农业的重要组成部分，它将底格里斯河水输送到底格里斯河的主要支流——迪亚拉河周围的农田。公元946年，纳拉万运河被挖断，结果，这一举动摧毁了伊拉克的农业，萨瓦德地区再也没有恢复生机。[48]

巴格达阿巴斯王朝统治的终结，标志着一个时代的结束。阿巴斯王朝是统治漫长而保持相对完整的世界大国链条中的最后一个政治大国。在大国链条中诞生出了一系列世界上伟大的国家和文明，这些庞大帝国疆域宽广，主要依仗于南部美索不达米亚平原上丰富的农业资源。从早期的苏美尔人、亚述人和巴比伦人，到居鲁士和大流士治下的波斯人，再到亚历山大和他的塞琉古王朝继承者，又到定都于泰西封的帕提亚人和波斯萨珊王朝，最后到巴格达的穆斯林阿拉伯阿巴斯帝国，历史上的所有这些王国都依仗着萨瓦德肥沃的黑土地及底格里斯河和幼发拉底河的广大水域建立起各自的政权，进而改变了整个世界（历史进程）。

第六章

插曲：从文明摇篮到一潭死水

布韦希家族接管阿巴斯权力后的300年间，依旧保留了哈里发的职位，但使其成为傀儡。哈里发们仍然坚守着他们在巴格达的传统席位，但此时的巴格达再也不是真正的皇权中心了。布韦希家族控制哈里发后的不到四分之一世纪的时间里，法蒂玛王朝在埃及掌权。大约就在同一时候，经由红海的海上贸易路线吸引了来自印度和东方的大量贸易，这给法蒂玛王朝带来了巨大的经济利益，同时也给意大利北部崛起的商业城市比萨和威尼斯带来了巨大的商机。这两个小国也和法蒂玛王朝建立了贸易联系。随着巴格达的财富收入减少，阿拉伯文化的重心无情地向西转移到埃及开罗。

布韦希人、塞尔柱人和蒙古人统治下的伊拉克

由于布韦希家族成员执掌不同的城市，布韦希王朝便将其统治分散到伊拉克和伊朗的大部分地区。由是，伊朗南部名

城设拉子（Shiraz）和伊斯法罕成为当时主要的文化中心。虽然布韦希家族对外声称要忠于巴格达的哈里发，接受占人口多数的逊尼派的最高宗教权威领导，但是他们自己作为什叶派穆斯林，当然更倾向于什叶派的宗教庆祝活动，并支持什叶派圣殿的建设。

212 其中最为著名的当数萨马拉的阿斯卡里清真寺（al-Askari，亦有译哈迪清真寺），里面有什叶派第十和第十一伊玛目的陵墓，为伊拉克什叶派宗教圣地之一。大多数西方人对这座清真寺一无所知，直到2006年2月，逊尼派极端分子武装人员袭击了这座清真寺，他们引爆了一枚炸弹，严重损毁了这座清真寺，从而引发了伊拉克的宗派内战，导致数万人丧生。

但是，布韦希王朝无法维系对境内所有地方的控制。在伊拉克，当地阿拉伯人的小王朝控制了摩苏尔和南部的希拉，而在东北地区，库尔德部落开始起事，纷纷在山区要塞建起据点，保卫自己部落的利益。此外，伊拉克境内的逊尼派穆斯林和什叶派穆斯林之间的关系也不是风平浪静。逊尼派的罕百里学派学校一般以巴格达为中心，其教徒好斗，在参拜神圣伊玛目圣殿的时候为什叶派所排斥。公元971年，罕百里派人员袭击并烧毁卡尔巴拉的伊玛目侯赛因圣殿时，整个巴格达都陷入动荡，城内黑帮们因不同的教派信仰分属不同派别，并为了保护各自的保护区相互冲突。[1]同样的情形，也发生在一千年后的教派冲突中，看上去似乎是一种预兆。

塞尔柱人和突厥人的到来

然而，逊尼派的昔日雄光终于再现，因为新的征服者即将登上历史舞台，那就是塞尔柱人。塞尔柱人起源于突厥游牧民族乌古斯（Oghuz）部落联盟中的一支。他们最晚在公元10世纪晚期抵达伊朗北部，并皈依了伊斯兰教逊尼派。这意味着他们在漫长的骑马游牧迁徙过程中的又一次迁移，这些游牧部落经常性地迁徙，渐渐地从中亚迁到中东，此种情形最早可以回溯到公元前4世纪的帕提亚人。塞尔柱人的到来标志着中东 213
地区第一次大规模的人口迁移，并最终导致这一地区被突厥部落征服。当然，在伊拉克历史上，这不会是最后一次。塞尔柱人最初信奉一种不同于伊斯兰教的宗教，这种宗教信仰的是天空之神和代表其他自然元素的神祇，但在公元1000年前后不久，他们改宗皈依了伊斯兰教。他们的首领（可汗）很快地就宣称自己是伊斯兰教逊尼派的捍卫者，坚决反对异教信仰（当然也包括什叶派）。作为在马背上战斗的部落，他们不断地为牧群寻找新的牧场，因此不停地迁徙，他们还拥有支撑其宗教信仰的军事力量。公元1050年，塞尔柱人在征服了阿富汗和伊朗后，继续向西拓展，最终目标是希望推翻开罗什叶派法蒂玛王朝。

这也直接导致了公元1071年塞尔柱人与拜占庭皇帝的军队发生冲突（7月4日这天，塞尔柱突厥人和拜占庭帝国在小亚细亚东部亚美尼亚地区进行的一场激战），包括与来自遥远的法国的雇佣军骑士之间于8月26日在安纳托利亚东部的曼齐克特展开战斗。在曼齐克特战役中，塞尔柱人给拜占庭基督徒以沉重打击，几乎要毁掉整个拜占庭帝国，为突厥穆斯林进一步征服和定居安纳托利亚打开了大门。

在这之前，塞尔柱人也控制过整个伊拉克。在此过程中，他们也被推到巴格达一个很高的位置，并部分地恢复了阿巴斯哈里发的威望。公元1055年，塞尔柱可汗图赫里勒（Tughrul）攻占了巴格达，结束了布韦希王朝的统治，同时宣布要恢复逊尼派在伊斯兰教的独尊地位，以表达对哈里发的虔敬与忠诚——他显然不想去觐见当时的哈里发，而是继续挥兵北上。但这位哈里发心存感激，授予图赫里勒“苏丹”以及“东西方之王”的称号。此后，图赫里勒的继任者一直傲然地享有这一头衔。和布韦希王朝时代一样，苏丹在伊拉克拥有真正的政治影响力，而哈里发在职能上出现了更加明显的分离，越来越侧重于宗教事务的统治，与世人事务逐渐脱节。从大体上来说，逊尼派穆斯林在塞尔柱王朝时代占主导地位。而什叶派在公元1058—1059年前后经历短暂复兴之后，巴格达的什叶派对逊尼派发起了猛烈的报复，在随后的几十年间，巴格达的基督徒和犹太人也因此遭到迫害。[2]

塞尔柱帝国在苏丹马利克沙（Malikshah，在位时间为公元1072—1092年）统治下臻至鼎盛，国土从中亚到地中海和红海一带，其政权影响甚至远至麦加和麦地那。苏丹马利克沙这个名字，出自波斯语shah，意为“万王之王”——显然是

在他登基时所取，寓意威严——证明了阿拉伯-波斯帝国文化 214
在阿巴斯王朝的巴格达文化培育下所产生的持续影响。尽管苏丹是突厥后裔，但他结合阿拉伯语“统治者”（malik）一词和相应的波斯语中的专名shah（万王之王），从而给出如此名称，一身集齐阿拉伯、波斯、突厥三大要素，以彰显权威。后来的苏丹还在全国范围内建立教经学校（伊斯兰学校，Madrasah），坚定支持伊斯兰教逊尼派主张。这些学校当中最为著名的当数尼采米亚大学（Nizamiyyah），学校名称以其创始人、塞尔柱王朝杰出的高官、苏丹马利克沙的得力助手——尼扎姆·穆勒克（Nizam al-Mulk）来命名。到目前为止，众多尼采米亚大学当中最为知名的是巴格达的尼采米亚大学，这所学校建于公元11世纪晚期。据一些学者估计，这所学校可能是世界上最早的大学。

随着尼扎姆决定聘请学者，由伊斯兰教权威教义学家加扎利担任学校校长（一说首席教授）。自此，大学声望就得到不断提升。可以说，加扎利是中世纪伊斯兰宗教学术史上最具开创性的人物。他在尼采米亚大学就像磁铁一样，吸引了众多宗教学者、学生和诗人云集巴格达。但是，没有一个塞尔柱帝国的苏丹将巴格达作为他们的首都。相反，他们更喜欢伊朗的城市，诸如伊斯法罕，以及后来的都城哈马丹。因此，巴格达在文化上是一个中心城市，但在政治上仍是死水一潭。

公元1092年8月，尼扎姆遇刺身亡；11月，苏丹马利克沙也去世了。塞尔柱王朝的黄金时代随之宣告结束，帝国从此分崩离析。据说尼扎姆死于一名什叶派极端分子之手，凶手所在的教派曾受到过开罗的法蒂玛教派的教义影响——当时尼扎姆恰好试图通过建立伊斯兰学校的策略来肃清这种教义的“流毒”，于是遭到了杀害。而这个极端教派在后来臭名昭著，原因是其向所谓信徒和潜在信众提供毒品大麻，让他们吸食后相信殉难后能够升入美丽天堂。因此，这些信徒和潜在信众便被称为哈希什——抽大麻的人。此词也正是英语中“刺客（assassin）”一词的出处。

苏丹马利克沙死后，内部纷争云起，塞尔柱帝国很快分崩离析。在公元12世纪和13世纪早期的伊拉克，当地的阿拉伯人、突厥人和库尔德人竞相在这块土地上争权夺利。贝都因人成立的阿拉伯王朝曾在南部地区短暂地宣布自治，还有一个
215 小突厥王朝——赞吉王朝（Zangids，公元1127—1251年）以摩苏尔为中心，统治着北部地区。过了一段时间，巴格达的阿巴斯王朝利用塞尔柱人统治的无力，重新恢复对伊拉克中部和南部大部分地区的统治，甚至在公元1157年击退了塞尔柱苏丹对巴格达的围攻（史称巴格达之围）。从长远来看，伊拉克历史上最重要的事件并未真正发生在这一时期的伊拉克境内。相反，伊拉克人受到了一位出生在底格里斯河畔巴格达北部城市提克里特人士的影响，为加深理解此人在当时及以后伊拉克历史中的重要意义，我们先要对其成名的历史进行一番考察。

十字军东征和萨拉丁

公元1095年，教皇乌尔班二世（Urban Ⅱ，公元1042—1099年）收到了一封改变历史进程的书信，这封书信为中东和西方之间持续至今的关系奠定了基调。

随着塞尔柱王朝的分崩离析，拜占庭帝国皇帝阿历克西乌斯一世·科穆宁（Alexius I Comnenus）认为他可以从土耳其人那里夺回他的前辈们在输掉曼齐克特战役后15年间失去的领土，但他需要外部力量来帮助他完成这一使命。尽管罗马天主教会长期以来一直与君士坦丁堡的东方教会（皇帝即该教会的正式首脑）心存芥蒂，但是阿历克西乌斯还是修书一封给教皇，请求他帮忙召集人马，成立一支基督教欧洲雇佣军骑士组成的远征军，然后向东进发，一举拿下土耳其。

毫无疑问，乌尔班二世从皇帝的信中感觉到了自己的机会已然来临，便把这个请求铭记于心。仅仅过了几个月，在法国克莱蒙-费朗（Clermont-Ferrand，历史上简称“克莱蒙”，法国中部城市和多姆山省的省会）的一次基督教会议上，乌尔班向聚集在那里的封建领主和骑士发出了慷慨激昂的呼吁，要求他们为了基督的事业拿起武器，从野蛮邪恶的突厥人手中夺回耶路撒冷及其“圣地”，而且乌尔班还指责他们犯下了所有人都可以想象出来的恐怖与亵渎行为。

后来的事实证明，他的信众和那些穿越欧洲并将他的信 216
息四散传播的人迫不及待地想要接受教皇交给他们的任务。最初一拨人，由成千上万名朝圣者组成，号称“朝圣战士”——后来他们又被称作“十字军”。

十字军首先从法国和德国出发，他们在德国莱茵的一些城镇屠杀了数以百计的犹太人。公元1096年，十字军抵达君士坦丁堡城下的时候，受到拜占庭帝国皇帝的热烈欢迎。但很快，皇帝就让他们渡过博斯普鲁斯海峡进入安纳托利亚，去进攻土耳其人。不久，他们便遭到了当时已经控制安纳托利亚大部分地区，由塞尔柱人建立的罗姆苏丹国（Sultanate of Rome）军队的屠杀。公元1097年，又一拨由数千名骑士和士兵组成的十字军（大部分是法国人）继续越过安纳托利亚，开始在半岛上杀出一条血路。其中有一小股部队，从十字军主体当中分离出来，前往东方的穆斯林领地，来到美索不达米亚北部，展开了冒险与征服，控制了幼发拉底河上游的埃德萨——古叙利亚基督教的中心地带。随后，大部分军队继续向南挺进，直入叙利亚——这个国家在马利克沙五年前去世后就因其子争夺王位而变得四分五裂。

机缘使然，情势变得对欧洲侵略者有利。另一支十字军到达了古老的塞琉古首都安提俄克，为了夺取这座城市，开始围困这座防守严密的城市长达几个月，并为此付出了巨大的代价，但随后又被从摩苏尔派出的苏丹救援部队反向围困。根据传统的说法，十字军之所以能够突破这种围困，主要还是受到了神启，无数奇迹天象以及相关发现鼓舞了士气，有神迹就埋藏在那里古老教堂的地板之下，据说是耶稣受难时用来刺穿他一侧身体的长矛。然后他们恢复战斗，继续向南冲击，直达他们最终的目标——耶路撒冷，并于公元1099年7月15日完全占领这座城市。如果我们单纯地接受这种表面说法，那么征服总是与屠杀相伴而行，在这种无差别的流血漂橹（杀戮）中不分彼此。

于是，十字军东征就这样暂告结束，耶路撒冷重新落到基督教手中，新成立的欧洲领主统治着四个“十字军国家”，
这些国家基本上统治着地中海东部沿海地区狭长地带（包括耶 217
路撒冷王国、安提俄克公国、的黎波里伯国、埃德萨伯国）。如果我们相信伊拉克编年史学家本·贾夫齐（Ibn al-Jawzi）所言，那时的巴格达人民（包括哈里发在内），在得知十字军东下的消息时一无所动，也没有人鼓动他们采取行动对抗十字军。本·贾夫齐在他的作品中讲到这样一件事，即一个使团在斋月期间历尽千辛万苦，从叙利亚的大马士革带来十字军入侵的可怕消息。

使团的头目还去参拜了巴格达的大清真寺，并拿出一些食物准备吃喝。周围一些旁观者厌恶地看着他，充满了鄙夷。这时，这位头目转向周围的看客发表讲话，指责他们冷眼旁观，对叙利亚和耶路撒冷发生的重大亵渎事件置若罔闻，这是最严重的伪善。一些看客听后深受感动，甚至热泪盈眶，强烈要求国家采取行动对抗十字军。[3]事实上，第一次十字军东征仅是对于穆斯林势力扩张的一次回应，其实际影响仅限于东地中海沿岸和邻近的内陆地区。

而此时的哈里发已是日薄西山，没有强大的军事力量，很难对此有所作为。尽管巴格达仍然被穆斯林尊为哈里发的首都，推崇为穆斯林的学术中心，但是其军事与政治与此毫不相干。这一点显而易见。当下的哈里发政府已无力改善王国日渐衰落的处境，这在公元1099—1101年间长达30个月里愈加突出。塞尔柱王朝领主们为了巴格达这座城市长期内部争斗，其间巴格达多达八次易主。[4]而且塞尔柱王朝的王子们并未降尊以求，对公元1099年人民的强烈抗议及其之后的事件作出有效的回应。在接下来的20年间，内部倾轧让苏丹无法召集大规模的军队。尽管如此，苏丹还是向西派出几支军队远征叙利亚。但是，这些军队对十字军的占领并无多大影响。而且，苏丹本人也未亲自率军进行远征。毕竟相比之下，伊拉克和伊朗对他来说更为重要。当时，那里的局势已是不容乐观，到处动荡不安。[5]十字军征服耶路撒冷50多年后，穆斯林开始反击，一支穆斯林军队在突厥人赞吉（Zengi）的指挥下攻打埃德萨伯国（County of Edessa），他在公元1127年成为塞尔柱摩苏尔的总督，并于第二年拿回阿勒颇，将其并入统治版图。

胜利让他有了足够的权力基础，并借此将势力影响扩及伊拉克北部和叙利亚的大部分地区。之后，又以发动圣战的方式驱逐基督教入侵者。

218 就这样，基督教势力与穆斯林势力起起伏伏，相互争斗，持续了将近150年。公元1144年，赞吉占领了埃德萨，重新夺回四个十字军国家中的第一个。欧洲对此的反应便是召集第二次十字军东征，但在公元1148年包围大马士革时，由于内部不和，缺乏统一指挥，因此未能攻克大马士革。

十字军领导人之一的法国国王路易七世，当时他带着美丽而又不屈不挠的王后——阿基坦（Aquitaine）的埃莉诺（Eleanor）一同参加了第二次十字军东征。公元1152年，埃莉诺与路易的婚姻宣告结束，随后她就转嫁给了雄心勃勃的金雀花王朝的亨利〔即诺曼第公爵（Duke of Normandy，公元1150年起），或称安茹伯爵（Count of Anjou，公元1151年起）和英格兰国王（公元1154年起）〕。不到三年，亨利即成为英格兰亨利二世（公元1133—1189年）。埃莉诺跟亨利生了五个孩子，其中第三子理查德于公元1189年继承亨利王位，成为英国国王。作为狮心王，理查德在所有十字军东征的国王当中赫赫有名，也最具浪漫气质。

不过，作为十字军的一名战士，理查德想要成就这样一个美好声名，就需要一个强劲对手。第二次十字军东征失败后的几十年里，开始有这样的一个人进入他的视野，能与之匹敌。突厥人赞吉死后，他的儿子努尔丁（Nur ad-Din）继承王位，在穆斯林中声名赫赫，十字军对其也是忌惮不已，视其为眼中钉。他一继位就马上投身于伊斯兰世界的圣战，很快统一了整个叙利亚。而且，努尔丁应埃及法蒂玛王朝哈里发之请援，派遣将领希尔库（Shirkuh）及其侄子萨拉丁率军到埃及迎战十字军。希尔库曾设法让埃及的法蒂玛王朝哈里发任命他为高级官员维齐尔，于是努尔丁也成功地将其影响延及埃及的法蒂玛王朝。公元1169年，希尔库去世，陪他一起去埃及的侄子萨拉丁继承其叔在叙利亚军队的司令官之位，同时也被埃及法蒂玛王朝任命为首相。这位30岁的政界新贵，本身就是一名库尔德将领，出生在巴格达北部的提克里特（Tikrit），他作为军事领袖早已扬名海内外。在随后的20年里，萨拉丁所取得的卓越功绩给他赢得了巨大的权力与声誉，让其声名传遍中东和欧洲地区，被一些穆斯林作为英雄人物铭记在心。

萨拉丁的全名为纳赛尔·萨拉丁·优索福·本·阿尤布（An-Nasir Salah ad-Din Yusuf Ibn Ayyub）。他在埃及担任要职的人员当中，算是第二位约瑟（《圣经》中雅各的第十一子优索福Yusuf），约瑟在犹太《圣经》中被视为听命于犹太人、深受犹太人拥戴的人物，在《古兰经》中也是如此。而在西方世界，人们常将萨拉丁当作敬畏的人物而铭记。

219 萨拉丁在当上埃及法蒂玛王朝的高官以后，就颠覆了法蒂玛的君主统治，废除了埃及什叶派的法蒂玛哈里发（顺便提一下，这也标志着在美国2003年入侵伊拉克后，在什叶派主导的伊拉克政府出现之前，以什叶派为主的政治当局最后一次统治一个主要的阿拉伯国家的结束）。

虽然萨拉丁正式恢复了埃及在巴格达的逊尼派阿巴斯哈里发的宗主权，事实上他只在自己的统治范围内掌管着埃及。不过，萨拉丁的迅速崛起引起了努尔丁的警觉，由于忌惮努尔丁的威望，萨拉丁表面上还是臣服于努尔丁。但在努尔丁去世几年后，萨拉丁便完全将努尔丁的叙利亚占为己有，将其置于自己的控制之下。同时，萨拉丁也被巴格达的哈里发认定为埃及和叙利亚的苏丹（公元1175年，萨拉丁得到阿巴斯王朝哈里发授予的“埃及、叙利亚、马格里布和也门苏丹”的称号），至此，萨拉丁成为中东地区最强大的穆斯林统治者。

此外，一系列针对十字军的圣战的辉煌战果，让萨拉丁赢得了巨大的声誉，也得到了欧洲人的尊重，也成为西方人眼中坚定（十字军）反对者的标志性人物。

到了公元1182年，十字军的指挥官骚扰穆斯林商人和朝圣者，甚至威胁到萨拉丁对红海一带的控制。对萨拉丁来说，失去红海则意味着麦加和麦地那将会腹背受敌。于是，他发动了一场联合军事行动消除这一威胁，将重点放在耶路撒冷十字军王国上。1187年7月4日，萨拉丁的军队在今天以色列的太巴列附近的哈廷双角（Horns of Hattin，即今以色列的提比利亚）与耶路撒冷国王的军队展开激战，这场战役中萨拉丁痛歼耶路撒冷十字军，声称哈廷之战的胜利将以十字军带来的用以激励他们作战的真十字架作为奖赏。10月2日，耶路撒冷的守军被歼，耶路撒冷遂落入萨拉丁的军队手中。萨拉丁进入耶路撒冷城后并没有对异教徒进行杀戮，与十字军在1099年征服耶路撒冷时以屠城方式对待该城居民的方式相反，他反而仁慈地允许基督教居民毫发无损地离开该城，并邀请该地区的犹太人继续在那里定居。

愤怒的基督教世界很快对此做出回应。于是第三次十字军东征开始，最初是由三个强大的君主领导的，但是由于神

220 圣罗马帝国皇帝中道驾崩，加上法国国王临阵脱逃，很快就剩下唯一一人作为人选，那就是前文提到的狮心理查德（又称狮心王理查，Richard the Lionheart），他于1189年继承他的父亲王位成为英国国王，其率领的军队亦由王国特别征收的附加税——“萨拉丁什一税（Saladin tithe）”资助。公元1189—1192年间，理查德的十字军与萨拉丁的军队进行过几次激战，并取得一些胜利。不过，当理查德率军离开巴勒斯坦时，圣城耶路撒冷和耶路撒冷王国的大部分国土已然在萨拉丁的牢牢控制之下。此后，双方停战，签订合约，暂时结束了战斗，协议准许非武装的天主教朝圣者自由前往耶路撒冷朝圣，基督徒可以保留先前收复的领地，十字军国家与伊斯兰国家互开商路。

不到一年，萨拉丁病故于大马士革，其遗体被安放在大马士革的倭马亚哈里发大清真寺附近。根据当时人们的说法，萨拉丁的逝世，“世人为之悲伤，就像他们被告知将死一样悲伤。我也从未见过这样一位统治者，人民为其死亡而哀悼，而不论其是非好坏，无论是穆斯林还是异教徒，都是如此地爱戴他”[6]。他的后代子孙中，曾建立一个库尔德阿尤布王朝（Ayyubid dynasty）统治埃及，直到公元1250年被自己属下的马穆鲁克奴隶骑兵逐出埃及。随后马穆鲁克王朝取而代之，成为埃及的苏丹，并最终将十字军从黎凡特驱逐出去，实际上，其中一位苏丹曾以“萨拉丁”为头衔讨伐十字军。[7]这足以说明萨拉丁的历史影响。

虽然有些穆斯林方面的资料痛斥萨拉丁是一个篡位者，但通常情况下人们将他视为一个伟大的统治者，认为其个人集伟大美德和虔诚信仰于一身。另一方面，在萨拉丁那个时代，一些欧洲基督徒认为身为哈廷之役的胜利者与耶路撒冷的征服者的他是一个作恶多端、奸诈而可怕的敌人，并且作为一名异教徒的穆斯林，做出了许多可怕的亵渎行为。在中世纪的一幅画中，萨拉丁与狮心王理查德决斗，并被理查德一枪戳飞——事实上这件事并未真正发生过，他们从未谋面，画中的萨拉丁有着魔鬼一般的形象，身体如魔鬼撒旦，皮肤呈蓝色，头耸长角。据当时的文献报道，一名十字军战士写信给罗马教皇，指控萨拉丁将整个基督教世界最神圣的圣物真十字架扔进了火中。[8]另一路资料来源称，萨拉丁常常将真十字架绑在他们的 221
坐骑尾巴上，然后大摇大摆地穿过耶路撒冷的街道，在泥土灰尘中拖着它前行。当代欧洲的一些资料也将其描绘成上帝派来惩罚十字军犯下邪恶罪行的一个祸害[9]——就像《圣经》中的先知惩罚犹太民族一样，将亚述人和巴比伦人的军队解释为上帝派来惩罚他们所犯下的邪恶罪行的灾难。然而，根据史料记载，萨拉丁处事慷慨大方，曾以骑士般的精神对待理查德和其他基督教十字军指挥官。譬如，当时两军交战期间，理查德在十字军进军中途因瘟疫折磨而发烧病倒，萨拉丁派人给他送去了冰镇水果。还有一次，萨拉丁给理查德送去马匹，来替换他丢失的坐骑。诸如此类的传言与资料重塑了萨拉丁在欧洲基督徒心中的形象，也提高了他的声望，使其成为一位心地纯洁、果敢勇猛的骑士。[10]14世纪初，意大利诗人但丁·阿利吉耶里（Dante Alighieri，公元1265—1321年）在他著名的作品《神曲》中讲到地狱、炼狱和天堂之旅时，认为有理由将萨拉丁安排分配到地狱的最外围，即地狱第一层。在诗人的想象中，这个地方不会永远让人痛苦，是为有德的异教徒保留的地带，因此是那些一生当中因其恶行而被剥夺了基督教洗礼的美德之人永生安息的地方。这一层的地狱世界中还有其他积福积德的居民，包括许多古希腊罗马时代的伟大作家，特洛伊和古罗马的英雄们，以及伟大的穆斯林哲学家阿维森纳·本·西那〔阿维森纳（Avicenna）是本·西那（Ibn Sīnā）的拉丁化名称〕和阿维罗伊〔本·路世德（Ibn Rushd）中世纪时期的阿拉伯哲学家、教法学家、医学家及自然科学家〕。[11]

萨拉丁在伊斯兰世界的名声在他死后的几个世纪渐至湮没，几乎被遗忘。人们常将他视为篡位者，毕竟是他剥夺了努尔丁继承人的资格，自立为王的。相反，努尔丁的后代子孙们却因为他们坚定地反抗十字军东征，在圣战中所向披靡而获得更多的赞誉。这或与公元13世纪将十字军消灭在黎凡特的埃及马穆鲁克苏丹拜巴尔斯（公元1260—1277年）相比稍逊一筹，历史功绩相对黯淡。[12]但随着19世纪欧洲在中东地区的利益——介入干预开始逐渐增多，欧洲人对萨拉丁心怀崇敬的思想不断影响着伊斯兰世界，此类的小插曲事件也与日俱增。1898年，德国恺撒·威廉二世在参拜萨拉丁墓时就发表了充
222 满敬意的讲话，也使得伊斯兰世界开始意识到萨拉丁在欧洲人

心目中的地位。[13]第一次世界大战后，随着欧洲的利益发展，欧洲在中东地区的主宰地位不断突出，萨拉丁作为战士领袖的形象，在中东穆斯林群体中开始恢复，他在欧洲入侵中东的早期坚决地捍卫了该地区的独立与完整，这种反抗欧洲侵略者的热情很快地让他成为穆斯林效仿的榜样。正如某位学者指出的那样，萨拉丁“完全有成为诸多群体英雄人物的优势”——就其种族而言，他是库尔德人，成长于突厥的军事环境中，是阿拉伯土地上的统治者，大多数逊尼派奉其为抗击十字军的圣战英雄，是位高权重的大臣，他曾尽己所能让征服行动得到巴格达的逊尼派合法认定。[14]

另一方面，又有许多什叶派穆斯林视萨拉丁为恶棍，无外乎是因为他本人在终结埃及什叶派法蒂玛哈里发统治中发挥了重要作用。第一次世界大战结束后，阿拉伯巴勒斯坦人将萨拉丁在公元1187年哈廷之战中攻克十字军的进攻视为典范，认为他为他们抵抗犹太复国主义者定居点冲击作出表率。[15]

萨拉丁作为抵抗象征所具有的力量无疑促成了法国将军亨利·葛劳德（Henri Gouraud）在叙利亚所作所为的一些报道与传言，公元1919年，法国在接管叙利亚之后，葛劳德访问了大马士革的萨拉丁墓。传言他在那里踢了一下萨拉丁的棺材，宣布十字军东征终结，信奉基督教的欧洲人是最终的胜利者。几十年后，法国在第二次世界大战后被迫放弃了对叙利亚的主权控制，当时新组成的阿拉伯政权在大马士革建造了一座萨拉丁的纪念雕像，雕像中的萨拉丁骑在雄伟的骏马背上，紧贴其身跟在后面的是两名十字军战士。

在萨拉丁的家乡伊拉克，他的形象被萨达姆滥用，毕竟两人碰巧出生在同一个地方——提克里特[16]（事实上，在萨达姆的政治军事生涯的早期，亦被称为萨达姆·侯赛因·提克里特）。在1980—1988年两伊战争期间的宣传中，萨达姆将自己描绘成与萨拉丁并肩作战的战友，将其视为他反对伊拉克敌人的坚定盟友。萨达姆如此所为，必定是意识到了萨拉丁是一名库尔德人，将自己与伟大的库尔德战争领袖联系在一起，能赢得伊拉克库尔德人的好感，便于更好地对抗伊朗。然而，也
223 会有人不禁质疑，萨拉丁是否会与一个最终将伊拉克境内的库尔德人视为敌人，并消灭数万库尔德人的萨达姆并肩站在一起。

蒙古人的入侵及其后果

最初，十字军东征主要在叙利亚和巴勒斯坦的沿地中海一带的狭长平原进行战斗；后来，他们进发到内陆地区，在埃及的尼罗河三角洲展开决战。他们没有对伊拉克构成威胁，除了北部城市摩苏尔外。在努尔丁重新征服它之前，摩苏尔曾受到了短命的十字军国家之一——埃德萨伯国的威胁。在萨拉丁的时代，哈里发纳赛尔（Muhammad an-Nasir）甚至一度成功地摆脱塞尔柱王朝的统治，并在某种程度上让巴格达重获生机，他资助了当时仍然享有盛名的逊尼派法学院，

并向巴格达的什叶派圣殿提供活动资金。公元1233年，其继任者第八代法蒂玛王朝哈里发穆斯坦绥尔（al-Mustansir）创建了巴格达最伟大的高等学府之一——穆斯坦西里亚大学（Mustansiriya）。当时，逊尼派的四大经义律法学校的学者几乎都在这里授课，但同时代的观察家认为这个城市最伟大的荣耀总是来来去去。来自安达卢西亚（Andalusia）的旅行家本·朱拜勒（Ibn Jubayr）如实描述了12世纪后期的伊斯兰世界，他在1184年提到："尽管巴格达仍然是阿巴斯王朝的首都，其面积之大，无法形容……但其城市诸多实体已然消失，徒留其名。与其昔日辉煌相比——巴格达历来便是兵家反复争夺之地，在其成为战争与灾难的牺牲品之前——如今这座城市就像一个渐渐消失的营地，犹如路过亡魂留下的幽影。"[17]

与此同时，在遥远的东方，中亚的蒙古大草原上，一个即将发展成为泱泱大国的新帝国诞生，帝国领导核心正在一个酋长——大蒙古国建立者铁木真（Temujin，成吉思汗的本名）的带领下渐渐形成。铁木真雄心勃勃，精力充沛，处事果断干练却又冷酷无情。到了1206年，成吉思汗统一蒙古各部，蒙古游牧民族的诸多部落形成统一联盟，蒙古政权正式建立。这一创举让蒙古贵族推举铁木真为蒙古族的最高首领，
尊其为蒙古大汗，导致一般人以为这就是他的原名：成吉思 224
（Jingiz）汗（意即"万有统治者"）。成吉思汗统一蒙古后继续南征北战，不断对外掠夺与征服，同时也吸引许多突厥部落加入他的阵营，以寻求新的牧场，或劫掠周围富裕的部落

（国家）。像其横扫草原征服大帝国的游牧先辈一样，成吉思汗的军队首先依赖技术娴熟、身手敏捷、能挥舞复合弓的骑兵，而且蒙古骑兵向来训练有素，纪律严明，战术灵活，智勇兼备，令人生畏。但是其部下的指挥官们也采用了更为复杂的技术来对付敌人，诸如改良过的弹射（石）器和攻城机械，这些装备是围攻城镇时破墙的专用武器。

像2000年前的亚述人统治模式一样，蒙古人通常采用野蛮、残忍而又有效的杀戮与破坏的恐吓战术来让被征服的民族臣服。13世纪早期，成吉思汗（死于公元1227年）及其子孙后裔的军队一路杀伐，从东方的中国直到西方的高加索、俄罗斯、波兰和匈牙利，所到之处，均留下前所未见的大规模破坏痕迹。

他们屠杀攻击他们的军队，摧毁城镇，消灭居民，洗劫一空后才撤离。成吉思汗也一直延续蒙古的对外扩张与征服。公元1255年，蒙古人（第三次西征）已经征服了呼罗珊的大部分地区，摧毁了阿塞拜疆和伊拉克部分地区。根据同时代的一个有所夸张但又能表现实情的推算，蒙古人到处屠城，在中亚城市梅尔夫的屠杀造成70万人死亡，并使这些地区的人口锐减，减少了90%。[18]

这一次，蒙古人攻陷巴格达，彻底完结了阿巴斯巴格达的荣耀。公元1255年，一支庞大的蒙古军队在成吉思汗的孙子旭烈兀的率领下从蒙古向西进发，在蒙古大汗蒙哥（Mongke，意为“长生”，公元1209—1259年）的授意下，征服亚洲西南一带的土地。

公元1258年1月，在完成伊朗境内各地的征战之后，旭烈兀的三支军队便向巴格达进击，在巴格达汇集，形成包围之势。傲慢的哈里发拒绝了旭烈兀让他屈服投降的要求，于是蒙古军队迅速出兵，击败了被派去攻击他们的阿巴斯军队，并于2月5日和6日攻下阿拉伯帝国首都巴格达的城墙。当时传言旭烈兀命令城内居民离开巴格达，结果却将他们杀害。然后，他率领部队进入巴格达，在城内杀死那些选择留下的人们。[19]

接下来便是一场大浩劫，城内蒙古人持续地奸淫掳掠、 225
烧杀抢夺，给哈里发马蒙约在500年前建立的城市造成了不可估量的损失。人们很难对其损失破坏进行量化处理，而幸存下的资料也不尽相同。大火在巴格达城内持续燃烧了40天，市内的清真寺和宫殿化为灰烬，其中就包括哈里发大清真寺、哈里发陵墓以及第七任什叶派伊玛目穆萨·卡齐姆（意为“隐忍者”）的圣殿。[20]

公元1258年，蒙古大军攻入巴格达，在城内到处杀人放火，整个城市被洗劫一空，这便是阿巴斯王朝的巴格达几乎没有建筑幸存的主要原因。数代哈里发长期资助的图书馆也被摧毁了，无数由墨水书写的各类手稿遭到焚毁或被扔进河里，当时的底格里斯河水因此而变成黑色。留在城里的人们躲在水井和下水道中，或藏匿在厕所里，试图躲避蒙古人的屠刀，但大多是徒劳。估计城内死亡人数在9万到100万之间，旭烈兀自己认为大约有20万人死于此次战争。无论遇难人数多少，巴格达大屠杀留下的腐烂尸体的恶臭迫使旭烈兀将自己的蒙古军队撤移至城市上风头，这些尸臭在城市上空停留徘徊几个月之久。甚至有传言称腐烂尸体在叙利亚引发了一场瘟疫。不过，旭烈兀放过了巴格达城内的大部分基督徒，这也许是因为他的母亲和两位妻子都是聂斯脱利教派（景教）基督徒。但这一决定很快激起了穆斯林民众心中的怨恨且久久挥之不去。诸如此类蒙古人宽宏大量的消息，在欧洲基督徒中催生出一种希望，即蒙古人可以作为盟友，一同参加消灭伊斯兰教的十字军东征。不过，蒙古人的行动很快地让他们明白，持有这种想法是极其错误的。

在巴格达被蒙古人征服后，有资料称哈里发遭遇下属官员的背叛，包括他的高级官员维齐尔，这位维齐尔将护卫巴格达的阿巴斯军队减少到区区一万人，根本无法与旭烈兀的蒙古军队抗衡。他便是阿尔卡西（al-Alqawsi），是一名什叶派教徒。尽管现代历史学家对这份报告的真实性提出疑问，但它在几个世纪后广为人知，被当作重要的宣传材料。2003年3月美国入侵伊拉克后，萨达姆·侯赛因通过广播呼吁伊拉克人保持镇定，坚定不移地支持自己的祖国，并将那些帮助美军入侵的
226 伊拉克人比作将巴格达出卖给旭烈兀的维齐尔。[21]

巴格达惨遭毁灭的景象曾在诗人塔基亚丁·本·阿比勒–尤斯尔（Taqiaddin Ibn Abil-Yusr）创作的一首诗歌中有过详细描绘。这首由3000多年前苏美尔人的文书官员创作的哀歌再现了来自东方的其他入侵者摧毁古代苏美尔伟大城市的

场景：[22]

突厥罪恶之手俘虏了多少纯洁善良的家庭，尽管在那幄幕之前还有许多堡垒在捍卫着人的尊严……

有多少奇珍异宝因为外敌的入侵而散落国外，落入异教徒之手；

架在人们脖子上的剑给人们带来了多少惩罚，那里还有多少罪恶的负担；

……俘虏遭受任意的侮辱，淫荡的敌人将他们拖去强奸施暴——他们像牲畜一样被折磨到死亡，正如他们看到的一样，“火，哦，我的真主，绝不是这般模样，也不是羞耻……”

在占领了整个阿巴斯家族之后，愿没有光明照亮黎明的脸庞……

信仰与世界已不复存在，一切的荣耀终将烟消云散，因为他们业已过去，消失殆尽。

真正的审判日已在巴格达城里进行，当灾难厄运接替繁荣昌盛，她的气数已尽。

先知的家人和学者的家人都已经成为俘虏，你们认为，城市在失去他们之后还会有谁？

巴格达阿巴斯哈里发家族中的末代哈里发穆斯塔西姆（al-Mustasim）被旭烈兀的蒙古军队生擒，然后被处死——很可能

是以一种蒙古人放皇族之血的禁忌方式杀戮：（蒙古人）把他包裹在地毯里，然后用战马要么踢死他，要么踩死他，总之要
227 让他在蒙古人的马蹄之下丧命。

旭烈兀在征服巴格达后，其蒙古大军一路向西进入叙利亚，但前进之路并非一帆风顺。公元1260年，蒙古人的骑兵在巴勒斯坦受阻，并在阿音扎鲁特之战（Ayn Jalut，又称歌利亚之泉之战）中败给埃及的马穆鲁克苏丹军队（此次战争终结了蒙古向西的扩张）。但是，伊拉克的其他地区却未能逃过蒙古人的暴行。1262年，伊拉克北部的摩苏尔和南部的瓦西特（前倭马亚帝国的中心）都遭到蒙古人的侵袭，两地百姓在劫难逃，几乎被屠戮殆尽。其他城市和城镇迫于淫威，不得不选择服从蒙古人的统治，于是伊拉克成为由旭烈兀及其继任者在西亚所建立的政权伊尔汗国（Ilkhanate）的一部分。伊尔汗国在其发展鼎盛时期，其疆域扩展到了西南亚的大部分地区，从土耳其的爱琴海沿岸，横跨伊拉克和伊朗，一直延伸到中亚地区和印度边缘地区。它是蒙古四大汗国之一〔分别是大汗汗国（即中国的元朝）、察合台汗国、伊尔汗国、金帐汗国〕，由成吉思汗的后代子孙统治，是历史上疆域相连最广的蒙古帝国。

到了1368年，明朝政府重新控制中国并推翻蒙古帝国的时候，蒙古人的统治虽然受到蒙古诸王之间争夺权势的纷扰，但也给欧亚大陆的绝大部分地区带来了经济繁荣，这主要归功于贯穿帝国境内蓬勃发展的贸易路线。历史上常常发生这

样的情形，曾经野蛮的征服者很快地就被其王国内的文明或文化所征服。就像他们的先辈倭马亚人和阿巴斯的阿拉伯人在几个世纪前所做的那样，伊尔汗人迅速地融入了伊朗悠久的波斯文化。1295年，伊尔汗国第七代统治者合赞汗（Ghazan Khan）皈依伊斯兰教，自此，伊尔汗国也成为这一信仰的保护者——他们有时也会迫害其他宗教信仰的人，尤其是佛教徒，有段时间也迫害过基督教徒。合赞汗的继任者——完者都汗（意为"有幸运之汗"）在他自己新建的首都（苏丹尼耶，Soltaniyeh）为其建造了一座陵寝，这座陵墓成为当时的一大建筑瑰宝。

苏丹尼耶城在今伊朗北部，此前，完者都汗父辈及其他可汗都据守在伊朗西北部的大不里士城或马拉赫城，没有一个伊尔汗国的可汗据守在伊拉克地区来对整个汗国进行统治的。在接下来的五个世纪里，直到19世纪末，曾经辉煌无比的国际 228
大都市巴格达一直是闭塞之地，成为一潭死水——伊拉克也被压缩成为汗国边境地区的一个行省，巴格达为其省城；当时的摩苏尔越来越成为伊拉克北部的主要政治中心。虽然巴格达在惨遭旭烈兀毁灭性打击之后不久就开始重建，但它再也无法恢复到以前的规模或高度。此时的巴格达已然不是帝国首都，也没有办法重回昔日逊尼派伊斯兰世界长期占据的中心地位。[23]这种中心地位逐渐被中东地区另一个文明中心——埃及开罗所取代，它继承了巴格达长久以来骄傲地满载辉煌文化的衣钵。埃及的马穆鲁克统治者大多是来自中亚、高加索地区的突厥人或切尔克斯人（高加索人），但从13世纪后期开始，当时埃及正受到蒙古人的威胁，马穆鲁克王朝为了阿拉伯世界免受蒙古人的进一步入侵，组建了精锐部队，并在首都开罗支持建造清真寺和其他宗教建筑，以捍卫他们作为伊斯兰教保护者的首要地位。在马穆鲁克王朝的庇护与赞助下，开罗城内最大的清真寺——爱资哈尔清真寺，萨拉丁在12世纪就将其从什叶派的法蒂玛王朝清真寺改为逊尼派的礼拜和宗教学习机构，后来发展成为逊尼派最负盛名的学术机构。在蒙古人大举进攻伊拉克和其他地方之前，一些逃离巴格达的学者纷纷来此避难，繁荣了这里的学术，使其声望不断提高。马穆鲁克王朝决定承认阿巴斯家族的一位幸存亲属为哈里发，从而重建了哈里发体系（制度），在形式上实现了复位，但是哈里发所在地是开罗，而不是伊拉克，自此，伊斯兰世界的领导权从巴格达转至开罗。不过，此时的哈里发只是有名无实的领袖，没有真正的权力，是马穆鲁克王朝统治的重要象征，表明马穆鲁克王朝是伊斯兰世界最强大的政权和圣地保护者。

最后，蒙古人的入侵，除了终结巴格达的辉煌外，还给中东地区带来了长期的政治和社会动荡，许多城市和村庄被摧毁，大量人口遭到屠杀或被迫迁徙，直接导致了美索不达米亚平原灌溉基础设施的进一步退化。加之土壤盐碱化的持续影响，意味着自公元前4000年中期以来，伊拉克作为城市和文明、宗教和帝国的摇篮所仰赖的富饶农业，已经走向穷途末
229 路。伊尔汗王朝偏爱伊朗甚于伊拉克，这在某种程度上意味着

巴格达和底格里斯河–幼发拉底河流域已然失去横跨欧亚大陆的东西方贸易网络中的独特优势。先前备受青睐的贸易路线是从印度出发，穿过波斯湾，到达巴士拉和巴格达，然后抵达地中海地区。如今，这条昔日繁荣的线路被一条穿过伊朗和安纳托利亚陆上贸易路线和一条经由印度洋、直上红海、最终通达埃及和地中海地区的海上贸易路线所取代，并为马穆鲁克的开罗王朝的繁荣贡献良多。

由于伊拉克的基础设施遭到蒙古人的破坏，城市逐渐走向衰落，农村也逐渐落入部落联盟之手。而对蒙古人而言，他们对自己的牛羊群能够获得更多牧草场要更感兴趣，至于对促进农耕生产、农业发展或城市复兴则兴致不浓。14世纪和15世纪，伊拉克历尽沧桑，境内战乱频仍，人民深受劫掠之苦，当时瘟疫盛行，百姓饱受饥饿折磨，人口也不断减少，巴格达尤为如此。其中一场灾难便是蒙古–突厥帝国最后的“世界征服者”造成的：帖木儿（突厥语Timur-i-leng，意为跛子帖木儿），在欧洲文学和歌曲中他被誉为“坦伯兰（Tamerlane，西方国家对帖木儿的称呼）”。

帖木儿声称自己是成吉思汗的后裔，并将他奉作自己的榜样。从1369年到1405年帖木儿去世，他从其帖木儿帝国首都撒马尔罕出发，率军向东进发，远至印度的德里；向西进发，最远到达土耳其的安卡拉。所到之处，无不是“一场大规模的劫掠远征”。在这些远征中，他“沉溺于破坏杀伐，恣意肆虐，毁灭程度之深，怕是连祖上成吉思汗（Chingiz）也认为是毫无意义的”[24]，因为“他们除了将汗国威权建立在数百万人的尸体上，别无其他目的”[25]。其实，帖木儿在伊拉克的活动影响不仅限于巴格达城，他还袭击了希拉和巴士拉。蒙古军队攻陷巴格达城后，他对巴格达城及其城中剩下人口的处理，成为他们了解其残酷本性的一个重要个案。当时，由于控制该地区的当地部落联盟——札剌亦儿王朝（Jalayirids，公元1336—1432年）拒绝与帖木儿帝国合作，于是帖木儿不得不两次攻占巴格达城。第一次征服发生在1393年，相对来说双方并没有流血。第二次则发生在1401年，其野蛮和残忍程度可能超过了1258年旭烈兀征服巴格达。当时正值酷暑，帖木儿的军队不得不花一个多月来围困这座城市，最终才攻破城墙，进入城内。帖木儿兵临巴格达之时，这座刚刚恢复元气的城市，便迎来了第二次浩劫。据说，当时有许多巴格达市民跳
230 进底格里斯河试图逃跑，却被帖木儿的弓箭手射死。帖木儿命令每个士兵必须从城内取回一人首级。一些士兵，慑于他的淫威，只好将城中女人的头颅也砍下来送给帖木儿充数。这些首级被垒在一起，并用石块、砖头进行加固，做成了120座塔，竖立在巴格达城四周。总共有9万名巴格达居民惨遭杀害，建筑全部破坏殆尽，许多建筑被夷为平地。[26]城内剩下的学者（主要指工匠和学者）幸免于难，全被带回撒马尔罕。

帖木儿的蒙古军队离开不久，札剌亦儿王朝回到风雨飘摇的巴格达，重新执掌政权，但这个札剌亦儿王朝日渐衰落，很快被土库曼游牧群体所取代。这群游牧民族常被戏称为“黑

羊”和“白羊”联盟（俗称“黑羊王朝”）。在黑羊王朝统治之下，巴格达和伊拉克陷入了更深的衰落，整个国家满目疮痍，民不聊生，农村部落势力趁机兴起，控制了越来越多的农村，就像现代的黑手党一样，迫使城市缴纳保护费。随着这样的部落越来越多，黑羊王朝的统治者们更多地依靠这种方式行使权力，这些人几无信义可言，几乎没人可以成为安全可靠的执法者。“直到19世纪，大约四分之三的伊拉克人仍然依附于强大的农村部落。”[27]即使在20世纪和21世纪的伊拉克，部落依附关系仍继续在伊拉克社会中发挥重大作用，特别是在萨达姆·侯赛因执政时期，当然，在2003年美军入侵后也是如此。

“火药帝国”时代的伊拉克

在世界历史上，16世纪和17世纪通常被描述为“火药帝国”时代，来自中国的火药知识传遍欧洲与阿拉伯世界，火药的使用越来越频繁，许多国家引入以火药为基础的新军事技术，对它的使用也日益成熟。到了15世纪，诸多新王朝开始使用大炮、火器和采矿技术等来装备他们的军队，以加强他们对广大疆域国土的统治。

1500年之后不久，中东地区出现了两个皆起源于突厥的王朝：分别是首都位于君士坦丁堡（今伊斯坦布尔）的奥斯曼帝国和萨法维王朝，在后者鼎盛时期，其首都位于伊斯法罕 231

（今伊朗境内城市）。如果我们从广义上来定义中东地区，还可以将第三个王朝纳入其中：那就是印度的莫卧儿王朝——又称“蒙古人（Mongols，突厥化蒙古征服者帖木儿的后裔巴布尔在印度建立的伊斯兰国家）”。到16世纪末，奥斯曼帝国和萨法维帝国之间的边境地区就包括伊拉克，两国对伊拉克富饶平原的争夺战持续了150年。为此，该地区及其百姓饱受争斗之苦，战乱带来的破坏和流血让这个地区苦不堪言。

奥斯曼帝国在13世纪晚期开始崛起，当时的中东大部分地区还处在动荡不安之中，先是蒙古人入侵，烧杀抢掠，随之而来的便是旭烈兀建立的伊尔汗国与埃及马穆鲁克王朝之间相互征伐。当时一名突厥酋长名叫奥斯曼，和他的游牧部落追随者（奥斯曼突厥人，又叫Osmanli，因此称作奥斯曼人）在现在的土耳其西北角扎下根，建立政权，他们设立加齐部队（ghazi，意即“守卫边疆的伊斯兰勇士”）来对抗基督教的拜占庭人。那时，这些拜占庭人还在坚守着他们的古老都城——君士坦丁堡。在接下来的一百年里，奥斯曼帝国不断扩张，疆域也随之拓展，向东延伸到安纳托利亚，向西触及欧洲东南部，其中还有些地区一直被奥斯曼帝国控制了好几百年。1401年，奥斯曼帝国的崛起一度受阻。当时，帖木儿的军队在安卡拉（史称安卡拉之战）大败奥斯曼苏丹巴耶塞特一世（Bayezid）的军队，巴耶塞特也沦为俘虏，成为帖木儿的阶下之囚，颜面顿失，受尽屈辱。根据一些资料记载，帖木儿将巴耶塞特关在笼子里，强迫他看着他最喜欢的妻子脱光衣服服侍帖木儿。但是，等到穆罕默德二世（Mehmet Ⅱ）1451年正式继位，成为苏丹，奥斯曼帝国已经准备好重登巅峰，再度确立他们的统治地位。

引人瞩目的是，穆罕默德的确做到了。1453年，他完成了之前阿拉伯帝国的哈里发和塞尔柱苏丹都未能完成的任务：征服君士坦丁堡。此后，他将君士坦丁堡确立为奥斯曼帝国首都，重新命名为伊斯坦布尔，直到第一次世界大战结束。穆罕默德对君士坦丁堡的征服标志着“火药帝国”的到来，因为在整个征服过程中，他指挥的军队大量使用火药武器，采用巨型
大炮炸毁城市的防御工事，击沉试图突破封锁的船只。甚至在 232
穆罕默德统治之前，奥斯曼人就已经沿袭了一种在中东有着悠久历史的做法：招募奴隶士兵，组建一支绝对忠诚于统治者的精英战斗部队。

奥斯曼人定期在欧洲东南部领地内的基督教村庄中控制一些男孩——这一程序又被称作德米舍梅制度（devshirme，又称儿童税，即被征服地区的基督徒要把20%的男孩交给奥斯曼帝国，孩子们被迫皈依伊斯兰教并被训练成效忠于帝国的奴隶战士），并将他们带到首都进行训练，从而使这支奴隶部队能够获得源源不断的兵源。训练完成以后，他们要么在新兴的帝国官僚机构中担任皇家官员，要么在训练有素、手持武器的步兵部队中担任士兵。

1512—1520年间，奥斯曼新苏丹塞利姆一世（世称“冷酷者”）正式继位，成为奥斯曼帝国领袖。他在位期间，通过

三次东征向东扩张奥斯曼疆域，才使奥斯曼帝国真正成为一个横跨中东和欧洲的帝国。到塞利姆去世时，奥斯曼帝国已经征服了叙利亚和巴勒斯坦。1517年，他挥师南下，远征埃及，覆灭马穆鲁克王朝，从此达到其非凡帝业顶峰，正式宣告马穆鲁克王朝在埃及的终结，标志着奥斯曼帝国终于成为一个世界性的大帝国，如果他们的影响不及那里，是无论如何也做不到这样的功绩的。如今，塞利姆和他的奥斯曼继承者还被视为圣城麦加和麦地那的守护者，其中，塞利姆被称为“两圣地（即麦加、麦地那）的仆人”。由此，奥斯曼帝国打造的这种道德上和精神上的威信对帝国在整个中东穆斯林地区确立主权合法地位起到了决定性作用。

然而，塞利姆还需要留心帝国东部边境一个可怕的新威胁。这股势力伴随着伊朗境内一个王朝的崛起而绽现历史舞台，这个王朝在伊朗和安纳托利亚东部范围内对奥斯曼帝国产生威胁，二者之间不断争夺权力，为声望而战。这股新势力的兴起与一位名叫伊斯梅尔的人的人生经历有关。伊斯梅尔很小的时候就能利用他继承来的，激进的苏非派大师身份实现其权力地位的快速上升，并于1501年宣布自己为国王（shah，万王之王）。

作为万王之王的伊斯梅尔，他是此王朝第一个以苏非教派命名的统治者：萨法维王朝（Safawiyyah，又叫Safavids）。该教派成员包括什叶派突厥部落——他们来自伊朗和安纳托利亚东部，又被称作“奇兹尔巴什”（Qizilbash，红头巾部落，以佩戴红帽子而著称），他们聚集在伊斯梅尔麾下，效忠于他及其建国大业。

在萨法维教徒们的军事支持下，伊斯梅尔开启了一系列征服活动，将其触角延伸到伊拉克地区。1508年，他占领了 233
巴格达和摩苏尔，并向东穿过伊朗进入阿富汗。要知道，伊斯梅尔对伊拉克的未来历史发展至关重要，毕竟他捍卫什叶派教义，在军事上支持十二什叶派伊玛目，1502年立什叶派的十二伊玛目派为国教，并采取一切行政措施推行什叶派，排斥逊尼派（尽管是以非正统的方式，伊斯梅尔声称自己具有特殊地位，因为他宣称自己是第一位伊玛目阿里的后裔子孙）。伊斯梅尔和其王朝继任者强迫大部分逊尼派的伊朗人皈依什叶派，否则就要遭到迫害。这个决定为伊朗的历史进程确定了某种方向，甚至决定了伊朗与中东地区其他国家的关系，因为今天的伊朗仍是什叶派占主导地位的国家。[28]

因此，这位什叶派国王从另外一个层面增加了萨法维王朝和奥斯曼帝国之间的持久对抗和仇恨敌意。奥斯曼人安纳托利亚的起源与他们作为伊斯兰战士的身份有很大关系。但是，萨法维人什叶派的政治声明似乎与奥斯曼人作为逊尼派正统的坚定支持者的意识尖锐对立起来，迫使奥斯曼帝国感到有责任抵御什叶派异端。因此，奥斯曼帝国与萨法维王朝之间的较量不仅仅是在控制领土和贸易路线上，还具有了宗教战争的性质。[29]两国之间的第一次重大军事冲突发生在1514年，地点位于安纳托利亚东部的查尔迪兰（Battle of Chaldiran，史称查尔迪兰战役），此地距离伊斯梅尔的萨法维王朝首都——大不里士城不远。当时，塞利姆一世的奥斯曼军队实力强于伊斯梅尔的军队，而且他们装备了火炮，在战争中他们击溃了伊斯梅尔的红头巾骑兵，迫使伊斯梅尔放弃首都大不里士城，随即攻占了萨法维王朝首都。

虽然奥斯曼人并没有在大不里士城停留太久，但是他们很快地对外宣称对摩苏尔以及伊拉克北部和东北部的山区拥有主权。后来，奥斯曼帝国试图将这些地方设置为沙赫拉佐尔（Shahrazor）行省。但是，奥斯曼帝国在该省的权威总是受到挑战，就像400多年后伊拉克中央政府在这一地区的权威所遭受的待遇一样，因为沙赫拉佐尔省是强硬派，也是思想相对独立的部落——库尔德人的家园。

当时，伊拉克中部和巴格达一直在萨法维王朝手中，直到十年后（公元1524年）伊斯梅尔去世，这些地区才成为奥斯曼苏丹下手的目标，其中最为著名的当数奥斯曼帝国第十位苏丹苏莱曼一世，苏莱曼一世被世人（西方人）称作“大帝（the Magnificent）”，尤其在他的臣民当中，他被冠以“立
234 法者”的美誉。历史学家普遍认为他在位时期（公元1520—1566年）是奥斯曼帝国的鼎盛时期，其军事力量和外交声望臻至巅峰。在他的统治下，其疆域不断扩大，领土版图从伊拉克延伸到维也纳城下（公元1529年，苏莱曼围攻未果）和阿尔及利亚海岸。1532—1555年间，苏莱曼发动了三次针对伊拉克萨法维王朝的战争。1534年，他的军队占领了巴格达。

1546年，奥斯曼海军控制了巴士拉。1555年，奥斯曼帝国与萨法维王朝签订条约（史称《阿马西亚合约》），确立了两大帝国的边界，伊拉克归于苏莱曼的奥斯曼帝国。但是，即使在苏莱曼统治时期，奥斯曼帝国对伊拉克的控制也可能是软弱无力的，萨法维王朝仍然对这里虎视眈眈，特别是神圣的什叶派圣城——纳杰夫和卡尔巴拉，而且当地的统治者也会不满，不时地反抗奥斯曼帝国的统治。

其后，萨法维王朝时期出现了一位最著名的国王——阿巴斯大帝（公元1587—1629年在位）。此人不仅因军事征服和外交能力而闻名于世，与欧洲统治者诸如英格兰伊丽莎白一世的关系也维系得不错，还因为他迁都伊斯法罕这一大胆举措而闻名遐迩。在他的领导下，伊斯法罕成为中东最美丽的城市之一。他通过一系列改革，使萨法维王朝达到全盛，在位期间，他还强势地重申了萨法维对伊拉克的筹划与企图，再次将其作为与奥斯曼帝国争斗的战场。1623年，阿巴斯的军队从奥斯曼人手中武力夺取巴格达后，对巴格达城进行了一场可怕的报复，他们杀害了伊拉克南部的许多逊尼派教徒，捣毁了巴格达城内的两座大型逊尼派清真寺。然而，15年后，奥斯曼人卷土重来，重新夺回巴格达，也开始采取了报复性的做法，处死了数以千计的什叶派波斯人。1639年，双方同意签署一项条约（史称《林堡条约》），这个条约共同瓜分了库尔德人居住的地方，确定了后来成为伊朗和伊拉克两个国家之间的现代边界。到了18世纪中叶，阿富汗人入侵萨法维王国，形成封建割据，萨法维王朝名存实亡，已然衰落。尽管后来伊朗境内兴起的王朝经常为争夺对伊拉克的控制权你争我夺，特别是为了控制巴格达及其南部地区，但萨法维王朝在现代伊拉克人的集体记忆中仍然占据着十分特殊的位置：即使在今天，巴格达地
235 区和伊拉克中西部的逊尼派阿拉伯人有时也称伊朗人甚至伊拉克境内的什叶派阿拉伯人为“萨法维人”，但这并不是一个爱称。

与此同时，奥斯曼帝国因其国力渐衰，对伊拉克的控制有所松动，权力被移交给巴格达、摩苏尔和巴士拉的当地统治者，这些统治者对君士坦丁堡苏丹并不真心，几无忠诚可言。但是，这些地方的统治者对城市周边的农村地区控制也很薄弱。在这些地方，南部的阿拉伯部落和北部库尔德部落的侵袭与威胁常常加剧了这一地区的赤贫和疾病之苦。这种情形一直持续到18世纪晚期，伊拉克的前景也由此变得飘忽不定，动荡不安。正如1000多年前的罗马/拜占庭人对帕提亚帝国和波斯萨珊王朝的战争摧毁了美索不达米亚的大部分地区一样，奥斯曼帝国与萨法维王朝之间的战争使这一地区硝烟弥漫，荒凉不堪，城镇破败，废墟成堆，周边乡村也饱受瘟疫和盗匪之苦。

欧洲人的入侵

16世纪初期，由于欧洲基督徒（殖民者）回归中东地区，情势变得更加复杂。他们带来了关注自身利益的日程计划：拓

展贸易和扩大市场，建立起新的殖民地，开启帝国殖民，保护自己的殖民利益，挖掘古代亚述人和巴比伦人留下的财富。

欧洲入侵伊拉克伊始，与航海家的克里斯托弗·哥伦布（Christopher Columbus）世纪大航海关系甚大。1492年，他带着三艘海船从西班牙启航，一路向西航行，带着西班牙国王嘱咐的使命，希望能绕过埃及马穆鲁克王朝和奥斯曼帝国掌控的贸易路线，找到一条直接通往传说中的亚洲宝藏（香料和黄金），以及其他“东方”神话般商品的海上贸易路线。哥伦布航海结束后，西班牙和其他欧洲国家开始将注意力集中到了发现的美洲“新大陆”上。另一方面，葡萄牙人早在哥伦布1492年大航海之前几十年就开启了欧洲人沿着非洲西海岸进 236
行探险的旅程。这一探险活动在1497年达到高潮，当时航海家瓦斯科·达·伽马（Vasco Da Gama）绕过好望角，抵达印度，葡萄牙人很快在那里建立了殖民统治的根据地，设立海军基地，主宰东方贸易。为了保护他们开辟的新航路，葡萄牙人试图在波斯湾建立自己的殖民地，甚至在1529年控制了巴士拉，但在1546年被奥斯曼帝国苏莱曼领导的奥斯曼海军占领。与此同时，英国人和荷兰人很难对此坐视不理，不愿意看到葡萄牙人主宰波斯湾和印度洋的局面。1600年，英国人已经与沙阿·阿巴斯大帝的波斯帝国建立了贸易联系，并帮助萨法维王朝将葡萄牙人逐出他们在波斯湾建立的基地。

英国人将葡萄牙人赶出波斯湾后，便要取而代之，推进自己在这一地区的利益。此时，英国对外商业垄断贸易和殖民扩张的首要代理人——英国东印度公司接管了前葡萄牙基地。公元1763年，东印度公司将巴士拉作为其总部——这一举措使英国政府在这一地区的影响力大增，甚至直接影响到当时伊拉克和波斯湾地区的地方政治与奥斯曼帝国的统治。到19世纪初期，英国在这一地区的政治经济影响不断增强，开始将波斯湾变成英国的一个湖泊。英国人这样做是基于一个重要考虑：保护他们进出印度的通道，毕竟英国因为在美国独立战争中输给了美国人，从而失去了北美殖民地，因此，印度一下子成为英国最珍贵的财产。尽管葡萄牙人和荷兰人对英国在该地区影响力的威胁早已消退，但法国却对英国进出印度构成了威胁。1798年，拿破仑·波拿巴率领法国军队登陆奥斯曼埃及地区，对其实施了短暂的占领。此时英国的利益受到来自法国的挑战，尽管海军上将霍雷肖·纳尔逊（Horatio Nelson）领导英国海军对法国进行出击，迫使拿破仑彻底放弃海上进攻计划，但法国的主动行动足以让英国人清醒地认识到他们已经接管了海湾地区的西海岸地区。[30]凭借一系列外交条约，加之英国通过其实施全球意志的主要执行者——英国皇家海军的
237 军事威胁，在整个19世纪和20世纪初，英国采取分而治之的方式，确保对中东地区一些小酋长王国的控制，从而维护了自己在这一地区的战略利益。这些小酋长国后来发展成为现今的阿拉伯联合酋长国（1820年英国入侵波斯湾后，强迫当地酋长们签订了“永久休战条约”和一系列保证英国享有特权的条约，使这一地区成为英国的“保护国”，以前称为“休战

国”，因为休战决定了它们与英国的关系）和巴林王国。英国基于自身利益和意愿，主导强化了英国在波斯湾的霸权地位，在海湾地区的霸权一点一滴地扩张。1899年，英国就迫使科威特从奥斯曼帝国独立出来，自己则成为科威特的宗主国。1916年，英国成功入侵卡塔尔，迫使卡塔尔酋长接受奴役性条约，成为英国的被保护国。[31]

伊拉克复兴的种子

到了18世纪，欧洲（主要是英国）可从伊拉克的农产品（如椰枣）和市场贸易中获取丰厚利润，伊拉克国内贸易，以及伊拉克和印度之间的贸易开始复苏，巴格达、巴士拉和摩苏尔等城市人口开始有所增长。[32]随着英国利益的需要，伊拉克也被拖入全球化的经济体系，其农业灌溉系统得以修复完善，运输基础设施也得到改善，尤其是河道的改善，伊拉克境内的大河上可以航行蒸汽轮船，大大地推进了贸易进程。

这为粮食的大规模生产与扩张创造了必要的条件，其粮食从过去自然状态下的自给自足转变为主要的经济作物。伊拉克的贸易复兴也给城市中的许多犹太人和基督徒带来了好处。19世纪初，犹太人约占巴格达人口的20%，他们大多从事商业贸易与银行金融工作，在伊拉克社会中起到重要的作用。伊拉克境内的本土基督徒多以聂斯脱利派教徒为主，但在16世纪之后，许多人精神上开始忠诚于教皇。这后一个群体被称作迦勒底派基督徒，尽管他们与尼布甲尼撒统治下的巴比伦帝国的迦勒底人完全没有关系，但随着时间的过去，他们也被吸引到巴格达和巴士拉。那些继续坚持聂斯脱利派教义的人通常被称作亚述基督徒（信奉东方天主教的居多），因为他们常与古代亚
238 述的核心地区——摩苏尔周边地区联系在一起。[33]

此外，在萨法维王朝时代，人们在伊拉克的基督教社区引入了一种新的元素，当时国王阿巴斯大帝希望促进与欧洲的贸易和外交联系，便将萨法维帝国下属的亚美尼亚商人迁移到他新建成的首都伊斯法罕。由此，亚美尼亚商人在那里便有了立足点，也得到了皇家的支持，其中一些亚美尼亚商人分支机构来到伊拉克境内，在那里他们很快地取得了商业生意上的成功，甚至可与历史悠久的犹太同行相匹敌。在大多数情况下，所有这些群体——犹太人、亚美尼亚人、迦勒底人和亚述人——都在奥斯曼帝国统治时期兴盛繁荣起来，并在20世纪的伊拉克社会中继续发挥着重要作用。

在19世纪，由于奥斯曼帝国实力有所衰弱，停滞不前。多年来，帝国权威已然遭到无视，帝国境内的大部分地区的地方势力不断崛起，加之欧洲对手的入侵，帝国遭遇到各个方面的挑战，于是启动了持续的改革计划——坦齐马特计划（Tanzimat，土耳其语即重组的意思，改革发生于1839—1876年，是基于西方的现代性理念，对帝国的传统进行根本上的改变，目的是让奥斯曼帝国变成一个现代体制的国家），旨在实现国家管理现代化，并重新确立苏丹在整个帝国的权威地

位。[34]奥斯曼帝国权威在伊拉克的再度兴起与伊拉克境内不断丰富充实、烦琐杂乱的教派发展不谋而合，相协一致，并对伊拉克教派的多元性产生了巨大影响。这些改革影响如此之大，以至于现代民族国家伊拉克还没有完全接受它们。

改革产生的变化开始于18世纪晚期，当时有成千上万的阿拉伯部落成员从阿拉伯半岛迁移到伊拉克境内，大多数移民定居在伊拉克的南部和中部，包括巴格达周围的乡村，以及什叶派圣地纳杰夫和卡尔巴拉。定居于此地区的绝大多数人是逊尼派穆斯林。但是，奥斯曼帝国通过改革，加强了在伊拉克的统治，并且很快地改变了这一情况。[35]奥斯曼人希望能够吸引这些游牧部落定居下来，从事农业生产或牲畜饲养，因此，他们在南部修建了一条新的运河——印地亚运河（Hindiyya，1803年由奥斯曼帝国兴建），以提供农业灌溉用水。自此，逊尼派部落开始真正地定居下来。但是，他们也经常与圣城纳杰夫和卡尔巴拉互动往来，毕竟这些城市能为他们提供储藏粮 239
食的仓库与粮食销售市场。

逊尼派的奥斯曼当局没有预料到的是，纳杰夫和卡尔巴拉作为什叶派传教的精神信仰之地，也在为不同信仰的人提供劝服或改宗的服务。到了20世纪初期，这些现在定居下来的阿拉伯部落中的大多数人已经改宗，皈依了什叶派。由于这些变化因素，当时占伊拉克人口的大多数是什叶派穆斯林：1919年什叶派穆斯林占比53%，1932年的时候则上升到了56%。[36]另一方面，那些没有选择定居下来的阿拉伯部落往往仍然是逊尼派——伊拉克西部大省安巴尔省今天仍然聚集了大量的逊尼派部落。

这种变化与发展对伊拉克后来的历史产生了巨大的影响。在此之前，从倭马亚王朝到奥斯曼帝国统治后期，伊拉克的什叶派一直占少数，经常受制于以逊尼派为主的王朝统治，而且还时不时遭到宗教迫害。到了20世纪，在欧洲国家干涉新兴国家“伊拉克”前的20年，什叶派阿拉伯人差不多已然成为这个国家最大的宗派团体。尽管如此，在接下来的一个多世纪里，他们仍将处在逊尼派——这个少数宗派团体的统治之下。

此情形恰如伊拉克民族融合中三个最大组成部分中的一个民族，那便是几个世纪以来一直统治着伊拉克北部和东北部的崎岖山区里的库尔德人。绝大多数库尔德人是逊尼派穆斯林。随着伊斯坦布尔的奥斯曼苏丹开始更加果断地宣称自己就是哈里发，并且是全世界穆斯林的领袖，这些逊尼派都感到苏丹作为逊尼派同胞所带来的亲和力。

到了19世纪末，奥斯曼帝国重新确立了对伊拉克的控制，并且取得了重大进展，他们将伊拉克分为三个行省，主要由三个城市进行管理：分别是北部的摩苏尔、南部的巴士拉和中部的巴格达。但是，这项举措为后期的伊拉克政治变动埋下
240 伏笔，毕竟权力越来越集中在巴格达。

自18世纪晚期以来，奥斯曼帝国政府也进行了重大改组，目标是实现帝国军事（史称“新军改革”）、交通和行政基础设施的现代化，并且引入了更加自由、更加世俗的公民概

念——所有这一切皆是为了抵制西方的持续崛起及其对奥斯曼帝国的入侵。事后看来，许多历史学家认为奥斯曼帝国的这些改革措施还是“太少，太晚”，即使现代化的奥斯曼军队在第一次世界大战期间战胜了装备精良的英国军队，证明了其战斗力和勇气。在伊拉克，奥斯曼帝国改革的另一项重要成果便是建立新的学校，采用现代科学技术培训奥斯曼军队中的阿拉伯军官。其中一些军官在现代伊拉克国家的诞生中起到了重要作用，它不仅作为一个现代民族国家，而且也是整个中东地区以新阿拉伯身份（主张）反抗欧洲殖民统治的摇篮。

第七章

241 # 现代伊拉克的创建及其发展巅峰

到目前为止，本书一直强调伊拉克是诸多思想和制度的发源地，为历史上诸多帝国的宗教、文化、科学和技术等作出创造性贡献——这些思想和制度对全球范围内的社会产生了巨大影响。因此，伊拉克的历史对我们所有人都很重要，此外，它还是伊拉克人民的骄傲。我们已看到伊拉克巨大的财富是如何吸引着四面八方的人们前往，他们当中有外来移民、外族入侵者和袭击劫掠者，给伊拉克带来深重的灾难、战乱与破坏。许久以来，伊拉克也因其独特的地理位置，在不同时期被不同敌对的帝国争来争去，东方有帕提亚人、萨珊人、蒙古人、萨法维人建立的帝国，西方有罗马人/拜占庭人、马穆鲁克人、奥斯曼人建立的帝国，伊拉克处在帝国之间的边陲之地，常常因为帝国战争而沦为战火纷飞、满目疮痍的无人区。进入现代社会，请记住这一段历史对我们来说大有裨益。这里所谓“现代”可以定义为从19世纪中叶到21世纪初的这一段时期。在过去20年间，众多学术专家、新闻记者和研究智库发表了大量包罗万象的研究文章，详细地介绍了伊拉克的现代历史，而且在1991年美国发动的“沙漠风暴行动”前后和2003年美国发动的“伊拉克自由行动（后更名为‘新黎明行动’）”之后，西方市面上暴增了大量这样的著作。这里我将参照其中一些著作，并鼓励读者去查阅它们，以便了解更多的细节，从而找出伊拉克发展中的症结与问题所在。本书中，我们只能粗略地讨论这些细节。 242

到了19世纪晚期，伊拉克曾出现短暂的复兴，一切取决于其贸易增长，以及当时奥斯曼帝国通过集权的方式推动的社会与经济改革计划。但是，伊拉克再也无法恢复到往日辉煌的水平，不再是一个伟大的财富生产中心。当时，对于正在崛起的欧洲列强来说，伊拉克简直就是一潭死水。不管怎样，它的地理位置仍然重要，毕竟处在通往印度的要道上，作为英国的利益输送的必经之地，英国必须确保其通畅。随着20世纪初在其邻国伊朗发现石油，伊拉克对英国的地缘战略重要性越发明显——由此也不可避免地造成西方对伊拉克的入侵——并且呈指数级增长。1921年，这种殖民入侵达至高潮，在当时新成立的国际联盟的支持下，英国打算在这些地区采取分而治之的策略，建立一个新的国家。这种操作多是出于权宜之计，由此诞生出新“伊拉克”王国。

历史也充分证明，擅自贸然入侵一个民族的家园往往会招致敌意的回应。伊拉克自然也不例外。在英国介入干涉最多的时候，伊拉克便成为长期以来抵抗西方入侵中东地区的中心所在——一开始是英国和法国的入侵，然后是美国的驻军，再后来就是被这一地区的人们视为西方殖民的又一创举：犹太复国主义运动及其后代成立的新以色列国。

新的历史布局

20世纪初，英国在中东的殖民过程中采取了一些关键性措施，以确保其能够顺利通畅地进出印度。它与海湾地区的当地酋长国签订条约，通过海军武力恐吓的方式迫使对方遵照实施，巩固了英国对波斯湾的控制。1839年9月，英国人还在亚丁（即今也门）建立了殖民地。

当时，埃及是英国在中东地区的控制势力和影响力最大的地方，英国将注意力集中在那里，因为苏伊士运河的建设，
243 是通过埃及的西奈半岛的西部边缘连接地中海和红海，直接打通了从印度洋到地中海的通道，战略意义十分重大。苏伊士运河于1869年正式盛大通航，从此，西方船只不再需要绕道非洲到达印度。因此，这条运河也大大减少了船只通航的长度和时间。1875年，英国人利用奥斯曼帝国埃及总督（赫迪夫·伊斯梅尔“大帝”）的财政危机，仅以400万英镑的低价购买了埃及政府在运河中的份额（控股44%）。七年之后，即1882年，埃及军官艾哈迈德·奥拉比上校试图发动政变，领导了一场反对英法国家侵犯埃及主权的原始民族主义起义（proto-nationalist）。当时，英法两国的“双重控制”劫持了

埃及的经济财富，迫使埃及政府偿还他们所欠的巨额债务。英国政府甚至派出皇家海军舰队轰炸亚历山大港，并占领苏伊士运河。此次起义事件之后，英国向苏伊士运河派驻部队把守。但随后的反对声浪不断——无论在欧洲还是在埃及当地，抗议的声音此起彼伏——最终让英国政府作出保证，撤出这些驻扎军队。英国人在70年后的1956年撤出了驻埃军队。

起义事件不久之后，英国在埃及建立了一个保护国政府，由英国高级专员领导，并在政府关键部门安插自己的亲信官员进行监督，旨在使英国的利益最大化。此举被证明具有不可估量的军事财富，1914年，第一次世界大战爆发，英国人与奥斯曼人开战时，保护国政府发挥了重要作用。但这种干涉和控制也激起了埃及人对英国越来越强烈的不满和反抗，埃及民众的不满情绪在20世纪中期逐渐加剧，并对伊拉克产生了持久的影响。

苏伊士运河的开通也对伊拉克经济产生了几乎立竿见影的影响——英国在伊拉克经济中的份额得以迅速增长。1870—1914年间，伊拉克的出口大幅增长，其出产的椰枣长期以来一直是英国人欢迎的产品之一，随着苏伊士运河的开通和底格里斯河与幼发拉底河的轮船航运的出现，伊拉克的粮食作物也出口到西方国家。因此，谷物成了伊拉克的一种重要的经济作物，给从事进出口的英国商人带来了丰厚的利润。[1]与此同时，英国本土制造的商品——主要是从巴士拉进口的纺织品——也大幅增加。1868—1909年间，这些进口商品的价值

244 从5.1万英镑增加到了300多万英镑，伊拉克也成为英国重要的销售市场。到1914年第一次世界大战爆发，英国和奥斯曼帝国之间进行征战的时候，英国在与伊拉克和海湾地区的贸易中的所占份额已经增长到总额的75%。[2]这种经济上的增长也使奥斯曼帝国在对待伊拉克的政策方面产生了一些影响。早在19世纪70年代之前，奥斯曼帝国对伊拉克境内的控制已经分裂为摩苏尔、巴格达和巴士拉三个中心。到19世纪晚期的时候，奥斯曼帝国开始将巴格达作为他们在美索不达米亚的主要行政中心。[3]这种不安全感很大程度上是因为奥斯曼帝国无力控制库尔德斯坦和阿拉伯南部的乡村部落势力。

现在，奥斯曼帝国当局开始采取措施来加强对他们的控制。与此同时，英属印度也出现了一个新威胁：罗曼诺夫王朝——俄罗斯最后一个沙皇王朝。到1800年，俄罗斯不仅对英国在中东地区的利益构成了威胁，而且对奥斯曼帝国和波斯也形成了威压。1794年，一个新的王朝——卡扎尔沙（Qajar shahs）王朝控制了波斯。随着俄国人将他们的影响力向南延伸到伊朗，英国人警觉他们对印度也有所图谋，便采取了外交和军事行动来对抗他们。随后英俄两国为在伊朗和中亚（包括阿富汗）等地区的影响力展开激烈角逐——所谓“大博弈（Great Game）”。1907年双方签订英俄条约，正式结束两国间的争斗，同意将伊朗划分成不同的势力范围。

伊朗被划为三个地区，俄罗斯控制北部；英国控制东南部，包括通往印度的道路；而中部地区将作为他们之间的缓冲区（中立区），由国势衰弱的卡扎尔沙进行统治。英、俄在中部地区享有同等权利，不过卡扎尔沙王朝也很容易被英俄双方的恐吓吓倒。到了19世纪70年代，卡扎尔沙王朝需要收入来充盈国库——由于国王高昂的消费和到处游玩，以及其他事务耗光了国家的钱。为此，国王开始进行大量交易（又被称作“让与”），向英俄双方出售建设基础设施（如修筑大坝和铁路）的权利，或是获取并销售伊朗自然资源的权利。然而，1891年，卡扎尔沙王朝境内日益强大的什叶派宗教领袖与城市商人结成联盟，挫败了卡扎尔沙将伊朗烟草收成卖给一家英国企业的计划。这一事件的反转，预示着在伊朗国内事务中兴起了一个新的权力集团。245

不过，卡扎尔沙成功地出售了一种自然资源，那便是石油。很显然，当时的国王并不知道石油商品会变得多么珍贵，1901年，他将伊朗西南部的石油开采权卖给了英国企业家——英国石油公司创始人威廉·诺克斯·达西（William Knox D’Arcy）。

达西经过几年勘探，财务上遇到重重困难，几乎要破产，好在1908年，他的钻探人员终于在那里发现了石油。第二年（公元1909年）英国波斯石油公司（Anglo-Persian Oil Company，简称A.P.O.C.，为英国石油公司的前身）正式成立，当初协议中明确规定将大部分石油控制权和利润留在英国手中。1914年，英国波斯石油公司从其位于伊朗西南部胡齐斯坦省港口城市阿巴丹（Abadan）的新炼油厂出口了25万吨石油。[4]同年，英国政府史无前例地购买下该公司的控股权（占股51%）。至此，没有什么比石油更能决定未来几十年英伊两国关系的走向，而这种影响在伊拉克也被证明是极其巨大的。

在20世纪早期以前，石油主要被当作产生热和光的燃料。19世纪末20世纪初，随着以石油为燃料的内燃机技术取得了突破性的进步，石油的作用越发显得意义重大。因此，获取石油对欧洲列强来说具有战略意味——尤其是对英国。1911年，英国第一海务大臣——上将约翰·费舍尔爵士（John Fisher）在雄心勃勃的年轻人——海军大臣温斯顿·丘吉尔的支持下，启动了19世纪末到20世纪初英国皇家海军的现代化大改革。现代化主要基于英国舰的燃料改革，将其动力从燃煤推进转换到燃油推进，这使得英国船只获得了更快的速度和加速行驶能力。[5]不过，到目前为止，最大的石油生产国——也是皇家海军最重要的供应商是美国，它在1913年生产的石油便是英国波斯石油公司在伊朗油田开采石油量的140倍。而英国政府现在的主要目标是获得一个近在咫尺的石油来源，而且
246 它还不能为外国势力把持或威胁。在英国人看来，伊朗境内的石油能很好地实现这一目标——前提是英国要确保其外交和军事影响力能够控制油田和阿巴丹港口，当时所有的石油都从这一地区的炼油厂起运出口。这也就是英国政府购买英国波斯石油公司控股权的原因。然而，阿巴丹距离奥斯曼帝国统治的伊拉克南部极其近，因而也处于危险之中。因为一旦第一次世界

大战开始，这件事就成了英国人主要关心的问题。

与此同时，1911年，英国、荷兰和德国利益集团联手成立一家联营企业——一年后将其命名为土耳其石油公司（T.P.C.），共同开发在伊拉克北部摩苏尔附近发现的油田。1913年，土耳其石油公司与英国波斯石油公司合并。因此，当英国政府于1914年购买英国波斯石油公司的控制权时，英国也获得了土耳其石油公司的控制权，并由此获得了开发伊拉克北部石油的权利。[6]1914年，伊拉克仍属于奥斯曼帝国，还处在帝国的管辖范围之内。但对伊拉克的诅咒加剧升级来说，这只不过是时间问题：一边是外来入侵者，一边是觊觎伊拉克石油的西方国家。

第一次世界大战及其影响：伊拉克哈希姆王朝、英国和石油

诸君可能已经注意到，在这篇文章中提到了一个之前都未提及的国家：德国。1871年，德意志实现统一，民族国家随之诞生，并且迅速发展壮大，成为欧洲和中东事务的主要参与者。几十年来，英国（主要在埃及和波斯湾）、法国（主要在黎巴嫩和北非）和俄罗斯（主要在黑海和高加索地区）获益越来越多，并且无情地侵占领地，让奥斯曼帝国的苏丹阿卜杜勒–哈米德二世（Abdul-Hamid Ⅱ）头痛不已，他将目光转向了统一不久的德国，认为德意志皇帝恺撒·威廉二世有一些令人耳目一新的变化。威廉皇帝向奥斯曼帝国的苏丹提供了大量

援助，帮助他实现交通基础设施、军队以及工业的现代化。这
247 当中包括1903年双方签订的一份协议，规定修建一条连接巴格达和柏林的铁路。这个项目迅速地将英国的注意力集中到德国的意图上，因为协议中有些地方授予了德国在铁道两侧20千米的采矿权——换言之，德国获得了伊拉克境内的石油开采权。[7]此后，德国与奥斯曼帝国两国关系不断升温，两国间贸易迅速发展，德国作为奥斯曼帝国的贸易伙伴的排名从1886年的15位跃升至1910年的第二位。

在奥斯曼帝国苏丹看来，德国所提供的这些好处似乎并没有附加任何领土条件。但随着德意志皇帝开始扩充军力，并且很快地在其他领域大展拳脚，这种做法让欧洲的竞争对手忌惮起来，变得越来越警惕，并对其充满敌意。到1914年，欧洲国家已经形成两个敌对联盟：由英国、法国，以及他们以前的敌人俄国组成的协约国；主要由德国、奥匈帝国的哈布斯堡帝国和奥斯曼帝国等国组成的同盟国，保加利亚于1915年加入同盟国。[8]当1914年7月至8月间第一次世界大战在欧洲爆发的时候，英国当局对中东地区的关切显而易见：他们要保护好对苏伊士运河的控制，守住通往印度的通道，以及控制好英国波斯石油公司在伊朗境内的重要油田。对英国来说，奥斯曼帝国对伊拉克的统治对英国所拥有的这一切构成了明显的威胁，于是他们先下手为强，并在反击之前没有浪费一点时间。1914年11月，英国占领巴士拉，向北进入伊拉克。第二年，英国军队在将军查尔斯·汤森（Charles Townshend）的率领

下向底格里斯河流域挺进。1915年9月，他们占领了位于巴格达南部的库特镇，并做好准备向巴格达推进。但是，英军的行动远远领先于他们的军队后勤补给，到了这一年的12月，英军们被奥斯曼军队团团围困，而且奥斯曼军队也成功阻止了英国派遣救援部队的尝试。当时由于英国不愿意将本国军队从法国战场转移，因此这一救援尝试被搁浅了一段时间。1916年4月29日，驻扎库特的13000名患病和饥饿的英军幸存者向奥斯曼军队投降——这是自1781年美国独立战争期间查尔斯·康沃利斯（Charles Cornwallis）将军在约克镇向美军投降以来英国军队最大规模的投降。[9]随后，其中约有4000名英军被迫行军数百千米前往监禁他们的拘留营后死去。然而，不到一年时间， 248
英国人就从“美索不达米亚战役（库特之围）”的耻辱低谷中恢复过来，他们一心想要恢复在当地人中的威望，这是那时英国人在对时事描述中经常出现的主题——他们收复了库特，然后向上游进军巴格达。

1917年3月11日，英军占领巴格达。但是美索不达米亚北部的大部分地区，包括盛产石油的摩苏尔周边地区依旧控制在奥斯曼帝国手中，直到1918年11月第一次世界大战结束。

当英国占领巴格达的时候，一些大事正在遥远的西方上演——无论是在战场上，还是在欧洲外交官的会议室里，这些大事件最终创造了现代伊拉克这个国家，并塑造它以及广大中东地区的历史，一直延续到今天。整个中东地区的阿拉伯人心灵备受煎熬，内心深处藏有一种被欧洲列强背叛的感觉，这种感觉刻在心灵深处难以忘怀，让他们总是对已经发生过的一切进行追问，时常挥之不去。

当英国准备将在埃及集训过的军队向北推进，正好穿越奥斯曼帝国的巴勒斯坦领地时，英国人意识到，如果能吸引当地阿拉伯人的支持，那么他们的胜算将会大大增加。他们把希望寄托在一个名叫谢里夫·侯赛因·本·阿里的人身上，他是当地饶有名气的阿拉伯人。奥斯曼人曾于1908年任命他为汉志（Hejaz，又译希贾兹）总督。汉志是阿拉伯半岛西部的一个地区，今为沙特阿拉伯西部一省，毗邻红海，汉志地区是伊斯兰教和早期伊斯兰文化的发祥地，境内有麦加和麦地那两座伊斯兰圣城。侯赛因·本·阿里是先知穆罕默德所属哈希姆家族的成员。这为他及两个儿子——阿卜杜拉和费萨尔（Faisal）赢得了额外的声望，非常符合英国人的设计初衷。1915年，当时的英国驻埃及高级专员亨利·麦克马洪爵士（Henry McMahon）和侯赛因秘密通信，当然这一事件至今有争议，因为这当中涉及双方作出的表态——英国对侯赛因的承诺以及侯赛因履行承诺的动机。现在可以肯定的是，英国人向侯赛因作出过承诺：如果他站在英国人一边，并向他们提
249 供军事支持对抗奥斯曼人，那么，如果英国胜利，将支持阿拉伯人的独立运动，侯赛因将被授予以某种形式来统治从地中海到波斯边境的大部分阿拉伯人居住地区的权力。显然，一些英国领导人打算将侯赛因扶植为一个新的哈里发，认为他将对英国心存感恩。

1916年，在这一提议的基础上，侯赛因率先发动起义，反抗奥斯曼帝国的统治，争取民族独立。这场起义被称为阿拉伯大起义（又称“沙漠起义”），当时他们对奥斯曼军队和铁路设施进行攻击。侯赛因的儿子费萨尔是名义上的战地指挥官，但是战术与战场领导权主要交给了当时考古学家出身的年轻的陆军军官托马斯·爱德华·劳伦斯（T. E. Lawrence），他在当时的新闻纪录片中功名显赫，受人盛赞——几十年后，在一部好评如潮的电影中被誉为“阿拉伯的劳伦斯”。到了1917年12月，英国正规军和阿拉伯起义军的联合胜利让英国指挥官——将军埃德蒙·艾伦比爵士以征服者的身份进入了耶路撒冷。因此，在当代英国漫画家看来，他似乎是完成了725年前第三次十字军东征结束的时候狮心王理查德的未竟事业。到第一次世界大战结束之前，英国和阿拉伯军队已经推进到大马士革。1920年，在首都大马士革，新成立的叙利亚阿拉伯议会宣布叙利亚独立，立费萨尔为国王。

但是，费萨尔只是短暂统治叙利亚。侯赛因和他的儿子们至少一开始就不知道：[10]自1915年以来，英国、法国和俄罗斯一直在制订计划对付奥斯曼帝国。在那一年，一个英国政府委员会曾提出施政建议，一旦奥斯曼帝国被打败，那么就要建设一个新的中东，其中包括五个自治省份：分别是叙利亚、巴勒斯坦、亚美尼亚、安纳托利亚和阿拉伯半岛（Jazirah，贾兹拉）–伊拉克。[11]1916年，英国人和法国人在俄罗斯的支持下秘密炮制了一份协议（《赛克斯–皮科协议》，Sykes-Picot

Agreement），这份协议在当时和现在都被阿拉伯人视为欧洲背叛阿拉伯志愿的极坏行为，即使当时侯赛因的愿望更多限于其家族利益，而不是“阿拉伯人”。《赛克斯–皮科协议》以
250 最终定稿的两名英国和法国外交官的名字命名，并没有约定在哈希姆统治下建立一个真正独立的阿拉伯王国。相反，这个秘密协议将奥斯曼帝国的阿拉伯中东大部分地区划给英国和法国控制，将后来成为伊拉克（包括约旦和巴勒斯坦）的大部分地区分给英国；将后来成为叙利亚、黎巴嫩，以及摩苏尔周围的伊拉克北部地区划给法国。尽管同情阿拉伯民族自治事业的托马斯·爱德华·劳伦斯已经向侯赛因透露过协议消息，但侯赛因也只是在1917年俄国发生布尔什维克革命退出战争、新成立的苏联政府告知他英法盟友如何出卖他之后，才公然面对这笔卑鄙的政治交易。

在俄国布尔什维克革命开始的同一天——1917年11月2日（编者注：俄国布尔什维克革命发生的时间是1917年11月7日）——英国政府又做了一件事，加剧了阿拉伯人的不满，让他们感觉又遭到一次背叛。在那重大的一天，英国外交大臣阿瑟·贝尔福（Arthur Balfour）向著名的英国犹太金融家罗斯柴尔德勋爵发出了一封正式信函，正式宣布英国打算在巴勒斯坦建立一个犹太人的家园（即《贝尔福宣言》）。此文件也成为支持犹太人复国的政策性文件，自那以后，对英国政府颁布臭名昭著的《贝尔福宣言》的动机一直争论不休。在某种程度上，它们根植于对英国犹太人的宗教义务和历史责任感[12]——

即使在当时，反犹太主义在英国政府内部也十分猖獗。

但《贝尔福宣言》主要还是基于英国的政治与战略决策作出的权宜之计，其中包括了期望那些心怀感激的巴勒斯坦犹太移民定居者作为英国驻军的代理人，帮助英国政府保护和控制好对英国利益至关重要的苏伊士运河，以及通往伊拉克和伊朗的海上通道。[13]

对犹太人而言，《贝尔福宣言》标志着犹太复国主义支 251
持者的巨大胜利，自19世纪末以来，犹太民族主义运动一直在致力于推动建立这样一个犹太家园。不过，将犹太复国家园建在巴勒斯坦并非当初预料的一个结果，在第一次世界大战前的某个时候，英国曾将英属东非的乌干达交给犹太复国主义者。这种殖民化进程早在19世纪后期就已经开始了，几乎完全来自欧洲，在20世纪30年代和40年代阿道夫·希特勒的“最终解决（犹太人）方案”的灾难发生前后变得更加猖獗。1948年5月，它直接导致了现代以色列国的诞生——此后，这一事件给中东地区带来了无尽的相互指责和灾难性的破坏活动，并从此建构了该地区未来的政治和国际关系。

尽管英国及其阿拉伯盟友在1918年11月第一次世界大战结束之时，击败了奥斯曼帝国军队，但是英国、法国和阿拉伯领导人在战后如何处置奥斯曼帝国的中东领地问题上，意见不再一致，也没有达成共识。

《赛克斯-皮科协议》所规定的界限已经有所调整，以照顾到各方的利益。对英国人来说，一个主要的关切是要对外宣布自己拥有摩苏尔地区油田的所有权。在战争行将结束之时，英国人将军队向北推进，在11月初强行占领了被划分给法国的摩苏尔地区。面对既成事实，法国总理乔治·克里孟梭（Georges Clemenceau）也只好将摩苏尔割让给了英国，同时法国也将获得土耳其石油公司25%的股份。因为当时法国也面临着一个无法逃避的现实：法国已经被战争消耗殆尽，以致法国政府没有任何部队可以派驻摩苏尔地区。[14]

不过，战后和解中的一个新的复杂因素出现，那便是美国作为一大强国也参与进来。1917年，美国第28任总统伍德罗·威尔逊带领美国宣布参战，增加对英法等国家的物资支援，将美国人注入英法联军队伍。在第一次世界大战接近尾声时，威尔逊总统在对国会所发表的著名演说中提出“十四点计划”，给列强关系注入了一种新的外交机制。其“十四点和平原则”是战后时代的一幅富有远见卓识的蓝图，梦想着战后能形成一个开放外交和相互合作的国际新秩序，这个国际新秩序由一个新的国际机构来推动和执行；但是不幸的是，美国参议院拒绝了这种远景规划。威尔逊设想的这个机构就是后来的国
252 际联盟。威尔逊的计划还提出奥斯曼帝国的非土耳其民族“应得到毫无疑问的生活保障和绝对不受干扰的自主发展机会”，他们的生命安全和发展机会则完全不会受任何区分。这些政治主张对该地区的许多人来说是甜蜜而激动人心的音乐，确实鼓舞了其他民族——这些人当中就有伊拉克、伊朗和安纳托利亚的库尔德人，以及哈希姆王朝的未来首脑侯赛因·本·阿里和

他的子嗣们。

但是，威尔逊的倡议很难与英国和法国的意图相一致，他们口头声称支持美国盟友的高尚意图，感谢美国的军队拯救他们于水火之中。在战争行将结束前的最后一周，他们发表了一份联合声明，允许奥斯曼帝国境内的民族建立“本土政府和行政机构”。[15]但实际上，他们并不打算将前几年为自己保留 253
的重要的阿拉伯人和库尔德的土地交还给当地民众，任其“自治发展”。1920年，费萨尔在大马士革宣布建立一个独立的阿拉伯王国。事实上，他自1918年10月以来就在那里建立了自己的王国，但法国人残忍地将他赶了出去，并且占领了即将成为新国家的叙利亚和黎巴嫩。[16]当然，费萨尔不会被冷落在中东政治舞台下太久，帮助他建立和管理他短暂王国的奥斯曼阿拉伯军官们也不会。这些人当中有许多人来自伊拉克，他们是奥斯曼人在巴格达和其他地方建立的现代化学校里培育出来的人物。他们经历过战争的洗礼，但他们受挫于建立一个独立的阿拉伯国家的事业，于是许多人不得不返回自己的家乡。但不管怎样，他们始终是肩负使命的人。

1918年初，英国人开始在伊拉克南部和中部设立行政管理机构，以控制巴士拉和巴格达为中心的前奥斯曼帝国省份。[17]他们选择和奥斯曼帝国一样的做法，将政权中心设在巴格达。英国政府如此所为，是因为他们在管理英属印度的问题时也采用了同样的方法，并且赢得了声誉。现在他们想把这一套机制移植到中东地区管理伊拉克——直接作为领主和统治者，既不能容忍毫无顾忌的投入，也无法接受当地民众的反对。1918年4月，阿诺德·塔尔博特·威尔逊爵士上校被任命为代理民事专员，他在工作中态度粗暴，缺乏同情心，结果引起了当地阿拉伯领导人对英国驻伊拉克官员的敌意。1920年，在意大利圣雷莫（San Remo）举行的欧洲外交官会议决定，英国和法国将以委任统治的方式来接管奥斯曼的阿拉伯土地，这是当时国际联盟在1922年正式做出的安排——是以“文明的神圣信托”来予以安排的。国际联盟想要以这种形式的安排，让“文明的”欧洲国家引导中东地区的人民进入现代国家体系。这也导致英国政府与当地人民之间的关系恶化。通过这次会议，法国通过授权托管的方式获得了叙利亚国的委任统治，并为了分割反法力量，迅速地扶植起一个新的国家——
254 黎巴嫩，以维护长期驻在那里的基督教马龙派（Maronites，马龙尼礼教会）的利益。而英国获得了巴勒斯坦的托管权，但随之而来的是，随着犹太复国主义殖民扩张，一场酝酿已久的阿拉伯-犹太之间的冲突爆发了。为了避免发生类似叙利亚的事件，英国人也随之作出一些改变，部分原因是出于对殖民统治的限制，同时也是为了减少阿拉伯人的担忧，也许是为了减轻英国人曾残忍对待哈希姆家族的罪恶感，1921年，英国人将巴勒斯坦托管地的东部分割出来，将其作为一个独立的实体——外约旦（约旦河东岸），将其置于侯赛因·本·阿里的儿子阿卜杜拉的统治之下。第二年，他们通知国际联盟说，外约旦不会向犹太殖民开放——不过这一行为，甚至在今天仍被许多犹太复国主义者视为英国人对犹太人的背叛。第二次世界大战结束后，1946年5月25日，外约旦宣布成为独立的约旦哈希姆王国。时至今日，这里一直由阿卜杜拉的后代子孙进行统治。现任国王阿卜杜拉二世是阿卜杜拉的曾孙。

1920年6月，伊拉克境内的几乎所有教派、种族和不同文化背景的伊拉克人——逊尼派穆斯林和什叶派穆斯林、阿拉伯人和库尔德人都武装反抗英国的委任托管。在2003年英美联军入侵和占领伊拉克之后，伊拉克人自豪地回顾起1920年的大起义，这是他们历史上少数几次全国人民走到一起来反抗殖民统治的事件之一。然而，这种抗争缺乏真正的全国性群众基础和相互协作。其中，库尔德起义者并不与阿拉伯人生活在一起，彼此相互独立，这当然也有他们自身的原因。还有一些阿拉伯酋长选择站在英国人一边，他们希望英国的统治能改善他们自己的生活前景，正如我们经常看到的那样。

在什叶派圣地纳杰夫和卡尔巴拉的周围也出现反英起义的中心，那里的当地部落与英国人展开了顽强的斗争，是最后一批向英国屈服的起义者。这些圣城的什叶派宗教领袖对英国拒绝建立独立的伊斯兰政府和操纵继续统治的民意感到失望，因而反对侯赛因在沙漠地带的叛乱，因为它使哈希姆与异教徒英国人结盟。[18]不过，他们的坚持也付出了沉重的代价。当英国军队镇压了当地起义，重新建立控制体系后，就策划了建立逊尼派君主制政体——他们认为什叶派不可信。这种做法和逊尼派奥斯曼统治时期什叶派所受的待遇没什么两样。而在英国 255

统治下，这种情形一直会持续下去，并在接下来的几十年里不断恶化。

最终，1920年的伊拉克大起义被英国军队（其中许多是印度人）残酷镇压，他们得到授权，对起义的地方采取焦土策略。这场起义中，多达9000名伊拉克人被杀或受伤，英国为此付出了2000人伤亡的代价——包括大约450人被杀。英国的镇压成功很大程度上得益于他们使用一种可怕的新型强制手段——皇家空军的空中轰炸。

到了20世纪20年代和30年代，英国经常派出皇家空军去扫射和轰炸那些顽强抵抗的部落，让他们屈服，特别是当他们拒绝纳税时，狂轰滥炸便不可避免。[19]温斯顿·丘吉尔甚至在1920年授权皇家空军可以使用化学武器，尽管还没有证据表明皇家空军实际上使用过。如此大量使用英国皇家空军的一个主要动机是英国人试图以尽可能低的代价获得成功。那时，英国也因为伊拉克大起义而元气大伤，所以降低统治成本已经成为英国人考虑美索不达米亚问题的一个重要因素。伊拉克人民起义给英国政府和英国公众敲响了警钟。1920年，英国人在伊拉克的经济成本居高不下，越来越多的人认为英国的直接统治在那里行不通，以及英国国内关于“美索不达米亚混乱”变得代价高昂的争论不断升级。对英国来说，叛乱使其遭受巨大损失，它牵制了数万英军，消耗了千百万英镑；当时，英国正从“一战”造成的可怕损失中挣扎出来，亟须寻找一种新的方式继续控制美索不达米亚。英国人仍然打算完全控制该地区

——他们在印度和伊拉克石油中的战略利益决定了这一点——但他们现在认识到，英国人的统治最好露出阿拉伯人的面孔，披上阿拉伯自决的外衣，只要伊拉克人愿意买账接受这一点，就足以安排这一切为英国人服务。

随即，一张有用的且心甘情愿的阿拉伯面孔就显现在英国人面前，此人正是费萨尔·本·侯赛因，他曾在叙利亚宣布为王，后来又被法国人从大马士革赶了出去。1921年，在开罗与中东的官员和专家进行磋商后，当时英国殖民地事务部大臣温斯顿·丘吉尔启动了任命费萨尔为伊拉克国王的程序。他 256
们当中有英国勇敢的旅行家兼作家格特鲁德·贝尔（Gertrude Bell，公元1868—1926年，有沙漠女王之称），此人在塑造新伊拉克的过程中发挥了重要作用——而在伊拉克境内，这一进程正由伊拉克委任统治地的英国官员珀西·考克斯（Percy Cox）精心策划。他于1920年抵达伊拉克，担任英国高级专员，临时派来就英国与伊朗之间的新条约进行谈判，接替此前的阿诺德·威尔逊，后者于1918年上任。考克斯为了能让费萨尔顺利登上王位，精心设计出装模作样的“全民公决”——费萨尔获得了令人难以置信的96%的选票。不过，当时大多数北方人没有参加此次投票，并且清除了费萨尔当时唯一潜在的重要竞争对手——一位受人尊敬的巴士拉当地名流。考克斯假装邀请此人喝茶，但随后逮捕了他，最终将他驱逐到锡兰（今斯里兰卡）。[20]

就这样，1921年8月23日，在英国高级专员珀西·考克斯和一名英国仪仗队的陪同下，当《真主拯救国王》的音符在炎热的夏季飘过的时候，被加冕成为新命名的伊拉克王国的国王。诚然，加冕本身并不能把费萨尔从他岌岌可危的处境中解救出来。鉴于他此前努力在叙利亚建立一个独立的阿拉伯国家，他显然同情伊拉克的自治事业，就像他的许多新臣属一样，也希望伊拉克成为一个独立的国家。费萨尔唯一可以声称的自然选民便是包括这些臣属在内的那些巴格达的逊尼派城市居民。对他们来说，费萨尔代表着奥斯曼帝国时代占人口少数的逊尼派对日益增长的多数什叶派的统治的延续，还有那些在战争期间支持哈希姆的建国事业、之后又追随他前往伊拉克的那些阿拉伯官员。因此，为了保住他的王位，费萨尔需要保持英国的支持。与此同时，他又向他的新臣民发出信号，拒绝英国的委任统治，认为这是对伊拉克王国主权的侮辱。

257 要确保1922年《英伊同盟条约》获得通过，英国人的高压手段与当地伊拉克反对派的强硬暴力必不可少。[21]站在费萨尔和英国人的角度来看，这是一个双赢的结果。费萨尔在加冕后仅一年，经过顽强的坚持，他成功地从英国手中获取了这份协议，该协议至少表面上承认了伊拉克主权的独立，以及与英国的双边关系。对英国政府来说，该条约向躁动不安的英国公众发出了明确信号，英国政府正在努力剥离委任统治所付出的代价，同时它又保留了委任统治时英国在伊拉克的既得利益和种种特权，并且确保英国政府而不是费萨尔，还在伊拉克继续发号施令。但对费萨尔来说，他别无选择，只能同意《英伊同盟条约》。

根据条约规定，伊拉克的内政、外交和国防大权实际仍控制在英国人手里，英国保留在伊拉克基地驻扎英国皇家空军的权利。20世纪30年代，英国人利用他们的空中优势来镇压伊拉克民族独立运动（尤其是北部库尔德部落的起义），以此来维持社会秩序，强制当地部落向费萨尔政府缴税，从而保持费萨尔王国的完整。这类似后来2003年美军对萨达姆·侯赛因政权发动的“震慑（Shock and Awe）”空中战术行动。伊拉克王国向英国军方提供了一个便于使用的实验室，帮助英国人测试开发用于可怕空袭的新理论，借此用燃烧弹和夜袭等手段让伊拉克村民心存畏惧而屈服。依靠皇家空军的力量也使英国避免了维持一项庞大的帝国驻军费用开支。与此同时，英国人也反对费萨尔想要通过大规模征兵来建立一支庞大的伊拉克军队的想法，因为费萨尔当时希望通过建立这样一支军队，培养伊拉克人新的民族认同感。[22]

《英伊同盟条约》还赋予了英国对伊拉克外交关系的最终控制权。英国人利用条约中的规定来推进英国在该地区的利益，其中包括巩固费萨尔王国的政权。但是，他们的一些做法给后来的伊拉克统治者和广大中东地区带来了诸多麻烦。1922年，珀西·考克斯以毫不留情的方式对伊拉克、科威特和阿拉伯半岛迅速崛起的新势力——沙特家族及其族长阿卜杜勒-阿齐兹·本·沙特（后来的沙特国王）等国家和酋长施以高压，强迫他们达成这些国家的边界协议（史称《乌凯尔会

258 议》）。考克斯希望缓冲费萨尔和新成立的伊拉克王国之间的关系，尽管多年来英国一直向沙特提供巨额津贴，这样沙特就可以用这笔钱来扩充自己的声望，削弱哈希姆王朝的影响力。考克斯所坚持的边境解决方案据说是他本人在地图上随手画出的。最终，伊拉克与其南部邻国的边界确定了下来，伊拉克也留下了很短的一段波斯湾海岸线。然而，68年后的1990年，当萨达姆·侯赛因派遣伊拉克军队占领科威特时，他就是引用这条轻视伊拉克、无视伊拉克对科威特的主权要求的理由作为进军科威特的借口。而且，萨达姆并不是第一个试图强行纠正考克斯解决方案的伊拉克统治者。另一方面，费萨尔的父亲侯赛因·本·阿里已自称为哈里发，却运气不佳，没能获得英国的赏识。几年之后，也就是在1924年，本·沙特将侯赛因驱逐并流放；1931年他在安曼——他的儿子阿卜杜拉的外约旦酋长国的首都去世。此后不久，本·沙特就建立了一个新王国，1932年正式命名为汉志-内志及其附属王国。今天，我们称它为沙特阿拉伯王国——因为从那以后，本·沙特和他的儿子们一直统治着这片区域。

20世纪20年代英国人在中东地区出台的一些政策，给伊拉克的未来带来诸多麻烦，不仅限于其外交政策方面。正如我们前文看到的那样，在19世纪后期，奥斯曼帝国试图确保他们对伊拉克的控制时，采取的一项政策要务便是削弱伊拉克境内众多阿拉伯部落和库尔德部落的权力。[23]而英国人在很大程度上颠覆了这一政策——通过一位学者所称的“浪漫人物的理性强迫（rational imposition of a romantic figure，即通过树立当地个人形象进行间接统治）”的方法来处理伊拉克事务[24]：他们首先提升部落酋长的地位，视为代表其部落权威发言的微型统治者，然后慢慢地对其施压，使其服从。这种方法的一部分动机是，英国人采取将这些地方的部落成员浪漫化（大致是对个人的崇拜）的方式，视他们为阿拉伯社会中更值得信赖、更为高贵的元素。与所谓“城市阿拉伯人”的狡诈和堕落形成鲜明对比，这些城市阿拉伯人多年来已经被以城市为统治基础的奥斯曼帝国统治者的“病态堕落”所玷污。[25]

中东问题专家马克·赛克斯——《赛克斯-皮科协议》的 259
英国方面的制定人——将他们描述为“胆小而懦弱”“傲慢而卑鄙”“身体虚弱而内心邪恶”的一群人。[26]具有讽刺意味的是，这些城里的阿拉伯人也包括了费萨尔的主要支持者——逊尼派的阿拉伯精英。英国人似乎也认为部落土地的最终控制权掌握在酋长手中。但现实要比这复杂得多。传统上，部落里的成员主要行使土地的集体所有权，因为土地归部落成员集体所有，其使用由部落首领决定。英国似乎忘记了中东地区的这一传统，或者他们简单地认为，根据他们更为理性、更加“文明”的假设进行阿拉伯世界的现代化，即假定土地所有权为个人特有，而非集体所有，[27]这样他们就可赋予酋长们合法权利，将数千亩的部落土地登记为这些酋长的个人财产。

一般而言，这种对文化的无知会带来更大的痛苦，或产生巨大的长期影响。这些酋长们以及那些很有事业心的城市居民，他们当中将会有人成为巴格达政府官员和政治家——很快地就为他们自己开辟出巨大的个人土地财产，尤其在伊拉克南部什叶派占多数的地区。由于这些新的土地所有者可能采用新开发的水泵来灌溉数千亩的土地，于是他们就有了发大财的机会。而当时伊拉克当局的统计数据也清楚地说明了这个问题。1913年伊拉克只有11758141亩耕地，然而30年后，耕地面积迅速增加到25750147亩；到1958年，占全国人口1%的土地所有者拥有全部私有土地的55%。随着这些土地所有者变得越来越富有，许多酋长为城市魅力所吸引，开始前往城市生活，将数以千计的一般佃农、收益分成的佃农和无地劳工留在农村为他们卖力干活，那些住在城里的地主往往雇佣经理为他服务管理这些劳工，而这些经理也会从劳工的劳动中榨取利润。那些在土地上辛勤操劳的人却要永远与贫困（通常指不可避免的债务所致的结果）和不良健康状况作斗争。后来，也有许多人逃到城市谋生，却发现机会有限，等待他们的还是持续的贫困。从那以后，就迫切需要想尽办法解决他们的悲惨处境问题，这种困境是伊拉克政治形势动荡和社会局势紧张的一大要因。[28]

260　英国人赋予伊拉克部落酋长权力的决定是20世纪20年代以来他们内心深处一种根深蒂固的观念的产物，即英国想要用尽一切办法来确保自己对中东局势的控制。但他们过于自信，认为自己有洞察其他国家境内人民思想表现的天赋。[29]拿伊拉克来说，这也是英国人对伊拉克文化无视的表现，其根源在于他们以自身的思维来看待阿拉伯社会文化和道德价值观。基于此种原因，长期以来，西方社会始终反感与厌恶中东地区的“东方”巴比伦和伊斯兰教。英国人的这些观点已经触及他们对伊拉克国王费萨尔的看法，珀西·考克斯曾经将费萨尔描述为一个伤风败俗和纵欲过度的人，在其外表之下掩藏着他的“种族弱点”。[30]这种态度反映了英国人一种潜在的认知，即一般而言，阿拉伯人没有自治能力。即使像冒险家格特鲁德·贝尔这样富有同情心的人物（1926年在她生命行将走向终途的时候，成为费萨尔最有影响力的英国顾问），她曾宣称“东方之人就像一个大孩子，还不成熟”，[31]认为伊拉克人缄默无声，得过且过，常常逆来顺受，他们渴望英国人的“良善统治”，一个独立的伊拉克对他们将是一场灾难。[32]所有这些逆来顺受、缄默无声、软弱无力、纵欲过度，以及本质上的无能为力的特征——均是来自希腊历史学家希罗多德以来的“东方化的”欧洲人对中东人的看法。[33]

进入石油时代

因此，在英国人心目中，他们有充分的理由来质疑费萨尔的动机，警惕此人是否可靠，英国人并不相信费萨尔有能力或意愿来保护他们为其创建的伊拉克王国的切身利益。当费萨尔向英国政府提出要求终结英国委任统治条约的要求时，当时的英国首相温斯顿·丘吉尔火冒三丈，想要撤出英国军队，完全从伊拉克抽身而出，以此威胁费萨尔不稳固的统治。大卫·劳埃德·乔治（David Lloyd George）建议丘吉尔谨慎行事，因为“一旦我们离开，一两年后我们就会发现，我们已经将世界上储油最丰富的油田交给了法国人和美国人”[34]。

261 正如前文所看到的那样，甚至在第一次世界大战之前，英国人就已经开始策划如何对伊拉克的石油财富提出要求。战争刚刚结束，美国和欧洲的媒体就开始暗示，英国政府表示有意接受美索不达米亚的委任统治，原因是英国想要控制伊拉克的石油。[35]英国政府有充分的理由这样认为，因为1918年8月，英国外交部已经决定，英国控制的唯一石油来源就在伊朗和美索不达米亚地区，而美索不达米亚也不可能让其继续处在土耳其或阿拉伯的统治之下——此项决议违反了此前规定的英国不得因战争而扩张的决定。[36]早在1919年，英国就拒绝了美国石油巨头纽约标准石油公司的地质学家进入伊拉克境内进行石油勘探工作，由此也隐约看出国际社会对获取伊拉克石油财富的紧张景象。1920年《圣雷莫协定》签订，法国和英国按照比例划定了伊拉克境内的势力范围。对此美国的抗议尤为强烈，因为该协议除了确定法国和英国在中东地区的委任统治之外，还在这两个大国之间划分了该地区的石油财富。尽管如此，英国人还是和美国人很快展开了工作，决定联合开采伊拉克的石油——英国人知道他们无法独自开发伊拉克的油田，而美国人也知道如果想要在伊拉克顺利开采石油，就必须依赖英国人在伊拉克强大而稳定的存在。1922年，美国国务院收到七家美国石油公司的通知，这些公司希望美国政府能与英国在伊拉克的石油特许权达成合作协议。经过六年艰苦谈判，英美石油公司在苏格兰的阿奇纳古堡达成一项后来被称为《红线协议》（*Red Line Agreement*）的协议，这项决议直接导致1928年欧美卡特尔（cartel）的成立，并在接下来的几十年里垄断了中东大部分地区的石油生产。[37]

差不多在同一时间，1918年11月，英国决定从巴格达撤军，去占领伊拉克北部的奥斯曼帝国摩苏尔省（vilayet，土耳其行政省名称法）——那里因盛产石油而闻名于世——这一举措也获得了巨大的回报。20世纪20年代初，伊拉克对摩苏尔地区的主权主张遭到了穆斯塔法·凯末尔·阿塔土克（Mustapha Kemal Ataturk，1923年宣布独立的新土耳其共和 262
国国父兼第一任总统）的断然拒绝。因为该地区有大量的土耳其人口，凯末尔希望将其并入新的土耳其共和国。然而，1925年，国际联盟将摩苏尔划给了伊拉克，并由英国托管25年——当初如果英国军队没有占领摩苏尔，国际联盟也不会做出这个决定。如果没有英国的帮忙，将摩苏尔从土耳其的扩张和当地库尔德人的独立反抗中脱离出来并加以保护，费萨尔的伊拉克王国的生存将是很大问题，国家实力也将大大削弱，甚至是影响国家命运的——当然费萨尔对此也是一清二楚。同年，英国人得以充分利用他们对费萨尔的帮助，保留了摩苏尔，并迫使费萨尔的伊拉克王国同意给予土耳其石油公司75年的特许经营权。1929年，土耳其石油公司更名为伊拉克石油公司。伊拉克石油公司的四大股东——英国主导的英国波斯石油公司、荷兰皇家壳牌石油公司、法国石油公司（Compagnie Francaise des Petroles，由法国政府控股）和近东开发公司（Near East Development Corporation，它代表各家美国公司的利益，由包括新泽西标准石油公司和纽约标准-真空石油公司等在内的五家美国石油公司组成）—— 各占23.75%的股份；像独立企业家——土耳其石油公司的创始人卡洛斯特·古本江（Calouste Sarkis Gulbenkian）所持份额较小，仅占5%。因此，美国石油公司很快获得了伊拉克石油的主要利益。几年后，伊拉克石油公司的特许经营权便扩大到包括摩苏尔和巴格达附近的地区。而且，1933年，沙特阿拉伯的新国王阿卜杜勒-阿齐兹·本·沙特将沙特石油开发的60年的特许经营权授予加利福尼亚标准石油公司（Standard Oil of California）。次年，美国和英国的石油公司又获得了组建科威特石油公司的联合特许经营权，这样美国对中东石油的利益总体上增加不少。1938年，沙特阿拉伯和科威特两国都发现了大量的石油矿藏。[38]

1927年，伊拉克石油公司的第一口油井刚好就打在基尔库克附近，也就是英国人一直想要占领的奥斯曼帝国行省摩苏尔的所在地。[39]于是就有人认为，石油的发现将会带来巨大的财富，对伊拉克政府和人民大有裨益。事实是哈希姆王国确实收到了一些提成，但是它在伊拉克石油公司所占的份额为零，
263 因此捞不到任何好处。费萨尔起初坚持要让伊拉克政府持有伊拉克石油公司20%的股份，但在英国的施压下，他被迫同意一

项协议，即允许他的政府不持有该公司的股份。毕竟，英国人帮助费萨尔保住摩苏尔留在伊拉克版图内，确实也付出了高昂的代价。

因此，尽管伊拉克1930年与英国政府签署的新条约宣布伊拉克成为完全独立的国家。但事实上，伊拉克无法做到完全独立，而且1932年加入国际联盟的时候，伊拉克政府对伊拉克最重要的自然资源依然没有任何实际控制权。[40]正如在美索不达米亚长达数千年的历史中多次发生的那样，伊拉克的自然资源并没有给它带来福祉，反而成了它的诅咒。

伊拉克和阿拉伯民族主义的诞生

历史上有很多国家，它们经过几个世纪的酝酿，在国家内部催生出如学者本尼迪克特·安德森所说的“国家”的“想象共同体”。[41]举例来说，一些国家（如德国）很大程度上是在民族、文化和语言统一的基础上实现这一目标的；其他国家（如英国和法国）均是在各自政治发展和统一的共同经历的基础上实现的。

当英国在1921年想方设法让伊拉克这个国家诞生于世时，伊拉克这个新国家并没有上述国家的成立条件，甚至可以说其诞生并不是建立在这些统一的基础之上的。其人民已经一下子从一个包含着巨大文化差异、存在着多样化地区的帝国臣民，变身为现代西方民族国家体系结构下的国家公民。甚至当伊拉克通过1930年的《英伊条约》获得所谓正式独立的时候，它距离本尼迪克特所谓“国家地位”似乎仍然很遥远。

伊拉克的人民似乎被过多相互冲突的身份所分裂。这种不同身份之间的关系常常受到历史上长期形成的互不信任和彼此对抗关系的困扰。伊拉克境内的阿拉伯人、库尔德人、波斯人和土库曼人都对他们各自与众不同的身份感到自豪。他们宣称有各种不同的宗教信仰，他们是：逊尼派穆斯林和什叶派穆斯林、亚述人和迦勒底基督徒、犹太人、雅兹迪人、曼达人以
264 及其他宗教信仰的人。几十个部落之间根深蒂固的相互竞争，加之几千年来城市和农村/游牧民关系之间的彼此不信任，加剧了这一切。对建设这样一个国家，其起点好不到哪里去。

此外，1932年，这些人常被外来人统治，英国人常将外来管理人员安置在巴格达。统治伊拉克的哈希姆王朝正是这样“一个从外部强加给伊拉克的小集团，很少得到伊拉克境内其他人的接受、认可或信任”，但是“英国当局拥有最高权力，绝大多数人继续游离在政府之外，任何有意义的参与政府行为都被排除在外”。[42]如果伊拉克自1932年以来的历史可以作为借鉴的话，那么，所有伊拉克人都能认同，且有着凝聚力、可持续性、真正包容的“伊拉克”身份是否能够长期存在，依然是个未知之数。

现代伊拉克的历史就是这样一直被创造或强加诸如此类身份的斗争史。在20世纪，伊拉克成为新兴的、有时是相互矛盾的民族身份的摇篮。它成了一个大熔炉，各色人等在这里被

锻造，有人断言他们如此所为乃是对西方入侵和支配伊拉克的回应。

1921年，在巴格达的费萨尔还没有登上伊拉克王位之前，他曾试图在大马士革——阿拉伯历史上另一个伟大的政治首都建立一个新的王国，将前奥斯曼帝国大部分讲阿拉伯语的民族团结在一起，建立一个大一统的国家。阿拉伯语民族首先要统一的概念——他们作为一个统一国家的文化身份，早在几年之前就已经落地生根。19世纪的时候，当时国家和民族主义的思潮兴起，奥斯曼帝国的巴尔干半岛上的一些民族群体通过反抗苏丹的统治来宣布他们民族的国家地位，寻求他们政治上的独立。到了19世纪晚期，叙利亚的阿拉伯知识分子（其中许多是基督徒）也着手反思并写作阿拉伯人独特的历史和贡献，他们过去的辉煌，以及作为一个“民族国家”的本质上的统一。这种变化与发展自此被打上“阿拉伯觉醒（Arab Awakening）”的标签。[43]当英国政府让费萨尔成为伊拉克的国王时，费萨尔 265
就已经和他的那些前奥斯曼帝国阵营中的阿拉伯军官骨干沉浸在新兴的阿拉伯民族主义意识形态中。如今，费萨尔和他的王朝官员们抓住了这个机会，认为这是一个大有前途的方法，伊拉克人民可以跨越不同教派和部落分歧，从而在伊拉克境内创造一种新的国家公民身份——也就是所谓“伊拉克性”。但不幸的是，对伊拉克的未来发展来说，伊拉克境内的库尔德人或土库曼人并没有找到自己真正的位置，因为他们无法在建构的“阿拉伯性”基础上的伊拉克身份中找到属于自己民族的因素。

随着时间的推移，伊拉克军队中开始盛行阿拉伯民族主义思潮，这种思想受到战士们热烈的欢迎。但是，培养伊拉克阿拉伯民族主义意识的努力尝试首先是在伊拉克的学校中进行的。这场运动由前奥斯曼帝国的教育官员萨提·胡斯里（Sati al-Husri，公元1882—1968年）领导，[44]他首先在费萨尔的叙利亚王国担任教育总长，后来在1921年被费萨尔任命为伊拉克教育部部长，负责伊拉克的教育工作。在胡斯里的领导下，伊拉克成为最早的"阿拉伯民族主义"理论的摇篮。[45]在随后的40年里，阿拉伯民族主义或"泛阿拉伯主义"的意识形态主导了整个阿拉伯世界的政治话语，面对西方（殖民）统治展示了一个全新的身份和响应视角。尽管埃及领导人贾迈勒·阿卜杜尔·纳赛尔（Gamal Abdul Nasser）自20世纪50年代初到1970年去世，他一直是阿拉伯民族主义最受认可、最为著名的一张面孔，但是作为一种切实可行的政治意识形态，阿拉伯民族主义思潮最初还是在伊拉克形成的。

萨提·胡斯里在伊拉克最重要的做法便是打造阿拉伯民族主义，然后向伊拉克民众灌输这种思想，他主要是通过一项国家教育计划来实现这个目的。该计划专门针对伊拉克学校中的年轻人，采用新的教科书，向他们传授阿拉伯民族主义思想。胡斯里引进了德国的民族主义教学模式，亲自设计了教科书，向年轻的学生灌输伟大的阿拉伯民族昔日的荣光，使之形成强烈的民族意识，并告知这些年轻人，伟大的阿拉伯民族曾被人为地强行割断历史，首先是奥斯曼帝国统治的割绝，再后来便是欧洲人的委任统治制度造成了阿拉伯民族的分裂，并且要让学生们深信不疑。只有将这些迥然不同的部分重新组合起来，阿拉伯民族才会重现昔日辉煌，成为一个伟大的国家。

萨提·胡斯里不只在教科书和教室为阿拉伯民族主义作 266
出了贡献。1934年，萨提·胡斯里被任命为伊拉克古代历史所主任，他利用这一职位，坚持了伊拉克对其境内古代遗产的所有权——不过大部分文物已经被英、法考古学家攫走，同时他又将注意力集中在古代伊拉克的"阿拉伯性"上，试图将"前伊斯兰文化遗产与泛阿拉伯主义结合起来"。[46]

然而，与此同时，伊拉克境内也出现了一种与泛阿拉伯主义竞争且更具地方特色的伊拉克民族主义思潮。这种民族主义思潮强调伊拉克昔日的伟大辉煌正是伊拉克人自己的精神家园——不论其归属何种宗教或教派，他们都是古代苏美尔和巴比伦文明的后裔和文化继承者。甚至早在第一次世界大战之前，也就是奥斯曼帝国统治伊拉克的最后几年，一些作家——他们当中有什叶派穆斯林和基督徒，以及逊尼派阿拉伯人——在《阿拉伯语言研究》（*Lughat al-Arab*）撰文，将伊拉克称为"祖国或家园（watan，意即'祖国'）"。在20世纪20年代的英国委任统治时期，什叶派知识分子为伊拉克报刊撰写了大量文章，颂扬伊拉克民族主义，并与逊尼派一道合作来反对英国的霸权。[47]具有讽刺意味的是，对这一发展作出了重要贡献的人便是费萨尔的英国首席顾问之一，也是新伊拉克王国的建筑师——格特鲁德·贝尔。她在1926年英年早逝之前，帮助费萨尔在首都巴格达建造了伊拉克国家（考古）博物馆。因此，到了20世纪30年代，两种相关但又截然不同的民族主义思潮开始在伊拉克蓬勃发展。虽然二者都强调阿拉伯人文化和政治上的统一，但其中一种思潮中爱国主义占有特殊一席，即专门关注伊拉克国家本身，这种观点强调伊拉克在更大的阿拉伯框架内的特殊身份，申明伊拉克作为阿拉伯民族自然领袖的特殊权利。因此，以伊拉克为中心的阿拉伯民族主义与另一种更加宽泛的泛阿拉伯的民族主义思潮竞争，其中，后者正在阿拉伯中东地区蔓延盛行——正如我们行将看到的那样，这对伊拉克后来的历史，及其与阿拉伯世界的关系产生了重大影响。

267 当然，也有游离在以阿拉伯为中心的伊拉克愿景之外的族群，那就是伊拉克北部的库尔德人，他们也有自己的民族思想。在奥斯曼帝国统治时代，库尔德人经常游走在有效的奥斯曼权力范围之外。而在新伊拉克国里，库尔德人从很早的时候就开始再次被边缘化，这种情形一直持续到现在。尽管阿拉伯民族主义主张世俗化，强调非宗教的前提基础，即强调国家利益高于宗教利益，但现实是中东地区接受它的绝大多数阿拉伯人属于穆斯林，具体来说就是逊尼派穆斯林。那么在伊拉克国内，阿拉伯民族主义便越来越多地与逊尼派阿拉伯少数派联系在一起，他们在哈希姆王朝的领地内统治着伊拉克，即使政权更迭。在2003年伊拉克政权被英美联军打败之前，伊拉克始终处于逊尼派的统治之下。而伊拉克国内占人口多数的阿拉伯什叶派并不相信阿拉伯民族主义，认为它只不过是逊尼派统治国家背景下设计出来，让他们屈服的一种意识形态。这种观点在1933年得到了强化，当时出版的一本新书将伊拉克的什叶派称为“萨珊波斯人”，这让人不由得回想起公元7世纪的时候，阿拉伯人从伊朗的萨珊波斯王朝手中征服美索不达米亚的情景，于是有人指责什叶派更加忠诚于什叶派主导的伊朗。由此，什叶派也强烈回击，他们攻击政府的安全部队，他们将新伊拉克王朝政府的国旗与“邪恶的”哈里发叶齐德的部队联系在一起，此人在公元680年在卡尔巴拉杀害了侯赛因及其信众与追随者。[48]

伊拉克民族主义者对英国委任统治的回应

阿拉伯民族主义在伊拉克迅速发展，并在伊拉克新军中打下了特别牢固的根基。从一开始，费萨尔就希望通过大量征召人员组建一支庞大的军队，并培养他们伊拉克阿拉伯民族主义意识，但令费萨尔恼火的是，他的英国上司坚持要组建一支花费不多、规模相对较小的军队，必要的时候可以依靠英国皇家空军的力量。尽管遭到英国人的反对，但随着伊拉克军队在整个20世纪30年代的发展壮大，尤其在1934年实行征兵制之后，[49]伊拉克军队不断扩充，直到20世纪40年代，其军官队伍中形成了这个国家中阿拉伯民族主义最强大的、最具制度性的运动中心。到1936年，这个中心在政治上也变得足够 268

强大，以至于在接下来的几十年里，它的总司令巴克尔·西德基（Bakr Sidqi）几乎有能力推翻文官政府。这场军事政变得到了国王费萨尔的儿子——伊拉克王国继任者加兹一世的支持。加兹一世是一名坚定的阿拉伯民族主义者，可惜他施政只有短短三年，后死于一场（神秘的）车祸。因其子费萨尔二世（King Faysal Ⅱ，公元1953—1958年）在他1939年去世时只有四岁，所以加兹的堂兄和妹夫——阿卜杜勒-伊拉亲王（Prince Abd al-Ilah，公元1939—1953年）继位为摄政王，代表年幼的费萨尔二世统治国家，直到1953年费萨尔二世继承王位。但是，军方的作用与力量在伊拉克的政治中起到了越来越重要的作用，在1941年之前，军方几乎可以随心所欲地裁撤或组建新政府。

即使阿拉伯民族主义思想在伊拉克军营中根深蒂固，但是还有一些伊拉克文职的政治领导人仍然认为伊拉克的国运——以及他们自己的命运——掌握在英国人手中，因此要继续向英国效忠。其中最主要的代表人物便是努里·赛义德（Nuri as-Said），他是巴格达人，曾在沙漠中参加费萨尔的起义，从一开始便是国王随从中的重要成员，曾任伊拉克首相，但他坚定地支持英国。公平地来说，从1921年哈希姆伊拉克王国建立到1958年哈希姆王朝灭亡，努里·赛义德是伊拉克政坛上从政时间最持久也最具影响力的人物。1930年至1958年间，他还出任过几次首相。即使他不在位的时候，也擅长暗中操纵政府，制定政策。其施政方针通常着眼于保护传统逊尼派精英和部落地主的利益，往往打压农村穷苦百姓和城市工人阶级，与日益高涨的土地改革和社会正义的呼声背道而驰。

他常常诉诸镇压和残暴的手段来推行他的这些政策，甚至在必要的时候动用军队和警察来镇压反对的伊拉克民众。努里倾向于效忠英国，严格遵从英国人的命令。而另一方面，在伊拉克军队中，阿拉伯民族主义获得了越来越多的反英色彩，这主要出于军官们对英国继续统治伊拉克的不满，尤其是 269
1930年的《英伊条约》巩固了这种统治（当时，英国为了长期控制伊拉克，于1930年6月与亲英的首相努里·赛义德签订了一项为期25年的《英伊友好同盟条约》）。招致这种怨恨的另一个因素是，英国委任统治下的巴勒斯坦的局势日益动荡，阿拉伯人纷纷抵制发展迅速的犹太复国主义修建犹太人定居点——主要是给逃离欧洲纳粹反犹主义的移民居住——直接导致了1936年的大罢工，以及由此引发的愤怒与恐惧的当地居民的大反抗。

1941年，反英的伊拉克民族主义者拉希德·阿里-盖拉尼（Rashid Ali al-Gaylani）取代努里·赛义德担任伊拉克首相后，伊拉克人的怨恨达到了极致。拉希德·阿里很快就因同情反犹太复国主义的巴勒斯坦阿拉伯领导人哈吉·阿明·侯赛尼（Hajj Amin al-Husseini，他1939年逃离英控巴勒斯坦，前往巴格达）和纳粹德国的阿道夫·希特勒（Adolf Hitler）的政权（自1939年9月德国人侵波兰引发第二次世界大战以来，英国一直与纳粹德国进行殊死战斗）而激怒了英国。当时，拉希德·阿里已经决心与英国决裂，宣布他的政府不会给予英国1930年《英伊条约》中规定的基地驻军权，于是，英国人在巴格达周边什叶派部落的支持下，迫使拉希德·阿里下台。现在反过来，主要由阿拉伯民族主义者组成的伊拉克军队领导层发动政变，推翻新政府，并重新任命拉希德·阿里为首相。为此，英国军队在巴士拉登陆，迅速制伏了伊拉克军队，重新占领了这个国家。在英国人的默许下，伊拉克又恢复了君主制，努里·赛义德再次成为伊拉克首相。随即，他开始将阿拉伯民族主义军官从部队中清除出去，并且关闭了成员中有泛阿拉伯主义者的俱乐部和组织机构。因此，当阿拉伯民族主义浪潮在20世纪50年代初开始在伊拉克兴起的时候，伊拉克军方却没有亲阿拉伯民族主义的年轻军队骨干与之同声相应、同舟共济。带头前进的反而是埃及年轻的民族主义官员。[50]

而努里·赛义德虽然亲英，但也并没有完全脱离阿拉伯政治自主的观念。在第一次世界大战期间，努里是哈希姆建国事业的狂热支持者，甚至到了1943年，他还倡导成立一个新
270 的国家——阿拉伯“新月沃地”联盟[51]——当中包括外约旦、叙利亚、巴勒斯坦、黎巴嫩，最终包括伊拉克和沙特阿拉伯（但不包括埃及）。第二次世界大战结束后，努里继续担任伊拉克首相，主导伊拉克政治。但是，英国人继续占领伊拉克，彻底让英国政府名誉扫地，败坏英国在努里和其他亲英平民政治家在许多国人眼中的形象，尤其是那些信奉泛阿拉伯民族主

义的伊拉克人。

由此也注定了伊拉克哈希姆王国的末日。尽管哈希姆王国在第二次世界大战结束后继续苟延残喘了13年多，但最终还是湮没在阿拉伯民族主义者高涨的浪潮中，没落于20世纪50年代到60年代席卷了整个中东地区的反西方的怒火中。[52]1958年的军事政变将英国驱逐出伊拉克，取而代之的却是西方世界在中东该地区的新旗手：美国和以色列。随着他们出现在中东的政治舞台上，伊拉克的命运也变得悬而未决。

阿拉伯和伊拉克民族主义、冷战、以色列的崛起以及石油的诅咒

虽然英、法是第二次世界大战的战胜国，但这场世界大战让两国元气大伤，削弱他们作为大国强国的地位。受制于他们当前窘迫的经济和军事状况，以及世界范围内的殖民地国家纷纷要求摆脱外国殖民统治的呼声，他们被迫开始在各地殖民地撤出自己的军队。在此背景下，中东地区受这一形势影响最大。甚至在第二次世界大战结束之前，叙利亚和黎巴嫩就摆脱法国的委任统治，已经获得了正式独立；到1962年，法国也失去了对摩洛哥、突尼斯和阿尔及利亚的控制。

而英国在中东地区的政治存在主要出于三个重要的动机，分别是：保护通往印度的海陆通道，这就意味着它必须控制苏伊士运河和波斯湾；保护他们在巴勒斯坦的托管授权统治

地位，因为英国此前承诺要在那里建立一个犹太人的家园；保护他们能够顺利获得伊朗和伊拉克境内的石油。但在1947
271 年，英国被迫放弃了它在印度的领地，自此，南亚次大陆地诞生出两个独立的国家——印度和巴基斯坦。这在一定程度上降低了英国掌控苏伊士运河的战略必要性。同年，1946年3月22日，外约旦同英国签订伦敦条约，英国放弃了在约旦的委任统治，正式承认外约旦的独立，费萨尔一世的兄弟——阿卜杜拉·本·侯赛因（Abdullah Ibn Husayn）正式登基，成为外约旦哈希姆王国的第一任国王。与此同时，英国也停止了在巴勒斯坦的托管统治。但是，英国的政策既冷落了阿拉伯人，又疏远了犹太复国主义者，以致两方都曾与英国占领部队之间发生过激烈的冲突。1948年5月，最后一批英军撤离巴勒斯坦，标志着英国委任统治的结束，第二天，新的以色列国宣告独立。当时美国已经成长为世界强国，作为以色列强大伙伴关系的先兆，美国总统哈里·杜鲁门（Harry Truman）不顾其国务卿和许多美国外交机构的反对建议，立即承认这个新国家。以色列在中东地区的建国及其后来的兴起，对伊拉克的历史产生了重大的影响。

尽管第二次世界大战削弱了欧洲殖民地和英国在全球大部分地区的生存能力，但英国一直想要保持其在伊拉克的优势地位。英国人认为伊拉克对他们的利益至关重要，这也是英帝国在第二次世界大战后与伊拉克保持关联的最后一点重要关系。此外，作为战后与苏联对抗的美国盟友，英国需要有能力向美国提供军事支持。但是，它只能从中东地区对苏联发动军事打击，这就使得它更加有必要保住在伊拉克的军事特权。[53]

而且，这场战争只是突出了英国获取伊拉克和伊朗石油的重大战略意义。要知道，现代军事防御、工业生产和经济增长都以石油这个动力能源为基础。美国总统富兰克林·罗斯福意识到，从长远来看，美国国内的石油储量远远不能满足美国的需求。正是因为要确保获得足够的石油能源供应，1945年，他会见了沙特国王阿卜杜勒-阿齐兹·本·沙特，以加强与石油原产国之间的关系。当时，阿齐兹答应美国在沙特建立空军基地和输油管道，两国关系开始变得紧密。罗斯福向阿齐兹承诺，美国不会在巴勒斯坦地区采取任何可能损害阿拉伯利 272
益的行动。

与此同时，英国还在依赖中东其他地方的石油。在伊朗，英国-伊朗石油公司（A.I.O.C.，英伊石油公司，即前英国-波斯石油公司）仍然控制着伊朗的石油生产，而且大部分利润流入了英国政府的口袋。而在伊拉克，伊拉克石油公司在20世纪20年代开始与哈希姆王国签订了协议，从而巩固了英国对伊拉克石油生产和收入的控制。但当时，由于伊拉克石油公司的一些西方公司合伙人利用其他中东国家的油田进行石油生产（譬如伊朗境内的英伊石油公司），伊拉克石油公司的石油增产速度缓慢。1934年，伊拉克石油公司完成了两条输油管道的铺设工作，将基尔库克油田与地中海港口城市的黎波里（当时在法国控制下的黎巴嫩）和海法（当时在英国控制下的巴勒斯坦）连接起来，但直到1938年，原油才真正地经由基尔库克向外输出。此外，第二次世界大战期间，同盟国决定，他们的石油需求可以由大西洋彼岸的美国供应，这样危险性较小。此举进一步阻碍了对伊拉克石油的开采。直到1946年，伊拉克的石油产量仅为每年460万吨，收入为230万伊拉克第纳尔——与伊拉克石油公司几年后的收益相比，几乎微不足道。[54]因为伊拉克石油公司与英国对伊拉克的影响程度密切相关，而且当时哈希姆王国的命运也在很大程度上取决于英国的意愿，因此，伊拉克政府几乎没有权力向伊拉克石油公司施压来增加原油产量。1945年后，随着第二次世界大战的结束，英国战后的全球地位下降，加上中东地区的反殖民主义呼声越发高涨，于是，对伊拉克石油生产和收入的控制，成为伊拉克日益愤慨的民族主义运动的斗争目标。而另一个聚集点便是西方支持以色列建国，这也激起了伊拉克和整个阿拉伯世界的阿拉伯民族主义者的愤怒。1947年，新成立的联合国通过投票将巴勒斯坦划分为两个独立的国家——巴勒斯坦阿拉伯国和犹太国（即以色列），犹太定居者得到一些分配的土地，在一些地方，他们仍是极少数人，但此举激怒了中东地区的许多阿拉
273 伯人。1947年至1949年间，犹太/以色列军队在巴勒斯坦地区取得一系列的军事胜利，结果致使数十万巴勒斯坦阿拉伯人流离失所，沦为难民，被迫流亡他国（史称第一次中东战争）。在战争过程中，以色列在和来自包括伊拉克在内的几个阿拉伯国家的军队战斗中取得了决定性的胜利。由此，阿拉伯人备感

屈辱，将怒火指向了以色列及其美国和欧洲的支持者。更为不幸的是，他们也将矛头指向了整个中东地区的犹太社区。

到了20世纪20年代，伊拉克境内的犹太人被接纳为新成立的伊拉克王国的公民。尤其在那些城市中的中产阶级当中，有一部分犹太人认为，新兴的伊拉克民族主义思想具有包容精神，因此可能会接受，即使它是以伊拉克的阿拉伯人为中心。[55]当时，有许多伊拉克的犹太人在语言和文化上强烈认同阿拉伯人。20世纪30年代，犹太复国主义者在巴勒斯坦的殖民活动开始迅速增加，当时就有不少伊拉克犹太知识界人士坚决地站在巴勒斯坦阿拉伯人一边。尽管如此，在巴格达的犹太人社区，无论他们是否支持犹太复国主义，都遭到了诬蔑，尤其是那些支持阿拉伯民族主义者，他们将这里的犹太人等同为阿拉伯巴勒斯坦的英国占领者，并拒绝伊拉克犹太人对伊拉克国民身份的要求。1941年，英国政府迫使反犹太复国主义者拉希德·阿里下野，随即拉希德·阿里率领伊拉克人起义，巴格达的犹太人成为他们报复的目标，这场屠杀致使200名犹太人惨死，迫使一些犹太人离开巴格达的犹太人社区，毕竟他们怀疑在伊拉克没有未来。

1947年，伊拉克的犹太人常住人口大概有11.7万人。在1948年至1952年间，犹太复国主义、阿拉伯民族主义和共产主义运动都让伊拉克的犹太人身份成为一个“问题”或“难题”。[56]这样，伊拉克境内的犹太人，连同库尔德人和南部什叶派部落的穆斯林，都被斥责为对国家不忠的危险分子。当时，一些年轻的伊拉克犹太人信奉共产主义，认为这是维护社会正义、反抗英国统治的重要力量。这样，犹太人与共产主义的结合，又进一步激发了阿拉伯人的仇恨与中伤，就为反犹主义提供了新的借口。努里·赛义德便以犹太复国主义情绪为掩护，率先颁布歧视犹太人的法律以回应犹太人的革命倾向。

1948—1949年中东战争期间，以色列在巴勒斯坦击败阿
274 拉伯的军队后，伊拉克政府威胁要驱逐这些犹太人。在以色列新政府的鼓励下，绝大多数伊拉克犹太人离开了这个国家。到1952年，伊拉克犹太人只剩下几千人。1958年，伊拉克政变推翻了哈希姆王朝的君主制政府，阿拉伯民族主义共和制政府随之崛起，加之以色列在对抗阿拉伯国家的过程中进一步取得军事胜利，并对阿拉伯巴勒斯坦人口进行持续性征服，直接导致伊拉克境内的犹太人进一步减少。[57]因此，原来活力四射的巴比伦犹太人社区就此凋敝。2500年来，巴比伦犹太人社区一直是伊拉克历史和文化的重要组成部分，也是犹太教发展的重要中心，其悠久的文化传统为巴比伦文化的繁荣奠定了坚实的基础。然而，它终于走到了尽头。

1948年初，伊拉克的阿拉伯民族主义运动达到顶峰，他们对英国统治的怒火也升至了极点。当时在英国政府的坚决要求下，伊拉克政府与英国秘密在朴次茅斯签订了一项代替1930年《英伊条约》的新条约，协议规定英国将继续在伊拉克发挥影响力，而且比1930年《英伊条约》规定的日期再延长15年。《英国伊拉克朴次茅斯条约》再次激怒了伊拉克

人，加上英国政府卷入1947—1948年巴勒斯坦危机所引发的众怒直接导致爆发了暴力抗议，即所谓“瓦塔巴（意即跳跃、骤变）”运动，迫使政府放弃该条约。[58]

从1950年到1958年哈希姆君主制的结束，伊拉克的历史主要是以伊拉克为中心的亲西方的哈希姆政权与泛阿拉伯民族主义之间的斗争，以王朝的覆灭和阿拉伯民族主义的胜利告终。在很大程度上，这场斗争可以从两个人的职业生涯窥见一斑：伊拉克核心人物努里·赛义德和埃及领导人贾迈勒·阿卜杜尔·纳赛尔（Gamal Abdul Nasser）。其中，1955年的时候，纳赛尔就成为泛阿拉伯形式的阿拉伯民族主义最著名的领导人，这两个人都一心一意地想让自己的国家成为阿拉伯世界的领袖。通过前文的介绍，我们可以看到，早在几千年前，埃及和美索不达米亚同是中东地区国力强盛、文明发达的两个伟大标杆。

尽管伊拉克实际上的国家元首是哈希姆王朝的摄政王阿卜杜·伊拉和国王费萨尔二世（自1953年起），但是努里·赛义德才是这一时期伊拉克政坛上真正的铁腕人物。为了施行他的政策，努里越来越依赖于石油工业所提供的财政收入，到了20世纪50年代中期，伊拉克石油收入终于流向了国 275
库。1952年，伊拉克政府受到委内瑞拉为获得更公平的石油利润份额而创造的模式的启发，以及邻国伊朗的榜样影响，民族主义领导人穆罕默德·莫萨德克（Muhammad Mossadeq）采取了广受欢迎但又过于极端的方式将境内石油产业国有化。

虽然这一举措激怒了英国，但伊拉克政府还是获得了与伊拉克石油公司石油利润对半分成的权利。1951年至1954年间，石油收入对伊拉克政府预算开支的贡献从占比30%一下子蹿升至65%。而农业产出，几千年来曾是美索不达米亚最大的财富来源，如今只贡献了3%。石油产量从1946年的460万吨一下子飙升至1958年的3580万吨，收入从此前略高于200万伊拉克第纳尔也蹿升至近8000万第纳尔。[59]在努里政府的领导下，70%的石油收入分配给由政府控制的发展委员会，专门用来投资基础设施项目建设。那时，伊拉克人生活惨淡，无法享受足够的教育、医疗甚至粮食，伊拉克农民的平均寿命只有39岁。[60]

努里决定对农业进行投入，为土地开垦和灌溉系统等项目注入资金进行建设，以此来巩固精英地主阶层对伊拉克政权的支持力度。当有不同群体抗议努里出台的政策时，他便可调动这些听话的军队去镇压他们。这在伊拉克政坛上算不上什么新鲜事，他只不过遵循哈希姆王朝时代早期建下的先例，当时费萨尔一世十分仰赖英国军队的支持，特别是英国皇家空军，常常利用他们来推行自己的政令。但是20世纪50年代的时候，努里甚至也为未来的伊拉克——从1958年到2003年萨达姆·侯赛因政权的倒台这段时间建构了一种政治模式：利用石油利润换取公众支持，并利用国家安全机构碾压所有反对派。[61]

还有一种现象也值得关注，那就是在20世纪50年代反对努里政府和英国统治与影响的反对群体当中，伊拉克共产党

（I.C.P.，曾经是中东地区最强有力的政党之一）受到了人民的欢迎。他们呼吁政府要关注民生，改善普通伊拉克人的经济和生活条件。伊拉克共产党当时还在其他地方开展斗争，并在伊拉克北部难以控制的库尔德人中发展了一批追随者。那 276
里库尔德民族主义正在兴起，在穆斯塔法·巴尔扎尼（Mullah Mustafa Barzani）及其创建的库尔德民主党的领导下，发展成为一支有着影响力的政治和军事力量。此后的几十年间，这支新生力量在库尔德地区乃至整个伊拉克政治中扮演了重要角色。

与此同时，对前殖民列强的不满与怒火在战后的中东各地迅速蔓延。努里·赛义德那时依然坚信，伊拉克国家的生存，尤其是他自己主导的政府的生存——有赖于保持英国的保护与支持，而且越来越需要美国的支持。他们希望美国人向他们提供军事武器，来实现伊拉克军队的现代化，希望以此让军官们尽心竭力，效忠政府。[62]尽管当时反西方阿拉伯民族主义分子憎恨英美控制的伊拉克石油公司，而且当时民众认为伊拉克石油公司没有充分利用好其石油特许经营权，强行剥夺了伊拉克政府急需的收入，致使民怨沸腾，不满情绪与日俱增。1955年，努里政府将伊拉克纳入美国策划下的《巴格达条约》军事同盟条约组织，由此，他将这艘国家之船直接驶入了席卷该地区的反帝国主义浪潮的愤怒漩涡。

当时迅速崛起的一个人引燃了这愤怒之火，这个人即使在今天都被广泛视为泛阿拉伯民族主义最伟大的超级英雄——

贾迈勒·阿卜杜勒·纳赛尔。他是埃及年轻军官，革命骨干（“自由军官组织”）的领导人之一。1952年，他与自由军官组织等成员共同发动了“七月革命”，推翻了英国扶植的法鲁克王朝，废除君主制，宣布成立共和国，将国王流亡海外。到1955年，他任总理、总统及革命指导委员会主席，执掌埃及新共和国的政府。纳赛尔首先是一名埃及爱国者。据一位专家称，纳赛尔是“通过反帝国主义的‘后门’滑入阿拉伯民族主义正堂”[63]。第二次中东战争使他意识到，必须让埃及纷乱的国内派系联合起来。于是，他强烈呼吁泛阿拉伯主义者团结起来反对西方，由此点燃了中东地区反西方反帝国主义者的狂热之火。纳赛尔通过阿拉伯之声电台激动人心的广播宣传他的革命思想，当时晶体管收音机的出现使得他的思想能被成千上
277 万的听众收听。在1956年，纳赛尔正式当选为埃及总统，其声望臻至顶峰。当时，美国拒绝为阿斯旺大坝（纳赛尔埃及现代化计划的核心）工程建造提供主要贷款，他便将苏伊士运河国有化，收取的资金用于建设阿斯旺大坝。此时，英国政府再也按捺不住，一场战争迫在眉睫。1956年，在这场苏伊士运河危机中，他勇敢地面对英国、法国和以色列等国联军发起的侵略战争。

后来是美国总统德怀特·戴维·艾森豪威尔（Dwight David Eisenhower）将纳赛尔从困境中解救了出来。当时，美国总统被英法以三国联军的侵略行为震怒，于是迫使这些侵略者让步。就这样，艾森豪威尔结束了长期以来英国在中东地区的支

配优势。他还为美国赢得了阿拉伯人的善意，只是在第二年就将这种善意挥霍掉了。当时，他向国会提出关于中东的特别咨文，阐述了后来被称为“艾森豪威尔主义”的决议：此后，美国将带头向任何受到苏联共产主义威胁的中东国家提供军事救援和经济援助。仅仅在此决议通过的几个月后，1958年，艾森豪威尔派遣美国海军陆战队到贝鲁特街头，支持由基督教主导的亲西方的黎巴嫩政府，防止各方势力威胁黎巴嫩不受欢迎的总统。尽管艾森豪威尔救助了纳赛尔，但贾迈勒·阿卜杜勒·纳赛尔还是成了阿拉伯民族主义者和反帝国主义者的大英雄。他很快地将自己的影响力发挥到极致，扛起了泛阿拉伯主义的大旗——1958年，埃及和叙利亚成立政治联盟，阿拉伯联合共和国宣告成立。伊拉克国内的许多阿拉伯民族主义者也希望他们的国家加入其中。这当中出现一个新型的政治力量，并且最终发展成为伊拉克政坛的执政党——复兴社会党。1947年，复兴党（Renaissance，“复兴”）在大马士革成立，其思想基础便是泛阿拉伯主义，这个党认为一个不可分割的阿拉伯国家却被西方帝国主义者不当处置，随意分裂，弄得支离破碎。复兴党倡导的世俗主义，强调治理国家的世俗基础，其中宗教利益与国家利益相互分离，禁止神职人员干涉政治。该党的创始人、精神教父米歇尔·阿弗拉克（Michel Aflaq）便是一名叙利亚基督徒。复兴党也追求社会公正平等，淡化内部 278
派系差异。为此目的，他们在1953年与阿拉伯社会党（Arab Socialist Party）合并，成立阿拉伯社会复兴党。20世纪50年代初，复兴党在伊拉克站稳脚跟，他们同心一意，反对哈希姆王国政权的亲西方立场，并和埃及的纳赛尔合作，成为其泛阿拉伯政治统一计划的一员。复兴党早期在伊拉克的成功，在很大程度上归功于他们对逊尼派和什叶派阿拉伯人的迎合，受到了他们的欢迎，这在20世纪50年代末帮助缓解了当时教派之间的紧张局势。

但在接下来的几十年间，情况有所变化。努里·赛义德对纳赛尔的泛阿拉伯主义极为警惕，对埃及的崛起不满，毕竟埃及成为阿拉伯世界的领袖，会与伊拉克分庭抗礼，侵犯到伊拉克的国家利益。不过，他仍顽固坚持以往的观点，坚信哈希姆王国的生存必须仰仗西方国家的支持。因此，当西方列强向其示好，并邀请他结为同盟时，他似乎早已作好了被拉拢的准备。1955年，在美国策划下，努里代表伊拉克与土耳其签订《巴格达条约》，从而将伊拉克的命运与帝国主义国家绑在一起；此外，还和他们的非阿拉伯中东国家——土耳其和伊朗联系在一起，此举进一步激怒了阿拉伯民族主义者。1955年，随着美国与苏联冷战的深入进行，美国便希望这个中东“北线国家”联盟（当时纳赛尔的埃及不在邀请之列）能够阻止共产主义向中东扩张。

伊拉克的阿拉伯民族主义者，以及埃及总统纳赛尔被努里的决定激怒。尤其当英国在苏伊士运河危机期间拉入以色列，攻击纳赛尔统治下的埃及时，伊拉克人更是义愤不已。伊拉克国内爆发一系列抗议活动，巴士拉、巴格达、摩苏尔，甚至什叶派圣地纳杰夫和卡尔巴拉相继发生骚乱，政府被迫宣布戒严。[64]对伊拉克的君主制更为致命的是，这种不满与义愤也在伊拉克军队中蔓延，一群年轻的伊拉克民族主义军官密谋发动军事政变，推翻哈希姆王朝。1958年7月14日，陆军准将阿卜杜勒·卡里姆·卡塞姆（Abdul Karim Qasim）和上校阿卜杜勒–萨拉姆·阿里夫（Abdul-salam al-‘Arif）领导自由军官组织发动起义，迅速出击，控制了巴格达和哈希姆王宫。这样，年轻的费萨尔二世、王储阿卜杜勒–伊拉和哈希姆家族的大多数王室成员被带进王宫大院，在那里他们遭到枪杀。努里·赛义德首先躲了起来，逃脱了一天；第二天，他在巴格达 279
的街道上被人发现，当时他穿着一件女人的外衣，企图扮成妇女逃跑，但为人识破被捕，并于当日遭枪杀，并很快被埋葬。随后，愤怒的民众挖出了他的尸体，并拖着它在大街上示众。据报道，一名伊拉克军官切下了努里的一根手指，将其作为礼物送给开罗的纳赛尔总统，但引来了纳赛尔的反感。[65]

努里如此结局昭示了一个人的政治生涯和生命的结束，这个人在整个哈希姆王朝时期统治操纵着伊拉克的政治生活，也许比任何其他人都更能体现出英国对伊拉克的统治。他的死亡也结束了伊拉克的哈希姆君主制，而且永远不会复活。哈希姆王朝是按英国立宪政体的模式建国，其领导人也曾希望它能成为一个独立的、真正自治的阿拉伯民族国家。但它要靠西方主子来给它撑腰，保护自己，这个政府也渴望施行西方式的议会民主，但又不得不受制于城市地方名流和乡村地方等传统精英，他们当中大部分是逊尼派阿拉伯人，他们更多地关注自己的家庭或部落的利益，胜过为公共利益服务或建功立业的冲动。[66]在这个过程中，他们往往疏离大多数什叶派穆斯林和库尔德族人。于是，王朝政权最终终结在主导伊拉克政治的势力手上：军队和阿拉伯民族主义。

伊拉克共和国：相互竞争的民族主义、抵制西方和新的财富

正如我们在开启伊拉克历史之旅时所提到的那样，历史学家总是在传统上觉得有必要基于重大的政治变革，将历史分割成整齐、容易理解的几大块。照例来说，他们以1958年7月为界，将伊拉克20世纪的历史分为君主制时期和共和制阶段——这样划分理由充分，因为从一个阶段到另一个阶段总是引发重大事变，最为显著的是消除了英国对伊拉克领导地位的那种让人讨厌的影响。但另一方面，共和制模式也显示了沿袭
280 君主制的几个连续性，并且一直持续到2003年，直到被美国主导的军事入侵推翻。

纵观伊拉克历史，这个共和国是建立在一个强人统治的基础之上的，他能号召国家安全机构来镇压反对派，打压异见人士，有力地维系着国家的统一。这在伊拉克历史上根本算不上什么新模式。在哈希姆王朝君主制的早期，费萨尔一世先是依靠英国军队来维持国家的正常运行，然后便是仰仗自己的权威来执行政府的命令。在20世纪40年代末和50年代，努

里·赛义德无论是作为首相管理国家，还是从侧翼操纵政府的时候，他对于派出伊拉克军队镇压政治反对派几乎没有任何内疚之心。他能够依靠它一直走到王朝的最后一刻。

1958年的伊拉克革命推翻了君主制，建立了共和制政府，并以事实上的军事独裁形式继续推行专制，这支军队由准将阿卜杜勒·卡里姆·卡塞姆领导，随后出任新政府首相兼武装部队总司令。然而，在卡西姆任职的前几年，许多伊拉克人对这个政府抱有期望，希望它更具包容性，能够更多地满足城乡穷人对教育和医疗保健的需求。当时新的领导层还有逊尼派、什叶派和库尔德人的代表，卡西姆首先与北部的库尔德领导层接触。卡西姆政权还宣扬左派思想和世俗主义主张，并和伊拉克共产党主动联系。但是，卡西姆后来的一些做法遭到一些人的不满和抵制，政府出台的一项旨在重新分配土地以帮助农村贫困人口的新法令招致了传统地主阶级的不满。此前，这些人一直是哈希姆王朝君主制的坚定支持者。而另一项旨在改善妇女合法权利、提高妇女地位的新法律，再加上卡西姆的世俗主义倾向，以及对共产党的支持，使得他招致宗教保守派势力尤其是伊拉克圣城的什叶派神职人员的怨恨。此时，伊拉克出现了一个更加激进的什叶派组织的政治运动，并且得到了特别持久的发展：在一位精神领袖——德高望重的毛拉穆 281
罕默德·巴齐尔·萨德尔（Muhammad Baqir al-Sadr）的指导下，一部分什叶派穆斯林成立了一个名为达瓦（al-Da’wa，意即召唤）的什叶派宗教政党。在随后的几十年里，达瓦党和其他的什叶派政党一直支持传统的什叶派价值观，反对卡西姆及其共和国继任者统治下的世俗主义。而且萨德尔家族的后裔成为什叶派抵抗伊拉克共和国的英雄，直到今天。卡西姆政权的最后两年也因与库尔德人的内战而饱受战争之苦，而事实也证明，库尔德人的自治要求得到了复兴党的支持（卡西姆执政之初，承诺要将库尔德精英纳入新政府，伊拉克政府承认库尔德人的民族权利）。因此，在1963年复兴党推翻卡西姆的前夕，伊拉克这个国家政权的局面已是支离破碎。卡西姆自诩为“伊拉克国家的化身”。直到最后，他还是被称为——并不是很满意的——“唯一领袖”[67]。

其后的政权本质上还是一种独裁政体，并且统治者越来越残忍地使用恐吓，甚至酷刑来镇压异见人士。当复兴党在1963年2月短暂掌权时，他们镇压了伊拉克共产党，杀死了3000多名伊共党员，沉重打击了伊拉克共产党。同年11月，复兴党发生内讧，被赶下台，接下来伊拉克经历了五年的军事独裁统治，首先是阿卜杜勒-萨拉姆·阿里夫上台执政，后来他死于一次直升机坠毁事故（据说死于阿拉伯社会复兴党策划的暗杀），随后他的兄弟，能力平庸的阿卜杜勒-拉赫曼·阿里夫接任伊拉克总统。

尽管阿卜杜勒-萨拉姆·阿里夫上台执政时表面上还是一名阿拉伯民族主义者，但他很快就转向了以伊拉克为中心的民族主义阵营。他利用军队的亲戚关系、部落关系和外部势力的扶植来巩固他的政权地位。[68]1968年，复兴党重新上台，建立了一个独裁政权，最初由一名复兴党军官艾哈迈德·哈桑·巴克尔领导，后来大权旁落到他的主要副手萨达姆·侯赛因的手上。1979年，萨达姆赶走了巴克尔[69]，开始了他统治伊拉克的生涯，直到2003年伊拉克政府被英美联军入侵推翻。

在萨达姆的统治下，现代伊拉克的集权倾向达到了前所 282
未有的水平。萨达姆之所以能够崭露头角，执掌政权，主要是因为他发展并控制了一个高度组织化且又多样化的安全监视机构穆哈巴拉特（Mukhabarat，伊拉克情报司令部），有研究专家曾将其称为“阿拉伯世界中组织最完善、效率最高的秘密机构”。[70]其主要功能包括“电子侦测、秘密行动、反情报工作、政治宣传、秘密监视和军事工业安全”。[71]萨达姆常常使用秘密警察、酷刑、监禁和处决等手段来镇压反对派人士，他还拥有一个庞大的机构用以保存那些异见人士的资料，对其存档备查。[72]也就是说，他利用“恐怖”手段治国，创造了如一个评论家所说的“恐惧共和国”。

尤其是在1980—1988年两伊战争期间，萨达姆还精心策划了一场运动来钳制人民思想，大搞个人崇拜，将自己打造成“伊拉克国家的化身”。这种情形可比之纳粹德国的阿道夫·希特勒。但是，尽管萨达姆竭尽全力将自己塑造成“伊拉克的捍卫者、阿拉伯世界的英雄和复兴党的领袖”，但他之所以能够统治伊拉克，主要依赖于紧密团结在一起的老友核心圈对他的忠诚，还有其家乡部落对他的支持与拥护。这些老部下和部落主要来自他的家乡提克里特地区，还有一部分是伊拉克西北一带的逊尼派阿拉伯人。他权力的真正基石并不完全是意识形态使然，而是由许多世纪以来所形成的美索不达米亚/伊拉克社会的特征，亲属关系和恩庇关系决定的。从20世纪70年代开始，大量石油财富让伊拉克国库充盈，使得萨达姆有更多的财力去利用好这些恩庇关系。

共和国时期的伊拉克和阿拉伯民族主义的持续发展及其影响

哈希姆王朝时代最重要的特征之一便是伊拉克成为阿拉伯民族主义的摇篮，费萨尔一世在第一次世界大战期间以及战后的政治崛起都与此相关。费萨尔一世在位期间，其教育部部
283 长萨提·胡斯里是泛阿拉伯主义思想的集大成者，他认为民族利益至高无上，并且成功地在伊拉克学校传播了泛阿拉伯主义的思想。但是，正如我们之前所看到的那样，在哈希姆王朝的伊拉克也出现了一种与之竞争的、以伊拉克为中心的阿拉伯民族主义的新思想，它同样强调阿拉伯民族的团结统一，但更多地侧重伊拉克本身，强调伊拉克这个国家的古老伟大，而伊拉克人民正是古代苏美尔和巴比伦文明的继承者。努里·赛义德的民族主义观就是这种类型，但是到了20世纪50年代中期，由于埃及的纳赛尔在阿拉伯世界中的影响与人气飙升，民族主义观与泛阿拉伯主义不相融合的问题便被突出出来。

伊拉克共和国的历史都是围绕着阿拉伯民族主义这两个方面的斗争关系而不断推进，泛阿拉伯主义与伊拉克民族主义

所形成紧张冲突关系及其最终解决占据了伊拉克共和国历史的大部分篇幅。在此紧张冲突过程中，伊拉克所信奉的阿拉伯民族主义（避开了泛阿拉伯主义中那些不明确的领域，形成了一种坚定不移的阿拉伯主义教条）或许有力体现了阿拉伯民族主义核心信条：反抗西方帝国主义列强和以色列，以及政教分离。但是，正如一位评论家所指出的那样，不同民族主义思想的相互斗争“在今天依然留下创疤”，包括如今那些“随着时间的推移而不断恶化的暴力与越发无情的争斗所留下的遗产”。[73]

从一开始，共和的伊拉克披着一件阿拉伯民族主义领袖外衣的道路就充满了艰辛曲折。1958年，推翻君主制的自由军官组织的骨干受到纳赛尔榜样的鼓舞，宣称效忠纳赛尔主义的泛阿拉伯统一思想。[74]其中一些人，尤其是阿卜杜勒-萨拉姆·阿里夫希望伊拉克能并入纳赛尔的阿拉伯联合共和国。但是，自由军官组织的领导人卡西姆拒绝了伊拉克与阿拉伯联合共和国的任何联盟，并暂时将阿里夫从当地政治舞台上清除出去。为了拉开其政权与纳赛尔之间的距离，卡西姆引导伊拉克远离纳赛尔的泛阿拉伯民族主义思想主张，走向更加以伊拉克为中心的阿拉伯民族主义。他鼓励伊拉克的历史学家和考古学家关注古代美索不达米亚祖先和古迹，目的是促进美索不达米亚-伊拉克的民族认同，因为两者的认同跨越了伊拉克的种族和教派分歧，也将伊拉克从泛阿拉伯主义主流思潮中分离出来。在这个进程中，卡西姆疏远了他的泛阿拉伯主义思想倾向的同 284

事，引发泛阿拉伯主义不同政见者对他的暗杀企图——当时，年轻的萨达姆·侯赛因就在其中。

尽管卡西姆利用权力压制了泛阿拉伯主义的势力，但他仍然采取措施，维护伊拉克领土和主权的完整，而根据泛阿拉伯主义学说，阿拉伯人已经从阿拉伯民族中分离出来。由此，他也进一步激化了与伊朗王国的紧张关系——当时，伊朗王国已是西方势力傀儡，其国王已经成为美国在这一地区利益的代理人。卡西姆声称伊拉克对伊朗西南部以阿拉伯人为主的胡泽斯坦地区拥有主权，甚至一度将此地叫作“阿拉伯斯坦”。卡西姆此举为萨达姆·侯赛因1990年的行动埋下伏笔，而且他还声称对刚刚独立的科威特王国拥有主权，试图将其收回，理由是1899年奥斯曼帝国与英国签署了一项条约，承认科威特是英国保护国，在此之前，科威特一直是奥斯曼帝国巴士拉省的一部分，而巴士拉省便是第一次世界大战结束之后伊拉克王国成立时的组成部分。[75]卡西姆甚至宣布科威特的统治者只是伊拉克巴士拉省同名地区的统治者——地区总监（district governor）。和1991年萨达姆的遭遇一样，卡西姆的行为没有得逞，英国和阿拉伯联盟的军队站在科威特王国这边。

1963年卡西姆政权被推翻，阿里夫掌权后，对复兴党成员进行清洗，带来了纳赛尔式的泛阿拉伯主义在伊拉克的短暂复兴。但是，几年之内，泛阿拉伯主义这颗彗星就火灭烟消了。1967年6月，在与纳赛尔及其阿拉伯盟友的紧张关系持续多年后，以色列发动了先发制人的打击（史称第三次中东战争），在战争中取得了压倒性的胜利。六天后，埃及军队遭到了以色列的重创和羞辱，以色列又占领了更多的阿拉伯土地（耶路撒冷、约旦河西岸、加沙地带、戈兰高地和西奈半岛，总面积达到6.5万平方千米）。这样，纳赛尔的泛阿拉伯主义理想遭到了阿拉伯世界的质疑。纳赛尔在中东战争中的失败，意味着泛阿拉伯主义的挫折，为伊拉克成为最强大的阿拉伯民族主义国家打开了方便之门。埃及蒙受如此奇耻大辱，致使纳赛尔心力交瘁，他离开阿拉伯世界的政坛，对伊拉克也并不是什么幸运之事。纳赛尔在其全盛时期给许多伊拉克阿拉伯人灌输了一种更为强烈的"阿拉伯性"意识，不过，这种思想很少关注到逊尼派和什叶派的教派差异。但是，1967年的第三次中东战争中埃及的失利导致泛阿拉伯主义理想的幻灭，与此同时，又出现的新的伊斯兰主义，重新激化了之前一直困扰伊拉 285
克的教派矛盾。[76]

随着泛阿拉伯领导的外衣从纳赛尔的肩上滑落，伊拉克领导人正准备以新的阿拉伯民族主义来取代他。1968年，伊拉克发生政变，阿卜杜勒–拉赫曼·阿里夫的政权被推翻，复兴党开始建立起自己的政权组织，并且此后一直统治伊拉克，直至2003年美军入侵。复兴党当初是作为一个泛阿拉伯主义政党建立起来的，是一个地区性的资产阶级民族主义政党，代表着不同的阿拉伯国家的政治联盟。当时，泛阿拉伯主义也是一种民族主义思想，追求阿拉伯世界的政治统一。从20世纪70年代开始，伊拉克复兴党领导层发现，将泛阿拉伯主义与卡西姆十多年前青睐的“伊拉克第一”的民族主义思想相结合，对政府统治极为有利。

不过，这两种不同的民族主义思潮在阿拉伯地区国家和伊拉克历史上各有所侧重。泛阿拉伯主义焦点集中在整个阿拉伯民族，注重其民族的古老历史与昔日伟大，意指前伊斯兰时期阿拉伯人的德行高尚、忠诚勇敢和坚忍不拔，以及在巴格达阿巴斯王朝统治下阿拉伯人所创下的辉煌帝国与高度发达的文化。而以伊拉克为中心的民族主义，尽管并没有无视阿拉伯人过去创造的辉煌伟大，也注重其历史渊源，但它更多地强调古代美索不达米亚平原上的前阿拉伯人创造的伟大文明，更注重深入地探究古代伊拉克的历史。具有讽刺意味的是，所有这些历史均是由复兴社会党所唾弃的，西方殖民列强的考古学家所提供的。[77]萨提·胡斯里在其阿拉伯民族主义历史的阐述中，蔑视任何为伊拉克历史上那些伟大而又辉煌的业绩招魂的行为，认为这种做法无异于让古代的木乃伊恢复血肉之躯。但是，随着复兴党追求历史认同的“重写历史计划”的实施，“伊拉克民族的存在被赋予了5000年的惊人历史——从王朝的黎明开始，经历阿卡德王朝、巴比伦帝国、亚述王朝和迦勒底王朝和阿拉伯穆斯林大征服，到哈伦·拉希德和其创立的阿巴斯王朝黄金时代，再到萨达姆·侯赛因及其治下的伊拉克等一系列历史变迁”。这样做的目的是证明其地位的历史合法性和文化继承性。[78]20世纪80年代，两伊战争中，萨达姆·侯赛因认为有必要凝聚伊拉克集体身份与人心去抵御伊朗军队，他开始诉诸过去的历史，认为现代伊拉克是苏美尔人、巴比伦人和亚述人的后裔与合法继承人，他不仅大量利用历史上的英雄们来鼓舞士气，还充分利用古代美索不达米亚的荣耀激励伊拉克人民。为此，从铸造有着尼尼微的亚述带翼公牛形象的货币， 286
到把自己塑造成站在战车后部向敌人发射弓箭的一位战无不胜的、好战的亚述国王形象，他无所不用其极，以增强伊拉克民族的认同感。萨达姆注重文物的保护和发掘，目的是使古代两河流域文明与现代伊拉克联系起来，并在探索美索不达米亚的古迹上投入了大量资金，包括考古挖掘活动，还有一次国际亚述学会议。当时这场会议原定于巴格达举行，但由于1991年发生了一系列导致爆发海湾战争的事件而被迫取消。其中，最重要的工作便是萨达姆重建了古巴比伦遗迹，他授权使用楔形文字的砖块来纪念这项工作。而且，他还在这里建造了一座皇家行宫。

1970年，纳赛尔因心脏病去世，此后不久，埃及就放弃了扛起泛阿拉伯主义的大旗，不再是泛阿拉伯主义的领导者。其继任者穆罕默德·安瓦尔·萨达特（Mohamed Anwar al-Sadat，公元1918—1981年）——1952年推翻法鲁克王朝的另一名自由军官组织的成员——于1973年10月试图通过突袭以色列的方式从其手中夺回西奈半岛（史称第四次中东战争），结果以色列军队在震惊之余，面对可能的失败调整战法，在美国的增援下，击退了埃及军队的进攻。1978年9月，在美国总统吉米·卡特的斡旋下，萨达特同以色列总理梅纳赫姆·贝京（Menachem Begin）签订戴维营和平协议，自此成功收复了西奈半岛。对世界各地的许多人来说，萨达特成了一名英勇的和平缔造者，并在1978年获得诺贝尔和平奖，但是在阿拉伯世界，他和他的国家——埃及，成了被阿拉伯社会遗弃的孤儿。这个国家从20世纪50年代起就处在阿拉伯世界的领袖地位，是泛阿拉伯主义的开路先锋，更是反对以色列及其西方列强的领路人，最终却是第一个打破阿拉伯人反对以色列的共同阵线的阿拉伯国家。很快，在哈希姆国王阿卜杜拉·本·侯赛因的统治下，约旦王国紧跟其后。后来，伊拉克举起了泛阿拉伯主义的火炬，于1980年领头组织了一次阿拉伯首脑会议，会上诞生了《阿拉伯民族宪章》，呼吁阿拉伯国家团结一致，抗击外国侵略者。这一呼吁主要针对以色列，但也针对了不利于阿拉伯民族团结和阿拉伯民族主义世俗化倾向的新威胁：新的伊朗伊斯兰共和国。到了1980年，
287 局势发展越来越明显，伊拉克复兴党寻求以逊尼派为主的阿拉伯世界领导权的目标最终只会进一步转移到对占伊拉克大部分人口——什叶派阿拉伯人，以及非阿拉伯族的库尔德人的柔性统治上来。[79]

共和国时期的伊拉克对石油的征服

毫无疑问，复兴党在20世纪70年代及其之后重写历史的运动，受到了伊拉克石油财富的经济支持，石油国有化给伊拉克国库注入了大量资金，经济独立让人欢欣鼓舞。在整个费萨

尔王朝的君主制时代中，石油一直是伊拉克政府和外国石油公司之间斗争的焦点，当时的国王费萨尔一世作为英国殖民地的地方傀儡，经常被迫同意这些西方公司为维护其利益所提出的那些苛刻条件。尽管如此，到1958年，石油的原产量和其经济收入都比20年前几乎呈指数级的增长。但是，等到卡西姆执政时，人们仍然对伊拉克石油公司（I.P.C.）不能持续自主经营石油感到沮丧。政府迁延拖沓的政策使伊拉克损失了数以百万美元计的收入。

不管卡西姆作为泛阿拉伯主义者自身有何种缺点，他的一些执政行为总是在实现泛阿拉伯主义最重要的目标之一：反抗西方殖民列强以及他们的石油公司。卡西姆直截了当地让伊拉克政府退出美国策划下的军事条约《巴格达协议》，转而向苏联寻求军事和经济援助，与美国针锋相对（毫无疑问，这也是复兴党除掉并杀死卡西姆时美国政府没有表态的原因之一——甚至可能就是在美国军情局的鼓励下卡西姆才遭到暗杀）。随后20年里，伊拉克一直处于苏联的势力范围之内。卡西姆还准备接手西方国家长期以来控制伊拉克经济的工具：伊拉克石油公司（I.P.C.）。当伊拉克石油公司拒绝了卡西姆增加政府股份所有权的要求时，他在1961年出台了一项法律，剥夺了该公司99.5%的特许经营权，理由是伊拉克石油公司未能利用这些特许权。随即，1964年，伊拉克成立伊拉克国家
石油公司（I.N.O.C.），将其作为国家工具开发这些油田，计 288
划国有化境内的石油资源。作为对此政策措施的报复，伊拉

克石油公司削减了石油产量，以剥夺卡西姆的财政收入。双方斗争反反复复，一直持续到1967年，当时的阿里夫政权决定伊拉克国家石油公司拥有伊拉克南部第二大油田——鲁迈拉（Rumaila）油田的专属经营权（为了开发这一油田，阿里夫政府倒向了苏联）。到了1973年，复兴党控制的政府已经将伊拉克石油公司和该国境内所有享有石油特许经营权的其他外国公司股份收为国有。[80]

长达几十年的石油控制之争终于朝着有利于伊拉克的方向结束。外国人被逐出了伊拉克的石油公司，伊拉克的石油最终属于伊拉克。20世纪70年代，当中东产油国（特别是石油输出国组织成员国——石油输出国组织，成立于1960年，其成员国主要包括主要中东地区产油国）控制了石油产量和国际油价时，石油创造的财富才真正开始滚滚而来。由于世界经济的发展，石油价格在整个20世纪70年代飙升。在20世纪80年代初，伊朗爆发革命，导致该国石油供应量减少，石油价格再次疯狂上涨。这种价格的飙升对全球消费者和盛产石油的国家来说，影响是巨大的。石油价格的上涨，迫使汽车制造商不得不开始寻求制造更节能的车型以降低油耗，减少对石油的依赖，而伊拉克却从中获益颇丰。1972年至1980年间，伊拉克境内开采的石油收入从5.75亿美元猛增至260亿美元甚至更多。石油斗争的胜利大大加强了阿拉伯国家的经济实力，随着数十亿美元流入伊拉克的国库，复兴党政府开始进行各种建设，首先使用这些资金服务于自己的政治利益，同时改善民生，向伊拉克人民提供精英阶层以外的人以前从未见过的高质量水平的生活。到1980年，伊拉克的教育、卫生服务、电力生产和大规模工业建设方面在阿拉伯世界首屈一指，其规模卓有成效，举世瞩目。

另一方面，伊拉克将石油财富用于一部分民生建设，增加了商品供应，提高了服务效率，也使得公众生活水平改善，从而赢得了他们对复兴党统治国家的默许与支持。与此同时，石油收入也使得国家的税收变得没有那么必要。而且政府可以为所欲为，肆无忌惮。[81]

这些石油收入中有很大一部分（1975年为45亿美元，而5 289
年之前仅有5亿美元）被复兴党用来建设一支强大的军队，以 290
及一个研发强大武器和新型弹药的工业综合体。由于1972年伊拉克和苏联两国签订了友好合作条约，成为战略伙伴关系，伊拉克因此获得了大量的苏制装备，伊拉克陆军和空军获得了一个由苏联先进武器和战机装备的现代化军火库。伊拉克还采取措施发展核能力。1976年，伊拉克从法国购买了一座奥西里斯级核反应堆，其中一个反应堆在奥斯拉克（Osirak），建在离巴格达几千米的地方。1979年，伊拉克开始在此建造核反应堆。可以预见的是，伊拉克在核反应堆上的进展令以色列非常不安，但他们的反应极具毁灭性和挑衅性。1981年6月，以色列空军发动突然袭击，在伊拉克的奥斯拉克反应堆投入运行之前将其摧毁，[82]使得伊拉克获得武器级核能力的计划功亏一篑。

以色列长臂一击的轰炸行动受到了美国和联合国的谴责，但是貌似强大的伊拉克空防力量完全成为摆设，萨达姆不得不正视伊拉克的脆弱。他对此的回应行动也为他及其国家在20多年后遭到美国毁灭的命运埋下了种子：在他的授意下，伊拉克在全国范围内的秘密地点继续研发生化武器（编者注：2003年，美国人以“生化武器”为名，对伊拉克发动战争。在2010年美国撤军前的七年时间里，美军找遍了整个伊拉克，都没有发现生化武器的踪迹。由此可见，萨达姆拥有生化武器，只是欧美联军发动战争的一个借口而已。17年后，美国总统终于承认，萨达姆根本没私藏杀伤性武器，这就是个阴谋）。此外，他还启动了一项旨在为伊拉克提供核武器能力的计划。萨达姆的这种做法，比任何其他因素都更容易成为美国在2003年3月发动军事入侵的理由。

然而，就在以色列突然袭击之后，伊拉克并没有发动军事报复。1981年，伊拉克还面临一个比以色列突袭更加可怕的威胁，这个威胁便是来自过于自信、刚愎自用且手臂伸得过长的萨达姆。此时，他正带领着一个已经达到世界一流生活水平，并在中东地区首屈一指的阿拉伯国家走向灾难和灭亡的道路。

第八章 291

漫长的衰落之路

现代伊拉克是由英国创建的，第一次世界大战后，英国促成了现代伊拉克的建立。现代伊拉克历史的前30年在很大程度上都受制于英国。随着1958年伊拉克爆发革命，那些依赖英国和美国等西方列强的人输给了阿拉伯民族主义者。而这些民族主义者或多或少想切断伊拉克与这些国家的联系。伊拉克石油国有化便是这一漫长进程中另一个重要步骤。

第二次世界大战结束之后，所有中东国家都卷入了以以色列为主导地区力量的动荡形成的旋涡急流当中（主要指阿以中东战争）。全球地缘政治在很大程度上取决于西方国家确保获得中东地区石油的战略需要，以及由美国主导的“自由世界”与共产主义盟友集团之间的冷战。1979年后，一个完全没有预料到的政治事件进一步加剧了徐徐沸腾的冷战紧张局势：伊朗爆发革命，推翻了巴列维国王（Pahlavi Shah）领导的政治体制，从而诞生了今天仍在统治着伊朗的伊斯兰共和国。这一事态的发展将伊朗和伊拉克之间原本十分紧张的关系升级到了一个新的高度，并为伊朗与美国和以色列的关系增加了新的敌意。被一位作家形象而恰当地喻为“火药桶”的292 中东地区被点燃。[1]很多时候，是伊拉克这个国家成为这根火柴——然后着火，从此局势变得一发不可收拾。

也许100年之后，当历史学家回顾伊拉克的历史，并决定在哪里将伊拉克历史划分几个时期，以及如何划分时，他们会将1980年作为一个分水岭。因为从那一年起，萨达姆·侯赛因的野心不断膨胀，过度扩张，手臂伸得过长，这一方面基于他所掌控的新军队，还有一点便是他以自封的阿拉伯民族领袖和英雄的角色在伊拉克民众中获得的声望。在这一过程中，萨达姆政权实行了集权统治，他粉碎了该政权曾经宣称的梦想——将伊拉克不同社区的人民融合成一个伊拉克民族国家。他所取得的任何进展、所作所为，都不得民心，也引发了一系列政治事件，使得伊拉克长期陷入困境。首先是军事上的失败，然后是经济上遭遇封锁，最后便是西方列强对他的国家——他曾誓死捍卫的国家的入侵和占领。从1980年伊拉克与伊朗的战争开始到2011年底最后一批美国作战部队撤离伊拉克，伊拉克这个国家已是千疮百孔，满目疮痍。在这段时期，数十万伊拉克人被杀或致残，数百万人被迫流亡国外或在国内流离失所，沦为难民。经济不稳定，加之战争暴力折磨，大多数仍然生活在国内的人民生活水平降到第三世界的水准。引用英国的中东记者帕特里克·科伯恩（Patrick Cockburn）的话来说，截至2010年，伊拉克正在“从30年的独裁统治、战争暴力和经济制裁中复苏过来，不过复苏进程缓慢，而且并不完全，这是因为1980年以来深受打击的伊拉克多灾多难，其影响如此之大……伊拉克依旧灾难深重，前途依旧难卜”。[2]

1980 年前的伊拉克共和国和冷战势力影响

在1980年以前，伊拉克的共和政权对美国和英国心存芥蒂，一直与其保持一定距离。卡西姆甚至因为维持强势形象而在对外关系上四处树敌，1961年，他宣布科威特为伊拉克不可分割的一部分（科威特的统治者只是伊拉克巴士拉省同名地区的统治者），从而遭到英国人的不满。当时，法国一度成为伊拉克重要的军事武器供应商。后来，卡西姆转而开始向苏联求助，1972年底萨达姆去了莫斯科，会见了苏联领导人。通过谈判，两国达成了一项长达15年的友好条约，苏联为伊拉克 293
军方提供尖端武器。

与此同时，美国在该地区开展了一系列外交斡旋活动，寻求阿拉伯国家的支持。从1973年开始，美国取代法国成为以色列最慷慨、最可靠的军事供应商。直到现在，美国仍然是以色列最可靠和最强大的靠山。在美国的庇护下，1973年10月，以色列重创埃及及其阿拉伯盟友；随后在20世纪70年代末，趁着黎巴嫩国内爆发严重的内战对该国进行军事武装干预；在1982年，又对黎巴嫩发动大规模军事入侵，直接占领其南部部分领土，并继续占领约旦河西岸和加沙的巴勒斯坦阿拉伯人土地，以及叙利亚的戈兰高地（Golan Heights）。

以色列也是美国在中东的主要代理国之一，另一个代理国便是伊朗王国，代表是伊朗国王穆罕默德·礼萨·巴列维。1953年，在美国的策划下，巴列维通过“阿贾克斯行动”（Operation Ajax）执掌政权。这次行动是美国中央情报局主导策划的一次政变，结果推翻了伊朗民族主义总理穆罕默德·摩萨台（Muhammad Mossadeqh），建立了一个专制而独裁的王朝。摩萨台与英国对抗，计划将英伊石油公司收为国有，加上其对伊朗共产党的容忍，引起了美国政府的怀疑。[3]在整个20世纪60年代和70年代，当苏联向伊拉克复兴党政权提供大量援助时，美国也向伊朗傀儡国王政权提供了大量援助——包括向伊朗提供美国武器库中一些最尖端的军事武器，其中甚至包括向伊朗提供用于开发核反应堆的技术许可（从2015年美国的态度来看，这颇具讽刺意味）。

第二次世界大战后冷战的紧张局势正在伊朗–伊拉克两国边境地区上演，其中库尔德民族主义分离主义运动起到了重要作用。在库尔德人意志坚定的领导人穆斯塔法·巴尔扎尼（Mustafa Barzani，公元1903—1979年）的领导下，库尔德武装游击队（库尔德人民兵组织“自由斗士”）再次起义，反抗伊拉克的统治，试图挫败巴格达继续统治伊拉克库尔德斯坦的努力。1945年，巴尔扎尼试图建立一个分离主义者组成的库尔德共和国，由于苏联军队从伊朗撤离，此次运动宣告失败，此后他到苏联寻求避难。但在1971年，随着冷战政治局势的变化，他转而向苏联的敌人——伊朗国王、以色列和美国总统理查德·尼克松——寻求帮助。对此，尼克松授权中情局向巴尔扎尼提供了1600万美元的援助。1974年，巴尔扎尼领 294
导的游击队与伊拉克军队之间爆发了全面战争。战争中，苏联人迅速向巴格达伸出援手，向伊拉克提供顶级的战斗机，并由苏联飞行员驾驶它们对抗库尔德武装。1975年，在阿尔及利亚的调解下，伊拉克与伊朗国王达成了协议（即《阿尔及尔协议》，协议遭到了萨达姆·侯赛因的强烈谴责。五年后，伊拉克就单方面废除协议，并且发起了战争），伊朗和美国不再支持库尔德人的独立斗争。由此，巴尔扎尼遭到伊朗国王和美国的出卖，而且这两个国家都停止了对他的援助，于是他再次被迫潜逃。而萨达姆这边试图用胡萝卜加大棒的手段迫使库尔德人就范，一方面安抚他们，另一方面又镇压他们，让他们忠于阿拉伯民族主义伊拉克国家。他将一部分石油收入用来改善北部库尔德人的生活条件，以提供胡萝卜的方式来安抚人心。与此同时，他又挥舞大棒，毫不留情地打压和处决库尔德人中的反对者，方式极其残暴，其恶劣影响甚至直到现在还在撕裂伊拉克的国家肌体。他命令军队，捣毁位于伊朗和土耳其边境的库尔德村庄，并试图在这些地区引入阿拉伯族裔，将库尔德人的土地没收并分给阿拉伯人，将该地区阿拉伯化。[4]

显然，正如英国人此前有意在伊拉克建立君主政体，以及奥斯曼帝国之前在伊拉克所做的那样（即夺取巴格达，长期统治伊拉克），复兴党政权想要以占人口少数的逊尼派精英来统治整个伊拉克，从而控制那些被边缘化且占人口多数的南部阿拉伯什叶派穆斯林和北部的库尔德人等族裔。复兴党将伊拉克优先（Iraq-first）的民族主义理念与泛阿拉伯主义的意识形态思想相融合，从而从理论上确立了复兴党统治伊拉克的正当性与合法性。为了达成此目的，他们将逊尼派统治的伊拉克国家与中东地区绝大多数的逊尼派阿拉伯人的政治理念联系起来。当安瓦尔·萨达特在1979年通过单方面与以色列签订和平协议的方式，放弃了埃及在泛阿拉伯世界的领导地位时，此时伊拉克的萨达姆便一跃成为阿拉伯世界的新领袖。尽管复兴党在口头上表示支持建立一个跨教派和跨种族的伊拉克民族身份，但他们拒绝考虑包容库尔德人的民族认同感，拒绝满足早在第一次世界大战时就承诺给予他们自治的要求与希望。而阿拉伯什叶派最初以为受到了复兴党的欢迎，在20世纪70年代有一段时间里，复兴党政权也一度将很大一部分石油收入用于
295 改善南部什叶派的民生，并招募更多的什叶派穆斯林加入伊拉克军队和警察，以此收买人心，获取什叶派的支持。[5]

到了20世纪70年代中后期，复兴党政权发现自己不得不越来越多地面对新什叶派政治激进主义组织——由萨德尔家族的大阿亚图拉（Grand Ayatollah，是伊斯兰教什叶派高级学术职衔中的一个等级，最著名最有声望者称之）穆罕默德·巴齐尔·萨德尔（Muhammed Baqir al-Sadr，公元1935—1980年）领导的达瓦党。萨德尔是纳杰夫城伊斯兰教神职机构的主要负责人，在阿拉伯什叶派信徒中备受尊重。达瓦组织与萨德尔痛

斥复兴党的世俗主义主张和社会主义政策。于是，复兴党政权一方面试图安抚什叶派的情绪，另一方面，也悄悄动手镇压什叶派的政治活动。

而更糟的情形还在后面。1978—1979年间，民众对美国扶植的伊朗王国越发不满，反抗情绪与日俱增。伊朗国王镇压国内异见人士，自身却又受西方文化的熏陶——“迷恋西方”（Westoxication）而不断腐化堕落，加之整个国家受制于美国主导的专横统治，人民心中怨气不平，持续抗议已达数年之久。终于，伊朗迎来了一场暴力革命。伊朗末代国王巴列维被迫流亡海外，不久死于癌症。尽管伊朗革命中的革命者包括大大小小的各种政治派别的人物，从马克思主义者、世俗自由主义者到保守伊斯兰主义者，不一而足，但迄今为止，最具人格魅力与政治活力的便是阿亚图拉（是伊斯兰教什叶派中特别有权威和受尊敬者，仅次于大阿亚图拉）鲁霍拉·霍梅尼。

作为伊朗什叶派学者和精神领袖，霍梅尼早在20世纪60年代就因谴责伊朗王国政府，抨击巴列维及他的改革计划而被迫离开伊朗。最后，他在伊拉克的什叶派聚集地纳杰夫待了13年。1978年，时任伊拉克副总统的萨达姆要求霍梅尼离开伊拉克，否则将会受到追捕。于是，霍梅尼不得不流亡巴黎。随着巴列维国王的离去，流亡国外14年的霍梅尼终于回到德黑兰。伊朗经过几个月的动荡之后，霍梅尼的支持者占了上风，并正式推翻君主制，宣布伊朗为伊斯兰共和国。

霍梅尼建立了一套独特的国家治理机制，遵循霍梅尼的神权政治模式（velayat-e faqih，即政教合一、神权高于一切）原则来治理和发展国家。这种神权政治模式将伊斯兰宗教领袖推到国家领导人的首要地位，即宗教领袖就是国家最高领导人。但是，霍梅尼和新成立的伊斯兰共和国激起了美国人的极度愤怒，原因是1979年11月，霍梅尼的学生占领了美国驻德黑兰大使馆，并将美国外交人员扣为人质，时间长达444天。

霍梅尼谴责了1979年成为伊拉克总统的萨达姆及其复兴党政权，认为他们是不信真主的世俗主义者和伊斯兰教的迫害
296 者。在伊拉克族群中，夹在中间的便是伊拉克南部大多数贫穷的、宗教上通常比较保守的阿拉伯什叶派穆斯林，霍梅尼号召他们起来反对萨达姆的暴政。这群人当中就包括达瓦党人及其领导人萨德尔。萨达姆很快认定他们与伊朗结盟，并将成为伊拉克东部边境的新威胁。

于是，萨达姆对这些人发动了袭击，达瓦党的领导人萨德尔和其妹妹一起被抓进了监狱。在监狱里面，他们二人遭受了严刑拷打，并于1980年4月9日被萨达姆处决——有一种说法，他们是被人用钉子钉进脑袋里折磨死的。

大部分达瓦党的领导人流亡到伊朗。还有一部分成员逃到了叙利亚境内——其中就包括36年后成为伊拉克总理的努里·马利基（Nuri al-Maliki）。不管怎样，对萨达姆而言，伊朗和阿亚图拉霍梅尼仍然是一个需要处理的棘手问题。

萨达姆的卡迪西亚：两伊战争（1980—1988 年）

1980年，萨达姆·侯赛因得到一个袭击伊朗的机会。早在1975年，他与伊朗国王政府签署的《阿尔及尔协议》明确规定了伊拉克和伊朗之间的边界，当时令伊朗国王巴列维非常满意。但这一边界穿过阿拉伯河水道，该协议将中线（或称thalweg，即国际河道分界线）定为两国之间的边界。然而，萨达姆认为伊拉克有权拥有整条水道。和在他之前的卡西姆一样，他也主张伊拉克有权拥有伊朗西南边境阿拉伯人为主的胡泽斯坦省地区——这一地区盛产石油。萨达姆当时乐观地估计，由于伊朗爆发革命，不少伊朗军官被伊朗共和国清除，革命也带来一些不稳定的因素，尤其失去了美国的军事支持。于是，他认为“强行纠正”1975年签订的《阿尔及尔协议》条款的时机可能已经成熟。

1980年9月22日，萨达姆派遣六个伊拉克师越过边境进入
伊朗西南部的胡泽斯坦、霍拉姆沙赫尔和阿巴丹地区——这些 297
地区蕴藏着大量油田。他可能认为这一事件会很快结束：伊朗领导人会很快迫于伊拉克大兵压境的威势而放弃武力对抗，并接受这样一个事实，即这只不过是同为集权政权的伊朗与伊拉克在长期领土争端中的一个小小插曲。但这一次，伊拉克没有占上风。[6]萨达姆并没有得到他想要的结果，反而招致更为激烈的抵抗，紧接着便是伊朗这个不共戴天的敌人的反击（全国上下同仇敌忾，一起对付萨达姆），伊朗将萨达姆下台和结

束复兴党在伊拉克的统治作为伊朗放下武器进行和谈的必要条件。

在伊朗领导人看来，这场战争不仅仅是政治竞争或是领土问题。他们将伊拉克的军事行动看成一场生死存亡的战争，这场军事冲突势必将神圣指引的伊朗伊斯兰共和国与复兴党政权的无神世俗主义和社会主义对立起来。直到两伊战争最后一年的1988年，伊朗领导人还坚持认为，这场军事冲突是“正义与邪恶之间的持续对抗”。霍梅尼宣称伊斯兰政权是“真主安拉赋予的绝对命令”下的政权，遵循“最重要的神圣戒律，这些律法优于其他派生出来的戒律——甚至是祈祷、斋戒和麦加朝圣”（他梦想建立“世界伊斯兰政府”，将向世界输出伊斯兰革命主张，在中东地区扩大自己的影响力）。[7]此外，他认为萨达姆对伊朗的侵略是美国领导下的国际阴谋的一部分，因为美国“把他的手……从萨达姆的袖子里伸了出来”[8]。

这样的结果就是战争演变成了两国间的全面战争——也是20世纪最旷日持久的战争。直到1988年战争结束，两伊战争（被一些人称为第一次波斯湾战争）给双方带来了毁灭性的打击，付出了惨重的代价，留下了至今尚未愈合的伤疤。这也给美国直接干预波斯湾地区提供了借口。两伊战争双方的战术打法与军事武器等特征在两次世界大战中均有体现，这一点西方再熟悉不过：这场战争中，双方都使用了大量的军事装备和残酷手段，包括威力强大的坦克、双方的阵地战、被机枪扫射

而一排排倒下的步兵、对人员集中地点的炮击和空袭，以及对商船的袭击等。伊朗人用“人海战术”弥补装备劣势，反击伊 298
拉克人在武器上的优势，给伊拉克军队造成心理冲击。这些攻击方式是指伊朗军方通常指挥那些赤手空拳的青少年们，他们拿着被保证会为他们打开天堂之门的钥匙，冲进伊拉克毁灭性的炮火，在伊拉克人中以人肉引爆地雷，为伊朗步兵开辟出一条血路。他们仿效神圣的什叶派殉难传统，即先知的孙子——伊玛目侯赛因1300年前在卡尔巴拉树立的榜样，让自己成为为真主安拉牺牲的烈士。他们的牺牲，加上伊朗人民在战争期间承受的集体苦难和伊斯兰政权刻意的宣传，使伊朗人民重整旗鼓，凝聚了社会认同，增加了伊朗人民对伊朗共和国政权的支持。

同样，为了让伊拉克民众支持战争，萨达姆也是煞费苦心，将国家资源投入一些项目和政府宣传上来，目的是要强调伊拉克人共同的民族身份。与此同时，他也将他个人打造成了伊拉克民族的英雄化身，迫切地需要伊拉克辉煌历史中的幽灵来创造“一个美索不达米亚民族神话，旨在让所有伊拉克人——不论是逊尼派、什叶派、库尔德人，还是阿拉伯人——相信他们都有着古代美索不达米亚的共同起源，同时也是其辉煌文化的继承人”[9]。1982年，令世界各地的考古学家非常愤怒和沮丧的是，他在古巴比伦文化遗址上重建了古巴比伦，并以尼布甲尼撒的继承者自居，刻其宣言——“在伊拉克的保护者——萨达姆·侯赛因的时代，他重建了文明，重建了巴比伦”，重建了尼布甲尼撒的王宫。随着与伊朗战争的持久进行，萨达姆还在努力地吸引着阿拉伯邻国在政治上和经济上的支持。可是，他对伊拉克过去历史的辉煌描述中越来越多地涉及其他国家的传奇阿拉伯英雄。

伊拉克与伊朗的这场军事冲突被称为“萨达姆的卡迪西亚战役（Saddam’s al-Qadissiyya）”，因为历史上的卡迪西亚战役是公元636年阿拉伯穆斯林军队与波斯萨珊王朝军队之间的一次关键性战斗，战役结果以波斯军队的溃败而告终，也敲响了萨珊波斯的丧钟。萨达姆将它与即将到来的，对伊朗战争的胜利联系在一起。当时一张25第纳尔的纸钞上甚至将萨达姆的头像与一幅阿拉伯骑兵冲锋陷阵的图像并列在一起。为了获取伊拉克库尔德人的支持，萨达姆还将自己的形象与穆斯林最伟大的英雄之一萨拉丁联系在一起，甚至自诩为“现代的萨拉
299 丁”。而萨拉丁就是一名库尔德人，和萨达姆一样，同是出生在提克里特。这些受到人们赞颂的阿拉伯-伊拉克英雄多是逊尼派出身，因此，他们的形象既巩固了逊尼派阿拉伯人在巴格达的优势，同时也增进了伊拉克与该地区逊尼派主导的阿拉伯国家的泛阿拉伯民族主义纽带之间的联系。萨达姆曾自诩为这些国家的捍卫者，反对背信弃义的波斯人，称他们就是“反阿拉伯和反动的伪伊斯兰瘟疫”。[10]与此同时，受命于萨达姆重写伊拉克历史的学者们也费尽心思去诋毁什叶派阿拉伯人，给他们打上波斯同情者的标签。

在伊拉克，伊朗、波斯和波斯文化不断遭到斥责和唾

弃。伊朗人被嘲讽为袄教的信徒，而几个世纪前阿巴斯王朝时期的波斯民族主义运动——舒欧布运动——这个曾让巴格达的阿巴斯时代变得丰富多彩的文化运动被贬低为波斯人错误地试图强加给阿拉伯人一种优于阿拉伯统治的文化洗脑。[11]按照萨达姆的说法，舒欧布运动的起源至少可以追溯到尼布甲尼撒时代，因此扩大了反阿拉伯的阴谋范围，它们既包括波斯琐罗亚斯德教的教徒，也包括被尼布甲尼撒驱赶到巴比伦生活的犹太人——因此，通过这种历史关联，现代伊朗人和现代以色列人都被包括在内。[12]萨达姆还试图将伊朗人和以色列人联系在一起合谋反对伊拉克，但这好像并不那么牵强。1980年，伊拉克入侵伊朗三天后，以色列外长摩西·达扬（Moshe Dayan）就敦促美国政府支持伊朗共和国抗击伊拉克。1982年，以色列国防部部长阿里埃勒·沙龙（Ariel Sharon）宣布，尽管美国已经宣布禁令，禁止向伊朗提供武器，但以色列政府将向伊朗出售武器[13]（其实早在两伊战争爆发最初几周内，以色列向伊朗转移了大量的武器、弹药、战机零件、通信设备、工程装备）。

然而，在伊拉克军队中，多达80%的伊拉克步兵和20%的军官虽然是阿拉伯人，却属于什叶派穆斯林。在萨达姆看来，他们是否忠诚可能值得怀疑。为了抑制和打压任何不忠复兴党政权的行为，萨达姆减缓了对纳杰夫什叶派神职人员的压制。这也许起到了良好的效果，因为总有一些伊拉克的什叶派士兵擅离部队——被抓后会遭到割掉耳朵和鼻子的惩罚。但是他们

从未发生集体哗变。随着两伊战争变得旷日持久，伊朗越来越
300 对伊拉克构成严重的威胁，好在伊拉克的什叶派士兵基本上还是能勇敢地抵抗他们的伊朗什叶派对手。

在两伊战争开始的时候，他们可能不太认同自己是大什叶派社区的一员，更多的是把自己看作是当地部落与宗族中的一份子。但随着战争的深入，他们开始意识到身份的变化，越来越坚定地认为自己是伊拉克人。[14]然而，仍然有战争期间支持伊朗方面的伊拉克阿拉伯什叶派存在，其中一些流亡海外的伊拉克什叶派神职人员在1982年成立了一个亲霍梅尼的组织——伊拉克伊斯兰革命最高委员会（S.C.I.R.I.）。这个委员会在1980年逃到伊朗的阿亚图拉穆罕默德·巴齐尔·哈基姆（Muhammad Baqir al-Hakim）的领导下，成立一个武装派别，并向伊拉克发动袭击。2003年，以美国为首的西方联军入侵伊拉克后，哈基姆重返伊拉克。在萨达姆政权垮台后，其领导下的伊拉克伊斯兰革命最高委员会在建立什叶派政治统治方面发挥了重要作用。

到了1982年，伊朗军队绝地反击，双方攻守易势，伊朗军队成功突入伊拉克境内，迫使萨达姆的军队进入防守。萨达姆发现自己陷入了自己制造的陷阱，他知道如果投降则意味着他将终结自己的统治，但那时伊朗人在人力上占有优势，伊朗大军压境之势让萨达姆退无可退。于是，他自然不能服软，选择了一个残酷的战术：消耗战，旨在尽可能让伊朗付出沉重的代价。

伊拉克轰炸机摧毁了伊朗的基础设施，还扩大了他袭击目标的名单，包括人口密集区，轰炸首都德黑兰，同时也打击伊朗比较具有象征意味的文化与信仰中心，如传统萨法维首都——伊斯法罕以及什叶派教徒的信仰和神学院的中心——圣城库姆。而梅尼则用炸弹和大炮轰炸巴格达和巴士拉作为报复。到1988年，萨达姆的军队甚至对伊朗人动用了集束炸弹。最早在1983年夏天，萨达姆就采用了他最可怕的战术：化学武器。首先是使用芥子毒气，但是到1984年3月升级到使用神经性毒剂“塔崩”——这是世界战争史上有史以来第一次在战场上使用神经毒气进行攻击的记录。[15]战争中，伊拉克军队使用了多达195次化学武器，这些化学武器窒息、灼伤或致盲了数以千计的伊朗士兵和平民——而伊朗方面的消息是多达5万伊朗人惨遭化学武器之害。[16]这些化学武器贻害无穷，给他们留下了慢性的、严重的呼吸困难或衰竭综合征。

当然，这种破坏与毁灭不仅仅发生在伊朗人身上。伊 301
拉克和伊朗两国军队不仅在南部争夺领土，也在北部边境开战，他们穿过伊拉克北部库尔德地区，展开领土争夺。1986年后，伊朗人得到了库尔德两大主要政党——库尔德民主党（K.D.P.）和库尔德斯坦爱国联盟（P.U.K.）以及其库尔德武装游击队组织——佩什梅格（库尔德敢死军）的武装支持。库尔德民主党甚至还在伊朗建有一个基地。考虑到几十年来，阿拉伯人和库尔德人之间的敌视一直是伊拉克历史中民族关系的重要特点，因此可以预料到萨达姆政权一定要强力镇压站在敌人一边的库尔德叛乱分子。而且，他的行动已经远远超出了镇压叛乱的范围。1986—1989年间，萨达姆政权发动了一场臭名昭著的战役——以《古兰经》中的一句话命名安法尔行动（al-Anfal，意为战利品）——借“勾结外国势力”之名，对库尔德人开展了大规模的报复行动，打算对库尔德人进行种族灭绝。[17]萨达姆开辟战争缓冲带，宣布在库尔德人与伊朗的边境地带为无人区，夷平2000多个库尔德人的村庄。尽管有许多失去家园的库尔德村民逃到了土耳其、伊朗或叙利亚境内，但仍然有数十万人被集中到了伊拉克境内一些较大的城镇，在那里他们受到监视居住，同时这些地方也是运送并集中处决库尔德人的方便之所。据一项国际非政府组织“中东观察”的调查研究表明，仅在1988年2月至9月间，伊拉克军队屠杀了至少5万——可能多达10万的库尔德人，其中绝大部分库尔德人是非战斗人员（即平民）。

有很多库尔德人死于空袭，伊拉克军队在空袭中动用芥子气和神经毒气等化学武器，造成了不少惨案。其中，最著名的当数哈拉布贾村惨案，世界舆论对哈拉布贾遭受化学武器空袭后的报道和照片感到特别震惊。哈拉布贾村是一个库尔德人的小城镇，由于遭到伊拉克军队的驱赶，加之萨达姆的摧毁村庄和强迫搬迁政策，这个小镇的人口一下子从4万猛增至8万。在这场突袭中，大约有5000人丧生。哈拉布贾村位于边境，与伊朗接壤，1988年3月，伊拉克军队和伊朗及其库尔德
302 盟友发生激战。伊拉克人被赶走后，他们便开始使用毒气对库

尔德人进行反击。在被屠杀的5000名城镇居民当中，大部分是非战斗人员，包括妇女和儿童。[18]而且哈拉布贾村惨案并不是伊拉克军队暴行的唯一个案。在萨达姆的授意下，伊拉克军方至少发动了40次这样的袭击。也许萨达姆并没有预料到他的这些暴行在后来的影响，尽管迟滞，但绝对存在。2003年美国领导的西方联军入侵伊拉克的前夕，他在20世纪80年代使用化学武器的事实便成了西方出兵的理由：很显然，萨达姆领导的政府拥有“大规模杀伤性武器”（W.M.D.s），而且，他曾动用这些武器“毒杀自己的人民”（库尔德人），并且他还可能继续使用这些武器屠杀人民。[19]

然而，当时欧美的许多民众仍然幸福地自我生活，对这些恐怖活动视若无睹，漠不关心。不过，他们的政府并没有就此不闻不问。早在战争开始之前，美国几乎就已经把萨达姆的伊拉克视为苏联的附庸，也没拿它当回事。五年前，巴格达的伊拉克军和库尔德人陷入内战，苏联匆忙向巴格达政权提供大量军事援助，而美国和以色列则相应地向库尔德人提供军事援助。在两伊战争中，苏联大部分情况下都站在伊拉克一边，支持伊拉克对抗伊朗王国。但是，伊朗政局发生动荡，伊朗巴列维王朝政权被推翻，在霍梅尼的支持下，伊朗学生强行占领了美国大使馆，将53名人质扣押长达444天。后来伊朗成立伊朗伊斯兰共和国，并将美国妖魔化为“大魔鬼撒旦”，并宣称自己是即将到来的世界伊斯兰革命的先锋，这一切使得华盛顿的美国政治领导层和美国民众直接反对伊朗。萨达姆，毫无疑问，是苏联的傀儡和残暴的独裁者，但是在他挑起的两伊战争中，（伊朗革命后）他得到了美国的支持与帮助。[20]恰如《纽约时报》记者托马斯·弗里德曼（Thomas Friedman）在一次采访中指出的那样："的确，他是一个暴君——但他也是我们的暴徒。"

就这样，到了1984年——当时美国已经知道萨达姆对伊朗使用毒气。但是美国总统罗纳德·里根还是通过总统特使唐纳德·拉姆斯菲尔德（公元1932—2021年）两次亲切访问伊拉克，带去美国公开谴责伊拉克使用化学武器并不影响两国发展关系的信息，因此取悦了萨达姆，随后两国恢复了自1967年阿以战争以来中断的外交关系。也许对美国来说，这也是美
303 国在伊拉克的核心利益之所在，拉姆斯菲尔德还受命游说萨达姆政权，要求修建一条新的输油管道，将伊拉克境内的石油输送到约旦的亚喀巴（Aqaba）港。[21]两伊战争期间，美国还向伊拉克提供了卫星侦测的军事情报，帮助伊拉克打击伊朗，向伊拉克出售卡车和武装直升机，并提供农业信贷用于粮食出口，从而腾出资金购买更多武器。[22]还有一家英国公司为萨达姆建造了一座化学品生产工厂（帮助制造化学武器），美国甚至还向伊拉克提供了可用于化学武器研发的生物制剂（包括炭疽病毒和肉毒杆菌制剂，帮助萨达姆对伊朗实施化学武器攻击）。[23]到了战争后期，美国国务院官员十分清楚萨达姆对伊朗军队和库尔德平民使用了化学毒气——根据《日内瓦公约》规定，禁止在战争中使用毒气，这是非法的。但美国方面只

是提出了微弱的抗议，并且声称当下需要维持美国与伊拉克已经改善的关系。也有些人甚至根据一些没有事实来源、根本站不住脚的证据声称，是伊朗军队而非伊拉克军队对哈拉布贾村实施了毒气攻击。战争行将结束之时，美国国会通过了一项法案，呼吁对伊拉克实施轻微的经济制裁，但是这项法案并未成为法律。[24]一些议员对美国政府的软弱立场感到相当震惊。美国缅因州参议员威廉·科恩（William Cohen）宣称："是石油的味道和金钱的颜色腐蚀了我们行为处世的原则。"[25]

1987年，里根总统向波斯湾地区派遣军队，组成一支包括美国"企业号"航空母舰在内的约40艘战舰组成的舰队前往这一地区。自此，美国军方堂而皇之地加入了这场争斗，并站在伊拉克一边。美国海军摧毁了伊朗的海上石油钻井平台，击沉或重创了伊朗海军舰艇。1988年7月3日，美国"文森号"巡洋舰误将往返于阿巴斯港和迪拜之间的伊朗航空公司655号航班飞机当作伊朗喷气式战斗机，发射两枚地对空导弹击落了这架正在正常飞行的飞机，机上290人，包括66名儿童全部遇难。这次悲剧事件至今仍让伊朗人愤愤不平。在此一年前，一架伊拉克战机曾错误地向美国"斯塔克"号导弹驱逐舰发射了两枚导弹，结果造成37名美国水兵和地勤人员死亡。尽管这一事件加剧了美国与伊拉克的紧张关系，但美国人还是接受了萨达姆政府的道歉（事发第二天，萨达姆正式向美国道歉，声称是一场"误会"）。对此，一名美国国防部官员当时宣称："我们不能眼睁睁看着伊拉克被（伊朗）打败（这不符合我们的利益）。”[26]

304 美国军队的参战并不是出于担心伊拉克会战败，而是因为伊朗在该地区的势力影响势必会威胁到美国在该地区最重要的战略利益：它要确保波斯湾国家到全球市场的石油运输畅通无阻。早在1981年1月，也即两伊战争爆发前9个月，美国就明确宣称其在这一地区的战略利益。当时，美国总统吉米·卡特在国情咨文中提出的一项对海湾地区的政策声明，阐述了被称为卡特主义的内容，指出任何试图控制波斯湾地区的外来力量将被认为是对美国切身利益的侵犯。1979年，美国及其盟友对苏联入侵阿富汗感到震惊，在美国看来，这是海湾地区的石油起了作用。卡特宣称，苏联致力于加强对阿富汗的控制，他们已经将苏联军队带到了距离印度洋400千米的范围内，开始靠近霍尔木兹海峡，这条水道是世界上大部分油船必经之地……为此，我们必须明确立场：首先是任何试图控制波斯湾地区的外来力量都将被认为是对美国切身利益的侵犯，诸如此类的侵犯与攻击将以任何必要的手段予以击退，包括动用军事力量。

正如一位知名的研究国际石油工业的历史学家所指出的那样，卡特主义思想与该地区的前西方石油霸主——英国在1903年发表的一份声明非常相似。当时，这份声明警告俄国和德国：“任何其他大国在波斯湾建立海军基地或者仅仅是建立设防港口的任何尝试都将被视为对英国利益构成严重威胁，都将被视为宣战的理由，我们理所当然地应该动用我们所拥有的一切手段予以抵制。”[27]

到了1987年，由于萨达姆对伊朗境内石油基础设施进行袭击破坏，伊朗采取了报复行动，给科威特和海湾各酋长国运输石油的油轮造成了重大损失，于是这些国家领导人与伊拉克站在一起。当时，伊朗海军还在波斯湾的部分海域部署了大量 305
的反舰水雷。除了对海湾石油运输的威胁，美国还担心伊朗战败伊拉克甚至可能会危及科威特和沙特阿拉伯的油田和基础设施安全，毕竟这两个国家是美国和欧洲的主要石油供应商。因此，美国海军除了与伊朗海军交战，摧毁伊朗海上石油钻井平台之外，还为科威特油轮护航，并向科威特提供了油轮“换旗”的选择——在科威特油轮上悬挂美国国旗——这将表明它们是在美国军方保护下而在此航行的。后来，美国将换旗服务的范围扩大到海湾地区的所有中立船只。[28]与此同时，由沙特发起的伊拉克海湾盟友增加石油产量的运动，通过压低国际油价，来削弱伊朗的经济，使得伊朗军事陷入困顿。[29]

因此，1988年7月，伊朗什叶派领导人霍梅尼面对依靠美国军事与外交实力东山再起的伊拉克（写信给联合国秘书长德奎利亚尔），宣布伊朗将同意联合国安理会第598号决议，这个决议早在一年前（1987年7月20日）就呼吁伊朗和伊拉克停止战争。他说，这个决定“对我来说比喝毒药更致命”。

在八年多的时间里，两伊战争造成了巨大的人员财产损失，有100多万人在战争中丧生。据西方人的保守估计，伊拉克死亡人数约为10万人，伊朗死亡人数差不多是这个数字的两倍多。也有人认为伊朗的死亡总人数高达45万至75万，伊拉克为15万至34万。[30]这场战争留下的创伤至今还在影响着两国之间的关系。尽管萨达姆政府倒台以后，伊拉克什叶派掌握了政权，两国关系有所缓和，但自1988年以来，伊朗对其邻国的政策一直受制于一种本能的需要，即防止伊拉克再次对伊朗造成骇人听闻的兵燹之祸。

在整个战争期间，萨达姆通常将自己标榜为“伊拉克的化身”。诚如一位学者所言，两伊战争很可能标志着“伊拉克
306 民族身份认同已然达到顶峰”。[31]萨达姆将自己，也将伊拉克升华为对抗背信弃义的波斯的阿拉伯民族捍卫者。

然而，阿拉伯民族团结在1979年埃及与以色列的单方面媾和被破坏了，同时也由于叙利亚总统哈菲兹·阿萨德（Hafez al-Assad）对萨达姆的持续仇视而进一步瓦解。具有讽刺意味的是，阿萨德和萨达姆一样，两人都是复兴党统治的阿拉伯民族主义国家的领导人。

科威特危机

虽然经过八年的两伊战争，但伊拉克的军事实力依旧强大，拥有100万常备军（国内人口超过1600万）和几十万地方民兵武装组织。不过，这场战争也让伊拉克背上了巨额债务。萨达姆之所以能维持他的战果，主要是因为海湾地区主要阿拉伯产油国（阿拉伯联合酋长国，特别是沙特阿拉伯和科威特）

借给他的政府数十亿美元。这些阿拉伯产油国别无选择，只能这样做。因为，当时所有这些国家的军事力量都很薄弱，不得不依靠萨达姆及其强大的军事力量来抵御伊朗的威胁，保护其石油能够安全地通过波斯海湾的通道。随着两伊战争的结束，萨达姆希望他的阿拉伯兄弟债权人能够免除伊拉克应当偿还的债务，进而表达他们的感激之情。但他们拒绝这样做，萨达姆便将愤怒之火撒到科威特身上，指责其生产的石油超过了欧佩克分给它的配额，从而压低了石油价格，延缓了伊拉克的重建；同时，科威特从其领土通过斜向钻探的方式，窃取开采了伊拉克巨大的鲁迈拉油田。

萨达姆还利用他所谓对科威特的不满，重新提出了以前伊拉克的国家元首提出的领土要求：科威特理应是伊拉克的一部分，只是后来被英国采取高压手段，非法地将其从伊拉克
分割出去。1961年，当卡西姆宣布伊拉克对科威特拥有主权 307
时，英国和阿拉伯联盟都派出军队迫使他就范让步。1990年8月，萨达姆与科威特的债务谈判毫无进展后，他超越现有国际体制，重申这一领土要求。于是，他派出军队、坦克和直升机，直接侵入科威特（计划“收复”科威特），很快地就击溃了科威特的军队，控制了这个国家，并迫使其领导人流亡海外。随后，萨达姆对外宣称伊拉克已经将科威特恢复为自己的一个省（第19个省），并且派出了一名伊拉克总督——他自己的堂兄弟去治理它。

不过，仍有一些人声称，1990年夏天，萨达姆入侵科威

特的时候，他相信美国政府不会反对他这样做，并给予了他某种许可。因为在那年4月，一个来访的美国国会代表团向萨达姆保证了美国的善意。事实上，一位参议员将萨达姆的公关问题归咎于西方“过于溺宠而自负自大”的媒体。[32]7月下旬，当萨达姆的部队在科威特边境集结时，他紧急召见了美国驻伊拉克大使艾普尔·格拉斯皮（April Glaspie），格拉斯皮向他保证了他和美国总统乔治·布什的可靠友谊，并且告诉他美国政府对阿拉伯国家之间的事务没有任何意见。[33]美国始终坚定站在他这一边反对伊朗，并希望两国能建立起更为密切的关系。因此，萨达姆可能已经认为美国政府会默许他采用武力夺取科威特。

但是，国际社会的大多数成员对此反应强烈，认为此举公然违反了第二次世界大战后建立的人类新秩序，这似乎是萨达姆确实没有预料到的。几周前还在一起引吭高歌的朋友——美国总统布什，此时也向世界宣布萨达姆的侵略行为“不会被容忍”，并且不会坐视不管。1990年8月到12月间，以美国为首的一支强大的国际联军在波斯湾地区集结。这场有组织的军事活动由美国领导人一手精心策划，加之美国的宿敌苏联于1989年解体（编者注：1989年为东欧剧变，苏联解体是在1991年），使得美国成为地球上迄今为止最为强大的军事国家。这一变局甚至让一位研究国际关系的学者大肆鼓吹美国的崛起乃是“历史的终结”。[34]

308 沙特阿拉伯主导了多国联军的集结（企图以军事压力迫

使伊拉克撤出科威特，返回谈判桌），毕竟沙特阿拉伯拥有世界上最大的石油储量，也是美国一个巨大战略关切点，这里也是伊斯兰教两大圣地——麦加和麦地那之所在。沙特官方保护人——法赫德国王允许成千上万的基督徒、犹太人、美国和欧洲军队（其中不少女性）在全世界穆斯林都视为伊斯兰教最神圣的土地上举行弥撒集会。这种玷污圣地的活动激怒了一部分穆斯林，包括后来的奥萨马·本·拉登（Osama bin Laden），他在2001年9月11日对美国发动恐怖袭击，制造了所谓"9·11"事件。在美国的要求下，以色列没有加入这次以美国为首的军事联盟，此举为阿拉伯国家加入联军打开了大门。这些阿拉伯国家当中包括萨达姆昔日的"恩人"沙特阿拉伯和阿拉伯联合酋长国，以及海湾阿拉伯国家阿曼和巴林等国。不过，也许最引人关注的是，在这个拼凑起来的多国联军中有两个来自阿拉伯国家的军队，在历史上，这两个国家与伊拉克一样都曾是泛阿拉伯民族主义的大本营：埃及和叙利亚。多国联军的"沙漠盾牌"行动及其战果粉碎了泛阿拉伯民族主义作为一个切实可行的政治梦想。[35]

到了1990年8月，联合国安理会通过了两项决议（第660、第661号决议）迫使萨达姆就范，宣布接受停火。其中，联合国第660号决议谴责伊拉克入侵科威特，要求萨达姆的军队撤离科威特。联合国第661号决议要求终止伊拉克对科威特的入侵和占领，并恢复科威特主权、独立和领土完整，这个决议在此后几年被证明是特别重要的决议，因为它对伊拉克实施了最严厉的经济制裁，禁止联合国会员国从伊拉克进口任何作为其经济命脉的资源——石油，基本上切断了伊拉克与外部世界的所有联系。然而，萨达姆拒绝服从决议，也许是为了博取阿拉伯国家的同情，他将以色列先无条件地从西岸和加沙地带撤军作为伊拉克从科威特撤军的必要条件。当然，关于以色列的撤军，早些时候的联合国决议亦有所要求。甚至连流亡海外的科威特埃米尔（emir，本意为“首领或总司令”）也在联合国大会上发表的讲话中，明确地将伊拉克对他的国家科威特的占领比作以色列对包括黎巴嫩南部在内的阿拉伯土地的占领。但是，通过和平谈判解决问题以避免战争的所有努力都徒劳无功。

309 “沙漠风暴”行动

1991年1月15日，以美国为首的多国部队向伊拉克巴格达和其他地方发起了代号为“沙漠风暴（Desert Storm）”的大规模空袭，以执行联合国决议。为这次袭击行动选择的名字——“沙漠风暴”有些浮而不实，甚至略显夸张，但它用残酷的简洁描述了其影响。伊拉克人明显地感到此次突袭的严重性，伊拉克评论家将美国总统布什的大肆攻击比作蒙古大汗旭烈兀第二次来到巴格达。要知道，旭烈兀在公元1258年攻陷巴格达的大部分地区，并进行了血腥屠杀。等到“沙漠风暴”结束时，多国联军已经摧毁了伊拉克的基础设施。

作为报复，萨达姆对沙特阿拉伯的联军基地发动了导弹袭击，并一度成功地突袭并占领了沙特城市海夫吉（Khafji）。萨达姆为了让反对他的阿拉伯国家的军队撤退，他试图通过发射导弹突袭以色列来引诱以色列参战，但没有成功。萨达姆命令他的部队点燃科威特的数百口油井，显然是希望石油燃烧产生的滚滚黑烟能够限制飞行员的能见度，降低制导武器的命中率，从而减少空袭。海湾战争结束后的几个月里，许多油井不受控制地疯狂燃烧，大约消耗了500万桶石油，油井喷出巨大的黑烟，在太空轨道上运行的卫星上很容易看到，空气中弥漫着刺鼻的味道，对海湾的环境造成了严重的破坏。在战争的第一阶段，萨达姆还联系了以前的庇护者苏联，在冷战逐渐朝向有利于美国方向发展的时候，他希望苏联最高领导人米哈伊尔·戈尔巴乔夫能向布什为他说情，说服美国不要派遣地面部队参战。[36]

戈尔巴乔夫的调解没有作用。2月23日，多国联军的地面部队进入科威特和伊拉克。五天之内，他们将伊拉克军队完全驱逐出科威特。等到布什于2月28日宣布战争停火时，“沙漠风暴”已经卷走了3000多名伊拉克平民（其中包括200多名躲在巴格达防空洞中避难的老百姓）和2万名伊拉克士兵的生命，其中许多士兵死在从科威特仓忙撤退的公路上——这条公路后来又被称作“死亡高速公路”。 310

由于担心战争的进一步深入会付出潜在的代价，造成更多的伤亡，以及可能会进一步破坏中东地区的稳定，美国总统布什和他的西方盟友作出了一个重大的决定，这一决定给20多年后的伊拉克及其人民带来了深重的灾难，即联军既没有选择乘胜追击伊拉克部队到巴格达城下，也没有迫使萨达姆·侯赛因和他领导的复兴党政权下台。

早在地面入侵伊拉克之前，布什总统通过美国之音电台广播告诫伊拉克人民和军队要“自己把握主动权，迫使独裁者萨达姆·侯赛因下台”。长期饱受苦难的北部库尔德人和南部城市的什叶派阿拉伯人把布什的这番讲话牢记在心，不少民众认为他的劝诫当中隐含着美国军事支持的承诺意味，前提是他们要起来反对萨达姆。而且，他们的确起身反抗萨达姆独裁，并在此过程中打破了两伊战争中伊拉克民族身份的认同感，而在此三年前，这种民族身份认同臻至顶点。[37]

数以千计的在战场败北的士兵中大部分是什叶派穆斯林，他们和当地市民一道反抗萨达姆统治，纷纷杀死或赶走复兴党官员，控制了伊拉克南部的城市和北方大部分地区。然而，在结束与伊拉克军事敌对的停战协议中，尽管美国对伊拉克军队进行了约束，美国方面还是允许萨达姆的军队保留他们的武装直升机。这让萨达姆可以命令那些忠于他的部队派出武装直升机去镇压各地的武装起义。尽管美国驻军就在附近，但他们一脚踢开了什叶派叛军，无视他们的求助。甚至有一次，美军通过无线电广播向伊拉克反叛者回应道，因为你们这些反叛者属于什叶派，一定与伊朗有过合作，所以美国军队不会帮助你们。[38]

而与此同时，伊拉克的逊尼派阿拉伯邻居却眼睁睁地看着萨达姆又通过血腥手段重掌政权，并对什叶派和库尔德人进行了惨绝人寰的清洗报复。萨达姆的武装直升机、坦克和大炮疯狂地轰炸、扫射南部的城市，包括什叶派圣城纳杰夫和卡尔 311
巴拉，杀死了数以千计的待在家中或行走在街上的平民。他的安全部队围捕了数千名叛变者，对他们施以酷刑折磨，最后予以处决，并将他们残缺不全的尸体扔进了数十年之后才被发现的集体坟墓。他的坦克直接开进了北部地区，并收复了北方部分城市，但是库尔德的武装组织（库尔德人民兵组织“自由斗士”）在北方还是保留了一小块立足之地。伊拉克境内的叛乱爆发一个月后，萨达姆遂以“即决处决……将叛乱城市夷为平地、大规模驱逐出境”等方式粉碎那些叛乱分子的梦想。[39]

有多达200万伊拉克人——其中四分之三是库尔德人——逃离城市，来到乡下避难。在伊拉克南方，那些古老的沼泽曾经孕育了早期的苏美尔文明，庇护了历史上反抗尼尼微亚述国王的迦勒底人，并且支持了赞吉非洲奴隶们反抗巴格达阿巴斯统治者的起义。然而，到了萨达姆时代，他修建了运河，将沼泽周围的河水分流到运河当中，切断了这一地区的水源，结果使这一带变成了沙漠，让那些没有被伊军杀死的沼泽阿拉伯人沦为难民。那些被迫无家可归的人当中，不仅有阿拉伯什叶派穆斯林，还有伊拉克境内残余的大部分曼达派教徒，他们属于一个有着两千年历史的诺斯替教派，其前身可以追溯到最早的基督教徒时代。[40]

在伊拉克北部山区，成千上万的库尔德人因为萨达姆的残酷报复而流离失所，他们没有住所和食物，身心饱受折磨。一场空前的人道主义灾难迫在眉睫，这个4月，联合国安理会通过了第688号决议，谴责萨达姆当局对库尔德人的镇压行动，要求加强对伊拉克北部库尔德人的保护。在名为“提供舒适行动（Operation Provide Comfort）”的行动中，美国军方向伊拉克难民运送了食物和帐篷，旨在对伊拉克北部库尔德族人进行人道主义救援。美国和英国声称联合国安理会第688号决议给予他们法律授权，两国还在北部库尔德地区和伊拉克南部的大部分地区设置“禁飞区”，由美国战机负责巡逻执勤，防止伊拉克战机对当地人员造成更多伤害。

到了1990年10月，库尔德游击队成功地赶走了驻扎在北部的伊拉克军队。在接下来的几年里，英美联军在战场上的
312 胜利，加之设置的禁飞区，对巴格达的伊拉克中央政府和库尔德人之间的关系产生了重大影响。1992年，库尔德人就在埃尔比勒建立了一个全新的、据称是统一的库尔德地区政府（K.R.G.）。虽然库尔德人长期寻求的政治自治即将实现，但整体上伊拉克库尔德人仍处于分裂状态。1994—1996年间，库尔德人的两个占主导地位且经常激烈争吵的政党（和主要部落）——库尔德民主党（由马苏德·巴尔扎尼领导。Mustafa Barzani，公元1903—1979年）和库尔德斯坦爱国联盟（由贾拉勒·塔拉巴尼领导。Jalal Talabani，公元1933—2017年）——煽动各自的民兵组织在内战中相互拆台，一争高下。

当时，两党都在各自的领地首府控制着自己的一部分库尔德（斯坦）地区。1998年，在联合国解除了禁止购买伊拉克石油的制裁之后，两党之间停止争斗，勉强地接受了和平共存，这主要是因为石油经济的繁荣减缓了双方争斗的可能性，使得彼此能够互相容忍。合法销售与走私石油的收入为库尔德斯坦的经济发展注入了新的活力。到了2003年英美联军入侵伊拉克前夕，伊拉克北部的库尔德人已经实现了事实上的政治自治，其经济繁荣程度让南部饱受战争制裁之苦、在贫困线上挣扎的伊拉克人眼红不已。不过，生活在伊拉克边境外的土耳其、叙利亚和伊朗境内的数百万库尔德人可能也会同样羡慕他们。

伊朗无疑是1991年海湾战争的最大受益者之一。三年之前，德黑兰的什叶派伊斯兰政权就被迫屈服于伊拉克的萨达姆及其美国靠山的强大军事力量。现在，美国人已经大大削弱了萨达姆的军事力量，[41]无形中创造了一个机遇，好让伊朗东山再起，重新成为一个波斯湾大国。而美国现在又认为它在海湾地区的战略利益（获取石油）受到了双重的威胁，同时也对它的中东主要盟友和代理人以色列构成了威胁，因为萨达姆曾在海湾战争期间向以色列发射过远程导弹。于是，美国新总统比尔·克林顿对伊拉克和伊朗采取了“双重遏制”的新政策，以维护美国政府在这一地区的国家利益。为了落实这一政策，美国在科威特和其他海湾国家的基地部署了军事力量——包括阿 313
拉伯半岛的圣地。美军这一亵渎之举及其在圣地的驻扎，又迅速成为人们对沙特君主制和美国不满的新焦点。

1991—2003年：制裁之祸

双重遏制让萨达姆·侯赛因政权继续掌权，同时又要遏制其实力，避免其滥用权力滥杀无辜。美国及其盟友通过一些组合战术来实现这一目的，包括在海湾战争结束后就在伊拉克领空设立的禁飞区持续巡逻，以及断断续续地发动突袭以“削弱”伊拉克的防御力量。[42]从1992年到2000年，美国战机平均每年在禁飞区上空飞行8000架次。1998年，美国国会还通过了《伊拉克解放法案》，授权国防部对萨达姆总统的反对者进行军事武装和训练，将推翻萨达姆政权作为美国政府的官方政策。从所有这些行动来看，美国和萨达姆政权仍处于战争状态。[43]

到目前为止，其最具破坏性的策略是继续严格执行联合国安理会在1990年夏天和随后出台的联合国决议。除了禁止联合国会员国购买和进口伊拉克石油之外，制裁决议还明令禁止伊拉克进口任何——根据由负责管理制裁实施情况的联合国安理会委员会的判断（联合国安理会661号决议之后的“联合国安理会661委员会”）——可能用于制造核武器、化学武器或生物武器的原材料。联合国还要求伊拉克公布其拥有的化学和生物武器的情况，要求伊拉克接受负责查找这些生化武器并核实销毁情况的核查小组的反复视察。只有在萨达姆政权完全照办，将大规模杀伤性武器经核查并全数销毁之后，联合国对伊拉克的制裁才会取消。不过，不出所料，萨达姆政府根本不欢迎这些让人讨厌的浸入式核查，尤其当他们发现美国人在核 314
查小组中安插了美国中情局特工时，核查的可信度便成了大问题。事实上，海湾战争刚一结束，萨达姆就已经决定销毁这些武器库存，同时废除其胎死腹中的核武器计划。但是，由于担心伊朗领导人可能会利用这个弱点来报复伊拉克，萨达姆刻意没有公开这一点。然而，萨达姆这种静默式的表达，在11年后给他自己的国家带来了近乎世界末日的后果，原因是西方国家还以为他试图拥有核武器。

除与伊朗的战争导致了伊拉克经济衰退外，以美国为首的西方联军在“沙漠风暴”行动期间对伊拉克城市的大规模空袭摧毁了该国的大部分基础设施，也使得该国经济举步维艰，雪上加霜。在几周之内，西方国家就将一个阿拉伯世界最繁荣的国家打入了联合国观察员认为的第三世界工业化前的贫穷国家之列。尽管现在海湾战争已经结束，但随后的联合国制裁加剧了这种打击力度，让这个国家痛不欲生。由于伊拉克得不到修配石油设施的关键设备，其石油产量下降了25%以上，直接导致其民生系统遭到破坏，人民的生活水平大幅度下降，几年前在中东名列前茅的教育和医疗保健系统已经瘫痪，无法正常运行。[44]1991年至1996年间，当联合国允许伊拉克有限度地恢复石油销售的时候，这种制度已经使这个国家的一度繁荣的中产阶级及城乡贫困人口大幅度衰减。[45]在美国主导的磋商会议中，联合国安理会661委员会阻止伊拉克进口任何可能被用于制造生化武器的材料——包括电器开关插座、水管和氯气。由于战争和制度，伊拉克境内的用水、卫生、发电和医疗等系统变得越发陈旧滞后，无法发挥正常功能，导致疾病和营养不良夺去了成千上万伊拉克人的生命，其中包括五岁以下的伊拉克儿童。[46]1999年发表的一项制裁伊拉克影响的评估调查披露的资料全然就是个讽刺，报告宣称联合国制裁造成的伊拉克死亡人数超过了“有史以来所有所谓大规模杀伤性武器杀死的人数”。[47]

315 然而，尽管萨达姆政权基础已经因为1991年的国内起义有所动摇，尽管库尔德人当时已经在北部建立了自治，尽管联合国制裁残酷地压迫着伊拉克人民，但是元气大伤的萨达姆仍然能够掌控大权，在伊拉克大部分地区维持他的权威。很显然，萨达姆最优先考虑的问题是他自己和其最信任的部族支持者的生存，而不是坚持中间派和世俗化的复兴党意识形态。因此，他向部落首领们频频伸出援手，寻求合作，颂扬阿拉伯部落的价值观。1993年至2003年间，萨达姆与逊尼派宗教团体深入接触，发动了一场信仰运动（Faith Campaign）来增进伊拉克的清真寺建设和宗教激进主义（在一定意义上让伊拉克社会趋于保守）。

考虑到纳杰夫什叶派哈瓦扎神学院里的那些德高望重的阿亚图拉们，担心他们与伊朗方面产生交集，萨达姆试图通过拨款维护纳杰夫和卡尔巴拉的清真寺来讨好什叶派穆斯林。[48]但是，什叶派中反对萨达姆的力量已经出现，并且穆罕默德·巴齐尔·萨德尔的堂兄弟——阿亚图拉穆罕默德·萨迪克·萨德尔重新活跃起来，巴齐尔·萨德尔曾在20世纪70年代领导了伊斯兰达瓦党。但是萨达姆采取了残酷的策略，对待这些人的手段极其残忍。他的安全部门以围捕、拘留、拷打、处决或以“失踪”等方式，残忍对待涉嫌反政府活动的什叶派人士。1999年，萨迪克·萨德尔和他的两个儿子遭到暗杀。

就在成千上万伊拉克人的生活因联合国的经济制裁而惨遭蹂躏的时候，萨达姆找到了破坏这些制裁的方法，他们招募伊拉克（甚至库尔德人）和外国官员——实际上是任何能帮助他政权生存的人士参与将伊拉克石油走私到土耳其和伊朗的计划中。正如一位学者指出的那样——“萨达姆为了维护其生存，在奖励分配或惩罚方面可谓无所不用其极”。[49]

因此，当乔治·布什的儿子小布什于2001年1月就任美国总统时，看似灵活顽强的萨达姆·侯赛因还在继续统治着巴格达。这个自称为美国和以色列的死敌国家仍然拥有一支看似强大实则虚弱不堪的军队。而他的敌人们还在担心他是否真的拥有化学和生物大规模杀伤性武器库，甚至还有一个计划项目在 316
悄悄发展核武器——可能他已经拥有了这些武器。[50]尽管战争和制裁破坏了伊拉克的石油生产，但萨达姆仍然坐拥巨大的原油和天然气能源储备——这些战略资源对21世纪初的工业化世界至关重要。当时美国主导了世界工业化，当然也有新跨入工业化门槛的国家，如中国和印度等新兴国家，他们自身的现代化也需要获得这些必不可少的能源。

此刻的萨达姆就像13世纪中叶的阿巴斯哈里发一样，尽管伊拉克国力已被大大削弱，但披着给人一种很有力量感觉的外衣，依旧可以从中受益。但在21世纪治国之术的背景下，他仍需要找到一个有用的名头。

英美联军对伊拉克的入侵

2001年9月11日上午，一个隶属于神秘伊斯兰军事组织——称为“基地组织”的四小队年轻人劫持了四架满载毫无戒备的乘客的商用飞机，成功驾驶其中三架，撞上了两座象征美国商业力量和军事实力的著名标志性建筑——纽约世界贸易中心的双子塔和华盛顿特区的五角大楼，让纽约世界贸易中心遭到摧毁，五角大楼严重受损。[51]这场袭击总共造成近3000人死亡，其中大部分是美国人。此时的美国和全世界都对此震惊无比，他们惊恐万分，也更义愤填膺。第二天，法国一家主要日报宣称：“（这一刻）我们都是美国人。”美国人渴望实施报复——但这一年是美国总统小布什执政第一年，政绩乏善可陈，表现平平，在这次事件上没有谁比他表现更糟了。

基地组织的主要领导人是一名沙特阿拉伯人（奥萨马·本·拉登）和一名埃及阿拉伯人（艾曼·扎瓦赫里）。“9·11”事件中，大多数实施袭击的人是沙特人或巴基斯坦人。在
317 “9·11”袭击发生前的几年里，基地组织一直将阿富汗当作

训练和策划行动的基地。当时由阿富汗的伊斯兰塔利班政权安排的，塔利班政权在苏联军队1989年撤离阿富汗、随即爆发内战之后上台的——1979年以来，苏联出兵占领阿富汗，一直遭到境内的抵抗组织的武装打击，这些战斗人员由沙特、巴基斯坦和美国提供资金和武器支持。[52]因此，“9·11”事件发生后，美国最初的反应是以阿富汗为目标，试图找出并摧毁基地组织的领导层，将塔利班政权连根拔除。

众所周知，“9·11”袭击发生后不久——美国政府2004年7月公布的一份报告也证实了这一点——策划或实施袭击的恐怖分子当中没有一人来自伊拉克。该报告也没有记录任何证据表明基地组织和萨达姆·侯赛因政权之间有重大关系。[53]尽管如此，在“9·11”事件中的世贸中心废墟尘埃落定之前，小布什政府官员就开始想方设法，把责任归咎于伊拉克的萨达姆，并以此为借口对他采取军事打击行动。[54]他们的所作所为已经成为，并且很有可能在未来数年都将是人们争议的焦点。其中提及通过推翻萨达姆政权来保护以色列，并维持其在中东地区的军事优势的机会，[55]同时通过在被征服的伊拉克施行西方民主来推行美国在中东地区的政治理想，[56]而且小布什所称之所以要惩罚萨达姆，是因为其父亲老布什访问科威特时差点遭到萨达姆的暗杀。当然，小布什这样做也有一些自己的心理考量，他想要通过派遣美国军队占领巴格达，借以（在功绩上）超越他那全球知名的父亲，毕竟在1991年的时候，老布什拒绝了这样做。[57]

然而，在美国一些策划入侵伊拉克的人的脑海里，最为重要的考虑便如第一次世界大战期间及之后，温斯顿·丘吉尔和海军上将约翰·费舍尔等英国策划者最热烈地考虑的一样——他们才是有史以来美索不达米亚平原上的潜在征服者，主要目标是控制这个国家的自然资源。2002年，一位受人尊崇的分析家指出，出于好几个原因，伊拉克的石油成为一个特
318 别有吸引力的奖品，受到了西方国家的青睐。它的石油储量位居世界第二（仅次于沙特阿拉伯），而且大部分仍处于未开发状态。此外，伊拉克的石油品质非常高，相对容易开采（尤其是其南部油田）——这就使得生产开发成本相对较低——并且距离现代海上航道也很近。如果将其和当时在阿拉斯加、北海、里海盆地、墨西哥和委内瑞拉发现的石油相比，上述条件都是伊拉克石油最明显的优势。而且，当人们想起2010年英国石油公司在墨西哥湾的一个深海钻油平台发生井喷并爆炸事件，大量原油外泄，侵入了墨西哥湾，给当地的生态平衡造成了严重的影响。这起事件的重要性自然会引起人们的共鸣。此外，作为一个如此依赖沙特阿拉伯石油的国家，美国居然在9月11日这天遭到了以一名沙特人为首的恐怖组织的袭击，而且其组织成员中也有不少成员也是沙特人。因此，可以理解的是，美国可能是希望分散它在中东地区的石油供应来源，正如英国布拉德福德大学全球和平研究所教授和牛津研究中心专家——保罗·罗杰斯所指出的那样，“或许这可以被视为基地恐怖组织与伊拉克问题真正有关联的地方”。[58]

2001年5月，就在“9·11”恐怖事件发生前几个月，由美国副总统理查德·布鲁斯·切尼（Richard Cheney）牵头的美国政府国家能源政策发展工作小组在一份报告中指出，波斯湾的石油是美国的核心战略利益之所在。报告估计，到2020年，海湾地区的石油供应量将占世界石油供应总量的54%—67%。因此，全球经济几乎肯定将继续依赖石油输出国组织的成员国的石油供应，尤其是海湾地区产油国。这一地区对美国的国家利益来说仍然至关重要。[59]

切尼的工作小组预计美国的石油消费在2001—2005年间将翻一番，因此积极建议并说服海湾地区友好国家允许美国石油公司对他们的石油资源进行投资。甚至在该报告公布之前，美国国家安全委员会在2001年2月3日的一份文件中就明确指示该委员会的工作人员与能源工作小组进行密切合作，319
因能源工作小组正在考虑将两个看似无关的政策领域融合到一起：“首先是审查对流氓国家的操作政策”，比如伊拉克这个国家，“要采取行动夺取其境内现存或新的油田和气田”。[60]一年多后，切尼在对海外战争退伍军人协会（Veterans of Foreign Wars）的一次演讲中，就指出推翻萨达姆政权的原因之一就是保持美国对海湾石油资源的控制。与此同时，美国国务院出台一项“伊拉克未来”的计划，其中建议：一旦萨达姆政权被推翻，伊拉克境内的石油资源将实行私有化政策。这样的计划蓝图着实让美国石油高管们心跳加速，兴奋不已——2003年2月，其中一位对《纽约时报》评论说，“如是，身在伊拉克，就是一个孩子身在国贸商城店（F. A. O. Schwartz，一家知名的纽约玩具店）”。[61]美国入侵伊拉克的三个月后，伊拉克丰富的石油资源的的确确在小布什政府官员的计划中占据了显著位置。当时，美国国防部副部长保罗·沃尔福威茨（Paul Wolfowitz）被问及为什么美国决定攻击伊拉克而不是朝鲜时，这一点就变得很明显，因为当时朝鲜已经开发出了核武器。他回应道：“我们简单了解一下吧，朝鲜和伊拉克最重要的区别是在经济上。我们对伊拉克别无选择，因为这个国家就漂浮在石油上。”[62]

不管沃尔福威茨是出于什么真实动机，2002年1月，也就是“9·11”恐怖事件之后仅仅四个月，小布什总统在其国情咨文中把伊拉克——连同伊朗和朝鲜——列为危害全球安全的“邪恶轴心”国。此后，小布什和他的政府官员们，以及英国首相托尼·布莱尔，基于有瑕疵的假设，依靠劣质甚至虚假的情报，借助于大体上听话的印刷媒体和电子媒体，说服千百万公民和他们的许多民选代表，让他们深信：（1）萨达姆，伊拉克世俗政权的领导人一直在纵容基地组织的伊斯兰恐怖分子；（2）他储备了化学、生物和核武器等在内的“大规模杀伤性武器”，他会用这些武器来对付美国或欧洲，甚至会交给
320 基地组织。这第二种说法公然无视联合国多年制裁伊拉克的影响，也悍然无视在以美国为首的联军入侵伊拉克之前未发现伊拉克拥有任何此类大规模杀伤性武器证据的联合国核查报告。[63]然而，由于美国人和英国人对萨达姆似乎构成的威胁感

到恐惧，并对他所谓涉嫌参与“9·11”恐怖事件感到愤怒，在此情势的驱使下，他们支持西方国家入侵伊拉克，对其进行极具毁灭性的打击。

尽管萨达姆并没有参与“9·11”恐怖事件，但是西方盟军对伊拉克动武，给伊拉克带来了灾难性的影响，因为那些指控成了2003年3月美国及其盟友对伊拉克发动“震慑”（借用美国军方的说法）军事行动的基础，他们迅速出击，打败了实力强大的伊拉克军队，推翻了萨达姆，并消灭了他的政权。萨达姆只好潜逃而去，但最终还是被美军抓获，并于2006年底被处以死刑。萨达姆政权覆灭之后，英美联军成立了“联盟驻伊拉克临时管理当局”（Coalition Provisional Authority）。这是一个由美国外交官/特使路易斯·保罗·布雷默（L. Paul “Jerry” Bremer）领导，下有一帮因文化无知而束手缚脚的官僚队伍。而这种情形也同样困扰了第一次世界大战后英国在伊拉克的委任统治。不过，与英国人管理伊拉克的方式不同，美国人完全没有管理中东的经验。他们往往对伊拉克的历史与文化一无所知，所招募政府雇员的依据是党徒的政治忠诚，而非有用的专业管理知识。[64]

《纽约时报》记者安东尼·沙迪德（Anthony Shadid）援引在海湾战争期间担任美国最高指挥官——雷蒙·奥迪尔诺（Raymond Odierno）于2010年8月发表的以下评论，以此证实美国军方当时的准备情况：“我们对伊拉克的看法都很天真……我们对伊拉克的问题也很天真；我认为我们无法理解我所说的在这里发生的社会灾难。”他提及两伊战争、波斯湾战争以及从1990年至2003年消灭（伊拉克国家中的）中产阶级的国际制裁。

“接下来我们就是发动攻击，推翻政府。”他接着说道。

关于伊拉克这个国家的民族分裂和宗派分裂，他同样表
321 现得无知，他说：“我们就是不理解。”

322 而当被问及美国是否加剧了伊拉克的分裂时，他说：“我不知道。所有这些问题我们都不了解，但我们必须尽力解决。这可能是导致伊拉克局势变得更加恶化的原因吗？也许吧。”[65]

尾　声

“告诉我这将如何结束”

正如人们料到的那样，由于美国及其盟国的准备不足，加之无所作为，狂妄自大，他们在入侵和占领伊拉克的时候付出了高昂的代价。联邦政府的预算增加、美国公民的正义感与荣誉感（至少那些来自美国军人家庭的公民）和美国在世界各地（尤其在中东地区）的外交和道德制高点受到质疑和挑战。总之，毫无疑问，伊拉克和伊拉克人民付出了最大的代价，并将在随后几年里一直是这样。2003年美军对伊拉克开展的“伊拉克自由行动”开始后的几周内，伊拉克境内外的反政府势力打开了“潘多拉的魔盒”，如今这些势力仍在给这个国家造成分裂的威胁。截至2015年初，关闭这个魔盒的可能性非常让人怀疑。基于这个原因，现在想要全面描述美国对伊拉克的占领及其后果还为时尚早。影响还在持续。尽管美国作战部队已于2011年底撤离，但正是因为他们（即出现的各种动乱势力），美国最近又恢复了在伊拉克的空袭。

与此同时，数十名历史学家、记者和智库“专家”分析了美国 2003—2011年以来的军事行动，还有伊拉克方面和圣战分子，同其他前往伊拉克对抗美国领导的盟军入侵的人对军事行动的抵制，以及军事行动对伊拉克政治和社会的影响。总的来说，这场战斗对伊拉克造成沉重打击，给伊拉克造成了巨大的损失。对这些报告的所有详细描述与评估均已超出本书范畴及本书写作目的，在此不再赘述，但我们至少可能大致勾勒出伊拉克历史上这一尚未尘埃落定的悲剧事件的后续重大进展
324 及其后果。

除了早在20世纪90年代就被美国视为解放区的库尔德人地区外，美国联军几乎从一开始入侵伊拉克就在全国范围内激发了反对西方占领的暴动，尤其在巴格达四周所谓“逊尼派三角地带（指处于巴格达、提克里特和拉马迪三座城市之间的三角地带，其多数居民为逊尼派穆斯林）”地区和伊拉克西部的安巴尔地区——特别是2004年被美军摧毁的费卢杰市——以及什叶派南部，那里的武装民兵组织（马赫迪军）隶属于年轻的毛拉穆克塔达·萨德尔（阿亚图拉穆罕默德·萨迪克·萨德尔的儿子），当时他们在纳杰夫城内外与美军鏖战。西方联军控制伊拉克后，美国特使路易斯·保罗·布雷默作出了一个不明智的决定，强行解散了伊拉克军队和情报部门，宣布复兴党为非法政党，这一决定激起了伊拉克人的叛乱。布雷默这些傲慢的决定，被多国部队司令桑切斯称为“灾难性的失败”，解散军队让成千上万的伊拉克士兵一夜之间失业，伊拉克官员无根可守，养活自己和家人成了重要问题，一切前景都不明朗，相

应地他们对以美国为首的盟军占领态度也变得悲观起来。终于在13个月后，布雷默被一位美国钦点的政治家所取代：伊亚德·阿拉维（Ayad Allawi），一位长期流亡海外的世俗主义什叶派人士，前复兴党党员，早前萨达姆一直想要暗杀他。到2005年，纳杰夫的什叶派高级神职人员——最著名的什叶派宗教领袖大阿亚图拉阿里·西斯塔尼（Ali al-Sistani），也是伊拉克最受人尊敬的什叶派宗教领袖——的政治回流迫使美国默认了伊拉克从2005年以来的一系列选举，以及为创建新的伊拉克共和国而起草的新宪法。总而言之，第一轮选举，大部分受到了逊尼派阿拉伯人的抵制，新宪法的诞生也被同样的族群和教派之间的互不信任撕开了一个大口子，这种宗派之间的不信任早在萨达姆时代之前就一直困扰着伊拉克人：阿拉伯人对库尔德人、对土库曼人，逊尼派、什叶派教徒和雅兹迪人。由于什叶派在人口数量上的优势，什叶派阿拉伯政党——达瓦党、伊拉克伊斯兰革命最高委员会（后更名为伊拉克伊斯兰最高委员会，即I.S.C.I.）——在各自民兵武装组织的支持下开始主导政府。

2006年的伊拉克大选将一个寂寂无闻、无足轻重的人 325
物——达瓦党领袖努里·马利基（Nuri al-Maliki）——推上了伊拉克总理的宝座。他在政坛上的崛起完全是美国明目张胆的策划结果。在随后的几年里，马利基稳步地将民事和军事权力集中在自己手中，越发显得独裁。其安全机构对逊尼派穆斯林在全国范围内进行了残酷的镇压，马利基甚至一度怀疑逊尼派试图阻止新的什叶派掌权。成千上万的人受到监禁、恐吓，甚至遭到折磨。他的政府判处死刑的人数过多，处决频繁，引起了国际人权组织的关注。尽管如此，小布什及其继任者巴拉克·奥巴马领导下的美国政府继续将马利基视为伊拉克最可靠的政治领导人，并不断地干预伊拉克内政选举，以确保他能在2010年有争议的伊拉克选举中继续担任伊拉克总理。中东地区的许多阿拉伯人认为伊拉克什叶派主导的政府有双重缺陷：其一，它是在美国扶持下掌权，获得美国的庇护与支持；其二便是与什叶派的伊朗联系过频。[1]

但是，从很多方面来看，自2003年以来伊拉克国内秩序失调，民生凋敝，人心涣散，一直困扰着伊拉克政治格局，这一切与伊拉克人民所遭受的苦难伤害相比都显得苍白无力。由于美国为首的盟军入侵与占领带来了伊拉克政局的不稳和国内条件的恶化，同时以牺牲逊尼派利益的什叶派在政坛上的迅速崛起，加之外国逊尼派圣战分子对伊拉克构成的挑衅，进一步扩大了伊拉克社会中种族和宗教之间的裂痕。2006年2月，逊尼派极端分子轰炸并部分摧毁了萨马拉的什叶派阿斯卡里亚清真寺（即前文提到的阿斯卡里清真寺），该清真寺里面有什叶派第10和第11伊玛目的陵墓，为伊拉克什叶派宗教圣地之一，据说也是被世人尊为第12“隐遁”伊玛目失踪的地方。什叶派对逊尼派进行大规模报复的时期随之到来，反过来也是如此，这急剧地改变了巴格达的人口结构。逊尼派将什叶派人口驱逐出以逊尼派为主的社区；什叶派同样也驱逐了逊尼派教徒。双方甚至都动用了绑架和谋杀的手段来对待彼此，到2009年，等到双方最严重的流血事件平息的时候，已有数千人遭到杀戮，巴格达的（人口）地图被戏剧性地改变了，这不仅仅是伊拉克教派的冲突与暴力所致，也因为美国驻军人为地建造了大规模混凝土防爆墙，试图隔开双方敌对势力、阻止大规模屠 326
杀。巴格达从一个逊尼派和什叶派混居的城市，变成了85%—90%为什叶派人口的城市。

伊拉克人民承受了家园毁坏或流离失所的惨重代价。无论是逃亡国外的难民，还是待在国内的流亡者，其总数加在一起多达450万。有超过200万的伊拉克人，其中大部分是逊尼 327
派人口，逃往周围的邻国——主要是叙利亚、黎巴嫩和约旦，已经给这些国家带来了巨大的人道主义灾难，让这些国家的基础设施不堪重负。另有240万人成为伊拉克境内的“内部逃亡者”。[2]大多数人没打算回到自己的家园，因为他们返回家园的前景暗淡无光。

从2003年3月到2011年底美军撤离期间，伊拉克死亡人数估计高达10万至100万之间，其中还有数十万人身体致残或心灵受到严重创伤，这一切也许再也无法挽回。成千上万的妇女成了寡妇——这在一个视男性为保护人和养家糊口者的传统社会中，其代价可谓巨大可怕。数百万儿童由于家中亲人死亡、家园被毁、背井离乡、教育中断或终止，从而心灵受到创伤，情感受挫，成为孤儿，无家可归。[3]

伊拉克人民除了生命受到伤害或致毁灭外，等到美军撤离伊拉克时，伊拉克基础设施同样遭到严重破坏，战后重建的设施也是质量低劣，或是残缺不全，战争余波仍然波及伊拉克人民，为此，他们不得不与之展开斗争。整个国内的电力、卫生和供水仍然严重不足。许多城镇的街道上污水遍地，环境恶化，日常供水受到了污染，水质恶化，且不可靠，甚至无法饮用。电力严重短缺，民众苦不堪言，电力供应严重不足，每天停电16小时已是常事。

这个国家曾是宗教的发祥地，更是宗教多样性的典范，但在2003年至2011年期间，少数宗教教派的信徒受到迫害，成千上万人被迫流离失所，流亡他乡，甚至遭到屠杀。在这些人们当中，就有几十万的伊拉克基督徒。在2003年美军入侵之前，伊拉克的基督徒人数可能多达150万。到2010年底，他们的数量已经下降到可能只有40万人；仅在摩苏尔一地，他们的人数就从10万下降为约5000人。一些人将此次伊拉克基督徒——世界上最古老的基督教团体的后代——的大逃
328 亡，与1948年的伊拉克境内最古老的犹太社区的消失殆尽相提并论。[4]一位作家指出，讽刺的是，两位自称是虔诚的基督徒——美国总统小布什和英国首相托尼·布莱尔——“作出的决定，直接导致了基督教在其古老的心脏地带的毁灭，彻底抽空了基督徒在这个地区的存在——这是阿拉伯帝国、蒙古帝国和奥斯曼帝国征服都未能实现的”。[5]除此之外，伊拉克这些流离失所、无家可归的宗教团体中还有成百上千名的古曼达教派和雅兹迪教派的成员。

同样由于入侵遭到毁坏的还有伊拉克大量的古代珍贵文化遗产。自2003年3月美国占领巴格达后，伊拉克国家博物馆便开始遭到抢劫，馆藏的诸多文物被洗劫一空，大量研究两河流域文明的重要文物丢失，古代美索不达米亚——曾是伊拉克古代文明和帝国的摇篮——其遗迹遭受了严重的，甚至是不可修复的破坏。整个首都巴比伦也遭到以美国为首的西方盟军的严重打击和破坏，西方盟军在这个遗址上建立了一个军事基地。许多文化遗址，包括伊辛(Isin)美索不达米亚古城和乌玛古城均遭到不法分子的抢劫，无数古代文物被非法偷运出国，落入古董商和他们的客户手中。[6]

最后，美国入侵带来的罪恶之一便是西方国家摧毁了现代伊拉克这个统一的国家。在萨达姆·侯赛因政权统治之下，基地组织至少在伊拉克还没有发展得那么明显。但是，美国的入侵导致一大批逊尼派圣战分子涌向伊拉克。在伊拉克圣战基地组织（A.Q.I.）的指挥下，圣战分子袭击了美国军队，并称这些入侵者为“十字军”和“基督教教徒、新教教徒和犹太复国主义者”。他们也很快地控制了一些逊尼派地区，尤其是在西部的安巴尔省，但他们的残酷高压手段也很快导致很多人反对他们。在后来被称为“安巴尔运动”或“逊尼派觉醒运动”（Sunni Awakening）中，当地的逊尼派阿拉伯战士在美国军队的支持下，以及在什叶派主导的巴格达政府承诺未来就业的情形下，从圣战分子手中收复了他们自己的社区，原本控制安巴尔的基地组织迅速瓦解，逊尼派阿拉伯战士在很大程度上成功地将他们驱逐出去。但在此之后，巴格达政府违背了它对逊尼派的承诺，并监禁了许多萨赫瓦（Sahwa，意为“觉醒”）战士。

329 2010年底，随着美国从伊拉克撤离的势头越来越猛，美国的新闻媒体也开始从伊拉克撤离，伊拉克圣战基地组织开始重新崛起，特别是在摩苏尔、安巴尔和巴格达等城市。他们时常发动袭击，破坏什叶派主导的伊拉克政府，暗杀安全部队成员和萨赫瓦民兵，或是轰炸巴格达的政府部门和其他重要建筑物，甚至在巴格达市内贫困不堪的萨德尔城什叶派居民区或是在什叶派宗教活动期间的卡尔巴拉制造恐怖袭击，造成严重破坏和人员财产损失。等到2011年底，美军撤离伊拉克后，这些恐怖袭击活动升级。马利基政府几乎不费吹灰之力就解决了安巴尔省逊尼派公民与日俱增的挫折感，反而更进一步，加强了对他们的压制与管辖。成千上万的逊尼派穆斯林在大规模抗议中发泄他们心中的愤懑，但是马利基的部队暴力镇压了逊尼派的抗议活动，杀死了许多示威者，由是也加剧了逊尼派穆斯林对伊拉克马利基政府的不信任。

对于中东以外的国际社会来说，这些事件并未引起大范围的关注。而且许多西方媒体在美军完成撤军之前，就已经离开了伊拉克。西方公众从此将伊拉克的新闻报道翻过了一页，开始将伊拉克扔进历史的垃圾堆。但这些媒体也已经开始注意到，逊尼派圣战组织在2011年间邻国叙利亚爆发的内战中作为一支有着高度积极性和战斗力的队伍出现在前线战场上。也正是在那一年，由于叙利亚当地逊尼派居民受到突尼斯和埃及的“阿拉伯之春”运动的鼓舞，加之对政府未能提供经济援助感到极度失望，举行了暴力抗议政府的活动，于是，叙利亚总统巴沙尔·阿萨德（Bashar al-Assad）部署军队，展开了对逊尼派主要城镇的围攻与镇压。阿萨德和他的大部分统治集团成员都属于阿拉维派（Alawites），这是一个准什叶派的教派，像什叶派，也被逊尼派圣战组织贬为异教徒。伊拉克的基地组织，也是以此种方式加入了反对异教徒的所谓教派事业中。2013年，他们与基地组织领导层决裂，随后宣布自己是一个独立的组织，不再受基地组织管辖。这也就是后来的伊拉克和大叙利亚伊斯兰国（I.S.I.S.），或又称作伊拉克和黎凡特伊斯兰国（I.S.I.L.）。[7]

到了2014年初，伊拉克和大叙利亚伊斯兰国（以下简称 330
“ISIS”）已经对伊拉克什叶派领导的政府构成威胁，其影响不容忽视。同样显而易见的是，ISIS已经与伊拉克境内的其他逊尼派团体合作，甚至包括一些忠于伊拉克前领导人萨达姆的复兴党人和萨达姆时代伊拉克军队的残余势力。考虑到反马利基政权的敌意在广大的逊尼派人口当中日益高涨，或可预见的是（ISIS的目的是要建立一个横跨伊拉克、叙利亚边境地区的逊尼派伊斯兰国家），当ISIS部队袭击重镇费卢杰和安巴尔省的其他城市时，表面上看，伊拉克什叶派主导的政府军是被派去保护这里的逊尼派穆斯林，实际上恰恰相反，他们会遭到当地逊尼派的武装抵抗。1月，ISIS控制了费卢杰和安巴尔的大部分地区。到了2014年6月，ISIS控制了伊拉克第二大城市摩苏尔，并一直将其作为一个重要据点，这无疑给西方政治集团敲响了警钟。伊斯兰国还袭击了萨达姆的家乡提克里特（据称萨达姆的陵墓已在这场交火中被夷为平地），并开始向南推进到伊拉克的什叶派中心地带。

ISIS也只是简单地将自己的政权名重新命名为伊斯兰国，并宣布重建宗教兼帝国机构，成立一个政教合一的伊斯兰政权，创立典型如几个世纪前伊斯兰统治臻至巅峰的政体：哈里发。但这个新成立的哈里发的统治政权并没有展现出巴格达黄金时代的阿巴斯帝国哈里发们所秉持的宗教宽容政策。ISIS信奉（并大力推广）超逊尼派的瓦哈比教派思想，这种宗教意识形态看上去极端保守，用极端手段摧毁伊拉克政府军的斗志，大规模地处决了伊拉克军队中的“异端”——什叶派士兵。他们甚至将西方记者斩首，并通过录像和广播广而告之，借此宣传他们。他们似乎一心想要消灭伊拉克境内的基督教和作为少数民族的雅兹迪人。

依照他们的瓦哈比派的教义思想，在伊斯兰国所禁止的事物中，包括违反他们严格认定的一神论的建筑和艺术，因为他们鼓励偶像崇拜，而且伊斯兰国在征服伊拉克的过程中大规模地参与并破坏了伊拉克文化遗产。古老的基督教教堂和穆斯林的清真寺——包括摩苏尔的先知约拿清真寺——都被他们竞相摧毁。同样，哈特拉古城遗址也是岌岌可危，古亚述国王建在尼尼微和尼姆鲁德的宫殿也遭遇到了和上述情况一样的下场。伊斯兰国在其所谓领土上的考古遗址盗掘，既不近乎人情，又极具破坏性，其目的是寻找可以出售的古董，将其变为商品牟利，借此获得资金来维护他们的恐怖统治。331

在撰写本书的时候，ISIS已经控制了伊拉克北部和西北部，以及叙利亚东部和北部的大部分地区。与此同时，美国和其欧洲盟国，以及阿拉伯和（非官方的）伊朗等一系列合作伙伴已经向ISIS发动突袭和其他军事力量的打击。可以预见的是，不久之后，伊拉克以逊尼派为主的西部和西北部地区将会挣脱巴格达的掌控。

与此同时，库尔德地区政府继续控制着伊拉克北部的库尔德人的一些省份，即使ISIS一度对库尔德人构成了严重威胁，曾攻击到它的疆域（他们对库尔德人聚居地科巴尼发起过猛烈的攻击）。当伊拉克政府军在ISIS的猛攻下纷纷丢盔弃甲，节节败退的时候，库尔德武装趁机逐步成长起来，他们抓住了这个机会，夺取了他们心中觊觎已久的圣城“耶路撒冷”——基尔库克，掌控了此地丰富的石油资源。有人曾预测，他们会将基尔库克还给巴格达政府。越来越多的观点认为，不久之后，库尔德地区政府将宣布自己成为一个独立的库尔德国家。但是美国反对，它还是希望伊拉克能作为一个独立的国家，库尔德地区保留在其版图之内。

早在2005年，一些美国观察家就鼓吹将伊拉克一分为三，建议把伊拉克划分为三个高度自治的地区——什叶派地区、逊尼派地区和库尔德地区。无论伊拉克是要成为一个中央集权国家或是松散的联邦制国家，还是基于这两种形式的融合而成的国家——或者一个名为伊拉克的国家是否还在今后几年内继续存在——仍然是一个悬而未决的问题。

2011年底，一位见多识广、消息灵通、有先见之明的伊拉克记者帕特里克·科伯恩指出："伊拉克未来最有可能是处于一种脆弱的稳定状态，暴力活动将会长期居高不下，国家将由一个分歧不断、功能失调的政府来统治。"在同一篇文章中，他还写道："伊拉克不太可能分裂成几个国家，因为所有的族群和社区都希望在石油收入中分得一杯羹。他们的大多数争议其实也就是关于如何分割国家财富的蛋糕。"[8]

不过，当前的事态发展可能已经超出了科伯恩的分析范围。[9]无论伊拉克接下来的政治走向如何发展，但事实仍然是
332 伊拉克人民要重建经济，重新达到像20世纪70年代的生活水平，而且这种经济秩序的重建与恢复是要建立在自苏美尔人统治伊拉克以来历代伊拉克统治者所依赖的基础之上：即伊拉克这个国家的自然财富。从苏美尔国王吉尔伽美什时代到阿巴斯帝国的哈里发时代，这些财富都是从肥沃的冲积平原土壤中提取出来的，而且来之不易，这些土地需要河水的灌溉和适当的精耕细作，方能有巨大的粮食收成，有了这一切，才使得美索不达米亚平原上的伟大城市、王国、帝国和文明成为可能。如今，伊拉克人面临着颇具讽刺意味之事：（由于面临粮食危机）过去的这个世界粮仓如今却必须进口大量的粮食。现在伊拉克这个国家满目疮痍，自两伊开战以来持续30多年的战争加

上各种制裁，以及这些年持续的干旱，加之邻国叙利亚和土耳其在上游修建许多水坝，导致流入伊拉克的底格里斯河和幼发拉底河的水资源逐渐减少，极大地降低了伊拉克的水源供应，导致大量农田荒芜，许多村庄被遗弃。雪上加霜的是，随着波斯湾水位上升，海水沿着底格里斯河和幼发拉底河向上游倒灌侵蚀，渗入冲积平原的土壤，全球变暖的突出的预期效应可能会夺走伊拉克更多的农田。

另一个刺眼的讽刺是，伊拉克农民如今因现代引擎的需要——石油生产，被迫远离生产粮食的农田与椰枣种植园——这个生产美索不达米亚财富的前现代引擎。[10]第一次世界大战后，石油的广阔前景吸引了欧洲殖民者来到伊拉克。石油产量的大增，加之国际油价的飙升，使得萨达姆能够将伊拉克在短时间内建设成一个拥有现代生活水平的地区强国。也正是石油的大量供应和带来的丰厚利润促使美国觊觎不已，终于在2003年入侵伊拉克，并推翻萨达姆·侯赛因及其政权。未来伊拉克销售的石油收入可能给伊拉克人民带来新的黎明，但这些只有在政治、教派和种族之间的罅隙能够以某种方式弥合并重归于好，不同群体间的暴力止息归于平静的时候才能实现。也要看到一个现实是，增加石油收入的前景也许会变得暗淡，因为伊拉克在经历了这么多年的战争和制裁后，其石油生产基础设施——包括油井、采油设施、输油管道、港口设施和总体出口能力——已经遭到了严重破坏，发展滞后，甚至有些地方已经到了濒临崩溃的边缘。如果没有外来的大量投资，这些石

333 油基础设施根本无法修复或进行配件更换：根据伊拉克负责能源的副总理的说法，如果伊拉克想要达到2013年制定的石油生产目标，每年至少需要花费300亿美元（来维持设备的正常运转）。[11]

如果现阶段伊拉克的安全局势无法持续稳定，投资者仍对伊拉克安全局势担忧，很难指望他们向其注入新的资本。至少可以肯定的是，这样的投资能够带来巨大的经济回报。正如我们前文所指出的，伊拉克地理条件得天独厚，油田的地质环境使其石油相对容易开采，而且其南部油田靠近波斯湾的一个主要港口——乌姆盖斯尔（Umm Qasr），石油输出非常便利。目前，伊拉克已探明的石油储量为1500亿桶（价值约10万亿美元），在世界上排名第五，在欧佩克中排名第二，仅次于沙特阿拉伯；2012年，伊拉克探明石油储量超过伊朗，位居（全球）第二。而且，美国政府最近的一份报告也指出："在已探明的伊拉克油田当中，只有一小部分正在开发，伊拉克也许是世界上为数不多的其境内大部分油气资源并未得到充分开发的国家之一。"人们认为，这些未开发的油田可能蕴藏着数十亿桶石油。[12]此外，伊拉克还有另一种形式的储量丰富且有利可图的能源：天然气，现已探明储量为3万亿立方米。像石油开采情况一样，伊拉克的天然气资源也是开发严重不足，产量跟不上去；事实上，目前有超过60%的天然气产量被简单地烧掉处理了——换言之，就是白白浪费了。目前，"伊拉克有五家天然气加工厂……但大多处于闲置状态"。[13]

到2013年底，已经有许多国家的石油公司——俄罗斯、韩国、马来西亚和土耳其等国的国有公司，美国、意大利、英国、法国和挪威等国的私人企业和伊拉克政府签署协议，帮助伊拉克开发油气资源。如果我们选择将早期伊拉克历史上的外来者，如蒙古大汗旭烈兀及其铁骑部落视为“门口的野蛮人”（化用一部电影《门口的野蛮人》名），那么我们大可以将21世纪的外来者称为“门前的追求者”。旭烈兀对伊拉克的残酷攻击给伊拉克带来了灭顶之灾，随之而来的便是长达数百年的衰落，这主要是由于支撑伊拉克的主要资源——农业物产的灌溉系统遭到严重破坏。新的外来者寻求的是伊拉克的另外一种重要资源——化石燃料能源。在这个过程中，新的外来者也许会带来一种可能毁灭我们整个星球的诅咒。这一诅咒与不断增长的石油需求推动着全球新兴国家的经济发展相关。同样是产油国的伊朗，它和伊拉克都有可能成为（各国）争夺的中心——甚至也是冲突的焦点之所在——毕竟人们都想获得其地下蕴藏的巨大资源。如果忽视这种内在风险的可能性，对其置之不理，那将是愚蠢的。

正如气候科学家多年来一直警告我们的那样，我们人类 334
更加愚蠢的是忽视人为气候变化和全球变暖所带来的日益严重的影响。如果我们想要避免这些潜在的灾难性影响，像美国和欧洲等传统工业大国以及其他新兴国家，就需要开发化石燃料以外的新能源来改变他们的经济模式和生活方式。这就意味着要将伊拉克的大量化石燃料能源留在伊拉克的地下。而伊拉克当前的领导人正急切地指望着开采这些资源来获得巨额财富。这样的财富，即使是吉尔伽美什、尼布甲尼撒、哈伦·拉希德，甚或是费萨尔·本·侯赛因和努里·赛义德最疯狂的想象也相形见绌。如果继续生产开采石油，燃尽所有这些燃料，最终会不会导致整个地球毁灭呢？

2003年，随着美军在伊拉克的“任务完成”，伊拉克国内一片混乱，开始陷入持续的动荡和内战之中，美国将军戴维·彼得雷乌斯（David Petraeus）曾在一次采访中发表一个即兴评论，这个评论可以说是自2003年以来伊拉克局势的缩影：“请告诉我这将如何结束。”在撰写本书时，尽管最近伊拉克发生的事件着实不怎么让人乐观，我认为答案一定是：
335 一切尚待确定。然而，无论伊拉克作为一个统一的国家的最终命运如何，我们西方人应当在美索不达米亚/伊拉克的悠久历史中找到许多值得我们仰慕和学习，甚至值得我们去感激的地方。毫无疑问，伊拉克人民将继续在那段辉煌的历史中找到应当得到且来之不易的自豪感——也正是这种自豪感可能会坚定带领他们迈向一个不确定的未来。

尾 注

序章　伊拉克：昔日的辉煌与魔咒

1　参见：Daniel E. Fleming, *Democracy's Ancient Ancestors: Mari and Early Collective Governance* (Cambridge:Cambridge University Press, 2004)。

第一章　地方、民族和发展潜能：伊拉克生存的基石

1　Kamal Salibi,*A House of Many Mansions: The History of Lebanon Reconsidered* (Berkeley: University of California Press, 1988), p. 61.

2　参见：McGuire Gibson, "*Violation of Fallow and Engineered Disaster in Mesopotamian Civilization,*" in Irrigation's Impact on Society, ed. T. E. Downing and M. Gibson (Tucson: University of Arizona Press, 1974), pp. 7–19。

第二章 文明的摇篮

1 参见，例如：Samuel Noah Kramer,History Begins at Sumer: ThirtyNine Firsts in Recorded History(3rd ed.) (Philadelphia: University of Pennsylvania Press, 1988).

2 在20世纪20年代和30年代，新土耳其共和国的历史学家和考古学家在共和国的创始人和首任总统穆斯塔法·凯末尔·阿塔土克的激励下，试图（从历史和语言学层面）通过论证苏美尔语和土耳其语为相关联的语言，来为蓬勃发展的土耳其民族主义增光添彩。今天，严谨的专家学者一般不接受这种说法。

3 参见：例如Jennifer R. Pournelle, “KLM to CORONA: A Bird's-Eye View of Cultural Ecology and Early Mesopotamian Urbanization,” inSettlement and Society: Essays Dedicated to Robert McCormick Adams, ed. Elizabeth C. Stone (Los Angeles: Cotsen Institute of Archaeology, University of California, Los Angeles, 2007), pp. 29–62。还可参见：Andrew Lawler, “Did the First Cities Grow from Marshes?” Science331 (2011), p. 141. Aspects of Mesopotamian urbanism's evolution from settlements in the Tigris–Euphrates marshes are also addressed by Guillermo Algaze, *Ancient Mesopotamia at the Dawn of Civilization: The Evolution of an Urban Landscape* (Chicago: University of Chicago Press, 2008)。

4 参见：Pournelle “KLM to CORONA”; Robert M. Adams, *Heartland of Cities: Surveys of Ancient Settlement and Land Use on the Central Floodplain of the Euphrates* (Chicago: University of Chicago Press, 1981)。

5 Andrew Lawler, "Murder in Mesopotamia?" Science 317 (2007), pp. 1164–1165.

6 参见：Hans J. Nissen, Peter Damerow, and Robert K. Englund, *Archaic Bookkeeping: Writing and Techniques of Economic Administration in the Ancient Near East,* trans.Peter Larsen (Chicago: University of Chicago Press, 1993)。

7 Nir Rosen, "No Going Back," Boston Review, September–October 2007.

8 Translation by Maureen Gallery Kovacs, http://www.ancienttexts.org/library/ mesopotamian/gilgamesh/tab1.htm.

9 Electronic Text Corpus of Sumerian Literature, http://etcsl.orinst.ox.ac.uk/cgibin/etcsl.cgi?text=t.2.1.7#.

10 John Noble Wilford, "At Ur, Ritual Deaths that Were Anything but Serene," New York Times, 27 October 2009.

11 http://www.museum.upenn.edu/new/exhibits/ur/about.shtml.

12 关于胡利安人的详细、全面的讨论，参见：Gernot Wilhelm, The Hurrians(rev. ed.) (Warminster: Aris & Phillips, 1989)。

13 Electronic Text Corpus of Sumerian Literature, http://etcsl.orinst.ox.ac.uk/cgi-bin/etcsl.cgi?text=t.2.4.2.02#.

14 J. N. Postgate, *The First Empires* (Oxford: Elsevier Phaidon, 1977), p. 81.

15 Electronic Text Corpus of Sumerian Literature, http://etcsl.orinst.ox.ac.uk/cgi-bin/etcsl.cgi?text=t.2.2.2#.

16 Electronic Text Corpus of Sumerian Literature, http://www.etcsl.orient.ox.ac.uk/section1/tr171.htm.

17 权威考证巴比伦和汉谟拉比及其时代，参见：Dominique Charpin, Hammurabi of Babylon(London: I. B. Tauris, 2012); Marc van de

Mieroop, King Hammurabi of Babylon(Malden, MA: Blackwell, 2005)。

18 Martha T. Roth, Law Collections from Mesopotamia and Asia Minor(2nd ed.) (Atlanta: Scholars Press, 1997), pp. 76–77.

19 Ibid., p. 77.

第三章 帝国的摇篮

1 Mogens Trolle Larsen,The Conquest of Assyria: Excavations in an Antique Land (London: Routledge, 1996), pp. 52–60.

2 Timothy Larsen, "Austen Henry Layard's Nineveh: The Bible and Archaeology in Victorian Britain," Journal of Religious History33 (2009), pp. 66–81.还可参见：Magnus Bernhardsson, Reclaiming a Plundered Past: Archaeology and Nation Building in Modern Iraq(Austin: University of Texas Press, 2005)。

3 I. L. Finkel and M. J. Seymour (eds.), Babylon(Oxford: Oxford University Press, 2008), pp. 118–123, 208.

4 关于新亚述帝国历史、社会和制度的权威探讨，参见：Francis Joannes,The Age of Empires: Mesopotamia in the First Millennium bc, trans.Antonia Nevill (Edinburgh: Edinburgh University Press, 2004), pp. 27–111。

5 A. T. Olmstead, "The Calculated Frightfulness of Ashur Nasir Apal," Journal of the American Oriental Society 38 (1918), pp. 209–263; H. R. Hall, The Ancient History of the Near East: from the Earliest Times to the Battle of Salamis(11th ed.) (London: Methuen & Methuen, 1950), p. 445.

6 在此向芭芭拉·奈芙琳·波特博致谢。是她向我指出亚述古城卡拉赫尼努尔塔神庙墙上的亚述纳西尔帕的浮雕。

7 关于这段毁灭性的事件叙述大量存在于“编年史”或“亚述纳西尔帕的标准铭文”的文献资料中。译文参见：Daniel David Luckenbill, Ancient Records of Assyria and Babylonia [A.R.A.B.], Vol.1.Historical Records of Assyria from the Earliest Times to Sargon(London: Histories & Mysteries of Man, 1989 [1926]), pp. 138–173。还可参见：Mordechai Cogan, The Raging Torrent: Historical Inscriptions from Assyria and Babylonia Relating to Ancient Israel(Jerusalem: Carta, 2008)。

8 Daniel David Luckenbill, A.R.A.B., Vol. 2.Historical Records of Assyria from Sargon to the End(London: Histories & Mysteries of Man, 1989 [1926]), p. 127.

9 Luckenbill, A.R.A.B., Vol.2, p.310.

10 关于以色列人在亚述帝国和巴比伦帝国的遭遇可参考权威的叙述，参见：Eric Cline,Eden to Exile: Unraveling Mysteries of the Bible(Washington: National Geographic, 2007), pp. 154ff。

11 最近关于十个失落部落历史的讨论，参见：Zvi Ben- Dor Benite,The Ten Lost Tribes: A World History(Oxford: Oxford University Press, 2009)。

12 Stephen E. Ambrose,Uncommon Courage: Meriwether Lewis, Thomas Jefferson, and the Opening of the American West(New York: Simon & Schuster, 1996), p. 90.

13 Michael D. Coogan (ed.), The New Oxford Annotated Bible(4th ed.) (Oxford: Oxford University Press, 2010), p. 982.

14 Ibid., p. 563.

15 关于其他方面的资料，参见：David Damrosch,The Buried Book: The Loss and Rediscovery of the Great Epic of Gilgamesh(New

York: Henry Holt, 2006), pp. 155–160 and passim（以及其他散见的资料）。

16 关于新巴比伦帝国的历史、社会和经济、文化的权威叙述，参见：Joannes, The Age of Empires, pp. 112–202。

17 F. M. Fales, “Arameans and Chaldeans: Environment and Society,” in The Babylonian World, ed. Gwendolyn Leick (New York: Routledge, 2009), pp. 288–298.

18 Reidar Visser,The Sadrists of Basra and the Far South of Iraq: The Most Unpredictable Political Face in the Gulf’s Oil-Belt Region (Norwegian Institute of Foreign Affairs, 2008).

19 Andrew Cockburn,Muqtada: Muqtada al-Sadr, the Shia Revival, and the Struggle for Iraq(New York: Scribner, 2008), p. 60.

20 http://www.merriam-webster.com/dictionary/Babylon.

21 接下来的一系列讨论信息资料均来源于：Stephanie Dalley (ed.), The Legacy of Mesopotamia(Oxford: Oxford University Press, 1998) and Finkel and Seymour, Babylon。

22 连同埃及吉萨大金字塔、希腊奥林匹亚宙斯雕像、以弗所阿耳忒弥斯神庙（即今土耳其境内）、摩索拉斯陵墓（即今土耳其境内）、希腊罗德岛巨型雕像（希腊境内）和亚历山大法老陵墓（埃及境内）。

23 引自：Finkel and Seymour, Babylon, p. 107。

24 关于空中花园的位置在尼尼微，而不是巴比伦的研究资料，参见：Stephanie Dalley,The Mystery of the Hanging Garden of Babylon: An Elusive World Wonder Retraced(Oxford: Oxford University Press, 2013)。

25 Benjamin R. Foster and Karen Polinger Foster, Civilizations of Ancient Iraq(Princeton, NJ: Princeton University Press, 2009), p.

131; Norman Yoffee,Myths of the Archaic State: Evolution of the Earliest Cities, States, and Civilizations(Cambridge: Cambridge University Press, 2005), pp. 121ff.

26 Coogan, New Oxford Annotated Bible, pp. 2173–2174.

27 Joannes, The Age of Empires, p. 13.

28 由于中密歇根大学音乐学院尼娜·纳什–罗伯逊的推荐指导，在此我要向她表达感激之情。

29 参见学者讨论：Finkel and Seymour, Babylon。

30 John V. Tolan,Saracens: Islam in the Medieval European Imagination(New York: Columbia University Press, 2002), p. 125.

31 Ibid., pp. 99–100.

32 参见：John K. Cooley, An Alliance against Babylon: The U.S., Israel, and Iraq（London: Pluto Press, 2005）, esp. pp. 7–22。书中对《圣经》中的巴比伦故事对美国基督徒的影响做了深刻阐述。作者特别提及美国电影先锋派制片人大卫·格里菲斯（D.W.Griffith）的电影《党同伐异》，该片讲述了四个不同历史时期的故事，其中一段讲到了罪恶的巴比伦场景，这些场景当时是在一个特别建造的场景中拍摄的，代价不菲。库利大约在2003年引用了一个美国方面的资料：“所有宗教的错误体制都始自巴比伦的土地，并在日后从巴比伦的精神中臻至完善。”

33 D. T. Potts, “Babylonian Sources of Exotic Raw Materials,” in The Babylonian World, ed. Gwendolyn Leick (New York: Routledge, 2009), p. 136.

34 Charles Gates,Ancient Cities: The Archaeology of Urban Life in the Ancient Near East and Egypt, Greece, and Rome(London: Routledge, 2003), p. 181.

35 Finkel and Seymour, Babylon, p. 115.

36 Gates, Ancient Cities, p. 181.

37 Finkel and Seymour, Babylon, p. 61.

38 Gates, Ancient Cities, p. 182; Finkel and Seymour, Babylon, pp. 50–51.

39 Gates, Ancient Cities, p. 185.

40 Finkel and Seymour, Babylon, p. 55.

41 A. R. George, "The Tower of Babel: Archaeology, History, and Cuneiform Texts," Archiv fur Orientforschung 51 (2005–6), pp. 75–95.

42 Finkel and Seymour, Babylon, pp. 56–57.

43 George, "Tower of Babel," p. 17.

44 关于占卜者在尼尼微亚述宫廷中的作用和影响的生动讨论，参见：David Damrosch, The Buried Book: The Loss and Rediscovery of the Great Epic of Gilgamesh(New York: Henry Holt, 2006)。

45 Foster and Foster, Civilizations of Ancient Iraq, p. 138.

46 William H. Stiebing, Ancient Near Eastern History and Culture(2nd ed.) (New York: Pearson Longman, 2009), pp. 347–349.

47 参见：Francesca Rochberg,The Heavenly Writing: Divination, Horoscopy, and Astronomy in Mesopotamian Culture(Cambridge: Cambridge University Press, 2004)。

48 Steibing, Ancient Near Eastern History and Culture, pp. 347–349; Eleanor Robson,Mathematics in Ancient Iraq: A Social History(Princeton, NJ: Princeton University Press, 2008).

49 David Pingree, "Legacies in Astronomy and Celestial Omens,"

in The Legacy of Mesopotamia, ed. Stephanie Dalley (Oxford: Oxford University Press, 1998), p. 137 [125–137].

50 Foster and Foster, Civilizations of Ancient Iraq, p. 135.

51 J. Maxwell Miller and John H. Hayes, A History of Ancient Israel and Judah (2nd ed.) (Louisville: Westminster John Knox Press, 2006), pp. 488ff.

52 Mark W. Chavalas (ed.),The Ancient Near East: Historical Sources in Translation (Malden, MA: Blackwell, 2006), pp. 428–429.

53 Foster and Foster, Civilizations of Ancient Iraq, pp. 143–145.

54 Matthew W. Stolper, Entrepreneurs and Empire(Istanbul: Nederlands Historisch–Archaeologisch Instituut, 1985).

第四章 宗教的摇篮，冲突的熔炉

1 Finkel and Seymour, Babylon, p. 91.

2 Thorkild Jacobsen,The Treasures of Darkness: A History of Mesopotamian Religion(New Haven: Yale University Press, 1978).

3 Tikvah Frymer-Kensky,In the Wake of the Goddesses: Women, Culture, and the Biblical Transformation of Pagan Myth (New York: Free Press, 1992), p. 57.

4 Jean Bottero, Religion in Ancient Mesopotamia, pp. 66–67, quoted in Robert Wright, The Evolution of God(New York: Little, Brown, 2009), p. 70.

5 Stephanie Dalley, “The Influence of Mesopotamia upon Israel and the Bible,” in The Legacy of Mesopotamia, ed. Stephanie

Dalley (Oxford: Oxford University Press, 1998), p. 75.

6 更多的细节，参见本书：ibid。

7 Martha T. Roth, Law Collections from Mesopotamia and Asia Minor(2nd ed.) (Atlanta: Scholars Press, 1997), pp. 67, 128.

8 诸多例证参见：Benjamin R. Foster, Before the Muses: An Anthology of Akkadian Literature(3rd ed.) (Bethesda, MD: CDL Press, 2005)。

9 Dan Levene,A Corpus of Magic Bowls: Incantation Texts in Jewish Aramaic from Late Antiquity(London/New York: Kegan Paul International/Columbia University Press, 2003); Dan Levene, "Rare Magic Inscriptions on Human Skull," Biblical Archaeology Review, March/April 2009.还可参见：Gideon Bohak, Ancient Jewish Magic: A History (Cambridge: Cambridge University Press, 2008)。

10 Malise Ruthven, "Divided Iran on the Eve," New York Review of Books 56(11) (2009), commenting on Abbas Amanat, Apocalyptic Islam and Iranian Shi ‘ism(New York: I. B. Tauris, 2009).

11 See John Curtis,The Cyrus Cylinder and Ancient Persia: A New Beginning for the Middle East(London: British Museum, 2013), upon which much of the discussion here is based.

12 Mary Boyce,Zoroastrians: Their Religious Beliefs and Practices(London: Routledge, 2001), pp. 8–9.

13 Paul Kriwaczek,In Search of Zarathustra: The First Prophet and the Ideas that Changed the World(New York: Alfred A. Knopf, 2003).

14 Boyce, Zoroastrians, pp. 26ff.

15 Ibid., p. 42.

16 Ibid., p. 77.

17 Garth Fowden,Empire to Commonwealth: Consequences of Monotheism in Late Antiquity(Princeton, NJ: Princeton University Press, 1993), pp. 17–18.

18 Stephanie Dalley, “Occasions and Opportunities: 2.Persian, Greek, and Parthian Overlords,” in The Legacy of Mesopotamia, ed. Stephanie Dalley (Oxford: Oxford University Press, 1998), p. 39.

19 Foster and Foster, Civilizations of Ancient Iraq, p. 148ff.

20 Susan Sherwin-White and Amelie Kuhrt,From Samarkand to Sardis: A New Approach to the Seleucid Empire(Berkeley: University of California Press, 1993), p. 20.

21 George Roux, Ancient Iraq(3rd ed.) (London: Penguin, 1992), pp. 414ff; Foster and Foster, Civilizations of Ancient Iraq, p. 152.

22 Sherwin-White and Kuhrt, From Samarkand to Sardis, p. 200.

23 N. Yoffee,Myths of the Archaic State: Evolution of the Earliest Cities, States, and Civilizations(Cambridge: Cambridge University Press, 2005), pp. 155–159.

24 Sherwin-White and Kuhrt, From Samarkand to Sardis, pp. 36–37.

25 Maria Brosius,The Persians: An Introduction(London: Routledge, 2006), pp. 83–84.

26 Benjamin Foster, Karen Polinger Foster, and Patty Gerstenblith,Iraq beyond the Headlines: History, Archaeology, and War(Hackensack, NJ: World Scientific, 2005), p. 109.

27 Ibid.

28 Brosius, The Persians, p. 101.

29 Sherwin-White and Kuhrt, From Samarkand to Sardis, p. 184.

30 相关描述参见：Zainab Bahrani, Rituals of War: The Body and Violence in Mesopotamia(New York: Zone Books, 2008), p. 49。

31 Foster and Foster, Civilizations of Ancient Iraq, p. 161.

32 Ibid., p. 163.

33 此部分伊拉克的考古现场场景后来被用作著名电影《驱魔人》开场的背景。

34 Roux, Ancient Iraq, p. 418f.

35 Caroline Alexander, "Iraqis Find Ancient Mithra Temple in Northern Dohuk Province," 24 June 2009, http://www.bloomberg.com/apps/news?pid=20601117&sid=aRKwP5vWGweE.

36 Roux, Ancient Iraq, p. 418f.

37 F. E. Peters,The Harvest of Hellenism: A History of the Near East from Alexander the Great to the Triumph of Christianity(New York: Barnes & Noble, 1970), p. 289.

38 关于早期基督教发展的权威性，作者作了认真处理，叙述方式引人入胜，并将许多不同的解释纳入其间一并讨论。参见：Geza Vermes, Christian Beginnings: From Nazareth to Nicaea, ad 30–325(London: Allen Lane, 2012)。

39 Peters, The Harvest of Hellenism, pp. 532–537; Anthony J. Saldarini as revised by Amy-Jill Levine, "Jewish Responses to Greek and Roman Cultures, 332bce to 200 ce," in The Cambridge Companion to the Bible (2nd ed.), ed. Bruce Chilton (Cambridge: Cambridge University Press, 2008), pp. 461ff.

40 Maurice Sartre, The Middle East under Rome, trans.Catherine Porter and Elizabeth Rawlings (Cambridge, MA: Belknap Press

of Harvard University Press, 2005), pp. 329–330.

41 Foster and Foster, Civilizations of Ancient Iraq, p. 168ff.

42 Robert McC.Adams,Land behind Baghdad: A History of Settlement on the Diyala Plains(Chicago: University of Chicago Press, 1965).

43 举例来说，还可参见：Michael G. Morony, Iraq after the Muslim Conquest (Princeton, NJ: Princeton University Press, 1984), p. 280ff。

44 近来关于他们其中一人的处理，可参见：Joel Walker, The Legend of Mar Qardagh: Narrative and Christian Heroism in Late Antique Iraq(Berkeley: University of California Press, 2006)。

45 Foster and Foster, Civilizations of Ancient Iraq, 168ff.

46 参见：Millar, The Roman Near East, 31 b.c.–a.d. 337(Cambridge, MA: Harvard University Press, 1993), p. 497。

47 Morony, Iraq after the Muslim Conquest, p. 306.

48 Sartre, The Middle East under Rome, p. 332.

49 Foster and Foster, Civilizations of Ancient Iraq, pp. 173–175; Morony, The Middle East under Rome, p. 314.

50 Morony, The Middle East under Rome, pp. 308–311.

51 Foster and Foster, Civilizations of Ancient Iraq, pp. 173–175.

52 Morony, The Middle East under Rome, pp. 312–331.

53 Saldarini, "Jewish Responses to Greek and Roman Cultures," p. 465.

54 引自：Millar, Roman Near East, p. 463; see also L. Michael White,From Jesus to Christianity: How Four Generations of Visionaries and Storytellers Created the New Testament and Christian Faith(New York: Harper Collins, 2004), pp. 389–392。

55 Foster and Foster, Civilizations of Ancient Iraq, p. 176; Shams C. Inaty, “The Iraqi Christian Community,” inIraq: Its History, People, and Politics, ed. by Shams C. Inaty (Amherst, NY: Humanity Books, 2003), p. 132ff.; White, From Jesus to Christianity.

56 White, From Jesus to Christianity, p. 443.

57 关于此部分的详细论述，参见摩罗尼的《穆斯林征服后的伊拉克》中的详尽论述，本书接下来的大部分内容将仰仗此书所提供的信息。

58 Giusto Traina,428 ad: An Ordinary Year at the End of the Roman Empire, trans.Allan Cameron (Princeton, NJ: Princeton University Press, 2009).

59 Warwick Ball,Rome in the East: The Transformation of an Empire(London: Routledge, 2001), pp. 134–135.

60 Karen L. King, “Gnosticism,” inReligions of the Ancient World: A Guide, ed. Sarah Iles Johnston (Cambridge, MA: Harvard University Press, 2004), p. 653.

61 Kurt Rudolph, “Mandaeism,” in The Anchor Bible Dictionary[A.B.D.], ed. David Noel Freedman, Vol. 4 (New York: Doubleday, 1992), pp. 500–502.

62 接下来的讨论有不少取自：Paul Allan Mirecki, “Manichaeians and Manichaeism,” in A.B.D., Vol. 4, pp. 502–511, and Guy Stroumsa, “Manicheism,” in Religions of the Ancient World: A Guide, ed. Sarah Iles Johnston (Cambridge, MA: Harvard University Press, 2004), pp. 647–649。

63 Ball, Rome in the East, p. 437.

64 Stroumsa, “Manicheism,” p. 649.

第五章　伊拉克、伊斯兰和阿拉伯帝国的黄金时代

1　有一个问题仍在困扰现今的历史学家们，即如何理解早期文献中的"阿拉伯"这个概念的确切含义。"阿拉伯人"是一个种族称谓吗——举例来说，就是说阿拉伯语的人？或是指游牧民族，或是游牧出身的民族？或两者兼而有之？

2　Millar, The Roman Near East, p. 495.

3　Hugh Kennedy,The Great Arab Conquests: How the Spread of Islam Changed the World We Live in(Philadelphia: Da Capo Press, 2007), p. 37; C. E. Bosworth, "Iran and the Arabs before Islam," in The Cambridge History of Iran, Vol. 3 (1).The Seleucid, Parthian, and Sasanian Periods, ed. Ehsan Yarshater (Cambridge: Cambridge University Press, 1983), pp. 598–599.

4　Morony, Iraq after the Muslim Conquest, p. 388f.

5　Ibid., pp. 525–526.

6　Miller and Hayes, History of Ancient Israel and Judah, p. 409.

7　参见："Hadith," in H. A. R. Gibb and J. H. Kramers (eds.), The Shorter Encyclopedia of Islam(Leiden: E. J. Brill, 1995), pp. 116–121.

8　后来形成一个传说，即穆罕默德在迁往希吉拉之前，住在圣城麦加，在一次神奇的夜旅行中他被人护送到了耶路撒冷，在那个地方——传说希伯来人亚伯拉罕奉上帝之命献祭儿子的那块岩石（又称亚伯拉罕巨石）上——穆罕默德被带到天堂去拜访早期的先知，从此一直活在真主的荣耀中。那个地方位于耶路撒冷圣殿山上。公元7世纪晚期，穆斯林征服巴勒斯坦后，在那里建造了一座堪称建筑奇迹的清真寺——圆顶清真寺——来纪念这一

圣地，并标志着穆斯林在耶路撒冷建立行政统治。

9 关于伊斯兰教起源的一个新解释，就是它由一神论的正义信徒们发起的一场运动而来，这些信徒也包括一部分犹太人和基督徒。参见：Fred Donner,Muhammad and the Believers: At the Origins of Islam(Cambridge, MA: Belknap Press of Harvard University Press, 2010)。

10 参见：R. Stephen Humphreys, Islamic History: A Framework for Inquiry(Princeton, NJ: Princeton University Press, 1991), p. 71ff; Morony, Iraq after the Muslim Conquest; Fred McGraw Donner, The Early Islamic Conquests(Princeton, NJ: Princeton University Press, 1981); Hugh Kennedy, When Baghdad Ruled the Muslim World(Philadelphia: Da Capo Press, 2005).

11 Kennedy, The Great Arab Conquests, pp. 56–57.

12 在早期阿拉伯征服史中，要想查明卡迪西亚战役的史实仍是一个十分棘手的问题。一些明智的处理方法，参见：Donner, The Early Islamic Conquests, p. 202ff; Hugh Kennedy, The Great Arab Conquests, pp. 108–115; Hugh Kennedy, The Prophet and the Age of the Caliphates(2nd ed.) (Harlow, England: Pearson, 2004), p. 57f。

13 Albert Hourani, A History of the Arab Peoples(2nd ed.) (Cambridge, MA: Belknap, 2003), e.g. p. 25.

14 在埃及，公元7世纪的时候，阿拉伯征服者建立了一个营地城市，即福斯塔特（al- Fustat，意为帐篷之城），位于古埃及法老王国首都孟菲斯的附近，靠近尼罗河三角洲的顶端。后来，福斯塔特发展成为开罗城（al- Qahira，意即胜利之都）的核心，而开罗城也只是于此300年后才建立。

15 McGuire Gibson, “Nippur and Archaeology in Iraq,” in

Oriental Institute 2004–2005 Annual Report, pp. 82–87.

16 Kennedy, The Prophet and the Age of the Caliphates, p. 68f.

17 Asma Afsaruddin,The First Muslims: History and Memory(Oxford: Oneworld, 2008), p. 68.

18 Cockburn, Muqtada al-Sadr, p. 22.

19 Quoted in Bernard Lewis (ed.),Islam: From the Prophet Muhammad to the Capture of Constantinople, Vol. 1, pp. 23–24, cited in Thabit A. J. Abdullah, A Short History of Iraq(London: Pearson Longman, 2003), p. 15.

20 Morony, Iraq after the Muslim Conquest, pp. 158–162.

21 Kennedy, The Prophet and Age, pp. 116–118.

22 Kennedy, When Baghdad Ruled, p. 12.

23 由于这本书出版质量高超，易于接受，并对巴格达的历史进行了精彩的、通俗易懂的论述。参见：Justin Marozzi,Baghdad: City of Peace, City of Blood(London: Allen Lane, 2014)。

24 关于近来对阿巴斯哈里发和阿巴斯巴格达的讨论，参见：Amira K. Bennison,The Great Caliphs: The Golden Age of the ‘Abbasid Empire(New Haven: Yale University Press, 2009). 参见：Benson Bobrick, The Caliph’s Splendor: Islam and the West in the Golden Age of Baghdad(New York: Simon & Schuster, 2012)。

25 Cited in Bernard Lewis (ed.),Islam: From the Prophet Muhammad to the Conquest of Constantinople, Vol. 2.Religion and Society(New York: Oxford University Press, 1987), p. 69.

26 Ibid., p. 70.

27 Kennedy, When Baghdad Ruled, pp. 152–155.

28 Husein Hadawy (trans.), The Arabian Nights(New York:

Alfred A. Knopf, 1990); Robert Irwin,The Arabian Nights: A Companion(London: Penguin, 1994), p. 2.

29 Jonathan Lyons,The House of Wisdom: How the Arabs Transformed Western Civilization(New York: Bloomsbury Press, 2009), p. 61.

30 Irwin, Arabian Nights, pp. 122–124.

31 See Philip F. Kennedy,Abu Nuwas: A Genius of Poetry(Oxford: Oneworld, 2005).

32 关于其作品的讨论参见：Kennedy, Abu Nuwas and Robert Irwin (ed.),Night & Horses & the Desert: An Anthology of Classical Arabic Literature(New York: Anchor Books, 1999), p. 123ff。

33 William Ochsenwald and Sydney Nettleton Fisher,The Middle East: A History (6th ed.) (New York: McGraw-Hill, 2003), pp. 65–66.

34 Lyons, The House of Wisdom, p. 61.

35 Michael Axworthy,A History of Iran: Empire of the Mind(New York: Basic Books, 2008), p. 79ff.

36 Lyons, The House of Wisdom, p. 63.

37 Ibid., pp. 62–63.有关这方面更多的讨论，参见：John Esposito, Islam: The Straight Path(rev. 3rd ed.) (New York: Oxford University Press, 2005), pp. 51–57。

38 Phillip K. Hitti, History of the Arabs(10th ed.) (New York: St. Martin’s Press, 1970), p. 120.

39 关于阿巴斯翻译运动的权威论述和哈里发马蒙的贡献，参见：Dimitri Gutas,Greek Thought, Arabic Culture: The Graeco-Arabic Translation Movement in Baghdad and Early ‘Abbasid Society (2nd–4th/8th–10th Centuries)(London: Routledge,

1998). 关于哈里发马蒙的统治时期，参见：Michael Cooperson, Al Ma'mun(Oxford: Oneworld, 2005).关于阿巴斯帝国在保存和传播希腊罗马哲学和科学中的作用，以及阿拉伯学者和科学家在这一时期进行的自主研究的最新论述，参见：Jim al-Khalili,The House of Wisdom: How Arabic Science Saved Ancient Knowledge and Gave Us the Renaissance(New York: Penguin, 2011); reviewed by John Noble Wilford, "The Muslim Art of Science," New York Times, 20 May 2011. 他强调了卡利里将阿巴斯的巴格达与伯里克利时代的雅典和文艺复兴时期的佛罗伦萨相提并论的思想。Hans Belting's Florence and Baghdad: Renaissance Art and Arab Science, trans.Deborah Lucas Schneider (Cambridge, MA: Belknap Press of Harvard University Press，2011). 对文艺复兴时期的艺术家如何利用11世纪巴格达数学家本·海萨姆的透视理论提供了一种原创性的解读研究。

40 如果没有注意到阿巴斯巴格达的学术活动也影响了伊拉克数百年的犹太拉比学院，我们将是怠慢历史。在犹太拉比学院，巴比伦塔木德的学者们经过长期的相互较量，巩固了他们在学术上的优势地位。在这个问题上，以及在阿巴斯王朝统治下的犹太文化和知识生活上，具体研究资料参见：Robert Brody, The Geonim of Babylonia and the Shaping of Medieval Jewish Culture(New Haven: Yale University Press, 2013)。

41 Esposito, Islam, p. 52.

42 Cited in Lewis, Islam, Vol. 2, pp. 19–20.

43 Esposito, Islam, pp. 70–71.

44 William Dalrymple, "The Muslims in the Middle," New York Times, 16 August 2010.

45 接下来的讨论基于：Ahmet T. Karamustafa,Sufism: The Formative Period(Berkeley: University of California Press, 2007), pp. 1–60。

46 From Margaret Smith, Rabia the Mystic and Her Fellow-Saints in Islam (Cambridge: Cambridge University Press, 1928), p. 30, cited in Esposito, Islam, p.102.还可参见：Karamustafa, Sufism, pp. 3–4。

47 Kennedy, Prophet and Age, p. 378; Robert M. Adams, Land behind Baghdad.

48 Kennedy, Prophet and Age, p. 197.

第六章　插曲：从文明摇篮到一潭死水

1 Thabit A. J. Abdullah, A Short History of Iraq(London: Pearson Longman, 2003), pp. 26–27.

2 Ibid., pp. 29–30.

3 Amin Maalouf, The Crusades through Arab Eyes, trans.Jon Rothschild (New York: Schocken, 1984), pp. 53–55; Carole Hillenbrand,The Crusades: Islamic Perspectives(New York: Routledge, 2000), p. 78ff.

4 Maalouf, The Crusades through Arab Eyes, p. 55.

5 Hillenbrand, The Crusades, pp. 80–81.

6 Ibid., pp. 184–185.

7 Ibid., pp. 240–241.

8 John V. Tolan,Sons of Ishmael: Muslims through European Eyes in the Middle Ages(Gainesville: University Press of Florida, 2008), p. 84.

9 Ibid., pp. 82–85.

10 Ibid., pp. 79–100.

11 Ibid., pp. 79–80.

12 参见：Hillenbrand, The Crusades, pp. 118, 184–185, 592–613,主要讨论这个及下文展开的分析。

13 Hannes Mohring,Saladin: The Sultan and His Times, 1138–1193, trans.David S. Bachrach (Baltimore: Johns Hopkins University Press, 2005), pp. 102–103.

14 Hillenbrand, The Crusades, pp. 592–613.

15 Mohring, Saladin, p. 103.

16 参见：Ofra Bengio,Saddam's Word: Political Discourse in Iraq(New York: Oxford University Press, 2002)。

17 引自：Jason Goodwin, "The Glory that Was Baghdad," Wilson Quarterly, Spring 2003; and in Amina Elbendary, "They Came to Baghdad: Its Famous Names," Al-Ahram Weekly Online 634 (2003),http://weekly.ahram.org.eg/2003/634/bo2.htm. 在此，我很感激埃尔本达里，他的论文提供了更多详细的蒙古征服巴格达的资料，并记录在伊本·凯瑟尔（本·凯西尔）的网络账号上。

18 参见：Ross E. Dunn, The Adventures of Ibn Battuta: A Muslim Traveler of the 14th Century(2nd ed.) (Berkeley: University of California Press, 2005), pp. 81–82。

19 Erik Hildinger,Warriors of the Steppe: A Military History of Central Asia, 500b.c. to a.d.1700(Cambridge, MA: Da Capo Press, 2001), pp. 148–149.

20 Justin Marozzi,Tamerlane: Sword of Islam, Conqueror of the World(Philadelphia: Da Capo Press, 2004), p. 312.

21 Max Rodenbeck, “The Time of the Shia,” New York Review of Books 53(13) (2006).

22 Quoted in al-Dhahabi’s Tarikh al-Islam(The History of Islam), trans.Joseph de Somogyi, cited in Amina Elbendary, “They Came to Baghdad: Its Famous Names,” Al-Ahram Weekly Online 634 (2003), http://weekly.ahram.org.eg/2003/634/bo2.htm.

23 Bernard Lewis,The Middle East: A Brief History of the Last 2000 Years(New York: Scribner, 1995), pp. 97–99.

24 David Morgan, The Mongols(2nd ed.) (Malden, MA: Blackwell, 2007), pp. 176–177.

25 J. J. Saunders, The History of the Mongol Conquests (Philadelphia: University of Pennsylvania Press, 1971), pp. 173–174.

26 Marozzi, Tamerlane, pp. 314–315; see also Beatrice Forbes Mainz, The Rise and Rule of Tamerlane(Cambridge: Cambridge University Press, 1991), pp. 87–103.

27 Abdullah, A Short History of Iraq, p. 52.

28 关于萨法维王朝研究，参见：Andrew Newman, Safavid Iran: Rebirth of a Persian Empire (London: I. B. Tauris, 2009)。

29 参见：Hala Fattah with Frank Caso, A Brief History of Iraq(New York: Checkmark Books, 2009), pp. 119–120. 该书主要讨论了奥斯曼与萨法维两帝国关系紧张的重要因素乃是对丝绸贸易之路的控制问题。

30 还有，在阿拉伯半岛的南海岸，1839年，英国占领了阿拉伯半岛南部的亚丁镇(现为也门的一部分)，并建立据点。1937年，亚丁成为英国的殖民地；1963年，亚丁重组为亚丁国；1967年，改为南也门人民共和国后，英国统治结束。

31 Peter Sluglett,Britain in Iraq: Contriving King and Country(New York: Columbia University Press, 2007), pp. 2–3.

32 Abdullah, A Short History of Iraq, p. 79.

33 Ibid., pp. 81–83.

34 对于伊拉克坦齐马特改革计划的影响，参见：Ebubekir Ceylan,The Ottoman Origins of Modern Iraq: Political Reform, Modernization and Development in the Nineteenth-Century Middle East(London: I. B. Tauris, 2011)。

35 接下来的主要讨论源自：Yitzhak Nakash, The Shi ‘is of Iraq (2nd ed.) Princeton, NJ: (2nd ed.) (Princeton, NJ: Princeton University Press, 2003), pp. 1–48。

36 Yitzhak Nakash, “The Conversion of Iraq’s Tribes to Shi ‘ism,” International Journal of Middle East Studies 26(3) (1994), pp. 443–463.

第七章 现代伊拉克的创建及其发展巅峰

1 Sluglett, Britain in Iraq, pp. 1–2.

2 Marion Farouk-Sluglett and Peter Sluglett,Iraq since 1958: From Revolution to Dictatorship(rev. ed.) (London: I. B. Tauris, 2001), p. 7.

3 Sluglett, Britain in Iraq, pp. 1–2; Nabil al-Tikriti, “Was There an Iraq before There Was an Iraq?” International Journal of Contemporary Iraqi Studies 3(2) (2009), pp. 133–142; Reidar Visser, “Proto-political Conceptions of ‘Iraq’ in Late Ottoman Times,” International Journal of Contemporary Iraqi Studies 3(2) (2009), pp. 143–154.

4 Farouk-Sluglett and Sluglett, Iraq since 1958, p. 8.

5 费舍尔向丘吉尔建议英国皇家舰队用石油取代煤作为动力，推动皇家海军和英国政府开发石油，由此他被称为“石油教父”——也有人称他为“石油狂”。参见：Daniel Yergin, The Prize: The Epic Quest for Oil, Money, and Power(New York: Free Press, 2008), pp. 134–148。

6 Farouk-Sluglett and Sluglett, Iraq since 1958, p. 8.

7 Ibid., p. 8.参见：Sean McMeekin, The Berlin–Baghdad Express: the Ottoman Empire and Germany's Bid for World Power, 1898–1918(Cambridge, MA: Belknap Press of Harvard University Press, 2010).

8 奥斯曼土耳其帝国决定加入德国和哈布斯堡王朝的联盟并非没有顾虑，参见：David Fromkin,A Peace to End All Peace: The Fall of the Ottoman Empire and the Creation of the Modern Middle East(New York: Avon, 1989), pp. 49–76。

9 Jack Bernstein,The Mesopotamia Mess: The British Invasion of Iraq in 1914 (Redondo Beach, CA: Interlingua, 2008), p. 98.

10 资深战地记者兼历史学家斯科特·安德森(Scott Anderson)认为，到1917年2月，劳伦斯违背上级指示，将《赛克斯–皮科协议》的内容告知了侯赛因的儿子费萨尔。参见：Scott Anderson,Lawrence in Arabia: War, Deceit, Imperial Folly and the Making of the Modern Middle East(New York: Doubleday, 2013), p. 270ff。

11 Fromkin, A Peace to End All Peace, p. 148.

12 关于经典而又支持犹太复国主义的论述，参见：Barbara W. Tuchman,Bible and Sword: England and Palestine from the Bronze Age to Balfour(New York: Ballantine, 1984 [1956]). 参见：Donald M. Lewis,The Origins of Christian Zionism:

Lord Shaftesbury and Evangelical Support for a Jewish Homeland(Cambridge: Cambridge University Press, 2010)。

13 参见：Piers Brendon, The Decline and Fall of the British Empire, 1781–1997 (London: Vintage, 2008), p. 314。

14 在此，我要感谢匿名读者为我提供这一信息。

15 Farouk-Sluglett and Sluglett, Iraq since 1958, pp. 9–10; Brendon, Decline and Fall of the British Empire, p. 316.

16 法国将费萨尔逐出大马士革的事实，引发一篇伪造的报告，说是法国将军击败阿拉伯人，战后跑到萨拉丁陵墓进行无礼访问，并喊道：十字军回来了。

17 后来，对于摩苏尔是应该留下来继续成为英国的托管地，还是应该划给新成立的土耳其共和国，出现了一些犹豫不决的情况。国际联盟最终将摩苏尔划给了新伊拉克。参见：Sarah Shields, “Mosul, the Ottoman Legacy and the League of Nations,” International Journal of Contemporary Iraqi Studies 3(2) (2009)。

18 Adeed Dawisha,Arab Nationalism in the Twentieth Century: From Triumph to Despair(Princeton, NJ: Princeton University Press, 2003), p. 39.

19 关于这一时期英国皇家空军在伊拉克的影响，参见：Sluglett, Britain in Iraq, p.184ff. 关于英国皇家空军使用化学气体对付伊拉克人的指控，参见：Ibid., pp. 279–280 n. 20。

20 Fromkin, Peace to End All Peace, p. 508; Brendon, Decline and Fall of the British Empire, p. 319.

21 Noted in Adeed Dawisha,Iraq: A Political History from Independence to Occupation(Princeton, NJ: Princeton University Press, 2009), p. 155.

22 Toby Dodge,Inventing Iraq: The Failure of Nation Building and a History Denied (New York: Columbia University Press, 2003), pp. 34–35, 132, 153–154.

23 参见：Ebubekir Ceylan, “Carrot or Stick? Ottoman Tribal Policy in Baghdad, 1831–1876,” International Journal of Contemporary Iraqi Studies 3(2) (2009).

24 Dodge, Inventing Iraq, p. 65。

25 Ibid., pp. 43–100.

26 引自：Fromkin, Peace to End All Peace, p. 181。

27 Dodge, Inventing Iraq, Chapter 6.

28 Farouk-Sluglett and Sluglett, Iraq since 1958, pp. 30–35; Dodge, Inventing Iraq.

29 Fromkin, Peace to End All Peace, p. 93.

30 Dodge, Inventing Iraq, p. 65.

31 Ibid., p. 64.

32 Ibid., p. 11; Fromkin, Peace to End All Peace, pp. 144, 326–327.

33 Edward Said, Orientalism(New York: Vintage, 1979).

34 引自：Roger Adelson,London and the Invention of the Middle East: Money, Power, and War, 1902–1922(New Haven: Yale University Press, 1995), p. 205。

35 Christopher Catherwood,Churchill’s Folly: How Winston Churchill Created Modern Iraq(New York: Carroll & Graf, 2004), pp. 64–67.

36 Ritchie Ovendale, The Longman Companion to the Middle East since 1914 (London: Longman, 1992), pp. 43–44.

37 Fromkin, Peace to End All Peace, pp. 534–536.

38 Ovendale, Longman Companion to the Middle East, p. 44f.

39 Farouk-Sluglett and Sluglett, Iraq since 1958, pp. 13–14; Catherwood, Churchill's Folly, pp. 64–67; Phebe Marr, The Modern History of Iraq(2nd ed.) (Boulder, CO: Westview Press, 2004), p. 30.

40 Abdullah, Short History, pp. 132–133; Ovendale, Longman Companion to the Middle East, pp. 43–45.参见：Marian Kent, Oil and Empire: British Policy and Mesopotamian Oil, 1900–1920(London: Macmillan, 1976)。

41 Benedict Anderson,Imagined Communities: Reflections on the Origin and Spread of Nationalism(rev. ed.) (New York: Verso: 2006).

42 Farouk-Sluglett and Sluglett, Iraq since 1958, p. 15.

43 经典研究，参见：George Antonius, The Arab Awakening: The Story of the Arab National Movement(Beirut: Khayat's, 1938)。

44 接下来的诸多讨论均引自：Farouk-Sluglett and Sluglett, Iraq since 1958, p. 17ff; Dawisha, Arab Nationalism, pp. 49–74; and Malik Mufti, Sovereign Creations: Pan-Arabism and Political Order in Syria and Iraq(Ithaca, NY: Cornell University Press, 1996), p. 28ff。

45 Dawisha, Arab Nationalism, pp. 47–48.

46 Hind A. Haider, "Nationalism, Archaeology and Ideology in Iraq from 1921 to the Present," M.A. thesis, McGill University, Montreal, 2001, p. 2.参见：Amatzia Baram, "A Case of Imported Identity: The Modernizing Secular Ruling Elites of Iraq and the Concept of Mesopotamian-Inspired Territorial Nationalism, 1922–1992," Poetics Today 15(2) (1994), pp. 279–319; Phebe Marr, "The Development of a Nationalist Ideology

in Iraq, 1920–1941," Muslim World 75 (1985), pp. 85–101.

47 Reidar Visser, "Operation Iraqi Partition," Gulf Analysis, posted 1 September 2010.

48 Dawisha, Arab Nationalism, p. 90.

49 参见：Sluglett, Britain in Iraq, p. 94ff., for the debate over military conscription during the 1920s。

50 Adeed Dawisha,Iraq: A Political History from Independence to Occupation (Princeton, NJ: Princeton University Press, 2009), pp. 166–169.

51 Dawisha, Arab Nationalism, p. 119.

52 Ibid., pp. 117–128.

53 Johan Franzen, "Losing Hearts and Minds in Iraq: Britain, Cold War Propaganda and the Challenge of Communism, 1945–1958," Historical Research 83(222) (2010), pp. 747–762.

54 Farouk-Sluglett and Sluglett, Iraq since 1958, pp. 38–45.

55 关于这一点和接下来的讨论，参见：Orit Bashkin, New Babylonians: A History of Jews in Modern Iraq(Stanford, CA: Stanford University Press, 2012), pp. 7–14.还可参见：Orit Bashkin, The Other Iraq: Pluralism and Culture in Hashemite Iraq(Stanford, CA: Stanford University Press, 2009); Abbas Shiblak,Iraqi Jews: A History of Mass Exodus(London: Saqi Books, 2005)。

56 Bashkin, New Babylonians, p. 12.

57 Charles Tripp, A History of Iraq(3rd ed.) (Cambridge: Cambridge University Press, 2007), pp. 103, 119ff.

58 Ibid., pp. 117–118.

59 Farouk-Sluglett and Sluglett, Iraq since 1958, pp. 38–45.

60 Ibid., pp. 30–35.

61 Tripp, History of Iraq, pp. 132–138.

62 Dawisha, Iraq, pp. 166–169. 文章也指出，个人情感也在君主制与英国政府之间的关系中起了重要作用。在20世纪20年代，阿卜杜勒–阿齐兹·本·沙特要将阿卜杜·伊拉一家从汉志省赶走时，是英国人帮助拯救了他们一家，对此阿卜杜·伊拉一直心存感激。

63 Dawisha, Arab Nationalism, p. 139.

64 Ibid., p. 183.

65 苏联外交官叶夫根尼·普里马科夫立曾描述了这一事件，参见：Russia and the Arabs: Behind the Scenes in the Middle East from the Cold War to the Present, trans.Paul Gould (New York: Basic Books, 2009), p. 2。

66 沿着这些线索与思路，相关评论参见：Dawisha, Iraq, pp. 158–165。

67 Marr, Modern History of Iraq, pp. 101–110.

68 Tripp, History of Iraq, pp. 164–177.

69 萨达姆·侯赛因以前被称为萨达姆·侯赛因·提克里特，这表明他的部落家乡即在提克里特地区，就像他的前任和叔叔艾哈迈德·哈桑·巴克尔一样。20世纪70年代末，伊拉克复兴党政府废除了在个人姓名中包含这种部落和地区标志的做法，这可能是为了掩盖这样一个事实，即政府部门如此之多的政权内部人员来自提克里特地区和逊尼派阿拉伯西北部地区。参见：Shahram Chubin and Charles Tripp, Iran and Iraq at War(Boulder, CO: Westview Press, 1987), p. 94。

70 Dilip Hiro,The Longest War: The Iran–Iraq Military Conflict(New York: Routledge, 1991), p. 148.

71 Fattah, Brief History of Iraq, p. 220.

72 关于萨达姆政权在这方面的表现，也可以在最著名的时评著作中找到，参见：Samir al-Khalil (the nom de plume of Kanan Makiya),Republic of Fear: The Inside Story of Saddam's Iraq(New York: Pantheon Books, 1990)。

73 Marr, Modern History of Iraq, p. 90.

74 Ibid., pp. 83–87.

75 Ibid., pp. 108–111.

76 Dawisha, Arab Nationalism, pp. 174, 294.

77 相关讨论参见：Eric Davis, Memories of State: Politics, History, and Collective Identity in Modern Iraq(Berkeley: University of California Press, 2005), p. 12ff.参见：Amatzia Baram, Culture, History & Ideology in the Formation of Ba'thist Iraq, 1968–1989(New York: St. Martin's Press, 1991); Amatzia Baram, "Mesopotamian Identity in Ba'thi Iraq," Middle East Studies 19 (1983), pp. 426–455。

78 Baram, "Mesopotamian Identity," pp. 26, 134.

79 Marr, Modern History of Iraq, pp. 168–170.

80 Ibid., pp. 101–102, 133 f.

81 Ibid., p. 159ff.

82 Ibid., pp. 161–167.

第八章　漫长的衰落之路

1 Stephen Zunes, Tinderbox(Monroe, ME: Common Courage Press, 2002).

2 Patrick Cockburn, "Leaving Iraq: The Ruin They'll

Leave Behind," Counterpunch, 19 July 2010, http://www.counterpunch.org/patrick07192010.html.

3 Stephen Kinzer,All the Shah's Men: An American Coup and the Roots of Middle East Terror(2nd ed.) (Hoboken, NJ: Wiley, 2008).

4 Marr, Modern History of Iraq, pp. 152–158.

5 Peter Harling and Hamid Yasin, "Iraq's Diverse Shia," Le Monde Diplomatique, September 2006.

6 有关论述参见：Chubin and Tripp, Iraq and Iran at War, pp. 53–67。

7 引自：Hiro, The Longest War, pp. 205，241。

8 Ray Takeyh, "The Iran–Iraq War: A Reassessment," Middle East Journal64 (2010), p. 367 and note 6.对战争进行另一次回顾评估，参见：Joost Hiltermann, "Deep Traumas, Fresh Ambitions: Legacies of the Iran–Iraq War," Middle East Report 257 (2010), pp. 6–15。

9 Phebe Marr, "One Iraq or Many? What Has Happened to Iraqi Identity?" in Iraq between Occupations: Perspectives from 1920 to the Present, ed. Amatzia Baram, Achim Rohde, and Ronen Zeidel (New York: Palgrave Macmillan, 2010), p. 27.

10 Chubin and Tripp, Iran and Iraq at War, p. 10.

11 Davis, Memories of State, p. 148ff.; Fattah, Brief History, pp. 223–228.

12 Davis, Memories of State, pp. 187–188.

13 Trita Parsi, "A Campaign for War with Iran Begins," Salon.com, 13 August 2010.还可参见： Parsi's treatment of Israel's relations with Iran in Treacherous Alliance: The Secret Dealings

of Israel, Iran, and the United States(New Haven: Yale University Press, 2007)。

14 参见：Patrick Cockburn, Muqtada al-Sadr and the Battle for the Future of Iraq(New York: Scribner, 2008), p. 46f; Chubin and Tripp, Iran and Iraq at War, pp. 53–67; Eric Davis, “Reflections on Religion and Politics in Post-Ba’thist Iraq,” TAARI Newsletter 3(1) (2008), pp. 13–15; Davis, Memories of State, pp. 187–188。

15 Joost R. Hiltermann,A Poisonous Affair: America, Iraq, and the Gassing of Halabja(Cambridge: Cambridge University Press, 2007), pp. 29–34.

16 Samantha Power, “A Problem from Hell” : America and the Age of Genocide (New York: Basic Books, 2002), p. 178.

17 关于安法尔战役的最新权威论述，参见：Power, “A Problem from Hell,” pp. 170–245; Hiltermann, A Poisonous Affair; and Middle East Watch,Genocide in Iraq: The Anfal Campaign against the Kurds(New York: Human Rights Watch, 1993)。

18 Middle East Watch, Genocide in Iraq, pp. xiii–xiv; see also Hiro, The Longest War, p. 201; Power, “A Problem from Hell” , p. 188ff.

19 关于哈拉布贾村毒气袭击事件这样一个典型事件，参见：Jeffrey Goldberg, “The Great Terror,” New Yorker, 25 March 2002。

20 另一方面值得注意的是，在战争期间，里根政府还试图秘密（通过以色列）向伊朗提供武器，作为交易条件之一，美国希望伊朗领导人能够与黎巴嫩的什叶派民兵进行斡旋，黎巴嫩的什叶派民兵曾在黎巴嫩内战（公元1975—1991年）期间将部分美国人扣为人质。这一事件后来曝光，成为1986年和1987年的丑闻事件——“伊朗门”或“伊朗门事件”丑闻几乎让里根政府瘫痪。里根政府只好在之后的战争中强调了对伊拉克的支持。参见：Hiro, The Longest War, p. 215ff. 此外，在整个两伊战争期间，以色列不顾美国的反对抗议，公开支持伊朗，并出售武器。以色列人视萨达姆的阿拉伯民族主义比伊朗霍梅尼的反以色列言论的威胁更大。

21 Ussama Makdisi,Faith Misplaced: The Broken Promise of U.S.–Arab Relations: 1820–2001(New York: Basic Books, 2010), p. 334.

22 Takeyh, “The Iran–Iraq War,” pp. 376–377.

23 U.S. Senate Committee on Banking, Housing and Urban Affairs, “U.S. Chemical and Biological Warfare-Related Dual-Use Exports to Iraq and Their Possible Impact on the Health Consequences of the Persian Gulf War,” May 1994, http://www.gulfweb. org/bigdoc/report/riegle1.html.

24 Power, “A Problem from Hell,” pp. 188ff, 545 n. 11.

25 Quoted in ibid., p. 235.

26 Quoted in Hiro, The Longest War, p. 186.

27 Yergin, The Prize, pp. 140, 702, cited in Wikipedia, “Carter Doctrine,” http:// en.wikipedia.org/wiki/Carter_Doctrine#cite_note–2.

28 Hiro, The Longest War, p. 186 ff.

29 Takeyh, “The Iran–Iraq War,” pp. 374–378.

30 Power, “A Problem from Hell,” p. 548 n. 64.

31 Marr, “One Iraq or Many?” p. 28.

32 Power, “A Problem from Hell,” pp. 235, 552 n. 148.

33 直到2010年末，美国驻伊拉克大使格拉斯皮(April Glaspie)给华盛顿的描述这次会议的电报被公开时，关于她在那次会晤中对萨达姆说了什么，至今还有很多的不确定性。参见：Peter Sluglett, “Iraq under Siege: Politics, Society and Economy 1990–2003,” inFrom Desolation to Reconstruction: Iraq’s Troubled Journey, ed. Mokhtar Lamani and Bessma Momani (Waterloo, ON: Wilfrid Laurier University Press, 2010), pp. 13–33。

34　Francis Fukuyama, The End of History and the Last Man(New York: Free Press, 1992).

35　Note also Makdisi, Faith Misplaced, p. 333.

36　根据美军2003年截获的文件；报告参见：Michael R. Gordon, “Hussein Wanted Soviets to Head off U.S. in 1991,” New York Times, 19 January 2011。

37　Marr, “One Iraq or Many?” p. 28.

38　From transcripts of radio transmissions, as cited in Cockburn, Muqtada, p. 69.

39　Ray Takeyh, “Iran’s New Iraq,” Middle East Journal 62 (1968), p. 20 and n. 27, citing (among others) Yitzhak Nakash,Reaching for Power: The Shi ‘a in the Modern Arab World(Princeton, NJ: Princeton University Press, 2006), pp. 72–99; Vali Nasr, The Shia Revival: How Conflicts within Islam Will Shape the Future(New York: W. W. Norton, 2006), pp. 185–211; Ali Allawi,The Occupation of Iraq: Winning the War, Losing the Peace(New Haven: Yale University Press, 2007).

40　Stephen Starr, “Mandeans in Struggle for Existence,” Asia Times, 18 August 2010.

41　面对以美国为首的多国军队的压倒性力量，萨达姆甚至寻求并得到了德黑兰的允许，将他的大部分空军部队飞往伊朗，以维持安全保管其战机财产。

42 这些袭击中最著名的是1998年12月进行的、为期四天的“沙漠之狐”行动。

43 Gareth Porter, “From Military-Industrial Complex to Permanent War State,” CommonDreams.org, 17 January 2011.

44 Jeff Gerth, “Report Offered Bleak Outlook about Iraq Oil,” New York Times, 5 October 2003.

45 关于联合国制裁对伊拉克造成的破坏分析研究，参见：Anthony Arnove (ed.),Iraq under Siege: The Deadly Impact of Sanctions and War(Cambridge, MA: South End Press, 2000); Joy Gordon,Invisible War: The United States and the Iraq Sanctions(Cambridge, MA: Harvard University Press, 2010); and Andrew Cockburn, “Worth It,” London Review of Books32(14)(2010), pp. 9–10.还可参见：Joy Gordon, “Lessons We Should Have Learned from the Iraqi Sanctions,” Foreign Policy Middle East Channel, posted 8 July 2010; Joy Gordon, “Invisible War: How Thirteen Years of US-Imposed Economic Sanctions Devastated Iraq before the 2003 Invasion,” Open Democracy Now, posted 1 September 2010. 戈登还特别研究了联合国安理会661委员会活动文件的联合国记录。她发现，委员会的任何成员都有权否决（伊拉克）进口某种特定材料的提议。分析表明，美国代表在阻止通常被定性为人道主义性质的物资进口方面发挥了特别重要的作用；在90%的情况下，他们单方面就阻止某些材料的进口，理由是这些材料可能具有“双重用途”。可以认定的是，美国滥用了这一特权，他们一贯阻止对维持公共健康至关重要的项目，如用于水净化的化学品、发电机的替代设备和水管。以下这些也被视为661委员会可能滥用这一特权：阻止

进口盐、儿童自行车、制衣织物，甚至制造尿布的材料，考虑阻止进口儿童疫苗、奶粉甚至蛋黄（理由是蛋黄可被用于培养某种生物培养物，从而制造大规模毁灭性武器）。

46 1996年，克林顿政府受到了世界舆论的重大打击：在接受哥伦比亚广播公司新闻节目《60分钟》采访时，美国国务卿马德琳·科贝尔·奥尔布赖特（Madeleine Korbel Albright）被问及因制裁而导致50万伊拉克儿童死亡这样的事是否值得时，她回答道："我们认为这一代价是值得的。"

47 参见：John Mueller and Karl Mueller, "Sanctions of Mass Destruction," Foreign Affairs 78 (1999), pp. 43–53, cited in Peter L. Pellett, "Sanctions, Food, Nutrition, and Health in Iraq," inIraq under Siege: The Deadly Impact of Sanctions and War, ed. Anthony Arnove (Cambridge, MA: South End Press, 2000), p. 197。

48 Davis, "Reflections on Religion and Politics in Post-Ba'thist Iraq," pp. 13–15; see also Marr, "One Iraq or Many?" p. 29.

49 Charles Duelfer, "The Iraqi Who Knew Too Much," www.foreignpolicy.com, 9 August 2010.还可参见：Andrew Cockburn and Patrick Cockburn, Out of the Ashes: The Resurrection of Saddam Hussein(New York: HarperCollins, 1999)。

50 因此，美国总统布什的国家安全顾问(后来的国务卿)康多莉扎·赖斯（Condoleezza Rice）在美国入侵伊拉克前夕就表示出了某种担忧，当时，美国及其盟友正在想方设法寻找实施该计划的证据，她说："我们不希望这决定性证据成为蘑菇云。"

51 当时，第四架飞机坠毁在宾夕法尼亚州一个人口稀少的农村地区。此前，一些乘客通过手机得到朋友和家人的警告，称其他飞机已经撞上了世贸中心和五角大楼，于是他们闯入驾驶舱，阻止劫机者执行他们的任务——这些恐怖分子很有可能是让这架被劫持的飞机撞上白宫或华盛顿特区的国会大厦。

52 阿富汗动荡时代的历史已经在许多资料中讨论过，包括：Steve Coll,Ghost Wars: The Secret History of the CIA, Afghanistan,and Bin Laden, from the Soviet Invasion to September 10, 2001(New York: Penguin, 2004); George Crile,Charlie Wilson's War: The Extraordinary Story of the Largest Covert Operation in History(New York: Atlantic Monthly Press, 2003); Lawrence Wright,The Looming Tower: Al Qaeda and the Road to 9/11(New York: Vintage, 2007); and Ahmed Rashid,Taliban: Militant Islam, Oil, and Fundamentalism in Central Asia(2nd ed.) (New Haven: Yale University Press, 2010)。

53 National Commission on Terrorist Attacks upon the United States,The 9/11 Commission Report: Final Report of the National Commission on Terrorist Attacks upon the United States(New York: W. W. Norton, 2004).

54 布什反恐顾问的叙述，参见：Richard A. Clarke,Against All Enemies: Inside America's War on Terror(New York: Free Press, 2004)。

55 以色列及其在美国的支持者极力推动美国入侵伊拉克，特别是当布什在处理掉萨达姆后，显然打算要对叙利亚和伊朗采取行动，而且美国对伊拉克的成功占领可能迫使巴勒斯坦领导层默许以色列占领约旦河西岸。早在2002年，以色列政客就坚称萨达姆正在建造核武库（核反应堆），并向美国传递了有关伊拉克所谓大规模杀伤性武器的错误情报。以色列领导人还试图将萨达姆妖魔化为第二个阿道夫·希特勒，指责伊拉克企图通过使用大规模杀伤性武器对以色列进行另一场大屠杀。一些美国官员——其中包括道格拉斯·费斯（Douglas Feith）、保罗·沃尔福威茨和理查德·珀尔（Richard Perle）——同样将萨达姆宣传为造成第二次大屠杀的幽灵，并将其作为2003年入侵伊拉克的理由。参见：John J. Mearsheimer and Stephen M. Walt, The Israel Lobby and U.S. Foreign Policy(New York: Farrar, Straus and Giroux, 2008), pp. 229–262; Stephen M. Walt, “Bush, Blair, and Iraq (Round Ⅱ).A Reply to John Judis,” Foreign Policy, posted 16 February 2010; see also Thomas Ricks,Fiasco: The American Military Adventure in Iraq(New York: Penguin, 2006), pp. 16, 77。

56 美国国内还有一些人甚至鼓吹美国进一步军事干预其他中东国家，以激起整个中东民主化的连锁反应。当时的一个战斗口号是：“真正的男人去德黑兰。”当被问及美国在伊拉克的军事胜利对其他中东国家造成的影响时，美国国务院官员理查德·珀尔回答说，这意味着“你是下一个”。

57 关于美国为什么决定入侵伊拉克的各种观点的探究，参见：Jane K. Cramer and A. Trevor Thrall (eds.),Why Did the United States Invade Iraq? (London: Routledge, 2012)。

58 Paul Rogers,Iraq: Consequences of a War(Oxford: Oxford Research Group, 2002), pp. 1–5.

59 National Energy Policy Development Group, Reliable, Affordable, and Environmentally Sound Energy for America’s Future(Washington: U.S. Government Printing Office, 2001).

60 Jane Mayer, “Contract Sport,” New Yorker, 16 February 2004.

61 Warren Vieth, “Privatization of Oil Suggested for Iraq,” Los Angeles Times, 21 February 2003; “Tomgram: Michael Schwartz, the Prize of Iraqi Oil,” TomDispatch. com, posted 6

May 2007; “Tomgram: Michael Klare on Iraq’s Missing Sea of Oil,” TomDispatch.com, posted 20 September 2005.

62 George Wright, “Wolfowitz: Iraq War Was about Oil,” The Guardian, 4 June 2003, cited in Slavoj Žižek,Iraq: The Borrowed Kettle(London: Verso, 2005), p. 5.

63 用来支持入侵的大规模杀伤性武器的重要“证据”是由一名代号为“曲线球”的伊拉克叛逃者（拉菲德·阿尔贾纳比)提供的。甚至就在当时，也有人警告美国官员说他的信息是非常不可靠的。2011年2月，“曲线球”向《卫报》记者承认，他在萨达姆拥有大规模杀伤性武器的证据上撒了谎。

64 一位陪同一些美国占领官员前往伊拉克的观察家注意到，这些人都带着关于第二次世界大战后盟军占领德国和日本的书籍。他还指出，布雷默的巴格达办公室的墙上挂着一张图表，上面标有1946年美国占领德国的进展基准。作品详细描述了美国主导的伊拉克临时权力机构所犯下的一些失误，参见：Rajiv Chandrasekaran,Imperial Life in the Emerald City: Inside Iraq’s Green Zone（New York: Alfred A. Knopf, 2006）; Rory Stewart, The Prince of the Marshes: and Other Occupational Hazards of a Year in Iraq(Orlando: Harcourt, 2007); George Packer,The Assassin’s Gate: America in Iraq(New York: Farrar, Strauss & Giroux, 2005)。

65 Anthony Shadid, “U.S. Commander Fears Political Stalemate in Iraq,” New York Times, 29 August 2010.Shadid’s account of an early phase of the fighting （Night Draws Near: Iraq’s People in the Shadow of America’s War, New York: Henry Holt, 2005）. 该书为美国入侵伊拉克对普通伊拉克人的影响提供了雄辩的证据。另一本关于美国占领伊拉克对伊拉克人影响的报

道，参见：Ali Allawi,The Occupation of Iraq: Winning the War, Losing the Peace（New Haven: Yale University Press, 2007）。

尾声 “告诉我这将如何结束”

1 参见：Toby Dodge, Iraq: From War to a New Authoritarianism（London: International Institute for Strategic Studies, 2012）。

2 关于这段时期困扰伊拉克的宗派和种族分歧较好的研究，参见：Nir Rosen, In the Belly of the Green Bird（New York: Simon & Schuster, 2006）; Ahmed Hashim, Insurgency and Counter-insurgency in Iraq（New York: Cornell University Press, 2006）; and Cockburn, Muqtada al-Sadr。

3 Juan Cole, “The Real State of Iraq,” Informed Comment, posted 22 June 2008.

4 Steven Lee Myers, “With New Violence, More Christians Are Fleeing Iraq,” New York Times, 12 December 2010.

5 William Dalrymple, “Iraq’s Disappearing Christians Are Bush and Blair’s Legacy,” The Guardian, 12 November 2010.

6 美国还很可能在蓄意破坏伊拉克古代文化遗产中起到一个很坏的作用，这也是研究专家争论不休的议题。具体案例，参见：Zainab Bahrani, “Archaeology and the Strategies of War,” inCultural Cleansing in Iraq: Why Museums Were Looted, Libraries Burned and Academics Murdered, ed. Raymond W. Baker, Shereen T. Ismail, and Tareq Y. Ismail (London: Pluto Press, 2010), pp. 67–81.还可参见：Elizabeth C. Stone, “Patterns of Looting in Southern Iraq,” Antiquity 82 (2008), pp. 125–138; Peter Stone and Joanne Farchakh Bajjaly（eds.）,

The Destruction of Cultural Heritage in Iraq（Melton, England: Boydell & Brewer, 2008）; and John Curtis, Qais Hussein Raheed, Hugo Clarke, Abdulamir M. Al Hamdani, Elizabeth Stone, Margarette Van Ess, Paul Collins, and Mehsin Ali, “An Assessment of Archaeological Sites in June 2008: An Iraqi–British Project,” Iraq 70 (2008), pp. 215–237。

7 阿拉伯人将这一组织称为“Daish（即阿拉伯语中的‘ISIS’）”，是“al-Daw la al-Islamiya al-Iraq al-Sham（伊拉克和沙姆伊斯兰国）”缩写。

8 Patrick Cockburn, “Fragile Iraq Threatened by the Return of Civil War,” The Independent, 4 December 2011.

9 值得称赞的是，帕特里克·科伯恩对ISIS恐怖组织的出现提出了最有见地的处理方法，参见：Patrick Cockburn, The Jihadis Return: ISIS and the New Sunni Uprising（New York: O.R.Books, 2014）。

10 具体案例参见：Aref Mohammed, “Dates or Oil? Iraq’s Farmers Fear Gold Rush,” Reuters, 18 August 2010。

11 U.S. Energy Administration Iraq Report, updated 2 April 2013, http://www. eia.gov/countries/country-data.cfm?fips=iz.

12 Ibid.

13 Ibid.

参考文献

Abdullah, Thabit A. J., *A Short History of Iraq*. London: Pearson Longman, 2003.

Adams, Robert M.,Heartland of Cities: Surveys of Ancient Settlement and Land Use on the Central Floodplain of the Euphrates.Chicago: University of Chicago Press, 1981.Adams, Robert M.,Land behind Baghdad: A History of Settlement on the Diyala Plains.

Chicago: University of Chicago Press, 1965.

Adelson, Roger,London and the Invention of the Middle East: Money, Power, and War, 1902–1922.New Haven: Yale University Press, 1995.

Afsaruddin, Asma,The First Muslims: History and Memory.Oxford: Oneworld, 2008.Alexander, Caroline, "Iraqis Find Ancient Mithra Temple in Northern Dohuk Province," 24 June 2009, http://www.bloomberg.com/apps/news?pid=20601117&sid=aRKwP5vWGweE.

Algaze, Guillermo,Ancient Mesopotamia at the Dawn of Civilization: The Evolution of an Urban Landscape.Chicago: University of Chicago Press, 2008.

Al-Khalil, Samir [Kanan Makiya],Republic of Fear: The Inside Story of Saddam's Iraq.

New York: Pantheon Books, 1990.

Al-Khalili, Jim,The House of Wisdom: How Arabic Science Saved Ancient Knowledge and Gave Us the Renaissance.New York: Penguin, 2011.

Allawi, Ali,The Occupation of Iraq: Winning the War, Losing the Peace. New Haven: Yale University Press, 2007.

Al-Tikriti, Nabil. "Was There an Iraq before There Was an Iraq?" International Journal of Contemporary Iraqi Studies 3(2) (2009), pp. 133–142.

Amanat, Abbas, Apocalyptic Islam and Iranian Shi 'ism.London: I. B. Tauris, 2009.

Ambrose, Stephen E.,Uncommon Courage: Meriwether Lewis, Thomas Jefferson, and the Opening of the American West.New York: Simon & Schuster, 1996.

Anderson, Benedict,Imagined Communities: Reflections on the Origin and Spread of Nationalism(rev. ed.).New York: Verso, 2006.

Anderson, Scott,Lawrence in Arabia: War, Deceit, Imperial Folly and the Making of the Modern Middle East.New York: Doubleday, 2013.

Antonius, George,The Arab Awakening: The Story of the Arab National Movement. Beirut: Khayat's, 1938.

Arnove, Anthony (ed.),Iraq under Siege: The Deadly Impact of Sanctions and War. Cambridge, MA: South End Press, 2000.

Axworthy, Michael,A History of Iran: Empire of the Mind.New York: Basic Books, 2008.Bahrani, Zainab, "Archaeology and the Strategies of War," in Cultural Cleansing in Iraq: Why Museums Were Looted, Libraries Burned and Academics Murdered, ed. Raymond.

W. Baker, Shereen T. Ismail, and Tareq Y. Ismail.London: Pluto Press, 2010.Bahrani, Zainab,Rituals of War: The Body and Violence in Mesopotamia.New York: Zone Books, 2008.

Ball, Warwick,Rome in the East: The Transformation of an Empire. London: Routledge, 2001.

Baram, Amatzia, "A Case of Imported Identity: The Modernizing Secular Ruling Elites of Iraq and the Concept of Mesopotamian-Inspired Territorial Nationalism, 1922–1992," Poetics Today 15(2) (1994), pp. 279–319.

Baram, Amatzia, Culture, History & Ideology in the Formation of Ba'thist Iraq, 1968–1989. New York: St. Martin's Press, 1991.

Baram, Amatzia, "Mesopotamian Identity in Ba'thi Iraq," Middle East Studies 19 (1983), pp. 426–455.

Bashkin, Orit,New Babylonians: A History of Jews in Modern Iraq. Stanford, CA: Stanford University Press, 2012.

Bashkin, Orit,The Other Iraq: Pluralism and Culture in Hashemite Iraq. Stanford, CA: Stanford University Press, 2009.

Belting, Hans,Florence and Baghdad: Renaissance Art and Arab Science, trans.Deborah Lucas Schneider.Cambridge, MA: Belknap Press of Harvard University Press, 2011.Bengio, Ofra,Saddam's Word: Political Discourse in Iraq.New York: Oxford University Press, 2002.

Benite, Zvi Ben-Dor,The Ten Lost Tribes: A World History.New York: Oxford University Press, 2009.

Bernhardsson, Magnus,Reclaiming a Plundered Past: Archaeology and Nation Building in Modern Iraq.Austin: University of Texas Press, 2005.

Bernstein, Jack,The Mesopotamia Mess: The British Invasion of Iraq in 1914.Redondo Beach, CA: Interlingua, 2008.

Bobrick, Benson,The Caliph's Splendor: Islam and the West in the Golden Age of Baghdad. New York: Simon & Schuster, 2012.

Bohak, Gideon,Ancient Jewish Magic: A History.Cambridge: Cambridge University Press, 2008.

Bosworth, C. E., "Iran and the Arabs before Islam," in The Cambridge History of Iran, Vol. 3 (1).The Seleucid, Parthian, and Sasanian Periods, ed. Ehsan Yarshater.Cambridge: Cambridge University Press, 1983.

Bottero, Jean, Religion in Ancient Mesopotamia, trans.Teresa Lavender Fagan.Chicago: University of Chicago Press, 2001.

Boyce, Mary,Zoroastrians: Their Religious Beliefs and Practices. London: Routledge, 2001.

Brendon, Piers, The Decline and Fall of the British Empire, 1781–1997. London: Vintage, 2008.

Brody, Robert, The Geonim of Babylonia and the Shaping of Medieval Jewish Culture. New Haven: Yale University Press, 2013.

Brosius, Maria,The Persians: An Introduction.London: Routledge, 2006.

Catherwood, Christopher,Churchill's Folly: How Winston Churchill Created Modern Iraq.New York: Carroll & Graf, 2004.

Ceylan, Ebubekir, "Carrot or Stick? Ottoman Tribal Policy in Baghdad, 1831–1876," International Journal of Contemporary Iraqi Studies 3(2) (2009).

Ceylan, Ebubekir,The Ottoman Origins of Modern Iraq: Political Reform, Modernization and Development in the Nineteenth-Century Middle East.London: I. B. Tauris, 2011.

Chandrasekaran, Rajiv,Imperial Life in the Emerald City: Inside Iraq's Green Zone. New York: Alfred A. Knopf, 2006.

Chavalas, Mark W. (ed.),The Ancient Near East: Historical Sources in Translation. Malden, MA: Blackwell, 2006.

Charpin, Dominique, Hammurabi of Babylon.London: I. B. Tauris, 2012.

Chubin, Shahram and Charles Tripp, Iran and Iraq at War.Boulder, CO: Westview Press, 1987.

Clarke, Richard A.,Against All Enemies: Inside America's War on Terror.New York: Free Press, 2004.

Cline, Eric,Eden to Exile: Unraveling Mysteries of the Bible. Washington: National Geographic, 2007.

Cockburn, Andrew, "Worth It," London Review of Books32（14）（2010）, pp. 9–10.Cockburn, Andrew and Patrick Cockburn,Out of the Ashes: The Resurrection of Saddam Hussein.New York: Harper Collins, 1999.

Cockburn, Patrick,The Jihadis Return: ISIS and the New Sunni Uprising.New York: O.R.Books, 2014.

Cockburn, Patrick, "Leaving Iraq: The Ruin They'll Leave Behind," Counterpunch, 19 July 2010, http://www.counterpunch.org/patrick07192010.html.

Cockburn, Patrick, Muqtada al-Sadr and the Battle for the Future of Iraq.New York: Scribner, 2008.

Cogan, Mordechai,The Raging Torrent: Historical Inscriptions from Assyria and Babylonia Relating to Ancient Israel.Jerusalem: Carta, 2008.

Cole, Juan, "The Real State of Iraq," Informed Comment, posted 22

June 2008.

Coll, Steve,Ghost Wars: The Secret History of the CIA, Afghanistan, and Bin Laden, from the Soviet Invasion to September 10, 2001. New York: Penguin, 2004.

Coogan, Michael D. (ed.), The New Oxford Annotated Bible(4th ed.).Oxford: Oxford University Press, 2010.

Cooley, John K.,An Alliance against Babylon: The U.S., Israel, and Iraq.London: Pluto Press, 2005.

Cooperson, Michael, Al Ma'mun.Oxford: Oneworld, 2005.

Cramer, Jane K. and A. Trevor Thrall (eds.), Why Did the United States Invade Iraq? London: Routledge, 2012.

Crile, George,Charlie Wilson's War: The Extraordinary Story of the Largest Covert Operation in History.New York: Atlantic Monthly Press, 2003.

Crooke, Alastair, "The Shifting Sands of State Power in the Middle East," Washington Quarterly 33（3）（2010）), pp. 7–20.

Curtis, John,The Cyrus Cylinder and Ancient Persia: A New Beginning for the Middle East.London: British Museum, 2013.

Curtis, John, Qais Hussein Raheed, Hugo Clarke, Abdulamir M. Al Hamdani, Elizabeth Stone, Margarette Van Ess, Paul Collins, and Mehsin Ali, "An Assessment of Archaeological Sites in June 2008: An Iraqi–British Project," Iraq 70 (2008), pp. 215–237.

Dalley, Stephanie, "The Influence of Mesopotamia upon Israel and the Bible," in The Legacy of Mesopotamia, ed. Stephanie Dalley. Oxford: Oxford University Press, 1998.Dalley, Stephanie (ed.), The Legacy of Mesopotamia.Oxford: Oxford University Press, 1998. Dalley, Stephanie,The Mystery of the Hanging Garden of Babylon:

An Elusive World Wonder Retraced.Oxford: Oxford University Press, 2013.

Dalley, Stephanie, “Occasions and Opportunities: 2.Persian, Greek, and Parthian Overlords,” in The Legacy of Mesopotamia, ed. Stephanie Dalley.Oxford: Oxford University Press, 1998.

Dalrymple, William, “Iraq’s Disappearing Christians Are Bush and Blair’s Legacy,” The Guardian, 12 November 2010.

Dalrymple, William, “The Muslims in the Middle,” New York Times, 16 August 2010.Damrosch, David,The Buried Book: The Loss and Rediscovery of the Great Epic of Gilgamesh.New York: Henry Holt, 2006.

Davis, Eric,Memories of State: Politics, History, and Collective Identity in Modern Iraq. Berkeley: University of California Press, 2005.

Davis, Eric, “Reflections on Religion and Politics in Post-Ba’thist Iraq,” TAARI Newsletter 3(1) (2008), pp. 13–15.

Dawisha, Adeed,Arab Nationalism in the Twentieth Century: From Triumph to Despair. Princeton, NJ: Princeton University Press, 2003.

Dawisha, Adeed,Iraq: A Political History from Independence to Occupation.Princeton, NJ: Princeton University Press, 2009.

Dodge, Toby,Inventing Iraq: The Failure of Nation Building and a History Denied.New York: Columbia University Press, 2003.

Dodge, Toby,Iraq: From War to a New Authoritarianism.London: International Institute for Strategic Studies, 2012.

Donner, Fred,The Early Islamic Conquests.Princeton, NJ: Princeton University Press, 1981.

Donner, Fred,Muhammad and the Believers: At the Origins of Islam.

Cambridge, MA: Belknap Press of Harvard University Press, 2010.

Donovan, Thomas, "Iraq's Upstream Oil and Gas Industry: A Post-election Analysis," Middle East Policy 17（2）（2010）, pp. 24–30.

Duelfer, Charles, "The Iraqi Who Knew Too Much," 9 August 2010, www.foreignpolicy.com Dunn, Ross E., The Adventures of Ibn Battuta: a Muslim Traveler of the 14th Century (2nd ed.).Berkeley: University of California Press, 2005.

Elbendary, Amina, "They Came to Baghdad: Its Famous Names," Al-Ahram Weekly Online 634 （2003）, http://weekly.ahram.org.eg/2003/634/bo2.htm.

Esposito, John,Islam: The Straight Path(rev. 3rd ed.).New York: Oxford University Press, 2005.

Fales, F. M., "Arameans and Chaldeans: Environment and Society," in The Babylonian World, ed. Gwendolyn Leick.New York: Routledge, 2009.

Farouk-Sluglett, Marion and Peter Sluglett,Iraq since 1958: From Revolution to Dictatorship(rev. ed.).London: I. B. Tauris, 2001.

Fattah, Hala with Frank Caso, A Brief History of Iraq.New York: Checkmark Books, 2009.Finkel, I. L. and M. J. Seymour (eds.), Babylon.Oxford: Oxford University Press, 2008.Foster, Benjamin R., Beforethe Muses: An Anthology of Akkadian Literature (3rd ed.) Bethesda, MD: CDL Press, 2005.

Foster, Benjamin R. and Karen Polinger Foster, Civilizations of Ancient Iraq.Princeton, NJ: Princeton University Press, 2009.

Foster, Benjamin, Karen Polinger Foster, and Patty Gerstenblith,Iraq beyond the Headlines: History, Archaeology, and War.

Hackensack, NJ: World Scientific, 2005.Fowden, Garth,Empire to Commonwealth: Consequences of Monotheism in Late Antiquity. Princeton, NJ: Princeton University Press, 1993.

Franzen, Johan, "Losing Hearts and Minds in Iraq: Britain, Cold War Propaganda and the Challenge of Communism, 1945–1958," Historical Research 83（222）（2010）, pp. 747–762.

Fromkin, David, A Peace to End All Peace: the Fall of the Ottoman Empire and the Creation of the Modern Middle East.New York: Avon, 1989.

Frymer-Kensky, Tikvah,In the Wake of the Goddesses: Women, Culture, and the Biblical Transformation of Pagan Myth.New York: Free Press, 1992.

Fukuyama, Francis, The End of History and the Last Man.New York: Free Press, 1992.

Gates, Charles, Ancient Cities; the Archaeology of Urban Life in the Ancient Near East and Egypt, Greece, and Rome.London: Routledge, 2003.

George, A. R., "The Tower of Babel: Archaeology, History, and Cuneiform Texts," Archiv fur Orientforschung 51 (2005–06), pp. 75–95.

Gerth, Jeff, "Report Offered Bleak Outlook about Iraq Oil," New York Times, 5 October 2003.

Gibb, H. A. R. and J. H. Kramers, The Shorter Encyclopedia of Islam. Leiden: E. J. Brill, 1995.

Gibson, McGuire, "Nippur and Archaeology in Iraq," in Oriental Institute 2004–2005 Annual Report, pp. 82–87.

Gibson, McGuire, "Violation of Fallow and Engineered Disaster in

Mesopotamian Civilization," in T. E. Downing and M. Gibson (eds.), Irrigation's Impact on Society, pp. 7–19.Tucson: University of Arizona Press, 1974).

Goldberg, Jeffery, "The Great Terror," New Yorker, 25 March 2002.

Goodwin, Jason, "The Glory that Was Baghdad," Wilson Quarterly(Spring 2003).Gordon, Joy, "Invisible War: How Thirteen Years of US-Imposed Economic Sanctions Devastated Iraq before the 2003 Invasion," Open Democracy Now, posted 1 September 2010.

Gordon, Joy,Invisible War: The United States and the Iraq Sanctions. Cambridge, MA: Harvard University Press, 2010.

Gordon, Joy, "Lessons We Should Have Learned from the Iraqi Sanctions," Foreign Policy Middle East Channel, posted 8 July 2010.

Gordon, Michael R., "Hussein Wanted Soviets to Head off U.S. in 1991," New York Times, 19 January 2011.

Gutas, Dimitri,Greek Thought, Arabic Culture: The Graeco-Arabic Translation Movement in Baghdad and Early 'Abbasid Society (2nd–4th/8th–10th Centuries).London: Routledge, 1998.

Hadawy, Husein (trans.), The Arabian Nights.New York: Alfred A. Knopf, 1990.Haider, Hind A., "Nationalism, Archaeology and Ideology in Iraq from 1921 to the Present," M.A. thesis, McGill University, Montreal, 2001.

Hall, H. R.,The Ancient History of the Near East: From the Earliest Times to the Battle of Salamis(11th ed.).London: Methuen & Methuen, 1950.

Hashim, Ahmed, Insurgency and Counter-Insurgency in Iraq.Ithaca, NY:

Cornell University Press, 2006.

Hawling, Peter and Hamid Yasin, “Iraq’s Diverse Shia,” Le Monde Diplomatique, September 2006.

Hildinger, Erik,Warriors of the Steppe: A Military History of Central Asia, 500 B.C. to A.D.1700.Cambridge, MA: Da Capo Press, 2001.

Hillenbrand, Carole,The Crusades: Islamic Perspectives.New York: Routledge, 2000.Hiltermann, Joost, “Deep Traumas, Fresh Ambitions: Legacies of the Iran–Iraq War,” Middle East Report 257 (2010), pp. 6–15.

Hiltermann, Joost R.,A Poisonous Affair: America, Iraq, and the Gassing of Halabja. Cambridge: Cambridge University Press, 2007.

Hiro, Dilip,The Longest War: The Iran–Iraq Military Conflict.New York: Routledge, 1991.

Hitti, Phillip K., History of the Arabs(10th ed.).New York: St. Martin’s Press, 1970.Hourani, Albert, A History of the Arab Peoples(2nd ed.).Cambridge, MA: Belknap, 2003.Humphreys, R. Stephen,Islamic History: A Framework for Inquiry.Princeton, NJ: Princeton University Press, 1991.

Inaty, Shams C., “The Iraqi Christian Community,” inIraq: Its History, People, and Politics, ed. Shams C. Inaty.Amherst, NY: Humanity Books, 2003.

Irwin, Robert,The Arabian Nights: A Companion.London: Penguin, 1994.

Irwin, Robert (ed.),Night & Horses & the Desert: An Anthology of Classical Arabic Literature.New York: Anchor Books, 1999.

Jacobsen, Thorkild,The Treasures of Darkness: A History of Mesopotamian Religion. New Haven: Yale University Press, 1978.

Joannes, Francis,The Age of Empires: Mesopotamia in the First Millennium bc, trans. Antonia Nevill.Edinburgh: Edinburgh University Press, 2004.

Karamustafa, Ahmet T.,Sufism: The Formative Period.Berkeley: University of California Press, 2007.

Kennedy, Hugh,The Great Arab Conquests: How the Spread of Islam Changed the World We Live in. Cambridge, MA: Da Capo Press, 2007.

Kennedy, Hugh, The Prophet and the Age of the Caliphates(2nd ed.).Harlow, England: Pearson, 2004.

Kennedy, Hugh, When Baghdad Ruled the Muslim World.Cambridge, MA: Da Capo Press, 2005.

Kennedy, Philip F.,Abu Nuwas: A Genius of Poetry.Oxford: Oneworld, 2005.

Kent, Marian,Oil and Empire: British Policy and Mesopotamian Oil, 1900–1920. London: Macmillan, 1976.

King, Karen L., "Gnosticism," in Religions of the Ancient World: A Guide, ed. Sarah Iles Johnston.Cambridge, MA.: Harvard University Press, 2004.

Kinzer, Stephen,All the Shah's Men: An American Coup and the Roots of Middle East Terror(2nd ed.).Hoboken, NJ: Wiley, 2008.

Klare, Michael, "Tomgram: Michael Klare on Iraq's Missing Sea of Oil," TomDispatch. com, posted 20 September 2005.

Kramer, Samuel Noah,History Begins at Sumer: Thirty-Nine Firsts in Recorded History (3rd ed.).Philadelphia: University of Pennsylvania Press, 1988.

Kriwaczek, Paul,In Search of Zarathustra: The First Prophet and the

Ideas that Changed the World.New York: Alfred A. Knopf, 2003.

Larsen, Mogens Trolle,The Conquest of Assyria: Excavations in an Antique Land. London: Routledge, 1996.

Larsen, Timothy, "Austen Henry Layard's Nineveh: The Bible and Archaeology in Victorian Britain," Journal of Religious History 33 (2009), pp. 66–81.

Lawler, Andrew, "Murder in Mesopotamia?" Science317 (2007), pp. 1164–1165.Levene, Dan,A Corpus of Magic Bowls: Incantation Texts in Jewish Aramaic from Late Antiquity.London/New York: Kegan Paul International/Columbia University Press, 2003.

Levene, Dan, "Rare Magic Inscriptions on Human Skull," Biblical Archaeology Review, March/April 2009.

Lewis, Bernard (ed.),Islam: From the Prophet Muhammad to the Capture of Constantinople, Vol. 1.Politics and War.New York: Oxford University Press, 1987.Lewis, Bernard (ed.),Islam: From the Prophet Muhammad to the Conquest of Constantinople, Vol. 2.Religion and Society.New York: Oxford University Press, 1987.

Lewis, Bernard,The Middle East: A Brief History of the Last 2000 Years.New York: Scribner, 1995.

Lewis, Donald M.,The Origins of Christian Zionism: Lord Shaftesbury and Evangelical Support for a Jewish Homeland.Cambridge: Cambridge University Press, 2010.

Luckenbill, Daniel David, Ancient Records of Assyria and Babylonia, Vol. 1.Historical Records of Assyria from the Earliest Times to Sargon.London: Histories & Mysteries of Man, 1989 [1926].

Luckenbill, Daniel David, Ancient Records of Assyria and Babylonia, Vol. 2.Historical Records of Assyria from Sargon to the End.

London: Histories & Mysteries of Man, 1989 [1926].

Lyons, Jonathan.The House of Wisdom: How the Arabs Transformed Western Civilization. New York: Bloomsbury Press, 2009.

Maalouf, Amin, The Crusades through Arab Eyes, trans.Jon Rothschild. New York: Schocken, 1984.

Mainz, Beatrice Forbes,The Rise and Rule of Tamerlane.Cambridge: Cambridge University Press, 1991.

Makdisi, Ussama,Faith Misplaced: The Broken Promise of U.S.–Arab Relations: 1820– 2001.New York: Basic Books, 2010.

Marozzi, Justin,Baghdad: City of Peace, City of Blood.London: Allen Lane, 2014.Marozzi, Justin,Tamerlane: Sword of Islam, Conqueror of the World.Cambridge, MA: Da Capo Press, 2004.

Marr, Phebe, "The Development of a Nationalist Ideology in Iraq, 1920–1941," Muslim World 75 (1985), pp. 85–101.

Marr, Phebe, The Modern History of Iraq(2nd ed.).Boulder, CO: Westview Press, 2004.Marr, Phebe, "One Iraq or Many? What Has Happened to Iraqi Identity?" inIraq between Occupations: Perspectives from 1920 to the Present, ed. Amatzia Baram, Achim Rohde, and Ronen Zeidel.New York: Palgrave Macmillan, 2010.

Mayer, Jane, "Contract Sport," New Yorker, 16 February 2004.

McMeekin, Sean,The Berlin–Baghdad Express: The Ottoman Empire and Germany's Bid for World Power, 1898–1918.Cambridge, MA: Belknap Press of Harvard University Press, 2010.

Mearsheimer, John J. and Stephen M. Walt, The Israel Lobby and U.S. Foreign Policy. New York: Farrar, Straus & Giroux, 2008.

Middle East Watch,Genocide in Iraq: The Anfal Campaign against the Kurds.New York: Human Rights Watch, 1993.

Millar, Fergus,The Roman Near East, 31 b.c.– a.d.337.Cambridge, MA: Harvard University Press, 1993.

Miller, J Maxwell and John H. Hayes, A History of Ancient Israel and Judah (2nd ed.). Louisville: Westminster John Knox Press, 2006.

Mirecki, Paul Allan, “Manichaeians and Manichaeism,” in The Anchor Bible Dictionary, Vol. 4, ed. David Noel Freedman.New York: Doubleday, 1992.

Mohammed, Aref, “Dates or Oil? Iraq’s Farmers Fear Gold Rush,” Reuters, 18 August 2010.

Mohring, Hannes,Saladin: The Sultan and His times, 1138–1193, trans. David S. Bachrach.Baltimore: Johns Hopkins University Press, 2005.

Morgan, David, The Mongols(2nd ed.).Malden, MA: Blackwell, 2007.

Morony, Michael G.,Iraq after the Muslim Conquest.Princeton, NJ: Princeton University Press, 1984.

Mueller, John and Karl Mueller, “Sanctions of Mass Destruction,” Foreign Affairs 78 (1999), pp. 43–53.

Mufti, Malik,Sovereign Creations: Pan-Arabism and Political Order in Syria and Iraq. Ithaca, NY: Cornell University Press, 1996.

Myers, Steven Lee. “With New Violence, More Christians Are Fleeing Iraq,” New York Times, 12 December 2010.

Nakash, Yitzhak, “The Conversion of Iraq’s Tribes to Shi ‘ism,” International Journal of Middle East Studies 26(3) (1994), pp. 443–463.

Nakash, Yitzhak,Reaching for Power: The Shi ‘a in the Modern Arab World.Princeton, NJ: Princeton University Press, 2006.

Nakash, Yitzhak, The Shi ‘is of Iraq(2nd ed.).Princeton, NJ: Princeton

University Press, 2003.

Nasr, Vali,The Shia Revival: How Conflicts within Islam Will Shape the Future.New York: W. W. Norton, 2006.

National Commission on Terrorist Attacks upon the United States,The 9/11 Commission Report: Final Report of the National Commission on Terrorist Attacks upon the United States.New York: W. W. Norton, 2004.

National Energy Policy Development Group, Reliable, Affordable, and Environmentally Sound Energy for America's Future.Washington: US Government Printing Office, 2001.Newman, Andrew,Safavid Iran: Rebirth of a Persian Empire.London: I. B. Tauris, 2009. Nissen, Hans J., Peter Damerow, and Robert K. Englund,Archaic Bookkeeping: Writing and Techniques of Economic Administration in the Ancient Near East, trans.Peter Larsen.Chicago: University of Chicago Press, 1993.

Ochsenwald, William and Sydney Nettleton Fisher,The Middle East: A History(6th ed.).New York: McGraw-Hill, 2003.

Olmstead, A. T., "The Calculated Frightfulness of Ashur Nasir Apal," Journal of the American Oriental Society 38 (1918), pp. 209–263.

Ovendale, Ritchie, The Longman Companion to the Middle East since 1914.London: Longman, 1992.

Packer, George,The Assassin's Gate: America in Iraq.New York: Farrar, Strauss & Giroux, 2005.

Parsi, Trita, "A Campaign for War with Iran Begins," Salon.com, 13 August 2010.Parsi, Trita,Treacherous Alliance: The Secret Dealings of Israel, Iran, and the United States.New Haven: Yale University Press, 2007.

Pellett, Peter L., “Sanctions, Food, Nutrition, and Health in Iraq,” inIraq under Siege: The Deadly Impact of Sanctions and War, ed. Anthony Arnove.Cambridge, MA: South End Press, 2000.

Peters, F. E.,The Harvest of Hellenism: A History of the Near East from Alexander the Great to the Triumph of Christianity.New York: Barnes & Noble, 1970.

Pingree, David. “Legacies in Astronomy and Celestial Omens,” in The Legacy of Mesopotamia, ed. Stephanie Dalley.Oxford: Oxford University Press, 1998.

Porter, Gareth, “From Military-Industrial Complex to Permanent War State,” CommonDreams.org, 17 January 2011.

Postgate, J. N., The First Empires.Oxford: Elsevier-Phaidon, 1977.

Potts, D. T., “Babylonian Sources of Exotic Raw Materials,” in The Babylonian World, ed. Gwendolyn Leick.New York: Routledge, 2009.

Pournelle, Jennifer R., “KLM to CORONA: A Bird’s-Eye View of Cultural Ecology and Early Mesopotamian Urbanization,” inSettlement and Society: Essays Dedicated to Robert McCormick Adams, ed. Elizabeth C. Stone.Los Angeles: Cotsen Institute of Archaeology, University of California, 2007.

Power, Samantha. “A Problem from Hell” : America and the Age of Genocide.New York: Basic Books, 2002.

Primakov, Yevgeny,Russia and the Arabs: Behind the Scenes in the Middle East from the Cold War to the Present, trans.Paul Gould. New York: Basic Books, 2009.

Rashid, Ahmed,Taliban: Militant Islam, Oil, and Fundamentalism in Central Asia(2nd ed.).New Haven: Yale University Press, 2010.

Ricks, Thomas,Fiasco: The American Military Adventure in Iraq.New York: Penguin, 2006.

Robson, Eleanor,Mathematics in Ancient Iraq: A Social History. Princeton, NJ: Princeton University Press, 2008.

Rochberg, Francesca,The Heavenly Writing: Divination, Horoscopy, and Astronomy in Mesopotamian Culture.Cambridge: Cambridge University Press, 2004.

Rodenbeck, Max, "The Time of the Shia," New York Review of Books53(13) (2006).Rogers, Paul,Iraq: Consequences of a War. Oxford: Oxford Research Group, 2002.Rosen, Nir,In the Belly of the Green Bird.New York: Simon & Schuster, 2006.

Rosen, Nir, "No Going Back," Boston Review, September–October 2007.

Roth, Martha T., Law Collections from Mesopotamia and Asia Minor(2nd ed.).Atlanta: Scholars Press, 1997.

Roux, George, Ancient Iraq(3rd ed.).London: Penguin, 1992.

Rudolph, Kurt, "Mandaeism," in The Anchor Bible Dictionary, Vol. 4, ed. David Noel Freedman.New York: Doubleday, 1992.

Ruthven, Malise, "Divided Iran on the Eve," New York Review of Books56(11) (2009).Saggs, H. W. F., The Greatness that Was Babylon(rev. ed.).London: Sidgwick & Jackson, 1988.

Saggs, H. W. F., The Might that Was Assyria.London: Sidgwick & Jackson, 1984.Said, Edward, Orientalism.New York: Vintage Books, 1979.

Saldarini, Anthony J. as revised by Amy-Jill Levine, "Jewish Responses to Greek and Roman Cultures, 332bce to 200 ce," in The Cambridge Companion to the Bible (2nd ed.), ed. Bruce

Chilton.Cambridge: Cambridge University Press, 2008.

Salibi, Kamal.A House of Many Mansions: The History of Lebanon Reconsidered. Berkeley: University of California Press, 1988.

Sartre, Maurice, The Middle East under Rome, trans.Catherine Porter and Elizabeth Rawlings.Cambridge, MA: Belknap Press of Harvard University Press, 2005.

Saunders, J. J.,The History of the Mongol Conquests.Philadelphia: University of Pennsylvania Press, 1971.

Schwartz, Michael. "Tomgram: Michael Schwartz, The Prize of Iraqi Oil," TomDispatch. com, posted 6 May 2007.

Shadid, Anthony,Night Draws Near: Iraq's People in the Shadow of America's War.New York: Henry Holt, 2005.

Shadid, Anthony, "Resurgent Turkey Flexes Its Muscles around Iraq," New York Times, 4 January 2011.

Shadid, Anthony, "U.S. Commander Fears Political Stalemate in Iraq," New York Times, 29 August 2010.

Sherwin-White, Susan and Amelie Kuhrt,From Samarkand to Sardis: A New Approach to the Seleucid Empire.Berkeley: University of California Press, 1993.

Shiblak, Abbas,Iraqi Jews: A History of Mass Exodus.London: Saqi Books, 2005.

Shields, Sarah, "Mosul, the Ottoman Legacy and the League of Nations," International Journal of Contemporary Iraqi Studies 3(2) (2009).

Sluglett, Peter,Britain in Iraq: Contriving King and Country.New York: Columbia University Press, 2007.

Sluglett, Peter, "Iraq under Siege: Politics, Society and Economy

1990–2003," inFrom Desolation to Reconstruction: Iraq's Troubled Journey, ed. Mokhtar Lamani and Bessma Momani.Waterloo, ON: Wilfrid Laurier University Press, 2010.

Smith, Margaret,Rabia the Mystic and her Fellow-Saints in Islam. Cambridge: Cambridge University Press, 1928.

Starr, Stephen, "Mandeans in Struggle for Existence," Asia Times, 18 August 2010.Stewart, Rory, The Prince of the Marshes: and Other Occupational Hazards of a Year in Iraq.Orlando: Harcourt, 2007.

Stiebing, William H., Ancient Near Eastern History and Culture(2nd ed.).New York: Pearson Longman, 2009.

Stolper, Matthew W.,Entrepreneurs and Empire.Istanbul: Nederlands Historisch- Archaeologisch Instituut, 1985.

Stone, Elizabeth C., "Patterns of Looting in Southern Iraq," Antiquity 82 (2008), pp. 125–138. Stone, Peter and Joanne Farchakh Bajjaly (eds.), The Destruction of Cultural Heritage in Iraq.Melton, England: Boydell & Brewer, 2008.

Stroumsa, Guy, "Manicheism," in Religions of the Ancient World: A Guide, ed. Sarah Iles Johnston.Cambridge, MA: Harvard University Press, 2004.

Takeyh, Ray, "The Iran–Iraq War: A Reassessment," Middle East Journal 64 (2010), pp. 365–383.

Takeyh, Ray, "Iran's New Iraq," Middle East Journal 62 (2008), pp. 13–30.

Tolan, John V.,Saracens: Islam in the Medieval European Imagination. New York: Columbia University Press, 2002.

Tolan, John V.,Sons of Ishmael: Muslims through European Eyes in the Middle Ages.

Gainesville: University Press of Florida, 2008.

Traina, Giusto,428 ad: An Ordinary Year at the End of the Roman Empire, trans.Allan Cameron.Princeton, NJ: Princeton University Press, 2009.

Tripp, Charles, A History of Iraq(3rd ed.).Cambridge: Cambridge University Press, 2007.Tuchman, Barbara W.,Bible and Sword: England and Palestine from the Bronze Age to Balfour.New York: Ballantine, 1984 [1956].

U.S. Senate Committee on Banking, Housing and Urban Affairs, "U.S. Chemical and Biological Warfare-Related Dual-Use Exports to Iraq and Their Possible Impact on the Health Consequences of the Persian Gulf War," May 1994, http://www.gulfweb. org/bigdoc/report/riegle1.html.

Vermes, Geza,Christian Beginnings: From Nazareth to Nicaea, ad 30–325.London: Allen Lane, 2012.

Vieth, Warren, "Privatization of Oil Suggested for Iraq," Los Angeles Times, 21 February 2003.

Van de Mieroop, Marc,King Hammurabi of Babylon.Malden, MA: Blackwell, 2005.Visser, Reidar, "Operation Iraqi Partition," Gulf Analysis, posted 1 September 2010.

Visser, Reidar, "Proto-political Conceptions of 'Iraq' in Late Ottoman Times," International Journal of Contemporary Iraqi Studies 3(2)(2009), pp. 143–154.

Visser, Reidar,The Sadrists of Basra and the Far South of Iraq: The Most Unpredictable Political Face in the Gulf's Oil-Belt Region. Oslo: Norwegian Institute of Foreign Affairs, 2008.

Walker, Joel,The Legend of Mar Qardagh: Narrative and Christian

Heroism in Late Antique Iraq.Berkeley: University of California Press, 2006.

Walt, Stephen, “Bush, Blair, and Iraq (Round Ⅱ). A Reply to John Judis,” Foreign Policy, posted 16 February 2010.

White, L. Michael,From Jesus to Christianity: How Four Generations of Visionaries and Storytellers Created the New Testament and Christian Faith.New York: Harper Collins, 2004.

Wilford, John Noble, “At Ur, Ritual Deaths that Were Anything But Serene,” New York Times, 27 October 2009.

Wilford, John Noble, “The Muslim Art of Science,” New York Times20 May 2011.Wright, George, “Wolfowitz: Iraq War Was about Oil,” The Guardian, 4 June 2003.Wright, Lawrence,The Looming Tower: Al Qaeda and the Road to 9/11.New York: Vintage, 2007.

Wright, Robert, The Evolution of God.New York: Little, Brown, 2009.

Yergin, Daniel,The Prize: The Epic Quest for Oil, Money, and Power. New York: Free Press, 2008.

Yoffee, Norman,Myths of the Archaic State: Evolution of the Earliest Cities, States, and Civilizations.Cambridge: Cambridge University Press, 2005.

Zizek, Slavoj,Iraq: The Borrowed Kettle.London: Verso, 2005.

Zunes, Stephen, Tinderbox.Monroe, ME: Common Courage Press, 2002.

索　引

（页码为原书页码，即本书边码）